노동사회과학 제9호

21세기 대공황과
레닌주의

노사과연
노동사회과학연구소 부설

노동사회과학 제9호
21세기 대공황과 레닌주의

엮은이: 노동사회과학연구소 연구위원회
연구위원장: 문영찬
편집위원: 권정기, 김유정, 김해인, 배은주, 이규환, 임경민, 전성식, 채만수, 최상철
펴낸이: 채만수
펴낸곳: 노사과연
교정·교열: 문영찬, 김해인
편집: 김해인
표지디자인: 이규환

등록: 302-2005-00029 (2005.04.20.)
주소: 서울시 동작구 본동 435번지 진안상가 나동 2층 (우156-060)
　　　(신주소: 서울시 동작구 노량진로 22길 22 나동 2층)
전화: (02) 790-1917 | 팩스: (02) 790-1918
이메일: wissk@lodong.org
홈페이지: http://www.lodong.org

발행일: 2016년 7월 22일

ISBN 978-89-93852-23-3   04300
　　　978-89-956695-8-7　(세트)

* 책값은 뒤표지에 있습니다.
* 잘못된 책은 바꿔드립니다.

노동사회과학 제9호

21세기 대공황과 레닌주의

노사과연
노동사회과학연구소 부설

차 례

권두시 / 7
    고희림 혁명 7

편집자의 글 / 10
    문영찬 선거의 환상을 넘어서는 10
                 운동의 전망을 열어 가자!

권정기 중국의 경제위기와 세계대공황의 현 단계 16
채만수 신식민지주의와 신식민지 파씨즘 67
문영찬 한국의 사회운동과 레닌주의 108
김태균 노동자계급의 민주주의 투쟁 152
신재길 지젝의 이데올로기론 비판과 181
        맑스주의 이데올로기의 재건을 위하여

야마시타 이사오 일본군국주의 패전 70주년—오늘날의 의미 204
                    : 전쟁법안의 성립은 우리들에게
                          무엇을 묻고 있는가

엘리세오스 바게나스 시리아에서의 군사적-정치적 평형 상태 219
≪홍기≫ 편집부 레닌주의여 영원하라 255

권두시

혁명*

고희림 | 시인, 자료회원

1

마음은 깊은 곳에 있었다
커다란 몸부림과 소용돌이로
가끔씩 심연의 본원적 용트림으로

바닥의 하염없는 격정과 분노가
가끔씩 수면의 회오리로

어릴 적 마음은 파도 치는 곳이라고 알았다
세파를 겪고서야 겨우 그건 표층일뿐
원래 마음은 하나였는데 깊일 알 수 없었다

어릴 적 의아심을 가지고
혁명을 바라보던 그때는
태양의 속삭임처럼 그늘이 없었다
무엇으로도 대신할 수 없는
모두가 원래 자유인 그 자유였다가

---

* 출처: 고희림, ≪대가리≫, 삶창, 2016, pp. 14-6.

허위이면서 고문이었다가
살아본 세상이 바뀌기를 바라는 마음의 간절함이었다

2

세상살이 물 흐르듯 지나지 못하고
다만 이런 세상에 혁명이라는 말에 현혹된
말도 안 되는 꿈을 단번에 버리고 싶은
부끄럼 같은 것이 오히려
불안하다

밥 잘 먹고
커필 마시며
문학과 혁명을 공부하면서
잊어버리고 잊지 않으려 하는 맘이
서로 충돌하여
나는 내가 사라지게 하고 싶을 때가 있다

수많은 생각과 생각을 잇는 다리를
피난민처럼 건너고 있다
다리를 건너가면 무엇이 또 있을까
다리를 건너갈 수는 있을까

다르다 다 다르다
너무 달라서 사람의 눈을 쳐다볼 수가 없다
멀리서 다르고
가까이서 다르고
내일이 와도 봄을 알 수 없다

3

국가와 혁명의 원죄를 대속한,
아이들이 사라진 바다
평화롭기조차 하다

편집자의 글

선거의 환상을 넘어서는 운동의 전망을 열어 가자!

4·13 총선이 끝나자마자 자본가계급은 구조조정 공세를 펼치고 있다. 또한 보수정당들은 이른바 협치를 내세우며 끓어오르는 민중들의 불만을 제어하려 한다. 이들은 또한 개헌론을 통해 안정적인 권력 분점체제를 꿈꾸며 협치의 구체적인 고리를 만들려고 한다.

이러한 상황에서 운동진영 일각에서는 4·13 총선의 결과 박근혜 정권이 심판되었다고 간주하며 2017년 대선에서 정권교체를 통해 운동진영의 활로를 모색하려고 하는 경향이 대두되고 있다. 그리하여 2016년의 투쟁과 2017년의 투쟁을 이른바 선거에서 정권교체를 초점으로 배치하려 하고 있다. 이러한 상황은 4·13 총선의 결과가 운동진영에 독이 되고 있음을 의미한다. 4·13 총선에서 새누리의 패배는 보수야당이 잘해서도 아니고 운동진영의 민주주의 투쟁이 폭발해서도 아니다. 새누리 패배의 일차적 원인은 경제공황으로 인해 민중들의 생존권이 벼랑으로 몰리고 있다는 사실이다. 경제위기 상황에서 박근혜 정권과 새누리를 통해서는 자신들의 생존권이 보장될 길이 없다는 인식이 확산되었던 것이 주요하다. 운동진영은 2015년의 11월 민중총궐기를 통해 일정한 저항을 보여주었지만 투쟁이 지속적으로 확산되는 것이 아니라 산발적인 모습으로 진행되었다. 이렇게 운동진영의 투쟁이 산발적인 이유는 운동진영이 반박근혜라는 점에서는 공통분모를 보이지만 그 내용은 많은 차이가 있었기 때문이었다. 박근혜 정권의 파쑈적 억압이 경제위기에서 비롯된다는 것, 따라서 이것은 독점자본가계급의 경제위기에 대처하는 요구이며 일시적 성격을 갖는 것이 아니라는 점 등이 운동진영 내에서 그리고 광범한 민중들 사이에서 인식되지 못했다. 그런 점에서 2017년 선거에서 정권이 교체되면 상황이 달라질 것이라고 인식하는 것은 매우 안이하다.

현재의 박근혜 정권의 파쑈적 성격의 모태는 신자유주의이다. 신자유주의를 통해 노동자계급에 대해 파상적 공세를 펼치며 운동진영을 개량화하고 무력화한 것에 기초하여 경제위기 상황에서 파씨즘으로 진화한 것이다. 그리하여 부르주아 민주주의조차 부정하면서 지난 2-3년 동안 파쑈적 공세를 펼쳐왔던 것이다. 만약 박근혜 정권이 민중들의 민주주의 투쟁에 부딪혀 좌초한다면 지배계급, 자본가계급은 파씨즘과 신자유주의를 섞어가면서 억압과 착취의 체제를 더욱더 고도화할 것이다. 그런 점에서 2017년의 정권교체에 목을 매면서 당면한 투쟁을 가져가는 것은 안이함을 넘어 노동자계급과 민중들을 무기력하게 하는 방향으로 내모는 것이다.

따라서 당면한 생존권 투쟁을 치열하게 전개하면서 대중 투쟁 동력을 회복하고 박근혜 정권의 파쑈적 공세에 맞서는 광범한 민주주의 투쟁으로 노동자계급과 민중들을 조직하는 방향으로 나아가야만 노동자계급과 민중에게 전망이 열릴 수 있다.

* * *

이번 《노동사회과학》 9호는 이러한 상황하에서 세계적 차원의 경제위기를 분석하고 운동의 전망을 치열하게 모색하고 있다.

먼저 권정기의 "중국경제의 위기와 세계대공황의 현 단계"는 2008년의 리먼 브라더스 사태로 발발한 세계공황이 유럽의 재정위기를 거쳐 중국 등의 신흥국의 경제위기로 심화되고 있다고 진단하는 것에 기초하여 최근의 중국경제 위기를 분석하고 있다. 필자는 먼저 중국이 자본주의 사회라고 진단한다. 그 근거는 농업에서 사회주의 생산관계의 해체와 소농생산으로의 전환, 국유기업의 이윤추구로의 성격 변화 등을 들고 있다. 이를 기초로 중국경제의 그동안의 거대한 성장이 실은 사회주의적 관계의 자본주의적 관계로의 전환의 결과라고 진단한다. 최근의 중국경제 위기와 관련하여 그동안의 중국경제 위기가 극복되었던 것은 은행 등에서 사회주의 제도가 일정 정도 남아 있어서 위기의 폭발을 제어했기 때문이며 다른 자본주의 나라와 달리 공황 시에 생산력의 파괴가 적었던 점을 지적한다. 그러나 세계의 공장으로 불리는 중국경제의 성장 자체가 위기의 제어를 어렵게 하고 있고 그림자 금융, 부동산 버블 등 위기의 요소가 증대되고 있음을 지적한다. 그리하여 2013년부터 중국에서 과잉생산 공황이 재격화되고 있으며 전반적인 신용경색이 임박한 것으로 파악한다. 그리고 그 결과는 세계적 차원의 "만성적 공황의 시대"가 될 것이라고 진단한다.

채만수의 "신식민지주의와 신식민지 파씨즘"은 신식민지 파씨즘에 대한 총괄적인 글이다. 2차 대전 후에 아시아, 아프리카 국가들이 독립했지만 경제적 정치적으로 제국주의에 종속되어 있는 것을 가리키는 것으로서 신식민지주의를 논한다. 그러나 신식민지가 간접지배의 형태를 취하지만 구식민지와 신식민지 모두 현지에 존재하는 '토착 지배·착취 세력'의 존재가 필수조건이었음을 지적한다. 그리고 이들 토착 지배·착취 세력은 제국주의에 대해 능동적, 적극적 종속을 지향한다는 것을 밝힌다. 필자는 베트남의 민족적 항쟁이 미 제국주의의 신식민지적 통치와 분할에 대한 것이었음을 밝히면서 필리핀, 인도네시아, 중남미 등의 사례를 분석하면서 신식민지주의가 일정한 보편성을 갖고 있음을 말한다. 또한 신식민지주의가 관철되는 과정을 분석하면서 신식민지적 지배에 대한 노동자, 민중의 저항을 압살하기 위해 제국주의와 지배계급이 폭압적일 수밖에 없고 그로부터 신식민지 파씨즘 개념이 도출된다고 분석하고 있다. 또한 고전적 파씨즘은 제국주의 단계에서 비롯되었지만 신식민지에서는 위기의 첨예화로 인해 초기부터 국가자본주의 형태를 취하고 상부구조에서 파씨즘이 성립한다고 보고 있다. 이러한 분석은 신식민지 파씨즘에 대한 폭로이면서 한편으로는 신식민지 파씨즘 개념에 대한 총론이기도 한데 향후 이에 대한 논쟁이 활발해지기를 기대한다.

문영찬의 "한국의 사회운동과 레닌주의"는 80년대의 변혁적 운동을 일으키는 데 있어서 레닌주의의 수용이 결정적이었음을 밝히면서 한국 사회에서 레닌주의의 복원을 시도하는 글이다. 쏘련 붕괴 후 그리고 한국사회에서 개량주의 시대가 시작되면서 레닌주의는 소리 없이 사라졌는데 레닌주의는 인류 최초의 사회주의 혁명의 경험을 집약한다는 점에서, 그리고 제국주의 문제, 민족문제, 전쟁과 평화의 문제 나아가 민주집중제와 당건설의 문제 등에서 여전히 유효함을 밝힌다. 이러한 관점에서 필자는 레닌의 사상노선, 정치노선, 조직노선을 고찰하고 있고 또한 그동안 간과되어왔던 레닌 당시의 사회주의 건설 노선을 고찰한다. 국가자본주의는 NEP 당시에 비로소 제기된 것이 아니라 혁명 직후부터 소농이 지배적인 러시아의 현실에서 노동자계급이 대규모 생산의 조직화를 훈련하기 위해 필요한 것으로 제기되었음을 밝힌다. 그리하여 21세기 현실에서 레닌주의는 사회주의 정치의 교과서임을 주장하는데 레닌주의가 현실을 변화시키는 원칙을 담고 있다는 점 그리고 변화된 현실에 기계적으로 적용되어서는 안 된다는 점을 결론적으로 밝힌다.

김태균의 "노동자계급의 민주주의 투쟁"은 박근혜 정권의 파쇼적 억압에 맞서는 민주주의 투쟁, 그리고 공황기 노동자 투쟁의 침로를 탐구하는 글이다. 필자는 민주주의 개념에 대해 천착하는데 민주주의, 부르주아 민주주의, 의회제 민주주의를 각각 고찰한다. 그리하여 의회제 민주주의는 사적 소유의 정치적 표현이며 시민사회와 정치사회가 분리되는 자본주의에서 고유한 것으로 파악한다. 그리고 노동자 투쟁에서 (부르주아) 민주주의 투쟁이 갖는 의미를 고찰하면서 소부르주아지는 민주주의 자체가 목표임에 반해 노동자계급만이 부르주아 민주주의를 지양할 수 있는 계급임을 밝힌다. 이러한 관점을 기초로 2016년 노동자 투쟁에서 관건적인 요소는 공황이며 이에 따른 구조조정 공세에 맞서는 싸움과 파쇼적 억압에 맞서는 민주주의 투쟁을 주장하는데 고용안정을 위해 대자본의 국유화를 통한 고용보장, 실질임금 삭감 없는 노동시간 단축을 통한 일자리 보장을 주장한다. 그리하여 그러한 투쟁을 통하여 그 성과가 노동자계급의 정당 건설로 모아져야 함을 강조한다.

신재길의 "지젝의 이데올로기론 비판과 맑스주의 이데올로기의 재건을 위하여"는 세계적 철학자로 불리는 지젝에 대한 비판이다. 특히 이 글은 지젝의 견해 중 이데올로기론과 관련된 저작을 분석하면서 조목조목 비판하고 있다. 필자는 2008년에 발발한 세계대공황이 자동적으로 자본주의의 붕괴를 가져오는 것은 아니며 대안세력이 있어야 하는데 그를 위해서는 이데올로기의 재건이 필요함을 강조한다. 특히 자본주의에서 사회주의로의 이행은 정치투쟁이 경제투쟁에 우선하며 목적의식적 과정이 자생적 과정보다 우선임을 들어 이데올로기의 중요성을 강조한다. 필자는 지젝이 이데올로기는 허위의식이라고 주장하는 것을 비판하는데 왜냐하면 이를 통해 냉소주의에 빠지기 때문이라고 한다. 그러면서 이데올로기는 계급적 성격을 띠는데 노동자계급의 이데올로기는 허위의식이 아니며 단순한 지식의 차원이 아니라 행동규범임을 주장한다. 또한 지젝은 이데올로기의 꿈의 위력을 깨기 위해 욕망의 실재와 대면할 것을 주장하는데 이에 대해 필자는 그때의 욕망은 자본의 욕망에 다름 아니라는 비판을 한다. 필자는 자본의 욕망이 아니라 인간 본질에 대한 천착을 통해 허구적 이데올로기를 극복하는 길을 제시한다. 허구적 이데올로기는 사회적 관계의 총체로서 인간본질과 그로부터 떨어져 있는 인간 실존간의 간극에 기초하고 있으며 따라서 인간본질의 실현, 즉, 인간해방을 향한 투쟁에서 허구적 이데올로기를 극복해야 함을 주장한다.

야마시타 이사오의 "일본군국주의 패전 70주년-오늘날의 의미: 전쟁법안의 성립은 우리들에게 무엇을 묻고 있는가"는 일본의 〈활동가집단 사상운동〉의 계간지인 ≪사회평론≫ 183호(2015년 겨울호)에 실린 글을 번역한 것이다. 필자는 일본의 전쟁법안 성립에 대해 "아베는 부르주아 헌법규범인 입헌주의를 공공연하게 유린하고 사실상의 쿠데타를 감행하였다"고 규정한다. '사실상의 쿠데타'로 규정할 만큼 전쟁법안의 성립은 국제적 영향만이 아니라 일본 국내적으로도 많은 영향을 끼친 것이다. 필자는 아베 정권의 배후에 '다국적화한 거대자본'이 있음을 지적한다. 그리고 바로 이 점에 대한 인식이 현재의 전쟁법안 반대투쟁에 결여되어 있다고 비판한다. 2015년 8월 국회 앞에 12만이 결집하는 투쟁을 했지만 그에 대해 시민주체라는 칭찬일색일 뿐 거기에 결여되어 있는 것에 대한 천착이 없음을 비판한다. 그리하여 운동과 의식의 새로운 질적 전환에 대해 촉구하고 있다. 최근 선거에서 아베가 압승하고 개헌을 추진하고 있는데 일본의 민중투쟁이 기존의 한계를 극복하고 새롭게 전진하기를 기대한다.

엘리세오스 바게나스의 "시리아에서의 군사적-정치적 평형상태"는 내전과 제국주의의 개입이 벌어지고 있는 시리아에 대한 분석을 담고 있는 그리스 공산당의 글이다. 미국이 조장한 '이슬람국가(IS)', 그리고 서구 열강이 지원하는 여타의 반란세력과 아싸드 정권이 대립하고 있고 그에 따라 수많은 난민이 발생하고 있는 시리아 사태에 대해 프롤레타리아 국제주의의 관점에서 훌륭한 분석을 하고 있다. 가장 문제되는 것은 미 제국주의와 달리 러시아가 민주주의 세력으로서 진보적 역할을 하고 있는 것이 아닌가 하는 점이 진보세력을 혼란시키고 있는데 이에 대해 그리스 공산당은 러시아 또한 자국의 독점자본의 이익을 위해 시리아에 개입하고 있고 시리아 내의 많은 이권을 목표로 한다는 것을 폭로하고 있다. 그리고 시리아가 내전 전의 상태로 되돌아가는 것은 불가능하며 제국주의 열강에 의해 사실상의 시리아 분할이 획책되고 있다는 것을 폭로하고 있다.

"레닌주의여 영원하라"는 중·쏘 논쟁 당시의 글인데 중국 공산당이 이론지인 ≪홍기≫ 편집부 명의로 발표한 글이다. 필자는 레닌주의가 시대에 뒤떨어졌고, 세계가 평화롭게 경쟁하는 새로운 시대로 접어들었다고 주장하는 티토의 수정주의를 비판하고 있다. 이른바 평화공존이 시대의 화두가 되었으며 그에 따라 제국주의 진영과 사회주의 진영이 평화로운 경쟁을 하게 되었다고 주장하고 있는 것에 대해 총체적으로, 조목조목 비판하고 있다. 필자는 평화공존에 대해서 계급적 관점을 견지할 것을 주장하며 평화공존은 제국주의와 화해를 의미하는 것이 아니며 사회주의 진영의 제국주의 진영과의 평화공존이 국내의 계급투쟁과 약속민족들의 민족해방투쟁을 배제하는 것이 아님을 주장하고 있다. 그리하여 중국 공산당은 수정주의의 대두에 대하여 레닌주의적 원칙의 회복을 주장한다.

2016년 7월 18일
연구위원장 문영찬

중국의 경제위기와 세계대공황의 현 단계

권정기 | 소장

이 글은 중국을 중심으로, 세계경제의 흐름과 현 단계를 파악하기 위한 것이다. 통계를 많이 사용하였는데, 자본가 국가의 통계를 액면 그대로 믿어서는 물론 낭패를 볼 것이다. 중국의 통계는 악명이 더욱 높다. 그래서 연구자마다 차이가 많이 나고, 같은 책에서도 앞에서 제시된 수치가 뒤에 가면 또 달라진다. 그렇더라도, 수치에 너무 연연해하지 말고 대략적인 흐름을 추적하는 도구로 사용한다면 도움을 받을 것이라고 생각한다.

1. 자본주의 세계경제의 동향

세계경제의 흐름을 살펴보기 위해서 먼저 자본주의 경제가 어떠한 순환을 하는가를 확인하자.

1) 자본주의 산업순환

〈그림 1. 순환 곡선[1]〉

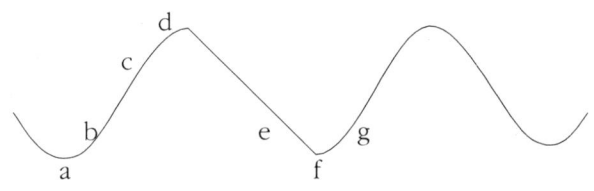

---

[1] 채만수, 《노동자교양경제학》(제5판), 노사과연, 2011, pp. 378-80.

b→c의 국면: '중위(中位)의 호황'이라고 불리는 국면으로서 경제가 힘차게 호황으로 내닫는 국면.

c→d의 국면 : '번망기(繁忙期)'. 호황말기 국면으로서 번성하고 바쁜 때라는 의미.

d→e의 국면: 공황 혹은 위기. 사회적 재생산이 급격하게 중단되고, 과도하게 팽창한 생산이 경련을 일으키면서 축소·수축되는 국면.

e→f→g의 국면: '침체기'. 그것이 아무리 밑으로 떨어져 있어도 공황이 아니라 '침체' 국면이다.

위 그림이 표현하는 상승과 하강이란 자본주의적 생산이 증가하고 감소(축소)한다는 의미이다. 즉 자본-임노동 관계하에서 생산되는 상품을 그 가치로 평가하여 그 상품의 생산이 증가하고 감소하는 것을 표현한다. 즉 화폐자본→생산자본→상품자본→다시 화폐자본의 형태로 운동을 하는 산업자본의 순환이 자본주의 산업순환이다. 그리고 그 상품은 자본-임노동 관계하에서 생산된다면 자동차, 철강 같은 물질적 상품(재화)과 운수업이나 "서비스업"(예, 병원자본이 생산하는 의료상품)에서 생산되는 "유용효과(용역)"라는 상품을 모두 포함할 것이다. 그러나 실물부분이 아닌 금융업(은행자본, "이자 낳는 자본"), 도소매업(상업자본), 그리고 자본-임노동 관계에 의해서 생산되지 않는 소농의 생산물, 자영업(식당업) 등의 생산물은 자본주의적 생산의 증가와 감소를 표현하는 위의 곡선을 그릴 때 제외되어야 한다.

"사회적 재생산이 **급격하게** 축소"하는 것은 공황기의 특징이지만, 공황의 시작부터 급격하게 생산이 축소하는 것은 아니다. "이윤율의 압박(저하: 인용자)을 견디다 못한 (생산력이 상대적으로 뒤떨어지는: 인용자) 자본들이 하나둘 파산해가다가, 자본 상호 간의 산업연관과 신용의 연쇄 때문에 대대적인 파산으로 폭발하는 것, 그것이 바로 공황"[2]이다. "자본들이 하나 둘 파산해"가면서 생산이 점차로 정지·축소되면서 공황은 시작되지

---

2) 같은 책, pp. 380-1.

만, 파산 규모가 어느 정도를 넘어 신용경색이 초래되고, 이것이 생산에 반작용하여야 대대적이고 급격한 생산의 수축이 일어나게 된다. 특히 관리 통화제도 등으로 국가가 자본을 지탱하는 국가독점자본주의하에서는 금리인하, 구제금융 등을 통해 신용수축의 진행을 늦추어 공황의 폭발(격화)을 어느 정도는 지연시킬 수 있다.

2) 국내총생산(GDP)에 대해서

국내총생산(GDP)의 사전적 의미는, "일정 기간(1년) 동안 한 나라 안에서 새롭게 생산된 최종 생산물(재화와 서비스)의 시장 가치의 합"이다. 이는 경제성장률의 지표로 사용된다. 따라서 경제성장률이 "생산물"의 증감을 표현하고, 따라서 자본주의 생산의 증감에 따르는 "자본주의 산업순환"을 경제성장률로 표현할 수 있을 것 같이 보인다. 그러나 이는 불가능하다.

자본주의 국가에서는 산업을 1차산업(**농업**, 목축, 수렵, 임업, 어업, 광업[3]), 2차산업(제조업), 3차산업(서비스업: 건축, 건설, 운수, 통신, **상업과 금융**, 직업적 서비스, **행정, 변호업**)으로 나누고 그 "생산물"을 합산한다.

여기서 상업과 금융, 행정은 상품을 생산하지 않는다. 특히 자본주의 사회에서 서비스부문(금융, 도소매업, 자영업 등)이 커지고 있기 때문에 이 문제는 중요하다. 변호업도 대부분 자영업으로 산업자본에 해당되지 않는다(자본주의적으로 대규모로 운영되는 경우 제외). 대부분의 국가에서 소농생산이 주도적인 농업생산물은 산업자본의 생산물이 아니므로, 자본주의 산업순환을 고려할 때 제외되어야 한다.

따라서 국내총생산(GDP)을 가지고 자본주의 산업순환을 파악하는 데는 이러한 한계가 있다는 것을 전제하여야 한다.

---

3) 광업은 2차 산업에 분류하기도 한다. 통계작성자에 따라 임의로 분류한다.

3) 세계경제의 동향

〈그림2. 세계 국내총생산(GDP)[4]〉, 출처: IMF, 2016.

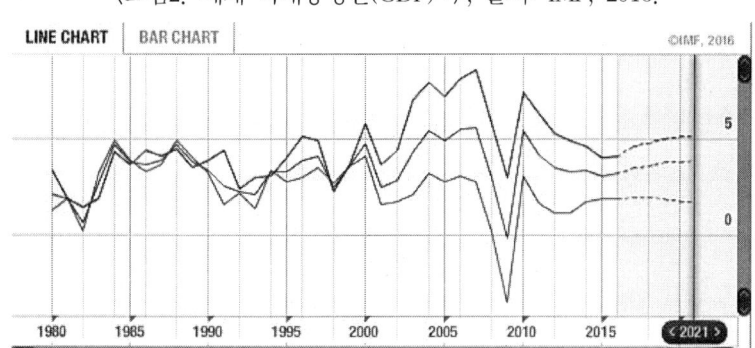

세계 GDP의 연간 성장률을 표시하는 〈그림2. 세계 국내총생산(GDP)〉에는 세 개의 선이 있는데 (2009년경에 분명하게 구분됨), 맨 위의 선이 신흥국(중국, 러시아 등), 중간선은 세계평균, 아랫선이 선진국(한국 포함)을 표시한다. 1980년대 초반, 1990년 전후, 1990대 후반("아시아 금융위기"), 2000년대 초반(미국의 "IT버블 붕괴"), 그리고 2009년 전후("세계 금융위기")에 성장률이 크게 떨어지고 있다. 세계평균을 보면 성장률이 0이하로 떨어지는 경우는 없다. 즉 이 수치로만 보면 생산이 축소되는 경우는 없는 것이 된다. 그러나 이는 위에서 설명한 GDP통계방식의 근본적인 문제와, 여기에 더해 통계를 조작하는 문제 때문에 발생한다.

그래서 산업자본의 생산만을 본다면, 이 시기에 생산이 축소되고 있다는 것, 즉 공황이 발생한 것으로 보아야 할 것이다. 공황이 "대략 10년 주기로 발생한다"는 맑스의 주장을 확인할 수 있다. 또한 세계가 거의 동시에 공황에 빠지고 있다. 단, 예외적인 시기가 존재하는데 1990년대 말 아시아 경제위기가 발생하고, 수년 간격을 두고 2000년대 초 미국을 중심으로 하여 선진국의 위기가 발생한다. 2009년을 전후한 공황은, 선진국의

---

[4] http://www.imf.org/external/datamapper/index.php

경우 통계에서도 생산의 감소가 표현될 정도로 그 규모가 거대한 것을 확인할 수 있다.

시야를 좁혀 2000년대의 경제를 살펴보자. 2007년 세계대공황이 발생하자 각국은 자본을 구제하기 위하여 거대한 규모로 통화를 공급("양적완화")한다.

먼저 금리를 인하하는데, 주요국 중앙은행의 기준금리[5] 인하를 보면 〈그림3. 일본, 유로, 미국의 기준금리〉와 같다.

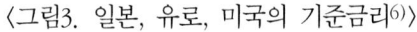

〈그림3. 일본, 유로, 미국의 기준금리[6]〉

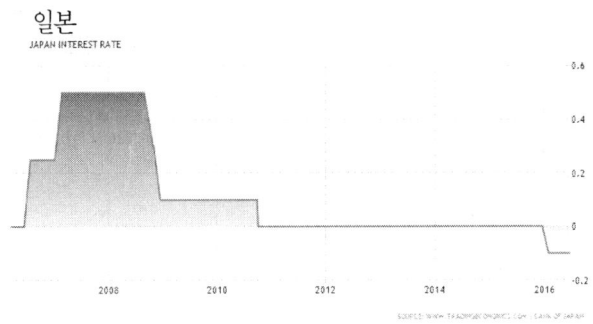

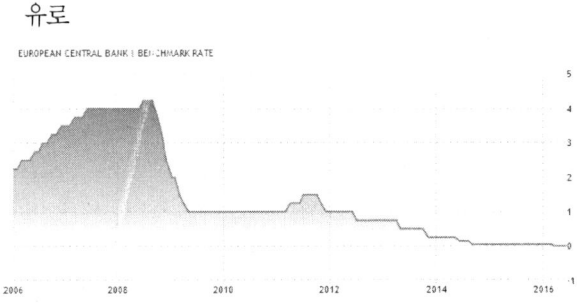

---

[5] 중앙은행에서 결정한다. 금리 체계의 기준이 되어, 여기에 따라 일반은행의 금리가 결정된다.
[6] http://www.tradingeconomics.com/country-list/interest-rate

미국

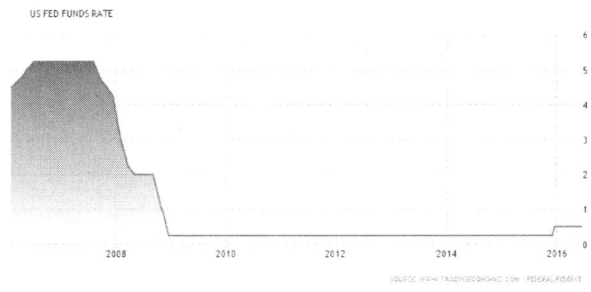

일본, 유로, 미국의 기준금리는 2016년 6월 현재 각각 -0.10, 0.00. 0.50%이다. 이자라는 것은 주요하게는 산업자본이 생산한 이윤의 일부의 공제이기 때문에, 금리(이자율)가 낮다는 것은 그만큼 산업자본의 (이윤) 생산이 어렵다는 것을 표현한다.

경제위기가 너무나 거대하여, 기준금리 금리인하뿐만 아니라 중앙은행이 국채를 매입하고, 회사채를 매입하여 자본을 직접 구제하는 극단적 수단도 동원된다.

〈표1. 주요국 양적완화[7]〉

주요국 양적완화 정책

	시기	프로그램명	매입규모
미국	08.12~10.8월	1차 QE	1,725억달러
	10.11~11.6월	2차 QE	600억달러
	12.9~14.10월	3차 QE	1,630억달러
유로	09.7~10.6월	1차 커버드 본드 매입	600억유로
	11.11~12.10월	2차 커버드 본드 매입	164억유로
	14.10월~	3차 커버드 본드 매입	1,505억유로
일본	10.10~13.3월	자산매입 프로그램	75.3조엔
	13.4~	양적질적 완화정책	231.6조엔

---

[7] 오세훈, "신흥국의 기업부채 증가 배경 및 관련 리스크 점검", 《국제경제리뷰》 제2016-8호(2016. 3. 31.), 한국은행, p. 3.

은행이 값싸게 거대한 양의 돈을 풀었지만, 실물 자본은 이 돈을 생산의 확대에 사용하지 않았다. 각국의 총고정자본형성(Gross Fixed Capital Formation)[8]을 살펴보자.

<그림4. 일본, 유로, 미국의 총고정자본형성[9]>

일본

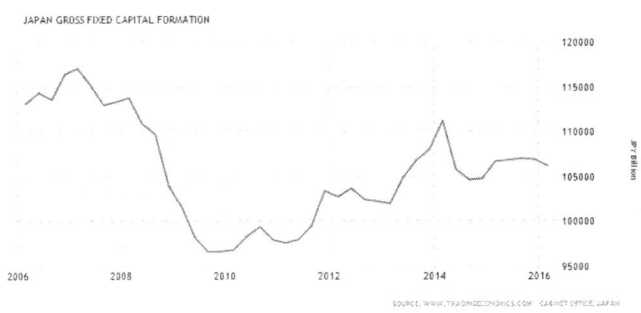

유로

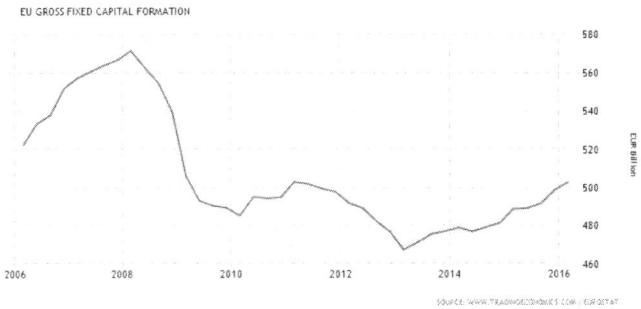

---

8) 기업이 생산능력을 유지·확장하기 위해, 노후설비를 새로운 설비로 대체하거나, 공장 규모를 확대하기 위해, 혹은 신규사업에 진출하기 위해 구매·투자하는 건물, 공장, 기계(고정자본)의 양을 말한다. 여기서 기업이란 1, 2, 3차 산업에 있는 기업 모두를 포함한다.
9) http://www.tradingeconomics.com/country-list/gross-fixed-capital-formation

미국

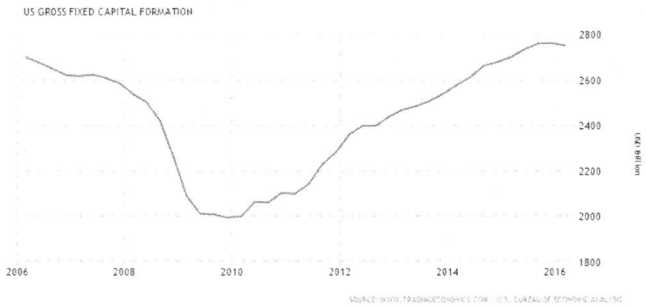

2016년 현재, 미국만이 위기 이전(2007년)의 수준을 약간 넘어섰을 뿐, 유로지역과 일본은 그 수준에 미치지 못하고 있다. 그 당연한 결과는 GDP 성장의 침체이다.

〈그림5. 주요 선진국의 GDP[10]〉

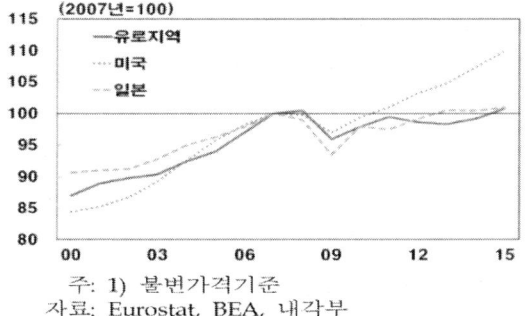

주: 1) 불변가격기준
자료: Eurostat, BEA, 내각부

〈그림5. 주요 선진국의 GDP〉에서 보면, 일본과 유로지역은 위기 이전인 2007년의 GDP에 2015년에야 거의 도달하고 있다. 미국만이 2011년

---

[10] 강태헌, "글로벌 금융위기 이후 유로지역의 투자부진 배경", 《국제경제리뷰》 제2016-9호(2016. 4. 7.), p. 2에서 재인용.

이후 넘어서고 있다. 그러나 "회복"하고 있다는 미국의 경우도 2015년 말 소폭 금리인상[11]으로 겨우 제로금리 상태를 벗어났다. 이후 더 이상 금리를 올리지 못하고 있고, "양적완화"로 풀린 자금을 회수할 엄두도 못 내고 있다는 것을 주목해야 한다. 이 자금은 대부분 자본을 구제("구제 금융")하는 데 사용되었는데, 이를 회수하지 못한다는 것은 자본이 여전히 "구제"의 대상에서 벗어나지 못하고 있음을, 즉 파산의 위협을 받고 있다는 것을 의미하는 것이다. 산업순환과 이자율과의 관련에 대한 맑스의 글을 보자.

> 그러므로 이자율에 표현되는 대부자본의 운동은 대체로 산업자본의 운동과는 반대의 방향으로 나아간다. **최저수준 이상**이지만 아직 낮은 수준의 이자율이 공황 후의 **"호전"과 신뢰의 증대와 함께 나타나는 국면('중위(中位)의 호황': 인용자)**, 그리고 특히 이자율이 평균수준─최저수준과 최고수준 사이의 중간─에 도달하는 국면(번망기: 인용자), 이 두 개의 국면만이 풍부한 대부자본과 산업자본의 대팽창이 공존하는 국면일 뿐이다. **산업순환의 최초 국면(침체기: 인용자)**에서는 **낮은 이자율과 산업자본의 수축**이 함께 나타나며, 산업순환의 최종국면(공황: 인용자)에서는 높은 이자율과 산업자본의 과잉이 함께 나타난다.[12] (강조는 인용자. 이하 강조는 모두 인용자.)

중위(中位)의 호황에서는 "최저수준 **이상**"의 이자율이, 침체기에서는 낮은 이자율이 나타난다는 주장을 확인할 수 있다. 유례를 찾아보기 힘들 정도로 "최저수준"을 유지하고 있는 미국의 상태를 주목하자.

미국을 좀 더 살펴보자. 허수를 포함하는 GDP가 아니라, 산업자본 생산의 증감을 더 적절하게 보여주는 광공업(가스·전기업 포함)에서의 설비가동률을 살펴보자.

---

11) 미국 연준(FRB)은 12월 16일(현지시간), 기준금리인 연방기금금리를 현행 0-0.25%에서 0.25% 포인트 올린 0.25-0.5%로 상향 조정한다고 결정하였다. 이로서 미국은 무려 7년 만에 제로금리를 종식시켰다.
12) 칼 맑스 저, 김수행 역, 《자본론》 제3권(제5판), 비봉출판사, 1995, pp. 598-9.

⟨그림6. 미국 광공업의 가동률[13]⟩

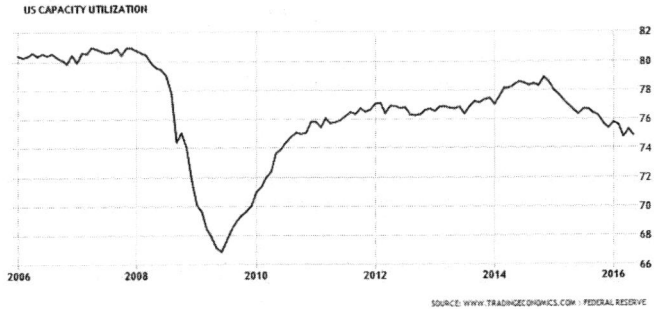

⟨그림6. 미국 광공업의 가동률⟩에서 보면 광공업 설비 가동률이 2015년경부터 감소하고 있는데, 중국 등 신흥국의 경제위기(뒤에서 서술)의 영향을 받아 생산이 다시 감소하고 있다고 판단된다. 즉 미국, 유럽, 일본이 모두 공황 이후 침체에서 벗어나지 못하고 있음을 알 수 있다. 그러면 "풀린 돈"은 어디로 갔을까.

⟨그림7. 주요국의 위기 전후 민간 부채 변화⟩

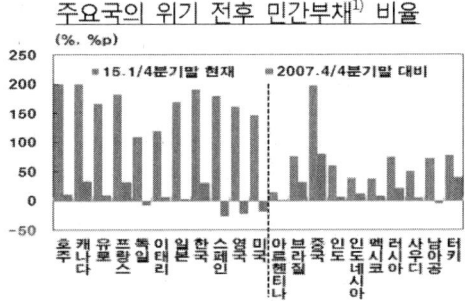

주: 1) GDP대비 민간비금융부문 신용 비중
자료: BIS

---

13) http://www.tradingeconomics.com/united-states/capacity-utilization

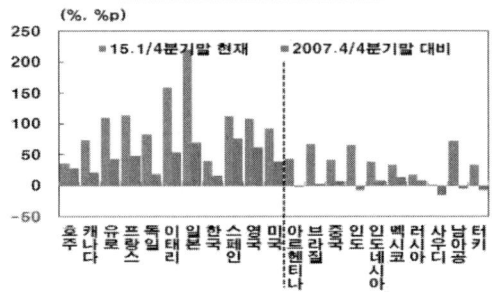

〈그림8. 주요국의 위기 전후 정부 부채 변화〉

주: 1) GDP대비 일반정부 부채 비중
자료: BIS

〈그림7. 주요국의 위기 전후 민간 부채 변화〉에서 민간부채란 은행을 제외한 기업의 부채에다 가계부채를 더한 것이다. 또 마이너스 수치는 부채는 없고 반대로 은행에 저축이 있다는 것을 의미한다. 두 그림에 경제 위기를 전후하여 민간(가계, 기업)과 정부의 빚이 모두 폭발적으로 증가하는 것을 볼 수 있다. 호주의 경우는 민간부분의 빚이 2007년 GDP의 10% 정도에서 2015년에는 200%까지(약 20배) 극적으로 상승하고 있다.

세계적으로 과잉생산이 극에 달해 있는 상태에서, 기업은 이윤을 내지 못하여 빚으로 연명하는 "좀비기업"이 되었다. 가계의 빚이 증가한다는 것은, 인구의 다수를 차지하는 노동자들의 임금이 노동력 재생산비에 미치지 못하고 있음을 의미한다. 즉 임금의 일부를 자본에게 바치고 있는 것이다. 정부는 파산하는 자본을 구제하기 위하여 자본에게 직접 재정을 지출하고, 또한 "유효수요"를 창출하기 위하여 인민들에게 직접 지출(사회보장비용)하기도 한다. 이것은 정부의 빚으로 나타난다. 하지만 기업에게 세금을 거두어들일 수는 없다. 따라서 가계, 기업, 정부의 빚으로 그 이름을 달리하지만, 사실은 이 금액은 모두, 사회가 기업(자본)에게 준 빚(신용)이다. 즉 모두 자본(기업)의 빚이다. 그리고 그 폭증한 돈의 주요 출처는 경제위기 때 "풀린 돈"이다.

그러나 사회 모두가 자본을 부양하기 위하여 온 힘을 다하지만, 자본은 가망이 없다. 가장 상황이 심각한 유로지역을 보자.

〈그림9. 유럽은행의 무수익여신비율[14]〉

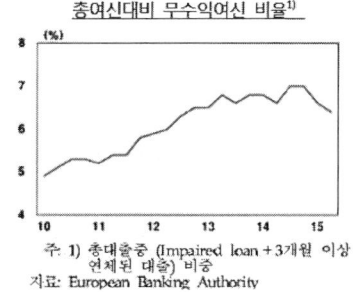

〈그림9〉에서 무수익여신이란 원리금을 제때 못 받거나, 3개월 이상 이자가 연체된 대출을 말한다. 유럽 은행의 무수익여신 비율(총여신대비)은 2010년 3월 말 4.9%에서, 2014년 말 7.0%까지 상승하였다가 이후 소폭 낮아지지만, 2015.6월 말 현재 6.4%로 여전히 높은 수준을 보이고 있다.

다시 국가별로 보자.

〈그림10. 유로지역 주요국가의 무수익여신비율[15]〉

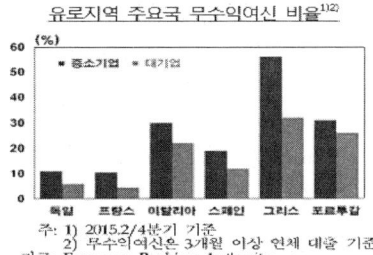

---

14) 강태헌, "최근 유럽 은행의 신용위험 증대 배경에 대한 평가", 《국제경제리뷰》 제2016-4호(2016. 2. 17.), p. 2.
15) 같은 곳.

〈그림10. 유로지역 주요국가의 무수익여신비율〉을 보면, 잘 알려진 그리스나 뽀르뚜갈만의 문제가 아니다. 유로지역의 중심국의 하나인 이딸리아가 중소기업의 30%, 대기업의 20% 정도가 빚을 갚지 못하고 있다.

최근 은행은 전반적 신용경색이 발생할 조짐을 보이고 있다.

최근 글로벌 금융시장의 불안에 기름을 부은 것은 주요국 은행주들의 급락이다. 유럽과 일본 중앙은행이 비장의 카드로 꺼내 든 '마이너스 금리' 조치가 도리어 금융회사들의 수익기반을 무너뜨려 '제2의 리먼브라더스 사태'로 번질 수 있다는 우려가 커지고 있는 탓이다. 경기 부양을 위한 조치가 도리어 신용경색이란 더 거대한 위기를 부르는 딜레마에 빠진 형국이다.

11일 금융권과 외신 등에 따르면 올 들어 유럽과 일본 증시 하락을 주도하는 것은 은행주들이다. 유럽에선 독일의 대표 은행인 도이체방크 주가가 지난 8-9일 이틀간 13.4% 급락해 연초 대비 반 토막까지 떨어졌고, 크레디트스위스(스위스), 유니크레디트(이딸리아) 등 다른 주요 은행 주가도 9일까지 연초 대비 반 토막 수준을 면하지 못했다. 10일 응급처방(채권 재매입 등)으로 반등하긴 했지만, 여전히 살얼음판이다.

일본 주요 은행들의 주가도 연일 급락세다. 닛케이지수가 -5.4%의 기록적 급락세를 보였던 지난 9일 스미토모 미쓰이 파이낸셜 주가는 -9%, 이츠비시 UFJ는 -8.7% 폭락했다. 노무라홀딩스(-9.1%)와 다이와증권(-5.2%)도 동반 급락세를 보였다.

은행주들이 이처럼 맥을 못 추는 건 <u>글로벌 불황으로 은행들의 자산이 갈수록 부실화되는 데다, 마이너스 금리 같은 정책당국의 응급조치가 향후 은행들의 수익기반마저 위협할 거란 우려 때문이다. 극단적 저금리 상황에선 은행들이 전통의 수익원인 대출 수익을 기대하기 어려워진다.</u>[16]

---

16) 김용식, "마이너스 금리 역풍… 유럽·日 은행 신용경색 초래", ≪한국일보≫, 2016. 2. 11.

2. 중국의 경제 위기

1) 중국은 자본주의사회이다

현재 중국은 스스로를 "사회주의 시장경제체제"라고 말한다. 그러나 이는 "붉은 하얀색"이라는 말만큼이나 형용모순이다. 사회주의는 계획경제체제일 수밖에 없다. 반면 상품생산이 고도로 발달하고 시장을 통해 교환되어, 사회의 생산이 결정적으로 시장에 의해 조절되는 발달한 시장경제체제란 자본주의 경제일 수밖에는 없다.

덩샤오핑이 권력을 잡고, 1978년 12월 중국 공산당대회에서 "개혁개방"을 선언한 이후 1979년부터, 중국은 자본주의체제로 전환하기 시작한다. 즉 중국 공산당의 이름으로 반혁명이 진행된다.

농업: 사회주의 생산에서 소농생산으로
먼저 1978년 당시 전체 인구의 82.1%[17]가 종사하고 있던 농업부분의 개혁개방 이전의 상태를 보자.

> 농민에게 분배하였던 토지를 (마오쩌뚱 집권기인 1953년부터: 인용자) 거두어들여, 농토의 집체화(사유화 부정)를 실행하였다. 이러한 집체화된 경제를 운영하기 위해 200-300호 농가를 단위로 공동생산을 하는 합작사를 설립하였으며, 나아가 합작사의 합병을 통해 2-3천호 농가로 구성된 대규모 경제활동(생산) 공동체인 인민공사를 조직하여 농업생산 공동화를 추진하였다.[18]

중국 공산당은 1949년 혁명 이후 봉건지주에게 토지를 몰수하여 농민에게 분배(소농경영)하였다. 이후 1953년부터는 토지를 공동소유(지역 공동소유 혹은 국유화[19])로 하고, 생산을 집단화하여 농업생산에서 사회의

---

17) 곽복선 외, 《중국경제론》(제2판), 박영사, 2015, p. 547.
18) 같은 책, p. 4.
19) 중국에서 토지 소유를 보면, 도시는 국가가, 농촌은 "촌·촌민 위원회"가 가

주의적 발전을 진행했다. 그러나 덩샤오핑은 이를 되돌렸다.

> 장기적이고 폭넓게 봐서, 중국 사회주의 농업의 개혁과 발전에는 두 개의 비약(飛躍)이 있음이 분명하다. 그 첫째 비약은 **인민공사(人民公社)를 없애고, 가족연산청부(家庭聯産承包) 위주의 책임제를 실행한 것이다.** 이것은 매우 큰 진전으로, 변하지 말고 장기적으로 견지해야 한다. 두 번째의 비약은 과학적인 경작과 생산사회의 수요에 적응하여 적도규모경영(適度規模經營, 적절한 규모의 경영: 인용자)을 발전시키고 집체 경제를 발전시키는 것이다. 이는 매우 큰 진전인 동시에 당연히 매우 긴 과정이다. (≪鄧小平文選≫, 1993, p. 355.)[20]

"인민공사(人民公社)를 없애고, 가족연산청부(家庭聯産承包) 위주의 책임제를 실행"이란, 가족경영 체제, 즉 소농경영으로 되돌아간 것을 말한다. 그 형태는, 농촌 토지는 "농촌 집체인 촌·촌민 위원회"가 소유한다. 농민은 가구단위로 도급경영권(토지 사용권)을 경지의 경우 30년 기간으로 가지게 된다. 토지의 공동소유라는 사회주의적 외양만을 가지고 있을 뿐, 내용적으로는 농업에서 사회주의가 해체된 것이다.

2012년 현재 중국인구의 47.4%[21]만이 농업에 종사하고 있다. 인구의 절대적 성장과 농업인구의 상대적 감소는 거대한 인구가 도시로 이동하여 노동자("농민공")로 된 것을 의미한다. 소농을 만들어, 시장경쟁을 통해, 생산자를 토지에서 분리시키는 본원적 축적을 진행한 것이다. 국가는 이를 적극적으로 조장하기 위해 농산물의 가격을 통제하였다. 여전히 1인당

진다.
헌법 제10조: 도시의 토지는 국가 소유이다. 농촌과 도시 교외지역의 토지는 법률 규정에 의거 국가소유를 규정한 경우를 제외하고는 집체소유에 속한다. (2004년 3월 14일 수정된 헌법)
20) 문순철, "중국 광동성에서의 농업 '규모경영'", ≪세계농업≫(2000. 11. 6.)에서 재인용. ⟨http://www.krei.re.kr/web/worldagri/home⟩
21) 곽복선 외, ≪중국경제론≫(제2판), 박영사, 2015, p. 549.

경지 면적이 세계평균의 1/3인 0.1ha에 불과하다. 도농 간의 소득격차는 날로 심화되어 2013년 현재 도시의 1/3수준에 불과하다.

〈그림11. 도농 간 소득격차[22]〉

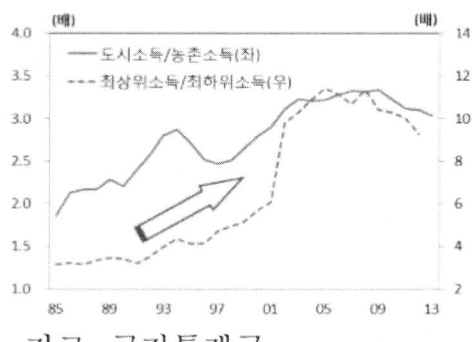

그리고 "집체 경제를 발전"시킨다는 덩샤오핑의 "두 번째 비약"은 사회주의적 집체 경제가 아니라, 농업에서 자본주의적 기업농을 발전시키는 것으로 실현되고 있다.

광동성에서의 규모경영의 현황
상품경쟁의 수요를 위해 광동성 농업체계는 최근 들어 기업경영 메커니즘을 광범위하게 도입하고 있다. 천가만호(千家萬戶)로 나뉜 분산경영이 적당한 규모의 **기업화 경영**으로 바뀌어 광동성 전체는 이미 규모경영의 초보적인 형태로 탈바꿈하고 있다. …그 외에 광동성 각지는 각 지역의 특성에 따라(因地制宜), 토지의 임대제, 합작제, 주식제 등의 형식으로 **농업기업**을 선도하면서 발전하고 있다.[23]

---

22) 강태헌, "중국경제의 리스크 점검 및 평가", ≪국제경제리뷰≫ 제2015-17호(2015. 9. 16.), p. 11.
23) 문순철, 앞의 글.

즉 덩샤오핑의 "적정한 규모경영(適度規模經營)"이란 농업에 자본주의적 기업농을 도입하여 농업생산력을 더욱 높여서, 보다 값싸게 도시에 농산물을 공급(저임금의 기반)하는 것. 그리고 더욱 많은 농민들을 토지로부터 분리시켜, 도시에 노동자를 공급하는 것을 목표로 하고 있는 것이다.

"국유기업"에 대하여:

중앙정부와 지방정부가 소유하고 있는 기업(국유기업)의 존재를 근거로, 여전히 중국이 사회주의 사회라고, 혹은 그러한 성격이 주요하게 남아있다고 주장하는 사람들이 있다. 그러나 이는 틀린 말이다.

먼저 국유기업의 비중을 보자.

(《중국통계연감》의 공업부문 분석에 따르면: 인용자) 2008년 중국공업생산액 50.74조 위안 중 28.4%에 해당하는 14.39조 위안이 국유기업 혹은 국가가 절대지분을 점유하고 있는 기업에서 산출된 생산액이다. ...

2010년 수치를 보면 국유부문 공업생산액은 18.58조 위안이며, 그 비중은 26.6%(이다)...

중국정부는 2001년 WTO 가입을 계기로 다시 큰 개혁조치를 취하게 된다. 즉 2003년에 국유자산관리위원회(약칭:국자위)를 설립하여, 중앙정부차원에서 운영하는 중앙국유기업을 엄선하고 그 수를 196개사로 대폭 축소하게 된 것이다. 국자위 설립 이전 중앙정부 국유기업 수는 236개에 달했다. ...

(2003년부터 2010년까지 변화를 보면: 인용자) 기업수는 최초 196개에서 2010년 말 117개로 60%나 감소하였지만, 자산은 259%, 매출은 333% ... 증가하였다. ... 이러한 국유기업의 대형화 추세는 각급 지방정부에게도 반영되어 지방정부가 소유·운영하는 국유기업도 대형화 바람을 타고 있다.

중국정부의 중앙국유기업 관리근거는 안정적 국가경제의 운영이다. 먼저 중국 최대 석유회사 그룹인 시노펙(Sinopec. 중국석유유화집단공사)을 보자. 중국원유생산량의 57%, 국내 천연가스 생산량의 80%를 점유하고 있다. 중국 최대 이동통신사인 차이나모바일이 보유한 고객은 4.6억 명으로 중국인구의 34%에 달한다. 이외에도 국내 전기 생산의 55%, 항공운행 매출액의

82%, 수자원설비의 75%를 중앙국유기업이 점유한다.

이들 중앙국유기업 117개사(2010년 현재; 인용자)는 핵, 전력, 항공우주, 조선, 천연가스, 원유, 화학, 석탄, 중장비제조, 철강, 알루미늄, 해양·항공운수, 철강판매·연구, 화공, 기초화학소재, 건축재료, 비철금속, R&D, 철도, 철도엔지니어링, 임업, 건축설계, 국부펀드자산운용, 항공기제조, 황금, 수자원관리 등 전통적으로 국가가 관리해 온 중요 기간산업에 주로 포진해 있다. 그러나 이들 영역 이외에도 양곡(곡물), 자동차 제조, 이동통신, 경공업, 제염(소금), 부동산개발, 방직, 여행, 보험, 인쇄, 전자, 정보통신(IT) 등 구미지역에서는 이미 민영기업이 시장주도권을 확보하고 있는 영역에조차 중앙정부 소유 국유기업이 시장을 좌지우지하고 있는 형편이다.[24]

즉 국유기업은 기간산업에서는 압도적으로, 그 외 부분에서도 여전히 커다란 비중을 차지하고 있다. 그러나 2010년 수치를 보면 국유부문 공업생산액[25]은 18.58조 위안으로, 그 비중은 26.6%로 지배적이지는 않고 계속 줄어드는 추세이다.

〈그림12. 공업부분에서 국유기업비중[26]〉

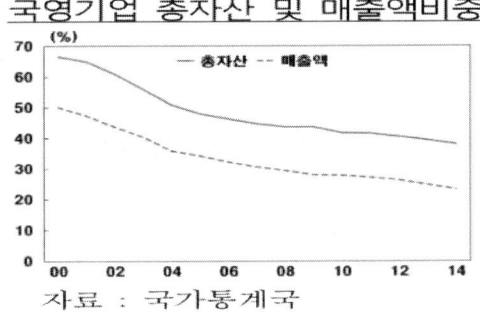

자료 : 국가통계국

---

24) 곽복선 외, 앞의 책, pp. 114-9.
25) 이 논의는 제2차 산업인 공업부분만에 한정된 것이다. 위의 책에 따르면, 1차, 2차, 3차 산업전반에서 국유기업의 비중은 중국에서 통계를 제공하지 않는다고 한다.
26) 강태헌, "중국경제의 리스크 점검 및 평가", 앞의 책, p. 11.

그러나 중요한 것은 형식이 아니라 그 내용이다. 경영과 국가의 소유방식 문제를 살펴보자. 국유기업은 개혁개방 이전에는 국가가 소유·운영했다. 1986년 정부는, 국가는 소유만하고 경영은 기업이 책임지는 "기업청부경영책임제"를 실시했다. 소유자(정부)가 청부인(CEO)에게 국유기업을 맡겨 경영하게 하는 것이다. 양자(정부와 CEO)는 쌍방협의를 통해 소유자가 고정된 수익을 가지도록 하고, 나머지 수익은 청부인(CEO)이 소유하거나 계약에 따라 일정 비율로 나누게 된다. 소유자(정부)는 경영에 간섭하지 않는다. 경영인은 1-2년의 임기를 보장받는다.

결국 이 제도는 기업이 독립적인 경영과 손익을 스스로 책임질 수 있도록 하는 것이 목적이었다. 기업에 독자적인 법인의 지위가 부여되었고, 이제 **국유기업은 이윤을 목적으로 생산하여야 하는 존재, 즉 자본**이 되었다(반면 사회주의체제에서 국가가 기업을 소유하고 직접 경영하는 목적은 **사회적 필요를 위해서 생산**하기 위한 것이다).

이후 소유방식에서 주식회사제도를 도입하며, 경영과 소유방식(내용과 형식) 모두에서 자본주의적 개혁(반혁명)이 완성된다. 중국 공산당(제14기 3중전회)은 1993년 11월 "사회주의 시장경제체제 수립에 있어서의 몇 가지 문제에 관한 결정"에서 '현대기업제도의 수립은 대량생산과 시장경제 발전을 위한 필연적인 요구이며 국유기업의 개혁의 나아갈 방향'임을 제시한다. 이 결정은 "'중국의 기업개혁은 중앙통제 및 계획경제를 폐지하는 대신 '현대기업제도'를 수립하는 단계에 진입하였다"고 천명하였다. 현대기업제도의 원칙은 국유기업을 시장 메커니즘에 의해 운영되는 회사로 전환한 후, 유한회사 또는 주식회사로 만드는 것이다.[27]

(그 결과: 인용자) 2000년에 이르러 대부분의 중대형 국유기업은 주식제를 근간으로 하는 '현대기업제도'를 수립하였으며, 국무원이 지정한 2,700개 기업 중 대부분이 이사회, 주주총회, 감사회를 구성하는 회사제 개혁을 실시하였다. 국가통계국에 따르면 2,473개 기업 중 81.5%가 개혁조치를 취했고,

---

27) 곽복선 외, 앞의 책, pp. 140-1.

이들 중 유한책임회사가 603개로서 개혁한 기업의 29.9%, 주식유한회사는 713개로서 35.4%, 국유독자회사는 700개로 34.7%를 점유하였다. 개혁한 기업 중 82.2%가 주주총회를 구성하였고, 95.1%가 이사회, 84.5%가 감사회를 구성하였다.[28]

유한책임회사와 주식유한회사의 경우는 정부가 주식의 일정부분만을 소유한다. 국유독자회사는 정부가 주식의 100%의 보유하며, 정부(책임부서는 국자위)는 단일주주가 되고, 이사를 지명하는 권한을 가진다.

이것이 1979년부터 "개혁개방"이라는 이름하에, 중국 "공산당"의 이름으로 진행된 반혁명이다. 이것은 "공산당"과 국가의 관료("붉은 자본가")들이 저지른 인류역사에 기록될 사기극이다. 그러나 노동자·인민의 재산에 대한 거대한 절도·횡령은 결코 조용히 진행될 수는 없었다. 1989년 "천안문 사태"는 반혁명에 대한 노동자·인민들의 저항으로 보아야 할 것이다.

중국 은행제도의 특징:

은행제도는 사회주의적 색채를 많이 보존하고 있고, 중국경제에 독특한 성격을 부여한다. 개혁개방 이전에는 모든 은행을 국유화하여 단일한 "인민은행"을 만들었다. 개방 이후 인민은행은 중앙은행으로 남았다.

이후 다음과 같은 거대한 국유은행을 만들어가게 된다. 4대 거대 상업은행: 중국농업은행(1979년), 중국은행(1980년), 중국건설은행(1981년), 중국공상은행(1984). 이들은 현재 중국을 대표하는 4대 은행(Big 4)이다. 이들은 1980년대 중반까지는 사실상 중국의 은행체계 전부였고, 정부는 이 은행을 통해 산업을 지배했다. 이들 4대 은행의 비중은 계속 줄어들고 있지만 여전히 압도적이다. 이들 전체의 자산규모는 2010년 말 현재 GDP의 1.18배, 주식시장 시가총액의 1.2배, 채권시장의 2.3배, 중국의 총 대출에서 차지하는 비중은 36%에 이른다. 3대 정책은행: 국가개발은행, 중국농업발전은행, 중국수출입은행. 1994년 설립한 국가소유의 특수은행들이다.

---

28) 같은 책, p. 142.

이들 이외에는 상대적으로 규모가 작은 주식제 상업은행(대부분 정부소유), 도시상업은행(대부분 지방정부 소유), 농촌 상업은행(주식제 지역금융기관)이 있다. 외자계 은행이 있지만, 2008년 현재 74개의 외자은행의 전체 자산은 중국은행권 총자산의 2.3%에 불과하다.

점차 변화하고는 있지만 주식, 회사채 등에 비해 은행이 금융체계에서 차지하는 비중이 매우 높다. 2010년의 경우 실물부문(비금융기업)의 자금조달비중에서 은행대출이 75.2%를 차지고, 2000년대 후반까지도 은행권의 총자산이 금융기관 총자산의 90%를 차지하고 있다.[29]

즉 사실상 거의 모든 은행이 정부소유이고, 압도적 자산(화폐자본)을 집중하고 있다. 정부는 은행이 국유기업에 대출하는 것을 조절해서, 경제를 통제하는 강력한 힘을 가지게 된다. 정부는 4대 상업은행 등의 예금·대출금리를 직접 규제했는데, 대출금리의 경우 2013년에야 하한에 대한 규제를 폐지했다.

2) 1979년 "개혁개방" 이후 중국경제의 동향

중국경제는 "경이적인 성장"을 보였다. 성장이란 중국에서 자본의 성장이면서, 동시에 생산의 성장이다. 그리고 생산이란 노동력과 생산수단을 결합시키는 문제이다. 따라서 먼저 중국 인구의 증가와 생산수단(노동수단과 노동대상, 고정자본과 유동자본)의 증가를 살펴보자.

중국의 인구 증가:

1950년 5억 5천만 명이던 인구는 2015년 13억 7천만 명으로 증가한다. 거대한 증가이기는 하지만, 1979년 이후 인구증가는 매우 느리다(약 10억 →13.7억).

---

29) 같은 책, pp. 646-53에서 정리.

〈그림13. 중국의 인구[30]〉

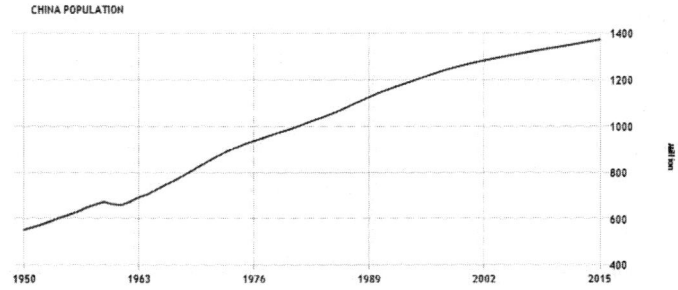

1978년 당시 전체 인구의 82.1%이던 농업인구가 2012년 47.4%로 감소했다. 그러면 노동자가 얼마나 증가하였을까. 〈그림13. 중국의 인구〉를 참고하여 대략 계산하여 보자. 또 극도로 단순화시켜 농업과 공업(서비스업 포함) 인구만 존재한다고 가정하고 보자. 1978년 10억 인구의 18%를 계산하면 1억8천만 명이 나온다. 2012년에는 인구 13억5천만 명의 43%이니 5억8천만 명이 나온다. 5억8천만-1억8천만을 하면, 도시 공업인구 4억 명 증가라는 거대한 수치가 나온다. 그런데 만약 농업인구비율이 계속 높다면 그 증가는 미미할 것이다. 만약 2012년에도 농업인구가 80%라면, 공업인구는 9천만 명 증가로 계산된다(이 중에서 실제 생산 활동에 참여하는 사람의 비중을 고려하면 그 증가는 더욱 미미해진다). 그러면 공업생산의 비약은 불가능할 것이다. 그래서 덩샤오핑의 "중국 사회주의 농업의 개혁과 발전에는 두 개의 비약(飛躍)이 있음이 분명하다"는 언급은, 자본주의적 생산의 비약을 위해서는, 사회주의 농업을 해체하여 농민을 토지에서 분리시켜야 한다는 의미가 된다. 즉, 농민을 수탈한 것이 "고도성장"의 첫 번째 비결이다.

---

30) http://www.tradingeconomics.com/china/population

생산수단의 증가:

〈그림14. 중국의 총고정자본의 형성〉은 매년 새로이 증가(투자)하는 고정자본의 양을 표시한다. 고정자본(공장설비, 기계, 철도·도로·항만 등 사회간접자본 포함)의 증가는 엄청나고, 특히 2000년 이후가 폭발적이다. 그림에 대한 설명에 따르면 "총고정자본 투자는 1952년 80.70억 위안(CNY HML[31]))에서 2015년 292396.50억 위안(CNY HML)로 증가했다"고 한다.

〈그림14. 중국의 총고정자본의 형성[32])〉

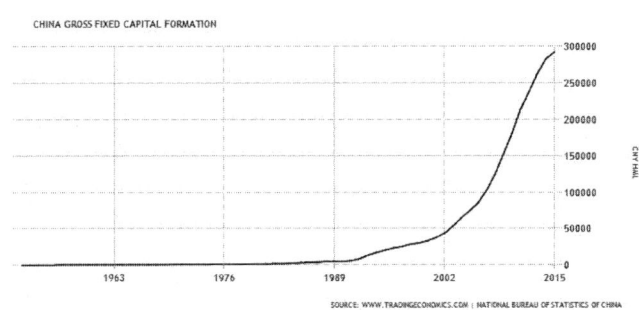

그러면 고정자본의 축적은 어떻게 이루어졌을까. 축적이란 착취의 결과물인 이윤의 축적이고, 자본의 축적이다. 그래서 자본이란 곧 잉여노동을 의미한다. 즉 고도성장이란 고도 착취의 다른 표현이다.

실물적으로 보면 고정자본을 축적하려면 먼저 그 소재가 생산되어야 한다. 한 나라의 생산물은 생산재와 소비재로 나눌 수 있는데, 생산재를 최대로 늘리고 소비재를 최소로 줄이는 것을 의미한다. 즉 대중의 소비를 최소한으로 줄이는 것을 의미한다. 소비지출 성장률을 보면 GDP에서 차지하는 비중이 2000년 약 64%에서 2010년 50% 아래로 급격히 낮아지는데, 이 시기에 고정자본이 급격히 증가하는 것의 이면일 것이다.

---

31) HML의 의미가 불면명하지만, 필자는 Hundred Million으로 추측하고 억으로 번역했다.
32) http://www.tradingeconomics.com/china/gross-fixed-capital-formation

⟨그림15. 소비지출 성장률33)⟩

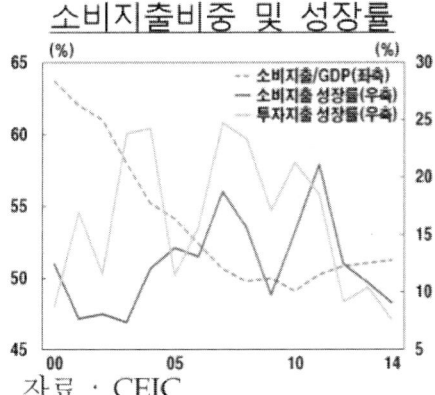

자료 : CEIC

또 중국성장을 "수출주도성장"이라고 하는데, 수출과 그 이면인 수입을 살펴보자.

⟨그림16. 중국의 수출과 수입34)⟩

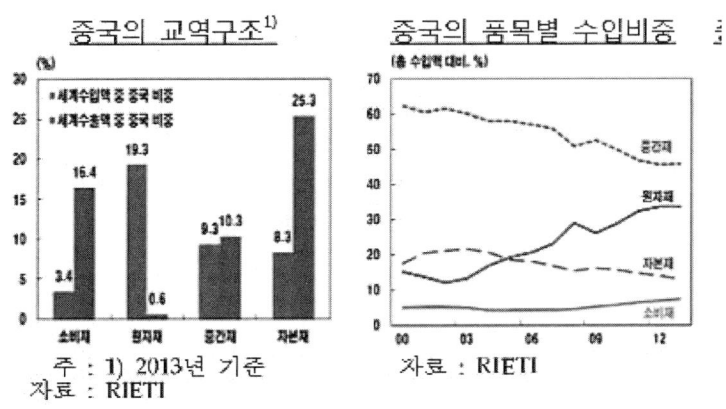

---

33) 강태헌, "중국경제의 리스크 점검 및 평가", 앞의 책, p. 4.
34) 정준우, "G2의 디커플링이 글로벌 경제에 미치는 파급 영향", ≪국제경제리뷰≫ 제2015-12호(2015. 12. 2.), p. 10.

〈그림16. 중국의 수출과 수입〉을 보면 세계시장에 있는 원자재의 19.3%를 수입하고, 세계시장에 있는 자본재의 25.3%를 수출하고 있다. 소비재만이 아니라 자본재 수출 비중도 높다는 것을 말한다. 반면 수입은 소비재의 비중이 미미하며, "(고정)자본의 형성"에 사용될 수 있는 중간재, 원자재, 자본재가 높은 비중을 차지하고 있다. 즉 무역이 고정자본을 형성하는데 기여했음을 알 수 있다.

한편 외국인의 투자가 중국 고정자본의 형성에 어느 정도 기여했을까를 살펴보자. 〈그림17. 외국인의 중국 내 투자〉를 보면 외국인이 2014년 직접 투자한 금액이 약 2,900억 달러(1조9285천억 위안)이다. 만약 이 중 60%가 고정자본투자에 사용된다면 1조 1571억 위안이다. 같은 해 위의 〈그림14. 중국의 총고정자본의 형성〉에서 총 고정자본 증가는 25조 위안으로 본다면, 외국인의 직접투자는 4.6% 정도를 차지한다. 무시할 수 없는 비중이다. 투자가 특히 급격히 증가한 2004년 이후에는 외국인 직접투자가 중국의 고정자본의 증가에 적지 않은 영향을 주었다고 평가된다. 하지만 그 이전에는 거기에 못 미쳤을 것이다(2002년에는 4% 정도로 계산된다).

〈그림17. 외국인의 중국 내 투자35)〉

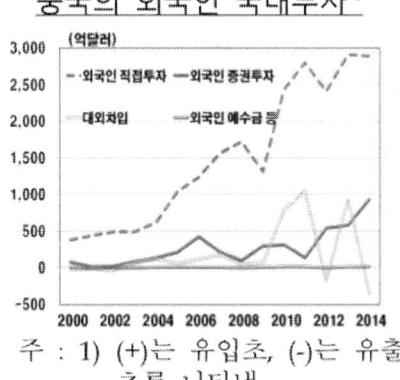

주 : 1) (+)는 유입초, (-)는 유출초를 나타냄

---

35) 강태헌, "중국경제의 리스크 점검 및 평가", 앞의 책, p. 11.

즉, 소비를 최소로 줄여 잉여노동을 극대화한 것, 즉 노동자를 희생시킨 것이 "고도성장"의 두 번째 비결이다.

중국의 경이로운 자본의 성장:

결국 개혁개방 이후 사회주의 농촌을 해체하여 농민을 수탈하고, 국유기업을 사유화하여 노동자의 재산을 횡령하고, 노동자들을 고도로 착취한 결과, 다음과 같은 경이로운 기록을 창조하게 된다.

〈그림18. 중국 GDP의 성장36)(명목금액)〉

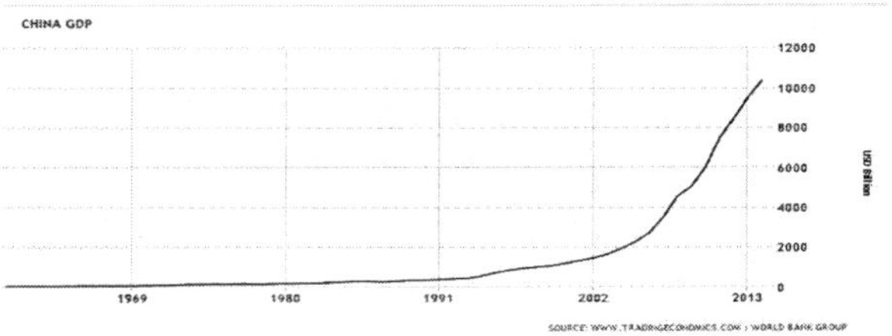

1998년 1조195억 달러이던 GDP는 2014년 그 10배인 10조3611억 달러로, 일본을 추월하고 세계 2위로 성장했다(명목금액).

GDP의 연간 성장률을 〈그림19〉와 같다.

〈그림19. 중국의 연간 GDP 성장률37)〉

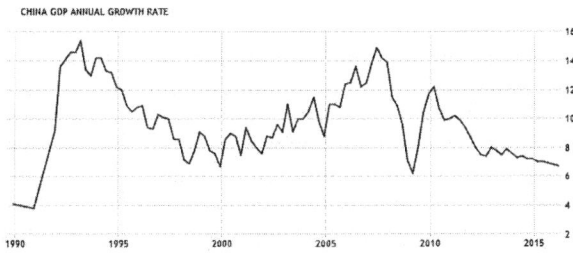

---

36) http://www.tradingeconomics.com/china/gdp
37) http://www.tradingeconomics.com/china/gdp-growth-annual

중국의 GDP와 경제위기에 대하여:

중국정부가 발표하는 경제성장률의 의미에 대하여 살펴보자. 중국의 GDP 통계는 세계적으로 악명이 높다.

중국에는 리커창 지수라는 것이 존재한다. 2007년 랴오닝성 총서기였던 리커창은 당시 중국 주재 미국대사인 랜트(Clark Randt)에게 다음과 같이 의외로 솔직하게 자신의 의견을 개진한 적이 있다: "중국의 (특히 지방정부) GDP 통계는 믿을 수 없다(man-made). 따라서 나는 '전력사용량(electricity consumption), 철도 운송량(rail-cargo volume), 그리고 은행대출(bank lending)'을 기준으로 중국의 경제성장 속도를 계측한다. 그 밖의 다른 통계, 특히 GDP 수치는 단지 참고사항일 뿐이다." 당시 미국대사는 비밀리에 이상의 내용을 본국에 보고했고, 그것을 유명한 위키리크스가 폭로하면서 세상 사람이 알게 됐다.[38] 그 이후 중국전문가들은 위의 기준을 리커창지수로 부르며 중국경제의 현황을 파악하는 중요한 지표로 활용하고 있다.[39]

GDP가 부풀려지는 주요한 이유는 관할 지방의 성장 실적이 지방 총서기들의 출세를 결정하기 때문으로 알려져 있다. 또한 2013년 8월 베이징대 HSBC 경영대학 교수 볼딩(Christopher Balding)은 논문에서 "중국의 GDP는 공식 통계보다 8-12% 낮아져야"[40] 한다고 주장했다. 필자는 더욱 과감하게 공식 통계에서 8%포인트[41]를 빼면 실제 성장률(산업자본의 성

---

38) 원주: Reuter, "China's GDP is 'man-made', unreliable: top leader", December 6, 2010. 〈http://www.reuters.com〉
39) 김기수, ≪대출 의존형 중국 경제발전의 구조적 문제점≫, 세종연구소, 2014, pp. 106-7.
40) 같은 책, p. 109에서 재인용. (원래의 출처는 Balding, "How Badly Flawed is Chinese Economic Data? The Opening Bid is $1 trillion", pp. 1, 5, 21, 23.)
41) %와 '%포인트'의 차이: 전국의 실업률이 작년 2월에는 3.5%였으나 올해 2월에는 3.9%로 상승했다면, 이때 1년간 실업률이 0.4%포인트 올랐다고 말한다. 반면 실업률이 전년에 비해 10% 올랐다면 3.5%+0.35%(3.5%의 10%)로 실업률은 3.85%가 된다.

장률)에 접근할 것이라고 생각한다. 즉 공식통계가 2012년 7.75%, 2013년 7.68%, 2014년 7.35%인데, 여기서 8을 직접 빼면 각각 -0.25%, -0.32%, -0.65%가 나온다. 즉 성장이 감소하는 공황이 진행되고 있으며 그 폭이 점차 커지고 있다고 보아야 한다는 것이다. 일단 그렇게 가정하고 논의를 진행해 보자.

〈그림19. 중국의 연간 GDP 성장률〉를 보자. GDP가 매년 대략 10%정도로 성장하고 있다. 성장이 8% 이하로 둔화되는 시기는 1990년 전후(세계공황) 공황, 1998년 전후(아시아 공황), 2000년 전후(미국 등 선진국 공황), 2009년 전후(세계대공황), 그리고 2012년부터 현재까지로 나타난다. 그러나 세계은행이 발표한 수치는 2000년 8.43%, 2001년 8.29%, 2002년 9.09%, 그리고 2008년 9.6%, 2009년 9.2%가 나오므로 일단 이 두 시기는 논의에서 제외하자.

그러면 위의 필자의 전제(공식통계수치-8%)를 적용하면 1990년 전후, 1998년 전후, 그리고 2012년[42]부터 현재까지의 시기는 성장이 축소되는 공황 시기라는 결론이 나온다. 1979년 개혁개방 이후 자본주의화가 진행되었다. 그리고 세계공황과 연동되어, 2009년까지 "대략 10년 주기로 공황이 발생"하고 있다고 추측할 수 있다.

다음 내용은 1990년대 말에 경제위기가 발생했음을 짐작하게 해준다.

> 중국은 이미 1990년대 금융권의 부실채권 문제를 경험한 적이 있다. ... 문제는 1990년대 불거졌는데, **대외적으로 별로 알려지지 않았지만** 특히 국유은행의 부실채권이 눈덩이처럼 불어났다. 1997년 한국을 비롯한 동아시아에 금융위기가 덮치자, 중국정부 역시 부실채권 문제를 외면할 수 없었다. 1998년 덮개를 열어본 결과 국유상업은행의 부실채권(non-performing loan) 비율은 무려 44%였고, 당시 중국 GDP의 34%에 달하는 엄청난 규모였다. 1999년 4월부터 6개월 동안 4개의 금융자산관리공사(AMC)가 설립되었고,

---

[42] 자세한 내용은 뒤에서 서술하며, 2013년으로 공황의 시작을 보지만, 일단 이렇게 전제하고 진행하자.

2000년부터는 이들이 4대 국유(상업)은행 총여신의 18%에 해당하는 부실채권을 장부가로 인수하는 조치가 취해졌다. 문제는 조치에 필요한 자금이었는데, 인수자금의 45%는 중앙은행의 신용 공여로 메워졌고, 나머지 55%는 4대 국유은행이 자산관리공사가 발행하는 채권을 매수하는 방식을 통해 조달된 자금으로 충당됐다. 하지만 조치가 취해진 지 7년이 지난 2006년 부실채권의 현금회수율은 21%에 머무르고 있다.[43]

여기서 중국의 공황이 "대외적으로 별로 알려지지 않"는 이유를 살펴보자. 먼저 공식 GDP 성장률이 1998년 7.85%, 1999년 7.61이므로, 여기서 8을 빼면 -0.15%, -0.39%가 나온다. 즉 생산이 미미하게 축소되는 결과가 나온다. 공황은 과잉생산에 의해 발생하고, 바로 그 과잉 생산력이 파괴는 과정이기 때문에, 그 규모는 생산력의 크기에 의해 일차적으로 규정된다. 당시의 중국 생산력의 수준이 매우 낮았기 때문에 그 파괴도 제한적일 수 밖에 없었을 것이다. 둘째로 공황의 파괴력을 증폭시키는 것은 신용의 전반적이고 급격한 수축인데, 일반적으로는 이로 인해 정상적인 기업조차도 도산("흑자 도산")하게 된다. 그런데 중국의 경우는 신용제공자가 국가(국유은행)이다. 그래서 위에서 보는 것처럼, 중앙은행(인민은행)이 돈을 찍어내고("중앙은행의 신용 공여"), 4대 국유(상업)은행과 함께 부실기업을 처리하여, 신용의 전반적 수축을 일정수준에서 통제할 수 있었을 것이다. 파괴를 최소한으로 막아내는 것이다. 〈그림20. 기준금리인하-1990년대 말〉에서 1990년대 말 기준금리를 급격(약 11%→6%이하)하게 내리는 모습을 볼 수 있는데, 신용의 수축을 막고자 하는 모습이다.

---

43) 김기수, 앞의 책, pp. 25-6.

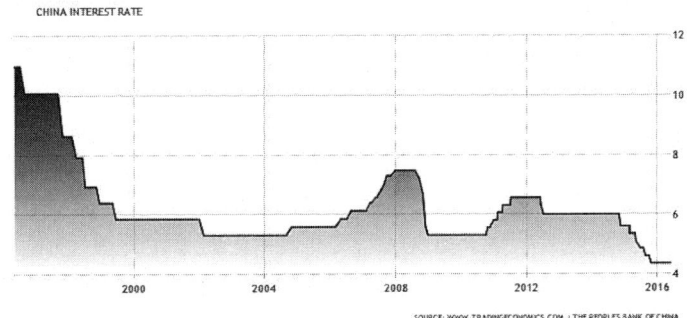

〈그림20. 기준금리인하-1990년대 말44)〉

신용의 격렬한 수축을 통제할 수 있는 국유은행의 강력한 지배력은 중국경제의 독특한 강점이다. 그런데 부르주아 경제학자는 중국의 과잉생산 문제를 지적하면서 다음과 같이 적는다.

> 2005년 과잉생산업종으로 분류된 철강, 코크스, 탄화칼슘, 시멘트, 전해알루미늄 등이 5년이 지난 후에도 과잉생산 업종으로 남아있다는 사실이다. 중앙정부의 **과잉생산 해소** 노력에도 불구하고 성과가 별로 없던 현실을 반영한다. 2009년에는 새로운 업종이 추가되면서 과잉생산 분야가 오히려 대폭 확대됐다. 하여튼 중국정부의 능력에는 한계가 있음이 분명하다. 이러한 현상을 경제학에서는 "**정부의 실패**"...라고 부른다.45)

"과잉생산 해소"란 이윤을 남기지 못하는 과잉 생산된 생산수단들을 가차 없이 폐기하고, 노동자들을 거리로 내모는 것을 말한다. 황금신에 눈이 먼 부르주아 경제학자들에게는 인민들의 피와 땀의 결실인 생산수단들을 대량 폐기하는 정부가 성공한 정부이다. 그러나 우리는 그 반대이다. 사회주의의 성과인 국유은행의 통제가 남아 있어, 자본주의의 "성공적 정부"

---

44) http://www.tradingeconomics.com/china/interest-rate
45) 김기수, 앞의 책 p. 36에서 재인용. 원출처는 장빈, "중국 내수 살아났지만 ... 제조업 과잉 문제", ≪조선일보≫, 2009. 6. 7.

들에 비해서 상대적으로 생산력을 보존시키고 있고, 이것이 중국의 "고도성장의 하나의 비결"이라고 본다.

1990년을 전후한 시기의 경제성장률을 살펴보면, 1987년 11.7%, 1988년 11.3%, 1989년 4.2%, 1990년 3.9%, 1991년 9.3%, 1992년 14.3%로 기록된다(역시 세계은행이 발표한 경제성장률인데, 〈그림19〉와 약간의 차이가 난다). 1990년(3.9% 성장이므로 필자의 전제에 의하면 3.9%-8%=-4.1%)에는 개혁개방 이후 2016년 현재까지의 성장률을 통틀어 최저치를 기록한다. 그리고 1989년에도 4.2%를 기록하여 이때 경제위기가 시작된 것으로 보인다. 그리고 이 공황이 1989년 "천안문사태"를 초래한 근본적인 이유인 것으로 판단된다. 당시의 위기가 1990년 말의 위기에 비해 크게 나타난다. 생산력 수준에 비추어 보면 반대의 현상이다. 아마도, 당시는 개혁개방이 시작된 지 얼마 지나지 않은 과도기적 상태라 은행체계가 상대적으로 불완전하였고, 반혁명에 저항하는 소요사태로 인한 사회적 혼란이 경제에 파괴적 작용을 한 것으로 생각된다.

3) 2007년 세계대공황과 중국경제

2008년 중국의 경제위기:

2007년 발발한 세계대공황으로 중국도 심각한 타격을 받았다. 그러나 이 시기 공식적 GDP 성장수치는 2007년 14.2%, 2008년 9.6%, 2009년 9.2%이다. 다른 사람도 아닌 정부통계를 책임지고 있는 리커창 총리의 "GDP 수치는 단지 참고사항일 뿐이다"라는 가르침을 상기하자. 특히 2008년 9.6%, 2009년 9.2%의 수치는 더욱 부풀려진 것으로 보이며, 이 수치를 단지 "참고"하여 필자는 2008년부터 성장이 축소되는 공황이 시작된 것으로 본다.

유명한 피터슨국제경제연구소의 부르주아 중국 전문가 니콜라스 라르디는 <u>2008-09년의 위기</u> 동안 중국의 소비가 어떻게 실질적으로 성장했지, 어떻게 임금이 인상되고, 경제위기로 인한 해고로 쏟아져 나온 실업자들을 받아주기 위해 정부가 **어떻게 충분한 일자리를 만들었는지**를 설명한다.

"최근 거의 10년 만에 (중국의) GDP 확장이 가장 느렸던 1년 동안, 2009년에 어떻게 소비의 성장은 상대적으로 그렇게 강력했는가? 농업부가 수행한 조사에서 특히 수출제조업의 중심부인 **광동성 등 남동부 해안지역에서 일자리가 2000만 개 사라졌다**고 밝힐 정도로, 수출지향적인 산업에서의 고용이 붕괴된 시점에서 어떻게 이런 일이 생길 수 있는가? 2009년의 상대적으로 강력한 소비 증진은 몇 가지 요인으로 설명될 수 있다. 첫째, 특히 **건설 부문 등에 대한 투자의 급격한 증가로**, 수출 부문에서의 실직의 많은 부분을 만회할 만한 일자리가 만들어졌다. 전체적으로 **2009년 한 해 동안 중국 도시 지역에서 만들어진 일자리는 1100만 개** 정도로, **2008년의 1113만 개**에 거의 육박한다." ("세계 금융 위기 이후 **중국의 지속된 경제 성장**", Kindle Locations 664-666, 피터슨국제경제연구소)[46]

이 글은 중국정부가 거대한 경기부양대책을 시행하여 "중국의 지속된 경제 성장"을 이루었음을 서술하려고 한다. 그러나, 2008년-2009년 동안 "광동성 등 남동부 해안지역에서 일자리가 2000만 개가 사라졌"다고 한다. 반면 "건설 부문 등에 대한 투자의 급격한 증가로", "전체적으로 2009년 한 해 동안 중국 도시 지역에서 만들어진 일자리는 1100만 개", "2008년 1113만 개"라고 한다. 그러면 두 해 동안 2213만 개의 일자리가 생긴 것이다. 그런데 "남동부 해안지역"에서만 2천만 개의 일자리가 사라졌다면 그 이외의 도시와 농촌 지역에서도 일자리가 사라졌을 것이다. 그런데 이것이 "어떻게 충분한 일자리를 만든" 것이고, 또 어떻게 "지속된 경제 성장"이 가능했겠는가.

---

46) 프레드 골드쉬타인(Fred Goldstein), "중국에서의 투쟁: 자본주의 위기와 계획", ≪노동자세상≫, 노동자세상당, 2012. 3. 27. 〈http://www.workers.org/2012/world/china_0405/〉

경기부양과 건설·부동산 광풍:
중국정부는 잘 알려진 것처럼 대대적인 경기 부양책을 시행한다.

이것이(2008년의 "성장둔화": 인용자) 대규모 경기부양책의 배경인데, 2008년 8월-12월 단행된 기준금리 인하, 10-12월 은행 지불준비율 인하, 비슷한 시기 인민은행의 채권 대량구매를 통한 채권금리 인하, 8월부터 사실상 고정환율제로의 환원, 그리고 2008년 말부터 시행된 대규모 대출확대 및 투자활성화 등이 주요내용이다. …

2008년 11월 중국정부가 은행대출 완화조치를 취한 후 <u>2009년에만 신규대출은 9.5조 위안으로 폭증</u>했다. 폭증으로 보는 이유는 2008년 신규대출에 비해 규모가 무려 195%나 늘어났기 때문이다. 더욱이 신규대출의 80% 이상은 중장기 대출이었고, 대부분의 경우 기업 대출 형태를 띠고 있었다. 중장기 대출은 사실상 대형투자를 의미하는데, <u>인프라 건설 50%, 부동산 12.8%</u>[47], <u>제조업 10.2%</u> 그리고 리스 및 상업서비스업에 13.1%가 각각 배분됐다.[48]

우리는 중국 "총고정자본의 형성"에서 2000년대 총고정자본이 지속적으로 상승하는 것을 보았다. 그 성장은 어디서 왔을까. 제조업 신규대출은 10.2%로 비중이 그 자체로도 낮다. 더구나 심각한 과잉생산에 허덕이는 상태에서, 대출금의 많은 부분은 부채를 청산하기 위해 사용되었을 것이다. 〈그림21〉 중국제조업의 과잉생산력의 심각성을 보여준다.

---

47) 연구자에 따라 다양한데 부동산 대출비율을 31.3%로 계산하는 사람도 있다. (김기수, 앞의 책, p. 93.)
48) 같은 책, p. 49.

〈그림21. 중국 제조업의 가동률[49]〉

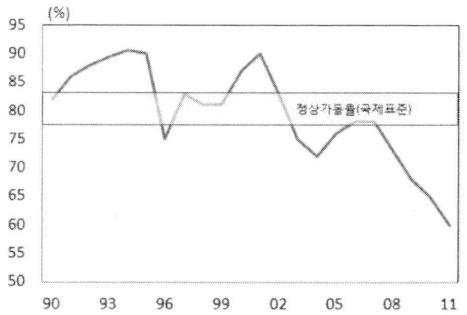

주 : 1) 정상가동률(국제표준)은 78~83% 내외
자료 : IMF(2012 Article Ⅳ Report)

위 인용문에서 인프라는 고속철도, 도로, 항만, 전력, 가스, 수도 등의 공공시설을 말한다. 이 시기에 중국은 새로운 도시를 건설하는 방식을 추진했기 때문에, 인프라 건설과 대규모 주택개발(부동산)은 함께 연결되어 있다. 그래서 건설(인프라·부동산)에 62.8%의 경기부양자금이 집중된 것을 의미한다. 또 26.2%의 대출비중을 차지하는 리스 및 상업서비스업에서는 고정자본을 형성하는 역할이 미미하다. 그래서 2008년 이후의 고정자본의 형성 따라서, 생산의 성장은 주로 건설부문에서 발생했다고 볼 수 있다. 이 시기 경제성장을 이끌었던 건설·부동산업을 자세히 살펴볼 필요가 있다. 성장은 붕괴의 원인이 되기 때문이다.

GDP 성장률과 건설·부동산업 비교해 보면 그 흐름을 같이 하고 있다.

---

49) 전익호, "중국 제조업의 현황 및 중국 정부의 경쟁력 강화 방안", ≪국제경제리뷰≫ 제2015-13호(2015. 8. 6.), p. 7.

〈그림22. 부동산 건설업 성장률과 GDP 성장률[50])〉

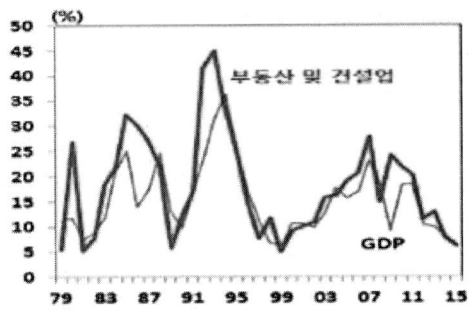

주: 1) 명목기준
자료: CEIC

정부는 부동산정책을 경기부양용으로 사용하면서 과열되면 규제하고, 너무 침체하면 완화하는 이른바 "냉온탕식" 접근을 하고 있다.

〈그림23. 주택경기와 정부정책[51])〉

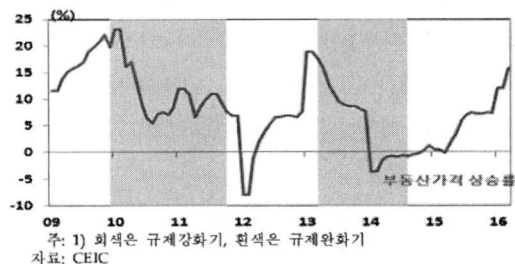

주: 1) 회색은 규제강화기, 흰색은 규제완화기
자료: CEIC

부동산경기는 2009년부터 상승하다, 2010년 정점을 찍고, 2012년 하강하고, 다시 2013년 상승하다, 2014년 하강한다. 2015년 중반부터는 중국

---

50) 김지은, "최근의 중국 부동산경기 동향에 대한 평가", ≪국제경제리뷰≫ 제2016-12호(2016. 5. 3.), p. 7.
51) 같은 글, p. 5.

정부의 부동산규제 완화 등에 힘입어 부동산경기가 다시 회복되고 있다.

〈그림24. 중국의 건설업 고정자산투자액〉을 보면 2014년에 주택가격이 하락하고 있음에도 불구하고 고정자산투자액이 전년동기대비 20-15%씩이나 상승하고 있다.

〈그림24. 중국의 건설업 고정자산투자액[52]〉

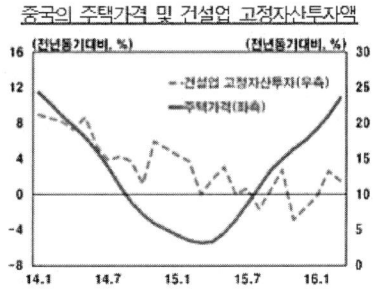

GDP대비 부동산·건설업 비중은 꾸준히 증가하여 1978년 6%에서 2015년 13%로 증가하고 있다.

〈그림25. 부동산·건설/GDP 비중[53]〉

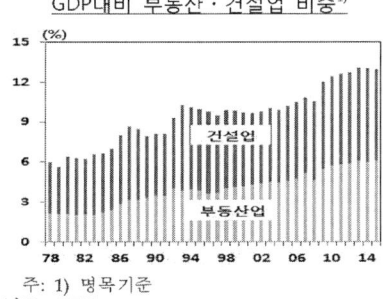

---

52) 이재원 외, "최근의 주요 금속원자재시장 수급여건 점검", 《해외경제 포커스》 제2016-20호(2016. 5. 15./5. 21.), 한국은행, p. 7.
53) 김지은, 앞의 글, p. 7.

부동산대출은 꾸준히 증가하여 2015년 말에는 총대출의 약 22%를 차지하게 된다.

<그림26. 총대출에서 차지하는 부동산 대출액의 비중54)>

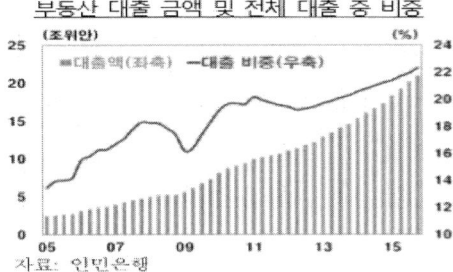

중국의 기업부채 비율(GDP대비)은 2006년 말 108.2%에서 2015년 9월 말 현재 166.3%로 급증(BIS, 2016.3월)하였는데, 특히 부동산 및 관련기업(인테리어, 철강, 건자재 등)의 부채비율은 이보다 훨씬 높다.

<그림27. 그림 부동산 및 관련기업의 부채55)>

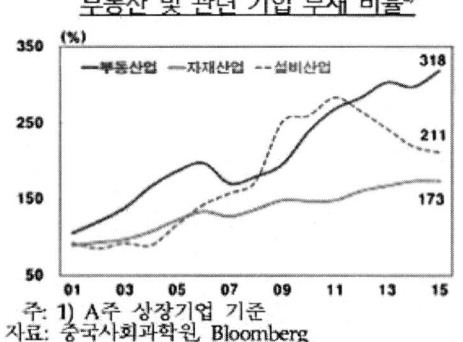

---

54) 같은 글, p. 12.
55) 같은 글, p. 11.

2016.3월말 현재 전체 은행 대출 중 부동산대출은 22.8%이다. 이 중 개인들이 주택구입을 위해 이용하는 모기지대출은 15.4%이고, 부동산개발업자에 대한 대출이 7.4%이다. 자산관리상품 및 신탁상품 등 부외거래(은행들의 비공식적 고금리 거래)를 포함할 경우 **약 35%가 부동산 대출이다.**[56]

건설(인프라와 부동산)부문은 철강, 시멘트, 평판유리 등 대표적인 과잉생산업종의 생산물을 소비하는 데도 주요한 역할을 하고 있다. "부동산건설을 위한 철강수요는 생산된 총량의 40%를 차지하고 있다."[57]

인프라건설을 포함한 부동산 관련 산업의 주요한 성격은 토지에 대한 투기이다.

2010년을 기준으로 과거 10년 동안 부동산가격(주택가격: 인용자)은 225%나 상승했다. 중요한 점은 2007년 이후에만 이 증가율의 60%에 해당하는 140%의 가격 상승이 있었다는 사실이다. ... 그렇다면 지방정부의 수입과 직결된 토지가격, 부동산 값의 상승에 비해 토지가격은 어느 정도 올랐을까? **베이징의 토지가격은 2007-2009년 3배나 폭등**했다. 이것을 **부동산가격 대비 토지비용**으로 환산하면 다음의 결과가 나온다. 2003-2007년 그 비율은 30-40%였지만, 2008-2010년 초에는 거의 두 배인 **연평균 60%**로 올라갔다.[58]

토지가격은 아직은 주택건물가격에 비해 2008-2010년 초에 60%에 **불과하지만** 더 시간이 더 지나면 100%로 올라가고, 건물은 가격이 아니라 철거비용으로 계산될 것이다.

여기저기서 중국부동산 버블을 경고하고 있는데 그 하나를 보자.

---

56) 같은 글, p. 12.
57) 김기수, 앞의 책, p. 97.
58) 같은 책, pp. 91-2.

과거 몇 년 동안 전문가들은 중국부동산 버블을 경고해 왔다. (2011년 12월) 현재까지 버블은 터지지 않고 있다. 그러나 현장의 모습은 사뭇 다르다. 2개월 전 부동산 개발업자는 호화 콘도를 기존 가격의 2/3로 판매하기 시작했다. 할인 이전 가격으로 구매한 사람들이 개발업자에게 사무실로 몰려와 항의하며 할인된 가격만큼을 되돌려달라고 주장했다. 일부는 유리창을 부수며 난동을 부렸다. **가격인하경쟁은 전국적으로 확산될 조짐**이다. 베이징 부동산 중개업자 홈링크(Homelink)에 따르면 베이징도 (2011년: 인용자) 11월에만 신규주택가격이 35%나 떨어졌다고 한다. ... 파장은 산업에도 전달됐다. **철강생산이 6월 이후 15%나 줄어들었고**, 그 결과 철강업자의 1/3이 손해를 봤다. ... 중국의 부동산 개발사업은 매우 흥미로운 구조를 가지고 있다. 주택실소유자를 의미하는 도시 거주자들은 부동산 붐의 주역이 아니다. 좋게 말하면 투자자들, 즉 부동산 투기꾼들이 주역인데, 이들은 장기수요에 기대 신규주택을 몇 채씩, 많게는 12채까지 보유하고 있다. 앞으로 가격이 오를 것이라고 예측하며 빈집 소유를 마다하지 않는다. 현재 입주 안 된 주택 수는 아무도 정확한 수치를 모르지만, 적게는 1000만 채에서 많게는 6200만 채로 추정된다. 이것이 언론에 자주 보도되는 유령 타운의 모습이다. 중국 부동산에 거품이 끼는 데는 구조적인 이유가 있다. 우선 **투자의 마땅한 대안이 존재하지 않는다.** 중국정부가 대외적으로 자금의 흐름을 엄격히 통제한 결과 일반인의 해외 투자는 사실상 불가능하다. 대안으로 은행에 저축하면 이자율이 너무 낮다. 주식시장이 있지만 지난 몇 년간 널뛰기 장세가 계속됐으므로 카지노와 다를 바 없어 대단히 위험하다. 반면 부동산은 1990년대 개인소유제가 활성화된 후 (과거 한국과 같이) 가격이 하락한 적이 없어 안정적인 투자처로 간주됐다. ... **빚이 많은 부동산 개발업자와**는 달리 투기꾼들은 일반적으로 **자신의 여유자금을 투자한 경우**가 많아 그렇게 급하지 않다. 물론 그들의 행동은 **부동산의 가치보전능력**에 달려있다.59)

---

59) 같은 책, pp. 95-6에서 재인용. 원출처는 Patric Chovanec, "China's Real Estate Bubble May Have Just Popped", *Foreign Affair Snapshot*, December 18, 2011.

다음과 같은 해석이 가능하다: 정부가 위기에 대응하여 경기부양을 위해 공식적으로는 4조 위안을 공급한 것으로 알려지고 있다. 그러나 은행대출 독려, 금리인하 등 각종 대책으로 공급한 규모는 더욱 거대한데, 연구자에 따라 다르지만 15조-20조 위안(2,400조-3,200조 원)으로 알려지고 있다. 인플레이션은 필연적이다. 당연히 이자율도 하락하기 때문에 토지가격[60]의 폭등은 필연적이다. "투자의 마땅한 대안이 존재하지 않는" 개인들의 자금이 몰려들면서 토지(주택)에 대한 투기가 벌어진다. 그러나 개인들의 "여유자금"만이 흘러드는 것은 아니다. 은행도 "투자의 마땅한 대안이 존재하지 않"기 때문에 개인 대출(주로 고금리)에 뛰어든다. 또한 전반적 과잉생산 때문에 "투자의 마땅한 대안이 존재하지 않는" 자본도 부동산 개발업으로 몰려들어 개발광풍이 불게 된다. 결국은 과잉생산이 초래되고 "수천만 채의 빈집"이 생기면, "가격인하경쟁은 전국적으로 확산"된다. 투기가 멈추고 부동산 수요는 급격히 위축된다. 빚으로 구입한 사람들의 투매가 이어지고 수십 채를 보유한 사람들과 고금리로 대출해서 구입한 사람들의 파산이 이어진다. 주택이 팔리지 않아 "유령도시"가 늘어가면, "빚이 많은 부동산 개발업자"도 파산하게 된다. 중국판 서브프라임모기지 사태가 재연되는 것이다.

그림자 금융의 성장:

그림자 금융이란 금융당국의 감독을 받지 않고, 따라서 보호도 받지 못하는 금융활동을 말한다. 은행의 정상 거래보다 금리가 높다. 그 주체와 활동을 예시하면 다음과 같다. 첫째, 국유은행을 포함한 일반은행의 부외거래[61]가 있다. 은행이 신탁회사의 자금을 맡아 대출하는 것, A(기업 혹

---

60) 중국 도시에서 토지는 국가소유이고, 토지의 사용권만을 매매한다. 주택토지의 경우 사용권 기간은 70년이지만, 기간이 지나면 별도의 비용부담 없이 자동으로 연장된다. 사용권이 사실상 소유권과 다름이 없어졌다.
61) 장부에 기록하지 않는 거래를 의미하며, 따라서 금융당국의 감독을 피하게 된다.

은 개인)가 B(기업 혹은 개인)에게 대출하는 것을 은행이 중개하고 수수료를 챙기는 것 등이 있다. 둘째는 국유기업(공업기업)의 대출활동이 있다. 국유기업이 국유은행으로부터 저리로 대출을 받아 고리로 중소기업에 대출을 해준다. 이 부분을 살펴보자.

양지지앙 조선기업(Ship building)은 2011년 2분기 세전이익의 1/4 이상을 그들의 주업이 아닌 다른 기업에 돈을 빌려주는 사업을 통해 얻었다. 비슷한 이야기지만 중국모바일 역시 최근 돈을 빌려주는 업체를 세웠고, 중국석유는 이미 여러 개의 금융회사를 휘하에 갖고 있다. ... 홍콩 크레딧 스위스의 빈센트 찬은 "누구나 사채업을 한다. 얘기를 안 할 뿐이다. 단지 그룹이나 모기업 차원이 아니라 별도의 분리된 회사를 통한다"고 한다. ... 국유기업은 저금리로 자금을 쓸 수 있는데 반해, 이런 혜택에서 제외된 회사나 기관은 회색지대에서 고리의 자금을 쓸 수밖에 없기 때문이다.[62]

세 번째로는 개인으로 대표적인 것으로 사채업을 들 수 있다. 신탁상품에 투자하기도 한다.

그 특성상 정확한 규모를 파악하기는 어렵지만 그 규모는 〈그림28〉에서 짐작할 수 있을 것이다.

〈그림28. 그림자 금융비중[63]〉

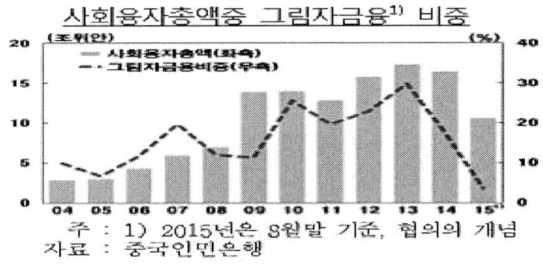

---

62) 김기수, 앞의 책, p. 846에서 재인용. 원출처는 Sender, "China groups fuel growth of shadow banking".
63) 강태헌, "중국경제의 리스크 점검 및 평가", 앞의 책, p. 13.

금융당국의 감독을 받지 않는 그림자금융이 2009년부터 급격히 증가하고 있다. 이는 중국정부가 과거와 같은 강력한 통제력을 상당부분 잃었다는 것을 의미한다. 그리고 부동산업에 대출을 해준 비중이 높기 때문에, 부동산버블이 붕괴되면 금융경색("금융위기")의 뇌관으로 작용할 가능성이 높다.

4) 중국의 경제위기는 2013년 다시 시작(2008년 경제위기의 재격화)되었다

필자는 2013년에 전년대비 생산의 증가가 정지, 혹은 생산 감소가 시작되면서, 2008-9년의 경제위기 이후 4년 만에 공황이 재격화(혹은 공황의 재발)되고 있다고 판단한다.

먼저 그 유명한 리커창 지수인 전력생산을 살펴보자.

〈그림29. 중국의 전력생산[64]〉

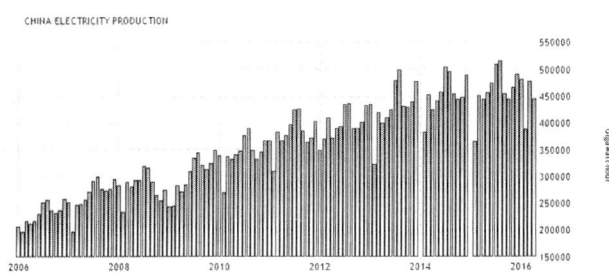

전력은 산업용과 가계 등의 소비용으로 쓰인다. 중국은 기본적으로 인구가 완만하지만 여전히 증가하고 있고, 소득도 최근 급격히 상승하고 있다. 따라서 가계의 전력소비는 조금이라도 증가할 수는 있어도 감소하지는 않는다고 보아야 한다. 〈그림29〉에서 매해 최소치를 그리는 부분은 2월이고, 최대치는 7·8월이다. 2009년 1월을 전후한 시기는 경제위기가 최고조에 달했을 시기로, 전력사용의 감소를 쉽게 확인할 수 있다. 최고치

---

64) http://www.tradingeconomics.com/china/electricity-production

를 그리는 7월·8월의 그래프를 비교해보자. 2011년과 2012년을 비교해 보면 거의 정지했음을 알 수 있다. 그러나 2013년에는 2012년에 비해 상승한다. 그러나 2013, 2014, 2015년에는 거의 변화가 없다. 이것만으로 판단하여 보면 2012년 성장이 정지한다. 2013년 다시 상승하지만 2014년, 2015년 정지한다. 개인소비의 성장을 감안하여 보면 전체 전력소비의 증가가 정지된 것은 전체적 생산의 감소를 표현한다.

몇몇 원자재 생산량을 직접 보자.

〈그림30. 원자재 생산물량 감소율65)〉

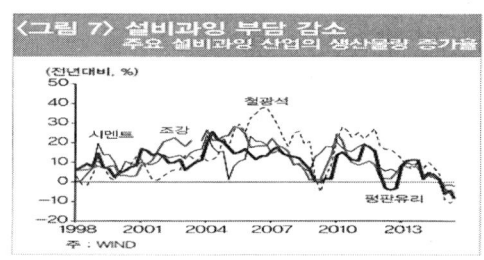

〈그림30〉을 살펴보면, 2012년 말에 2009년과 유사한 정도로 생산이 감소하고, 대략 2015년경부터는 당시보다도 더욱 감소한다. 철강생산만을 보자.

〈그림31. 철강생산량66)〉

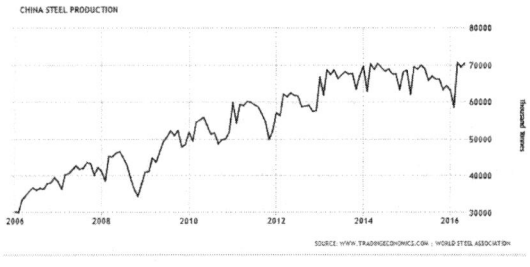

---

65) 이철용, "중국 경제의 경착륙 가능성과 영향", ≪LGERI 리포트≫(2015. 10. 28.), p. 8.
66) http://www.tradingeconomics.com/china/steel-production

〈그림31. 철강생산량〉을 보면, 전년대비 2012년 미약하게 증가하고, 2013-14년-15년 사이 정체하다, 2015년 뚜렷하게 감소한다. 2016년 초에 급증하는데, 이는 정부가 이 시기에 부동산 부양대책을 발표하는데 기대 심리에 따른 일시적 현상으로 평가된다.

〈그림32. 취업자 증가율〉에서는 취업자수가 제조업에서 2012년과 2013년 사이 미미하지만 감소하고, 1차 산업에서는 큰 폭으로 감소한다. 즉 생산적 부분 모두에서 감소하고 있다. 생산의 감소를 의미하는 중요한 지표로 볼 수 있다.

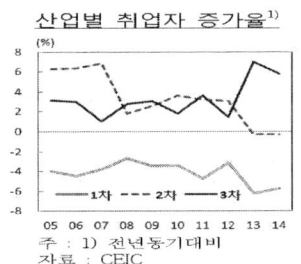

〈그림32. 취업자 증가율[67]〉

생산자물가지수를 보자.

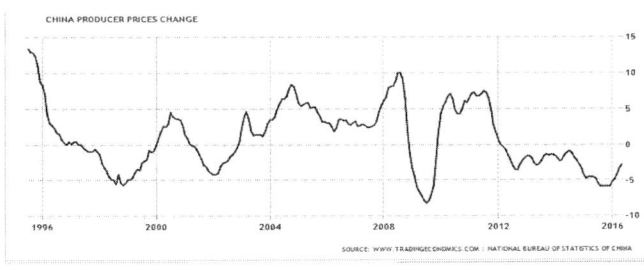

〈그림33. 생산자물가지수[68]〉

---

67) 강태헌, "중국경제의 서비스화 진전 상황에 대한 평가 및 전망", ≪국제경제리뷰≫ 제2015-20호(2015. 11. 11.), p. 4.
68) http://www.tradingeconomics.com/china/producer-prices-change

엄청난 부양자금이 살포되었지만, 2012년부터 생산자 물가가 떨어지고 있다. 공장창고마다 생산물이 재고로 쌓여 있어, 생산자본 간의 교환이 감소하여 가격이 떨어지는 공황의 시작을 알리는 증세로 볼 수 있다.

〈그림34. 연쇄부도현황〉을 보면 2015년 항운, 조선 등 대규모 기업의 도산을 확인할 수 있다. 좌측의 숫자는 부도기업의 숫자가 아니라, 중국 최대 검색사이트인 바이두에서 사람들이 "연쇄도산"이라는 검색어를 입력한 횟수를 말한다.

〈그림34. 연쇄부도현황[69]〉

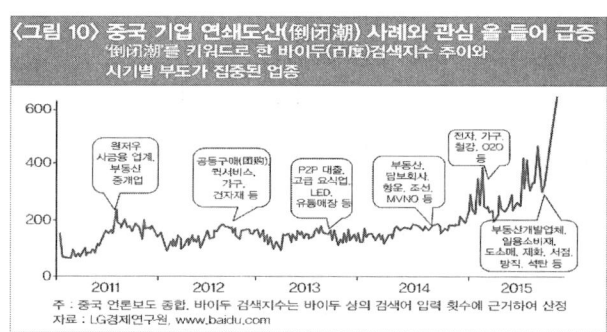

다음은 실물경제의 흐름에 대한 정부당국의 인식을 짐작케 해주는 금융부분을 살펴보자.

〈그림35. 중국의 기준금리[70]〉

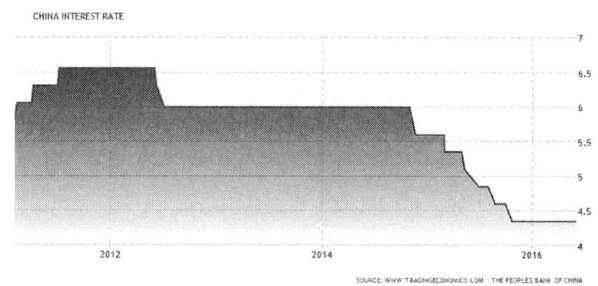

---

69) 이철용, 앞의 글, p. 10.
70) http://www.tradingeconomics.com/china/interest-rate

2012년에 경기의 이상을 감지하고 기준금리를 0.5% 큰 폭으로 내린다. 2012년 부동산 관련 규제를 풀어 부동산경기를 부양하는데, 이는 2012년의 경기를 심각하게 인식한 결과일 것이다. 2015년에는 더욱 심각하게 인식하고 6차례에 걸쳐 6%-4.35%까지 내린다. 즉 2014년에 경기가 뚜렷하게 악화되었음을 짐작할 수 있다.

신용이 수축되는 현상을 살펴보자.

2013년 6월에는 '6월의 유동성위기, 즉 두 차례에 걸쳐 정부채권경매가 실패했고, 단기금리가 급등했으며, 은행의 파산위기가 두 번 가시화'. ... '(6월: 인용자) 같은 달 21일과 25일에 중국 중앙은행은 비밀리에 유동성을 주입했고, 또한 (8월에는) 은밀하게 중국에서 대출규모가 가장 큰 공상은행을 포함, 유동성 위기를 겪는 은행들에게 구제금융을 제공했다.'71)

중국 4대 은행의 하나인 공상은행이 "유동성 위기"에 빠졌다면, 무수한 기업이 이미 파산했다고 보아야 한다. 이후에도 크고 작은 신용수축("유동성위기")은 계속 이어진다.

2015년 중반기에는 주식이 대폭락하며 신용이 다시 크게 수축되는 모습을 보인다.

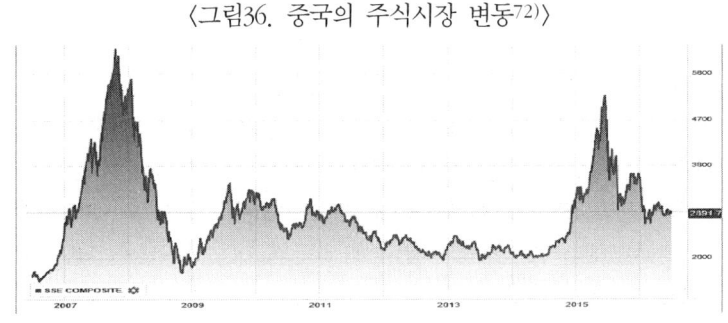

〈그림36. 중국의 주식시장 변동72)〉

---

71) 김기수, 앞의 책, p. 105.
72) http://www.tradingeconomics.com/shcomp:ind

이상의 지표를 보면 다음과 같은 결론이 가능하다. 전년도에 비해 2012년에 생산이 정체 혹은 미약하게 감소하지만, 정부의 부양책에 힘입어 2013년 다시 상승한다. 그러나 2014년 다시 감소세가 뚜렷하게 나타난다. 이렇게 볼 때 2013년-2014년 사이에 공황(생산감소)이 시작된 것으로 보인다. 그리고 공상은행 등이 지급불능 상태에 빠지고 정부의 구제금융이 제공된 2013년에 공황이 시작된 것으로 보아도 무리가 없을 것이다.

이 시기의 중국 공식 GDP 성장률을 보자. 2012년 7.75%, 2013년 7.68%, 2014년 7.35% 2015년 6.9%이다. 그러나 이 시기는 각종 지표로 보아 대부분 마이너스 성장이라고 판단된다. 그래서 여기에다 -8을 해야만 모두 마이너스 성장이 나온다. 단, 2013년은 2012년에 비교하여서 미세하게 성장을 했을 것이다. 이것이 실체에 가까울 것이라고 필자는 생각한다.

3. 대붕괴가 임박한 세계 경제

1) 목전에 닥친 중국경제의 붕괴

중국경제는 공황이 진행되며, 전반적인 신용경색("금융위기")이 임박한 것으로 보인다.

> 금융권의 숨겨진 부실도 불안감을 증폭하고 있다. 글로벌 투자은행(IB) CLSA는 최근 발간한 분석 보고서에서 중국 은행권의 전체 대출자산에서 부실채권이 차지하는 비중을 15-19% 정도로 추정했다. ... 중국 은행감독관리위원회가 발표한 공식 통계의 9-11배에 수준이다.
> 이미 중국 금융시스템이 흔들리고, 징조는 나타나고 있다고 ≪이코노미스트≫는 지적했다. 2013년의 자금 경색(cash crunch), 2014년의 그림자 금융 디폴트(채무불이행), 2015년의 주식시장 붕괴, 그리고 2016년 초의 자본유출이 중국 금융시장의 위험성을 보여주는 사례다.[73]

---

73) 장순원, "빚으로 쌓아올린 제국... 中 부채폭탄 곧 터진다", ≪이데일리≫, 2016.

필자는 앞에서 중국의 공황이 "대외적으로 별로 알려지지 않"는 이유, 즉 중국 정부가 공황을 적절한 선에서 관리한 이유를 두 가지 제시했었다. 먼저 생산력수준이 낮아서 그만큼 파괴될 과잉생산이 작았던 점, 둘째 강력한 국유은행들이 전반적이고 격렬한 신용경색(소위 말하는 "금융위기")을 막아내었던 것이 그것이다. 그러나 이제는 그것이 불가능해졌다.

첫째, 과잉생산이 극에 달해 있다. 중국은 "세계의 공장"으로 불린 지 한참이 되었다. 특히 2000년대에 생산력을 폭발적으로 성장시켰다. 2008-9년의 경제위기 시기도 강력한 은행체계를 동원하여 생산력의 파괴를 줄였고, 이후 유지 혹은 확대시키기까지 했다. 그 힘으로 세계의 성장을 주도해 나갔다. 그러나 그 성공이 바로 목전에 닥친 거대한 붕괴를 초래하고 있다.

> 한국과 일본을 맹렬히 추격하던 중국 조선업이 추락하고 있다.
> 국영 조선소가 사상 처음으로 파산하는 등 대형, 중형, 소형 조선소들이 줄줄이 무너지고 있다. 도크는 주차장으로 변하고 있다. …
> 영국 해운·조선 분석기관 클락슨리서치는 667개 중국 조선소 가운데 현재 가동 중인 조선소는 171곳에 불과하다고 13일 밝혔다. 496개 조선소는 일감이 없어 운영을 중단했다.
> 선박을 단 한 척이라도 건조한 중국 조선소는 2010년 292개에서 2015년 152개로 반토막났다. 작년 한 해 동안 단 한 건이라도 일감을 수주한 조선소는 69개였다.
> …
> 일감이 없는 조선소들이 자금 악화에 시달리다 줄줄이 도산하고 있다. 세계적인 경기 침체로 철광석, 석탄 등 원자재 수송용 벌크선 수요가 급격하게 줄었다. 벌크선 건조가 주력인 중국 조선소들이 직격탄을 맞고 있다.
> 중국 저장해운그룹 소속 국영 조선소인 '우저우(梧州) 조선소'가 작년 12월 파산했다. 중국의 국영조선소가 파산한 첫 사례다.

---

5. 12.

중국 상하이 타이저우의 민영 조선소 '둥팡(東方) 중공'도 작년 3월 파산했다. 'STX다렌(大連)'도 4조원이 넘는 부채에 시달리다 파산했다. 조선소 부지 매각에 실패했고 크레인 등 설비를 사겠다는 회사도 없다.

자동차운반선 등 고부가가치 선종이 주력이던 '난퉁밍더(南通明德) 중공업'도 주문 취소를 잇달아 당한 뒤 파산했다. 한때 중국 수주량의 10%를 차지했던 '정허(正和) 조선소'는 기업회생절차(법정관리)에 들어갔다.

중국 최대 민영 조선업체 화룽넝위앤(華榮能源)도 부도 위기다. 2005년 설립 5년 만에 홍콩 증시에 상장하는 등 기세를 올렸지만, 2012년부터 4년 연속 적자로 만신창이가 됐다.

민영 조선그룹 SSG(Sinopacific Shipbuilding Group)은 올해 초 불황을 이기지 못 하고 해양작업지원선(OSV) 설계팀을 해체했다. 직원 자르고, 경비 줄이고, 사업 축소하는 구조조정이 한창이다.

'차이나 오션 인더스트리(China Ocean Industry Group Ltd.)'는 지난 3월 사명에서 '쉽빌딩(Shipbuilding·조선)'을 삭제했다. 조선업에서 손을 뗀 차이나 오션 인더스트리가 새로 시작한 사업은 주차장업이다. 크레인 굉음과 용접 소리가 가득했던 조선소 부지는 자동차 매연이 가득한 주차장으로 변했다.[74]

조선업의 사태는 이미 철강, 시멘트, 석유화학 등등 과잉생산이 극에 달한 전 산업으로 퍼져나가고 있다.

둘째는 그림자 금융의 발달이다. 금융당국의 통제를 벗어나 거대하게 성장해 버린 그림자 금융은 정부가 과거처럼 전반적 신용경색을 예방하는 것을 불가능하게 할 것이다.

◆ 중국판 서브프라임모기지 우려

은행 대출이 국유기업에 편중된 구조는 자금난을 겪는 민영기업들과 부실 국유기업들로 하여금 상대적으로 높은 이자를 부담해야 하는 은행의 이재

---

74) 조지원 기자, "'중국 조선은 침몰 중'…496개 가동 중단, 10개 중 한곳만 수주", ≪조선비즈≫, 2016. 5. 13.

(理財, 자산관리)상품을 통해 자금조달을 하도록 했다. 이재상품은 은행의 재무제표에 오르지 않아 대표적인 그림자금융으로 불린다.

은행과 신탁회사 등이 판매한 이재상품은 작년 말 현재 23조5000억 위안으로 중국 경제의 35%를 차지했다. 3년 전 7조1000억 위안의 3배가 넘는 수준으로 늘어난 것이다.

이재상품의 만기는 6개월 이내의 단기가 많다. 작년에 매주 평균 3500개 이재상품이 발매됐다. 문제는 이재상품의 돌려막기다. 국제신용평가사 피치는 이재상품의 만기 때 돌려줘야 하는 투자원금과 수익을 금융회사들은 새로운 이재상품 발매로 조달한다고 지적했다.

특히 은행이 서로 보유하는 이재상품이 작년 말 3조 위안으로 불어나면서 이재상품발 리스크가 더욱 부각되고 있다. 2014년 말만해도 은행 간 상호 보유 이재상품은 4960억 위안에 불과했다. 이재상품이 다른 이재상품에 투자하는 사례가 크게 늘어난 때문이라고 블룸버그통신은 전했다.

이는 금융 리스크 노출의 크기를 가늠하기 힘들게 만든다. 불확실성을 키우는 것이다. 미국 금융위기를 야기한 서브프라임모기지(비우량주택담보대출)가 만든 불확실성의 공포와 비슷하다.[75]

중국의 노동자계급은 선택을 해야만 할 것이다. 허리띠를 졸라매고, 피땀으로 창조한 생산수단을 "붉은 자본가"들로부터 다시 찾아올 것인가. 아니면 황금신의 제단에 산 노동과 죽은 노동 모두를 제물로 바칠 것인가.

2) 만성적 공황의 시대

이 글을 시작하면서 자본주의경제는 대략 10년을 주기로 공황(위기)→침체기→중위(中位)의 호황→번망기를 거친다고 했다. 그러나 2007년 세계대공황 이후 세계경제는 그 순환을 따르지 않고 있다. 위기가 발발한 지 9년이 되었지만 "경제가 힘차게 호황으로 내닫는 국면"은 오지 않았다.

---

[75] 베이징=오광진 특파원, "중국 사상 최악 민간투자 둔화와 기업부채 처리 딜레마", ≪조선비즈≫, 2016. 6. 14.

이제는 "세계의 공장" 중국마저 파산하고 있다. 제2의 "리먼 브라더스" 사태가 초읽기에 들어갔다. 그러면 그 파국 이후에는? "10년 주기의 산업순환이 깨지고 공황이 만성화되는", 엥겔스의 표현대로 "만성적 공황"76)의 시기가 도래할 것이 분명하다. 노사과연

---

76) 채만수, ≪노동자교양경제학≫(제5판), p. 470.

신식민지주의와 신식민지 파씨즘[*]

채만수 | 편집위원

제2차 제국주의 세계대전 후의 식민지 민족 '해방'

5,000만 명 이상의 인간을 도륙하고 유럽과 동아시아, 그리고 북부 아프리카의 생산력을 대대적으로 파괴한 저 제2차 세계대전. 1930년대 대공황의 비극적 귀결이었던 이 제국주의 세계대전은 그 전쟁의 엄청난 규모만큼이나 그 결과, 그 영향 또한 엄청났다. 다방면에 걸친 그 엄청난 결과·영향 가운데 국제정세상의 3대 변화만을 들자면, 주지하다시피, 그 첫째는 무엇보다도, 제1차 제국주의 전쟁의 한 결과로서의 10월 사회주의 대혁명에 이은, 사회주의 세계체제의 형성이었고, 그 두 번째는 미국의, 제국주의의 절대적 패권자로서의 등장이었다. 그리고 그 세 번째는, 제국주의에 의한 구 식민지 지배체제의 붕괴와 식민지 피지배 민족들의 '해방'·'독립'이었다.

물론, 그 '해방'과 '독립'의 과정은 다양했다. 그중에서도, 독일이나 일본, 이태리 등 패전 추축국들의 식민지들과, 전승 제국주의 국가들이나 기타 중소(中小) 제국주의 국가들의 식민지들은 그 '해방'·'독립'으로의 여정이 크게 달라, 전자가 전쟁·패전의 직접적인 결과로서 사실상 거의 '자

---

[*] 이 글에서는 일반적으로 "파시즘", "파쇼", "파시스트"라고 표기되는 것을, 인용문 속에서의 그것들까지를 포함하여, 모두 "파씨즘"·"파쑈"·"파씨스트"로 (고쳐) 표기하였다. 우리 사회에서 사실상 어느 누구도 '파시즘'이라거나 '파쇼', '파시스트'라고 발언하지 않고 "파씨즘"·"파쑈"·"파씨스트"로 발음할 뿐 아니라, 이쪽이 소위 '현지 발음'과도 더 가깝기 때문이다.

동적으로' '해방' · '독립'되었음에 비해서, 후자는 민족해방전쟁 · 민족독립 전쟁 등의 우여곡절을 겪은 후에야 '해방' · '독립'될 수 있었음은 대개 누구나가 다 아는 대로이다.

그러나 그 '해방' · '독립'의 경로상의 다양성이나 갖은 우여곡절에도 불구하고 제2차 세계대전은 구 식민지 지배체제 붕괴의 결정적 계기였던바, 그것은, 무엇보다도 제2차 세계대전을 거치면서 식민지 민족해방 투쟁의 역량이 급격히 발전한 데에다가, 제2차 대전의 결과 식민지 민족해방과 민족자결을 지지 · 지원하는 사회주의가 거대한 세계체제를 형성했기 때문이었다. 그리하여 대전 후 특히 1960년대 초까지는 가히 식민지 민족해방의 시대라고 부를 수 있을 만큼 아시아 · 아프리카의 수많은 식민지 피지배 민족들이 대거 '해방'되어 '독립국가들'을 건설하였다.

신식민지주의

그런데, 어떤 민족이 구 식민지 지배로부터 '해방'되어 형식상 '독립국가'를 건설하였다 하더라도, 그 '독립국가'란 것이 만일 경제적으로 여전히 제국주의에 예속되어 있다면, 더구나 그 '독립국가'가 구 식민지 지배에 부역하던 인물들, 그 세력이나 기타 어떤 제국주의의 꼭두각시에 의해서 지배된다면, 그 해방, 그 독립이 과연 실질적인 그것일 수 있을까? 분명 아닐 것이다. 그러할 경우 그 해방, 그 독립은 허울뿐일 것이며, 실질적으로는 여전히 제국주의에 의한 식민지 지배가 새로운 형태, 은폐된 형태로 지속될 것이다.

제2차 대전 후 아시아 · 아프리카에서의 구 식민지의 '해방' · '독립'은, 많은 경우, 아니 사실은 대부분의 경우, 그 '해방' · '독립'까지의 여정 · 경로의 다양성과 상관없이, 바로 그러한 허울만의 것이었다. 그 '독립국가들'은 대부분 경제적으로 제국주의에 예속되어 있었고, 정치적 · 형식적으로만 '독립'되었다. 그리하여 그 실상은, 다름 아니라, 현지의 토착 지배 · 착취

세력을 전면(前面)에 내세운 '간접 지배', 기만적 독립 — 바로 저 신식민지주의이다!

이 경우 그 '해방'과 '독립'은 식민지 인민의 실질적인 해방과 독립이 아니며, 식민지적 억압과 착취의 실질적 연속이기 때문에 거기에서의 계급투쟁은 우선 여러 형태의 민족해방투쟁으로 나타난다. 남부 베트남과 필리핀을 거론 가능한 두 예로서 들어보자.

베트남의 경우, 제2차 대전 동안 프랑스군을 대신하여 베트남을 점령했던 일본군이 철수하자 베트남 인민은 독립을 선언했다. 프랑스는 구 식민지 지배의 재건을 꾀했으나 1954년 저 유명한 디엔비엔푸 전투에서 대패함으로써 그 인도차이나 지배는 끝났다. 그러나 1955년 이후 남부 베트남에는, 한국에서 당시 고딘 디엠 및 구엔반 티우로 알려졌던, 프랑스 식민지군 경력의 응오 딘 지엠(Ngô Đinh Diệm) 및 응우옌 반 티에우(Nguyễn Văn Thiệu)의 미 제국주의 괴뢰 정권이 '자유세계'의 일원으로 잇달아 들어섰고,[1] 이에 남베트남 인민은, 주지하는 바와 같이, (북베트남의 지원을 받아) 게릴라전으로 맞섰고, 고난의 투쟁 끝에 1975년 마침내 승리, 완전한 해방과 통일을 쟁취하였다.

남베트남 인민의 이러한 반(反)신식민지 민족해방투쟁을 억압 · 좌절시키기 위해서 미국은 남베트남에 한때 50만 명이 넘는 미군과 용병들을 파견, 대량 학살 등 온갖 잔학행위들을 저질렀고,[2] 비밀공작의 비기(祕技)를

---

1) 응오 딘 지엠은 1963년 11월 군부 쿠데타로 실각, 민심을 달래려는 일종의 속죄양으로 처형(피살)되었고, 응우옌 반 티에우는 1975년 4월 사이공이 함락되자 미군의 도움으로 대만 · 영국을 거쳐 미국으로 망명하였다.
2) 주지하는 것처럼, 참전한 한국군 역시 그 용맹함을 자랑했다. 다음 기사를 보라, — "베트남에 '따이한(大韓, 한국) 제사'라는 것이 있다. 이름도 생소한 이 제사는 베트남 전쟁 당시 한국군에 의해 학살당한 민간인을 위한 제사다. 베트남 인민들의 따이한 제사는 그래서 마을별로, 지역별로 한날한시에 열린다. 죽은 날이 같으니 온 동네가 집집마다 동시다발적으로 제사를 지내는 것이다. 제사를 지낼 사람이 남아 있으면 그나마 다행이다. 온 가족이 몰살당한 집은 제사를 지낼 수도 없다. / 제삿날이면 마을 전체가 향 연기로 뒤덮인다. 자욱하게 가라앉은 연

발휘하여 통킹만 사건이라는 대대적 폭격의 구실을 조작, 남·북 베트남에 제2차 대전 동안에 사용한 포탄보다도 몇 배나 더 많은 포탄을 퍼부었다. 미군은 전쟁을 라오스·캄보디아 등지로 확대하였고, 당시 무차별하게 퍼부은 네이팜탄 등 대량의 살상무기와 고엽제 등 독성 화학물질들은, 주지하다시피, 오늘날까지도 베트남을 위시한 이들 지역의 인민과 자연에는 물론이요 전장에 끌려갔던 수많은 미군 및 여러 나라의 군인들에게까지 씻을 수 없는 고통을 안겨주고 있다.

그러나 '자유세계를 지킨다'는 명목의 침략전쟁이 장기화하고 그 잔학상이 널리 폭로되면서 국내·외에서 반전 여론과 반전 투쟁이 비등해졌다. 그리고 무엇보다도 거대 규모의 전비(戰費) 지출로 미국의 국제수지 적자, 즉 달러 살포가 눈덩이처럼 불어나3) 전후(戰後) 제국주의 통화·금융질서로서의 브레튼우즈 체제가 파탄에 이르게 되었다.4) 그리고 미국 내

기 속, 억울한 죽음을 당한 이를 추모하는 사람의 제례가 '사람이 무엇인가' 하는 원초적인 질문을 던진다. 2월 26일, 빈딘성의 고자이 마을에서는 수백 명이 모인 가운데 48주년 위령제가 열리고 있을 것이다. 이날은 고자이 마을에서 단 한 시간 만에 380명의 민간인이 한국군에게 한꺼번에 몰살당한 날이다. 그곳의 향 냄새가 혹여 당신의 코끝에 날아오지는 않는가. / 베트남 정부의 조사에 따르면 지금까지 파악된 한국군에 의한 민간인 학살은 80여 건에, 피해자 수만 9000여 명에 달한다. 사망자들의 대부분은 갓난아이와 어린이, 노인, 그리고 여성들이다. 하지만 베트남 정부와 인민들이 확연히 밝히고 있는 이 민간인 학살에 대해 한국정부는 학살 50년이 다 되어가도록 인정도, 한 마디 언급도 하지 않고 있다."(황윤희, "설명없이 집단학살, 그게 한국군의 특징이었어'. [베트남 평화기행①] 베트남 민간인 학살 공식 희생자만 9천여 명 … 한국 정부는 '침묵'", ≪오마이뉴스≫, 2014. 2. 26.) 〈http://www.ohmynews.com/NWS_Web/View/at_pg.aspx?CNTN_CD=A0001961839〉
3) 이 거대한 규모의 전비 지출, 즉 달러 살포는 물론 '군산복합체'로 불리는 국수독점자본의 시장 창출·확대를 위한 것이다.
4) 브레튼우즈 체제, 즉 구 IMF 체제는, 금 1온즈 = US$35.-의 비율로 미국이 가맹국 통화당국들의 금과 미 달러화 교환 요구에 응한다는 조건하의 고정환율제가 그 핵심이었다. 그리고 이러한 체제는 달러화 가치가 안정되어 있는 한, 즉 국제화폐금융사에서 '달러 부족의 시대'로 불리는 조건이 지속되는 한, 아무런 문제가

의 반전투쟁과 흑인 민권투쟁이 그야말로 요원의 불길처럼 확대돼가고 격렬해져가던 중에 일대 공황이 엄습, 자칫하면 미국의 독점 부르주아 지배체제 자체가 위협받게 될지도 모르는 상황에 이르자 1973년 서둘러 군대를 철수하지 않을 수 없었다.

베트남 인민의 피해는 거대하고 참혹했지만, 미 제국주의의 베트남 신식민지 지배의 야욕은 좌절된 것이다.[5)]

없는 듯이 보였다. 그러나 이미 1950년대 말엽이 되자, 한편에서는 서유럽 국가들과 일본 등의 전후복구가 '완료'되고, 즉 그들 국가의 달러 수요가 크게 감소되었을 뿐 아니라 그들 국가가 국제 상품시장에서 미국의 수출 경쟁국으로 등장하고, 다른 한편에서는 세계 경영, 즉 자본주의 세계 지배를 위한 해외 주둔 군사비 등, 미국의 국제수지 적자가 누적되면서 국제 화폐·금융시장은 이른바 골드러시(gold-rush), 즉 달러 투매와 금 매입 쇄도가 거듭되면서 크게 동요하기 시작했다. 이에 미국은 1960년대 초 케네디 정권 때부터 거듭 달러 방위 정책들을 취하기 시작했다. 그러나 한편에서는 자본주의 경제의 불균등 발전 법칙의 관철로 국제 상품시장에서마저 미국의 수지 역조가 누적돼가고, 다른 한편에서는 특히 월남 전비를 위시한 국제수지 적자가 거대하게 누적되면서, 미 정부는 1971년 8월 15일 '특별 성명' 발표, '금-달러 교환 정지'를 선언하게 되고, 이로써 브레튼우즈 체제는 그 출범 4반세기여 만에 그 생명을 다하게 되었다. 어떤 학자들은, 예컨대 다음 인용문에서처럼, 브레튼우즈 체제의 붕괴를 미국의 월남전 **패배의 결과**로 보고 있으나, 동의하기 어렵다. ― "... 1960년대부터 70년대에 걸쳐 선진제국에 의한 인도지나 반도의 군사개입 정책은 1975년에 있어서 선진제국의 완패, 인도지나의 새로운 체제개편으로 종결되었으나, 이 역사적 사건은 ... 다른 원인과 함께 세계 화폐인 달러의 가치를 상당히 하락시켰고, 마침내 경제적 세계지배의 중요한 지배기구인 IMF(International Monetary Fund)의 실질적 붕괴를 가져왔다." (스야마 야스지(巢山靖司) 저, 서경원 역, ≪라틴아메리카 변혁사≫, 백산서당, 1985, p. 25.) 참고로, 위 인용문 중 "선진제국"은 '제국주의 미국'을 가리키는데, 극히 억압적이었던 당시의 사상적·학문적 상황 때문에 "선진제국"으로 '번역'할 수밖에 없었던 것 아닌가 생각된다.

5) "전쟁의 결과는 참혹했다. 베트남은 300만 명이 목숨을 잃고, 200만 명이 불구가 됐다. 고엽제 살포로 전 국토가 황폐해졌으며 고엽제 피해는 오늘날까지 이어져 400만-800만 명에 가까운 사람이 2세, 3세에게 대물림되는 고통에 시달리고 있는 것으로 알려졌다. 투입된 폭탄의 양만 제2차 세계대전의 3배에 달한다. / 이는 1㎡에 폭탄 하나가 떨어진 셈으로, 베트남 인민들은 땅굴을 파고 살 수밖에

이에 비해서, 필리핀은 제2차 대전에서 패배한 일본군이 철수한 후 다시 복귀한 미 제국주의와 현지의 꼭두각시 토착 지배계급에 의한 신식민 지주의 지배가 관철된 경우이다. 국내의 한 연구자는 이렇게 쓰고 있다.

1930년에 창설된 필리핀 공산당(Partido Kommunista ng Piplpinas: PKP)은 중부 루손 섬을 중심으로 농민과 노동자 조직을 급속히 확대시키며 민중운동을 전개시켜 가다가, 파씨즘의 대두에 따른 세계정세의 급속한 변화에 대응하여 계급투쟁을 중단하고 광범위한 반(反)파씨스트 인민 전선을 결성, 당면한 일본 제국주의와의 투쟁을 수행해가게 된다. 1938년에 이루어진 필리핀 공산당과 사회당의 합당도 우리는 이러한 관점에서 볼 수 있다. PKP는 <u>1942년 필리핀에 침입한 일본군에 맞서 싸우기 위해 무장 조직을 창설하는데, 이것이 흔히 후크단이라고 불리우는 항일인민군</u>(Hukbong Bayan Laban sa Hapon: Hukbalahap)이다(…). 이 후크단은 일본군이 침략하기 훨씬 이전부터 중부 루손에서 전개되었던 노동운동 및 농민운동 출신의 노동자와 소작 농민들로 이루어진 민중의 군대로서 항일 무장투쟁에서 주도적인 투쟁을 수행하며 눈부신 성과를 올렸다. <u>2차 대전의 종전 이후 PKP는 필리핀에 복귀한 미국의 주도권을 인정하는 범위 내에서 독립 이후의 정치에 참여, 합법적으로 자신들의 이념을 실현시키기 위해 노력하게 된다.</u> 이들은 <u>전후 다시 등장한 친일 협력자인 로하스 세력에 반대하여 광범한 통일전선인 민주동맹을 결성하였는데</u> 이것은 전국농민동맹(PKM), 노동조직위원회(CLO) 등 후크단과 관련된 중심 조직 이외에도 자유주의자에서 급진파에 이르는 광범한 세력을 포함하고 있었다. 그중에서 최대의 조직적·사회적 기반은 역시 후크단을 기반으로 한 전국농민동맹이었다.
　<u>민주동맹은 1946년의 선거에 참여, 6개의 의석을 확보하기까지 하였지만, 미국과 국내 보수 세력의 탄압에 직면, 의원 선서조차 거부당했고, 지방에서</u>

없었던 전쟁 당시의 상황에 대해 '우리는 지상에 살고 싶어도 살 수 없었다'고 증언한다. 그리하여 땅굴은 전쟁 수행을 위한 구조물이 아니라, 생존을 위한 구조물에 더 가까웠다. 미국에게도 베트남 전쟁은 자국의 역사상 가장 길고(20년), 가장 많은 전사자(5만 명)를 내고, 가장 많은 비용을 투입한 전쟁이었다. 그리고 역사적으로 최초로 패배한 전쟁이었다." (황윤희, 앞의 글.)

는 지주와 그들의 편인 경찰 및 자경단에 의해 끊임없는 테러를 당하면서 생존의 위험에 처하게 된다. 이런 상태에서는 의회주의 노선의 고수가 불가능하다는 것이 점차 분명해졌다. PKP는 계속 시도했던 정부와의 협상이 거듭 배반당하자 마침내 1948년, 당 지도부의 교체와 함께 방기되었던 후크단의 지도권을 다시 장악, 항일인민군을 인민해방군으로 개칭하여 전열을 새롭게 정비하기 시작하였다. 호세 라바의 무장투쟁 노선을 채택한 것이다.

새로운 PKP 지도부는 필리핀 경찰군과의 초기 전투에서 승리하면서, 중국 공산당의 중국 본토 장악, 세계 자본주의의 위기에 대한 소련의 분석 등에 고무되어 마침내 1950년 1월 혁명적 정세가 도래한 것으로 결론짓고, 8월 일제 공격을 감행하였다. 총공세는 일시적으로 큰 성과를 올렸으나 10월 PKP의 정치국이 적발되어 호세 라바와 정치국원 2명을 포함한 당의 주요 간부들이 동시에 체포됨으로써 내리막길을 걷게 된다. 그 후 미국 CIA의 지도를 받는 막사이사이 지휘 하의 필리핀군이 후크단 소탕 작전을 효율적으로 전개하게 됨에 따라 1954년까지 후크단은 거의 소멸하고 말았다(...).[6] (강조는 인용자.)

새삼 부언하지 않아도 사태의 진행을 알 수 있을 것이다.

다만 한 가지만 여담처럼 덧붙이자면, 어려서부터 막사이사이를 위인(偉人)으로 배워온 한국의 많은 독자들은 "미국 CIA의 지도를 받는 막사이사이" 운운하는 대목에서 당혹감을 느낄지 모르겠다. 그렇지만, 국내에도 번역·소개된 한 필리핀인의 저서에는 이렇게 쓰여 있다.

막사이사이 정권은 파렴치하게도 막사이사이 자신이 미국의 꼭두각시라는 바로 그 사실을 자랑스러워했다. 그 정권은 자신의 노예근성에 대해서 '긍정적 민족주의'(positive nationalism)라는 딱지를 붙이고 싶어 했으나 상원의원 클라로 마요 렉토(Claro Mayo Recto)가 주도한 반(反)제국주의자들의 비난

---

6) 조형제, "마르코스 체제의 성격과 민중운동의 성장", 김종채·공제욱·조형제·이성형 저, 손학규 편, ≪필리핀 2월혁명: 마르코스 독재정권의 붕괴와 민족민주운동≫, 민중사, 1987, pp. 66-7.

에 부딪혀 실패하고 말았다.7) (강조는 인용자.)

재벌의 신문도 이렇게 쓰고 있다.

'막사이사이'가 영웅이 된 것은 '후크'단 소탕에 공이 컸기 때문임은 말할 것도 없다. 그러나 수천 개의 원시림에 덮인 섬으로 된 필리핀에서 후크단이 막사이사이 시절에 완전히 뿌리 뽑힌 것은 아니다.8)

무엇보다도, "**막사이사이 정권은 파렴치하게도 막사이사이 자신이 미국의 꼭두각시라는 바로 그 사실을 자랑스러워했다**"! ― 그런데도 불구하고 이 사회에서는 진보적 지식인들 사이에서조차 제국주의 미국의 꼭두각시에 불과한 막사이사이가 '위인'이고,9) 심지어 대표적인 원로 진보 사학자로 명성이 자자한 강 아무개 교수님께서는 영예롭게도 '막사이사이상' 수상자 선정위원이시기도 하다.

---

7) 아마도 구에레로 저, 정종길 역, ≪필리핀 사회와 혁명≫, 공동체, 1987, p. 73.
8) 김유 기자, "무법의 왕국 '후크'단, 필리핀 '루존'도", ≪중앙일보≫, 1967. 8. 10. 〈http://news.joins.com/article/1130306〉
9) "막사이사이는 퀴리노 정권 하에서 국방위원장으로 재직시 혁명대중운동을 패퇴시킨 공로로 미국 및 토착착취계급의 신임을 받아 왔다. 미국의 프로파겐다 공장(언론기관 및 여론형성기구를 말함)은 그가 행한 무자비한 대중억압 및 민주적 권리탄압의 대가로 그를 '대중의 지도자'이자 '민주주의의 수호자'라고 조작선전하면서 그의 대통령선거운동을 적극 지원하였다. ... / 막사이사이는 1953년 선거에서 퀴리노와 대결하기 위하여 자유당에서 국민당으로 옮겨갔다. 이러한 행동을 보아도 미국이 이 두 보수정당 사이에 어떠한 기본적 차이도 부과하지 않고 있다는 것을 알 수 있다. ... 막사이사이는 필리핀 공화국의 제3대 대통령으로 선출되었다. 미국 독점자본이 미국의 필리핀 상업회의소를 통하여 막사이사이에게 막대한 자금을 대주어 전대미문의 호화·부정선거를 치르게 하였다. 합동미군사고문단의 권위를 이용하여 미군장교들을 군의 중대 차원으로까지 침투시킴으로써 그들이 미는 막사이사이 후보가 당선될 수 있도록 하였다. / 짧은 기간의 재임기간1954-1957: 인용자을 통하여 막사이사이는 당과 민중의 군대의 분쇄책동을 완성하였다."(아마도 구에레로 저, 정종길 역, 같은 책, p. 70.)

그런데 이러한 이데올로기 상황이 어찌 한국에서뿐이겠는가? 제국주의 · 독점자본의 대중조작의 위력이 그저 가공하기만 하다.

그건 그렇고, 우리의 주제로 돌아오면, 현지의 토착 지배세력을 전면에 내세우는 '간접 지배'로서의 신식민지주의는 필리핀에서만 관철된 사태가 아니며, 사실 제2차 대전 후 '해방'·'독립'된 아시아·아프리카의 수많은 국가들에서의 일이다. 그리고 사실은 그것은 또한 제2차 대전 후 아시아·아프리카에서의 새로운 식민지 지배형태만도 아니다. '신식민지'니 '신식민지주의'라는 개념들은 물론 제2차 대전 후에, '해방된 식민지'의 새로운 피지배형태 및 그 새로운 지배형태를 규정하기 위해서 태어났지만, 실제에 있어서의 그것은 제2차 대전 훨씬 전에 일찍부터 미 제국주의가 이미 중남미 여러 국가들에서, 그리고 필리핀에서도 애용하던 지배형태이다. 마음씨 좋은 엉클 쌤 제국주의는 역시 처음부터 남달랐던 것이다. 예컨대, 제2차 대전 전의 필리핀과 관련하여, 앞에서 인용했던 연구자의 글을 다시 인용하자면,

> 미국의 필리핀과의 관계에 대한 고려 없이 필리핀 사회를 이해한다는 것은 불가능할 정도로, 미국은 역사적으로나 현재에 있어서도 필리핀 사회에 결정적인 영향력을 행사하고 있다. 이러한 미국의 필리핀에 대한 관계를 우리는 제국주의적 지배라고 규정할 수 있다. 이것은 미국의 독점자본주의가 자신의 이익을 실현하기 위해 필리핀 사회를 정치적, 경제적으로 지배한다는 의미이다. <u>미 제국주의는 19세기 후반 스페인에 대한 필리핀 민중의 반제(反帝) 투쟁이 거의 승리하였을 때 이들의 해방운동을 지원한다는 구실로 필리핀에 진출, 이에 저항하는 20여 만 명의 필리핀 민중을 학살하면서 1902년 완전한 식민지 지배 체제를 확립하였다.</u>[10)]
> <u>미국의 필리핀 식민지 정책은 일찍부터 현지인들에 의한 대행 기관을 설립하여 통치해 온 것이 특징이다. 1907년에 최초의 선거를 실시, 국민당을 집권당으로 하는 의회를 설립하였고 1935년에는 헌법을 제정하고 공화 정부</u>

---

10) '자유세계'의 파수꾼 미 제국주의는 역시 식민지 피억압 민족의 해방자이다!

(Commonwealth-government)라고 하는 자치 정부를 구성, 자체의 행정부 및 상비군을 갖는 통치를 허용해 주었다(...). 그러나 <u>이러한 특징은 어디까지나 미국의 배타적인 제국주의적 이해가 침해받지 않는 범위 내에서 지주와 매판 부르주아 계급에게 허용한 정치적 자유의 외연에 불과</u>하였다. 이러한 정치적 자유의 외연은 필리핀 민중들에게 자국인에 의해 통치된다는 환상을 심어줌<u>으로써 미 제국주의에 대한 불만의 직접적 분출을 완화시키는 기능을 해 온 것</u>이 사실이다. 이와 같은 지배 체제의 성격은 1945년, 정치적 독립을 획득한 이후에도 큰 변화 없이 지속되어 왔다.[11] (강조는 인용자.)

이렇게 늦게 잡아도 1935년이 되면, 필리핀에서 신식민지주의적 지배형태가 완성되었던 것이다. 그리고 현지인들을 전면에 내세우는 이러한 신식민지주의적 지배는 결국, "**민중들에게 자국인에 의해 통치된다는 환상을 심어줌으로써 미 제국주의에 대한 불만의 직접적 분출을 완화시키는 기능을**" 하는 것이며, 그것은 그만큼 교묘·교활하고, 그만큼 강고한 식민지 지배형태이다! 그리고 그것이 그만큼 교묘·교활하고, 그만큼 강고한 식민지 지배형태인 만큼 그것은 제2차 대전 이후 제국주의의 지배적인 식민지 지배형태이다. 식민지 민족해방과 민족자결을 지지·지원하는 사회주의가 제2차 대전을 계기로 강력한 세계체제를 형성함으로써 식민지 민족해방이 거역할 수 없는 대세로 되었고, 그리하여 사실상 어떤 제국주의 국가도 더 이상 구 식민지 지배형태를, 즉 노골적이고 직접적인 지배형태를 유지할 수 없게 되었기 때문에 현지 대리인을 전면에 내세우는 기만적인 식민지 지배형태로서의 신식민지 지배가 구 식민지 지역에 광범하게 수립되는데, 이러한 지배형태에서는, 현지의 인민이 '미국식 민주주의가 도입되어 자국인에 의해 통치된다'는 환상을 갖도록 선전되기 때문에, 그 지배는 그만큼 강고해지는 것이다.

---

11) 조형제, 앞의 글, pp. 59-60.

식민지 · 신식민지 지배의 필수조건

신식민지주의는 현지 대리인을 전면에 내세우는 간접 지배 형태이기 때문에 이 현지 대리인 집단의 존재, 보다 정확히 말하면, 제국주의와 이해를 같이하는 토착 지배·착취계급의 존재는 신식민지 지배에 있어서 절대적인 조건이 된다. 그리하여 제2차 대전 후 제국주의는 "민족 주권을 주장하며 이스라엘과 투쟁하는 아랍세력에 대해 보수적인 왕제를 세우고" 이 "보수적인 세력에게 정치·경제적 원조를 하면서 민족운동을 억제하"였으며, "아프리카 여러 나라들"에서는 "부족대립과 인종차별을 격화시키면서 꼭두각시 정권을 수립하여 경제를 원조하고" 흑인 민족주의 "정권은 편의상 친서방파를 군부 안에 육성시켜 쿠데타로 타도하였다. 1966년 '검은 지도자의 별'로 불리는 가나의 은크루마 정권이 강대국의 개입정책과 친서방세력의 쿠데타로 전복되었던 사건은 아프리카에 대한" 제국주의 "국가의 정책을 이해하는 데 있어서 중요하다."12)

신식민지 지배국의 입장에서는 토착 지배·착취계급의 대표자들을 대리통치 집단으로 세우기 위해서는 물론 현지 인민의 저항을 억압하고, 인민적 정치세력, 인민의 총의에 의한 정권을 전복·제거하여야 한다. 예를 들자면, 이렇다.

    미국의 신식민지 세력권 내에 혁명적인 반제국주의 정부가 존재한다는 것은 레이건 행정부로서는 참을 수 없는 것이다. 왜냐하면 그것은 서유럽뿐만 아니라 지구촌에 대한 주도권을 유지할 만한 의지와 능력을 미국이 과연 갖고 있는가에 의혹을 던져주기 때문이다. 지구촌 전체를 고려하고 있는 워싱턴은 니카라구아 대중이 선거를 통해 선택한 정부를 전복시키고 워싱턴의 명령을 충실히 수행할 만한 정권으로 이를 대체하려고 할 수밖에 없다. 이와 똑같은 맥락에서 미국정부는 과테말라 자코보 아르벤즈(Jacobo Arbenz) 정권(1954), 도미니카 공화국의 쥬안 보쉬(Juan Bosh) 정권(1965), 그리고

---

12) 스야마 야스지(巢山靖司) 저, 서경원 역, 앞의 책, p. 36.

칠레의 살바도르 아옌데(Salvador Allende) 정권(1974) 등을 몰아냈다. 이들은 모두 국민이 선거로 선택한 정부였다.13)

그러나 이는 현지 인민의 의사에 반한 정권 전복의 일부의 예에 불과하다. 앞에서 가나의 은크루마 정권의 전복에 대해서도 언급했지만, 사실은 개발도상국으로 불리는 국가들에서 심심치 않게 일어나고 있는 군부 쿠데타와 그에 의한 정권 전복의 배후에는 으레 제국주의의 비밀공작·조정이 있다. 그중에서도 1965-66년에, 비동맹운동의 지도자의 한 사람으로서 친쏘·친중국-반제국주의적 경향이 강했던 인도네시아의 수카르노 대통령 정부를 제거하는 과정에서 수하르토 군부가 벌인 대학살은 가장 비극적이다. 피학살자의 규모가 수십만 명에서 많게는 수백만 명까지로 추정되는 이 대학살의 배후에 미 CIA와 국무성을 비롯한 미 행정부가 있었다는 것은 널리 알려진, 공공연한 비밀 아닌 비밀이지만, 물론 자세한 진상은 아직 밝혀지고 있지 않다. 당연히 인도네시아 인민은 "진실 없이 화해 없다"고 울부짖고 있다.14)

1965-66년 인도네시아 학살에서의 미국의 역할이 아직 이렇게 장막에 가려져 있지만, 엄밀한 방식으로, 즉 추정이 아니라 획득 가능한 자료에 기초하여 이 문제를 연구하고 있는 미국의 한 연구자는, "그러나 CIA의 기록의 극히 일부만 기밀 해제되었지만, 그것만으로도 인도네시아에서의 CIA의 비밀 작전이, 과거에 알려진 것보다 광범위했고 음흉했음을 입증해 준다"며, 다음과 같이 말하고 있다.

실제로, 워싱턴 당국은 [인도네시아: 역재 군부가 인도네시아공산당(PKI) 당원으로 추정되는 사람들을 학살하는 것을 고무하고 돕기 위하여 할 수 있

---

13) 리차드 L. 해리스, "포위된 혁명", 리차드 L. 해리스 외 저, 편집부 역, ≪니카라구아 혁명 연구≫, 이성과현실사, 1987, p. 290.
14) 인탄 수완디(Intan Suwandi), "No Reconciliation without Truth: An Interview with Tan Swie Ling on the 1965 Mass Killings in Indonesia", *Monthly Review*, Vol. 67, No. 7, Dec. 2015, pp. 14 이하 참조.

는 모든 일을 다 했으며, 미국의 관리들이 염려했던 것은 단지 인도네시아 공산당의 비무장 지지자들을 충분히 죽이지 않아서 수카르노가 다시 권력을 장악, 행정부가 입안 중인 수카르노 이후의 인도네시아에 대한 계획을 좌절시키지나 않을까 하는 것뿐이었다.15)

"**미국의 관리들이 염려했던 것은 단지 인도네시아 공산당의 비무장 지지자들을 충분히 죽이지 않아서 수카르노가 다시 권력을 장악, 행정부가 입안 중인 수카르노 이후의 인도네시아에 대한 계획을 좌절시키지나 않을까 하는 것뿐이었다.**(U.S. officials worried only that the killing of the Party's unarmed supporters might not go far enough, permitting Sukarno to return to power and frustrate the administration's emerging plans for a post-Sukarno Indonesia.)" — 과연 자유세계·인권의 끔찍한 수호자다운 미 제국주의이다! 그런데 이렇게 충분히 죽이지 않아서 계획에 차질이 올까봐 걱정하던 것은 물론 미국의 관리들만이 아니었다. 당시 한국의 재벌 신문도 이렇게 쓰고 있다.

'수하르토' 장군을 정상으로 하는 현 정권은 아직 많은 난관을 안고 있다. '수카르노' 개인의 권한은 거의 배제되었으나 '자바'를 중심한 방대한 세력의 반격가능성도 부정될 수 없다. 그리고 군부탄압으로 40만 당원(라이프지 추산)이 살해되었지만 동남아 최대의 공산당원(공칭 3백만)을 자랑하던 세력이라 그 방대한 당원의 지하조직이 위장전술로 각계에 침투하여 재기의 기회를 노릴 가능성도 충분히 있다.

'수카르노' 정도의 역량과 매력을 지니지 못한 '수하르토'가 과연 '수카르노'와 PKI의 재기 봉쇄란 난관을 무난히 치르고 분열된 국내를 통일하고 파탄에 이른 경제문제를 호전시킬 수 있을지는 낙관할 수 없다.16)

---

15) 브레들리 심슨(Bradly Simpson), "미국과 1965-1966년 인도네시아 대학살(The United States and the 1965-1966 Mass Murders in Indonesia)", *Monthly Review*, Vol. 67, No. 7, Dec. 2015, p. 46.
16) 이현석, "'수카르노' 대 '수하르토' Ⅰ 〈'인도네시아' 공산당 쿠데타 미수〉 9·

아무튼, 크고 작은 규모의 차이야 있겠지만, 이러한 학살, 이러한 끔찍한 걱정이 어찌 인도네시아뿐이겠는가!

그런데, 예컨대 1920년대의 일제의 소위 '문화 통치'가 1910년대의 무단 통치보다 섬세하고 신경을 많이 써야 했던 것처럼, 신식민지 지배도 당연히 구식민지 지배에 비해서 보다 섬세하고 보다 많은 신경을 쓰지 않을 수 없다. 그중에서도 특히 신경과 비용을 많이 써야 하는 것은 현지 대리 지배인들, 즉 꼭두각시들과 친제국주의 엘리트 지식인들, 즉 전문개[專門家]들의 양성이다. 이미 세워놓은 정권이 너무나도 인민의 분노의 표적이 된 나머지 그에 대한 저항·투쟁이 자칫 혁명적 상황으로라도 발전할 염려가 있다거나, 실제로 예기치 않은 정변이 있어 그 정권이 무너지거나, 혹은 너무나도 장기간 집권한 나머지 분수를 잃고 간덩이가 부어 호락호락 말을 듣지 않거나 하는 경우에 그를 교체할 수 있어야 할 뿐 아니라, 친제국주의 이데올로기로 그 사회를 물들일 수 있어야 하기 때문이다. 매수(買收)는 이러한 인적 자원의 양성을 위한 상용(常用) 수법이지만, 군·관계(官界)·학계·종교계, 기타 각종 문화계의 촉망 받는 젊은이들을 엄선, 장학금을 받는 유학생으로 초청하는 것도 조직적으로 이용되는 방법이다. 소위 '진보적' 교수·지식인들의 다수가 친미적인 것도 바로 이 때문이다.

그러나 제국주의 대리 통치자들을 이렇게만 설명한다면, 그것은 너무나 피상적이다. 그러한 대리 통치자들을 개개인으로 파악하자면, 그들은 물론 다양한 계급에서 배출되고 있지만, 만일 제국주의와 물질적 이해관계를 같이하는 토착 세력이 계급으로서 존재하지 않는다면, 그러한 개개의 대리 통치자들도 존재하지 않게 되기 때문이다. 그리고 더 중요하게는, 제국주의의 식민지 지배와 이해관계를 같이하는 토착 지배·착취계급의 존재는, 비단 신식민지 지배의 필수조건일 뿐만 아니라, 사실은 식민지 지배 일반, 따라서 구식민지 지배의 필수조건이기도 하기 때문이다. 생각해 보

---

30 사건 1주년 결산", ≪중앙일보≫, 1966. 1. 1. 〈http://news.joins.com/article/1080338〉

라. 일제의 조선 식민지 지배와 물질적 이해관계를 같이 하는 대지주 계급 및 신흥 부르주아 계급이 없었다면, 친일 관료·경찰·군인·밀정이 있었겠으며, 일제의 조선 지배가 가능했겠는가를. 부르주아·소부르주아 민족주의자들은 민족의 대동단결을 외치지만, 그 민족의 몰계급적인 대동단결이란 것이 왜 불가능한지를. 계급으로 분열된 민족의 대동단결이 과연 가능한가를.

그리하여 신식민지주의에서 제국주의의 하수인으로서의 현지 대리 통치자들 등은 사실은 현지의 토착 지배·착취계급의 정치적·이데올로기적 대표자들 내지 그들에 고용된 자들이며, 구식민지 지배도 신식민지 지배도 그 토대는 바로 제국주의와 토착 지배·착취계급의 경제적·정치적 이해의 일치이다. 제국주의가 현지의 대리 통치자들을 내세워 **"민중들에게 자국인에 의해 통치된다는 환상을 심어줌으로써" "제국주의에 대한 불만의 직접적 분출을 완화**시키"지 않고는 현지 노동자·인민의 저항·해방투쟁에 부딪혀 식민지 지배를 유지할 수 없다면, 현지의 토착 지배·착취계급은 제국주의의 무력의 도움 없이는 노동자·인민의 저항·혁명투쟁에 부딪혀 자신들의 지배·착취를 유지할 수 없기 때문에 양자는 제국주의 후견 하의 대리통치에서 공통의 이해관계를 발견하는 것이다.

그리고 구식민지적 종속이든 신식민지적 종속이든 식민지적 종속 일반은 이렇게 토착 지배·착취계급의 이익에 기초하고, 그 이익을 유지·보존하는 것이 필수적 조건이기 때문에, 저들 토착 지배·착취계급에게 있어 그 종속은 결코 강요된 것이 아니다. **그 종속은 전적으로 자발적인 것이고, 능동적·적극적인 것**이다.[17] 일제의 식민지 지배체제에서 입신출세

---

17) 2013년 11월 8일자 ≪한겨레≫에는 흥미롭게도 "도청보다 심각한 '자발적 식민성'"이라는 제목의, 김종대 ≪디펜스21플러스≫ 편집인(현재는 정의당 의원)의 다음과 같은 칼럼이 실려 있다. ― "미국 국가안보국(NSA)이 한국을 주요 정보 수집 대상으로 분류하고 도·감청을 포함한 무차별적인 정보 수집 활동을 해왔다고 외신이 폭로했다. … / 그러나 필자에게는 미국이 공연한 수고를 한 것이 아닌지, 의문이 든다. 굳이 엄청난 첨단 장비와 막대한 예산을 쏟아부어 한국을 감시하지 않아도 한국에는 자발적으로 미국에 정보를 가져다 바치는 사람들이 부지

코자 하는 야심에서 천황에게 충성을 맹세한 반인반수의 혈서가 자발적이었고 능동적·적극적이었던 것처럼 말이다. 일제 지배 말기에, 후일 대한민국의 부통령이 되는 김성수(金性洙) 등의 친일 지식인들이나, 지난해 7월 새누리당 대표의 자격으로 여러 명의 새누리당 소속 국회의원들을 대동하여 미국을 방문, 한국전쟁에 참전했던 미군 장성의 묘에 큰절을 올리고 "아이고 우리 장군님 감사합니다"며 "새똥이 많이 떨어져 있"던 그의 비석을 손수건으로 닦아준[18] 김무성[19]의 아버지 가네다 류슈(金田龍周)

기수다. 미 정보기관 요원으로 한국에 파견되어 있는 한 관리는 재임 기간 중 한국 국방부, 합참, 방위사업청 관계자들이 수시로 찾아와 자신이 속한 조직의 문제점을 까발리고 상관에 대한 험담까지 늘어놓는 데 대해 깜짝 놀란 적이 많았다고 회고한다. … 거물급 정치인들이 자신과 관련된 정치 현안에 대해 미 대사관을 찾아가 설명하는 것도 이제는 관례화되었다. / 3년 전에 위키리크스가 폭로한 외교전문만 보아도 한국에는 자발적인 미국의 정보원이 널려 있다는 사실이 확인된다. 2008년 11월13일자 외교전문은 박근혜 대통령도 2002년 김정일 북한 국방위원장을 만나 나눈 대화 내용을 캐슬린 스티븐스 미 대사와 오찬을 함께 하면서 상세히 소개한 것으로 기록하고 있다. / … / 미국에 정보를 제공하는 밀고자들에게는 조국이 두 개다. 이들은 자신이 태어난 나라뿐만 아니라 동맹국에 대한 '이중 충성'이 덕목이다. 이런 정보 제공자들이 국회, 국방부, 외교부, 군부대, 방위사업청에 득실거린다. 미국이 없으면 당장 우리나라가 망한다고 믿기 때문에 이중 충성에 대한 양심의 가책이란 없다. 국회 국정감사장에서 국방부 정보본부장은 '미국이 없이 남북한이 일대일로 싸우면 진다'고 했다. 그에게 미국이란 단순한 동맹국, 그 이상의 존재다. 여기에는 미국에 대한 의존성을 넘어선 자발적 식민성이 도사리고 있다. …"

18) "장윤석 '김무성의 큰절이 뭐가 문제냐' vs 한인섭 '쪽팔려'", 《뷰스앤뉴스》, 2015. 7. 30. 〈https://www.viewsnnews.com/article?q=122949〉
19) 김무성을 위시한 이들 의원들이 워싱턴의 미 국립묘지에서 벌인 영예로운 행동들은, 예컨대, 《한겨레》의 기사 "'친일' 김무성 아버지가 애국자로 둔갑하고 있다"(〈http://www.hani.co.kr/arti/politics/politics_general/702704.html〉)에서 지금도 누구나 볼 수 있다. 그런데, 김무성은 그에 앞서 같은 달 초에는 국회의 국방위원들을 대동하고 용산의 한미연합사를 방문, "존경과 감사" 마음으로 주한미군 사령관을 등에 업고 희희낙락하기도 했다. 혹시 생물학자들은 모종의 '유전자' 운운할지 모르지만, 분명 계급적 본능의 표출 아니겠는가!

등의 기업가들이 조선의 젊은이들을 친일 전장으로 내모는 데에 혈안이 되고 전투기 헌납운동을 벌인 것이 자발적이었고 능동적·적극적이었던 것처럼 말이다.[20]

종속 혹은 예속에의 이 자발성과 능동성·적극성은 당연히 식민지·신식민지 지배가 위기에 처할수록, 따라서 민족해방 투쟁이, 즉 식민지·신식민지 내의 계급투쟁이 발전하면 발전할수록, 격렬해지면 격렬해질수록 더욱 적극적이 되고 더욱 강해지게 된다. 제국주의의 계속적 지배만이, 제국주의의 무력만이 노동자·인민의 저항·혁명에 대항한 자신들의 생명줄임을 잘 알고 있기 때문이다.

식민지·신식민지 지배에 관한 논의에서는, 일반적으로 제국주의만을 지배자로서 강조하지만, 이 점, 즉 토착 지배·착취계급이 제국주의와 그 이해관계를 같이하는, 제국주의 (신)식민지 지배의 필수 조건이라는 점을 명확히 인식하고 강조하는 것이야말로 중요하다.

식민지·신식민지 피지배 민족의 입장에서 보면 그들 토착 지배·착취

---

[20] 나중에 일본 총리대신과 부총리를 지내는 자민당의 아소 타로(麻生太郎)는 2003년 5월 31일 도쿄대 강연에서 과거 일제가 조선 황민화 정책으로 강요했던 창씨개명에 대해 "조선인들이 성씨를 달라고 한 것에서 시작됐다"고 말했다. "'창씨개명은 조선인이 원했다' 日 자민당 정조회장 망언"이라는 ≪한국일보≫(2003. 6. 2.) 보도에 의하면, "당시 조선인들이 일본인의 여권을 받으면 이름 앞에 '김(金)'이라든가 하는 조선명이 쓰여 있었다. 이것을 본 만주 사람들이 '조선인이군'이라고 말해 일하기가 어려웠다. 그래서 조선인들이 성씨를 달라고 한 것이 원래 창씨개명의 시발이었다"는 것이다. 그런데 2005년 10월 31일 아소 타로가 일본 외무대신으로 기용되자 한국의 극우신문들은 다시, 예컨대, "'창씨개명 한국이 원했다' 망언꾼 외상 기용"(≪조선일보≫, 2005. 11. 1.) 운운하며 떠들어댔다. 그런데, 아소 타로가 말하는 '조선인'이라는 게, 조선의 무지렁이 노동자·농민은 분명 아니고, 힘 깨나 쓰고 돈 깨나 있는 조선인들, 즉 친일 조선인들이었을진대, "창씨개명은 조선인이 원했다"는 발언은 과연 그냥 '망언'이기만 할까? 이 사회 저 극우세력들의 '망언 규탄' 그것은 사실은 진실에 대한 불편함의 표현, 즉 일제하에서 그 선대(先代)들이 벌인 자발적·적극적·능동적 친일이 드러나는 데에 대한, 그리고 식민지,·신식민지 지배의 계급적 기초의 일각이 드러나는 데에 대한 이 사회의 정치·경제·문화 지배층의 히스테리일 것이다.

계급은 내부에 강고히 구축되어 있는, 제국주의의 교두보이다. 그 때문에 그들을 그대로 둔 채로는, 그들을 제거하지 않고서는 민족해방, 즉 식민지·신식민지 노동자·인민의 해방은 불가능하다.

'신식민지 파씨즘'의 개념과 계급적 기초

제국주의의 신식민지 지배의 목표는 제국주의적 착취를 유지·확대하는 것이고, 이러한 목표는 현지의 착취체제를 유지함으로써, 즉 그 착취 체제가 붕괴되어 비자본주의적으로·사회주의적으로 발전하는 것을 저지함으로써 달성된다.[21] 그리고 그 착취체제를 뒤엎고 민족적·계급적 해방을 쟁취하려는 피착취 노동자·인민의 끊임없는 저항·투쟁에 직면하여 제1선에서 그 저항·투쟁을 억압·압살하고 착취체제를 유지할 책임을 담당하고 있는 것이 바로 토착 착취·지배 계급이며, 그 권력으로서의 대리통치기구이다. 따라서 그 지배는, 미국식 민주주의니, 자유니, 인권이니 하고 화려하게 장식되어 있지만,[22] 실제에 있어서는 극히 폭압적, 즉 파쑈적이지 않을 수 없다.

---

[21] "서구열강의 제3세계 정책의 목표는 신흥국들의 제국주의적 착취를 유지하고 확대하는 것이며, 신흥국들이 경제적으로 독립을 달성하는 것을 막고, 특히 외국자산의 국유화나 사회적 부문의 형성을 막으며, 최종적으로는 비자본주의적 발전으로 옮아가 사회주의 국가들과의 협력관계를 확대하는 것을 막는 것을 노리고 있다. / … 신식민지주의는 무엇보다도 자본주의를 살려내기 위한 투쟁이며, 사회주의의 확대에 반대하고, 발전도상국들 중 사회주의를 지향하려고 하는 나라들이나 사회주의와 동맹을 맺는 국가들에 반대하는 투쟁이다. 제국주의자들은 신흥국들을 세계자본주의 경제에 통합시켜야 할 부분으로 삼으려 하고 있다."(예. 아블리나(E. Ablina) 저, 中村良広·杉田憲道 역, "帝國主義と發展途上國", ソ聯邦科學アカデミー 편, ≪社會科學≫, 1974년 No. 4, 통권8호, 도쿄: 社會科學社, pp. 232-3.)

[22] 대부분의 신식민지주의 종속 국가들에서 "미국식 민주주의"가 내세워지는 것은 결코 우연이 아니다. 그것은 바로 그들이 미국, 즉 미 제국주의의 신식민지이기 때문이다.

그런데 신식민지 파씨즘에 대해서는 그 개념의 정당성 여부를 둘러싸고 일부 이견이 존재한다. 그 개념의 정당성 여부를 둘러싼 이견은 결국은 신식민지 파씨즘의 계급적 기초를 둘러싼 문제이기 때문에, 널리 제기되는 이견들을 검토해보자.

우선 하나는 독일이나 일본, 이딸리아 등 위기에 처한 제국주의, 즉 독점자본주의의 국가형태로서의 파씨즘 개념을, 제2차 대전 후 구식민지 체제가 붕괴되고 구 식민지들의 대부분이 신식민지주의에 편입될 당시를 기준으로 볼 때 많은 경우 아직 반(半)봉건적 내지 자본주의 발전의 초기 단계에 있던 신식민지[23]에 적용하는 것이 과연 타당한가 하는 문제제기이다.

그러나 이는, 독점자본주의·제국주의의 성숙에 따른 자본주의의 전반적 위기의 세계성을 망각한 이견이다.

주지하는 바처럼, 자본주의·제국주의는 세계적 체제이고, 따라서 그 전반적 위기도 세계적일 수밖에 없다. 신식민지 국가들은 그 경제발전 단계가 낮다 하더라도 제국주의에 종속되어,[24] 그 착취의 대상으로 되어 있다.

---

[23] 주지하는 것처럼, 이들 가운데 몇몇에서는 오늘날 자본주의가 고도로 발전해 있고, 그런 만큼 그 계급적 분열과 투쟁도 고도화되어 있다.

[24] "'제3세계'란 것은 가설적(假設的)인 개념이다. 그것은 사회·경제면에서 대단히 다양한 아시아, 아프리카, 라틴 아메리카의 나라들을 포함하고 있다. 하지만, 이들 국가들의 각각에 있어 어느 것에나 특징적인 것은, 정도의 차이야 있지만, 경제적으로 후진적이고, 세계 자본주의에 종속되어 있다." (예. 타라브린(E. ТАРАБРИН), "『第三世界』と帝國主義 ―力關係における新たなもの―", ソ連科學アカデミー··世界經濟と國際關係研究所, (國際關係研究所譯編), ≪世界經濟と國際關係≫ 제30집, 도쿄: 協同産業KK出版部, 1975, p. 178.) 참고로, 타라브린의 이 글은 그러나, 쏘련에서의 수정주의·기회주의의 성장을 반영하여, 정세를 객관적으로 냉정하게 파악하는 대신에 아전인수식으로, 낙관적·낭만적으로 파악하는 병증(病症)을 전형적으로 드러내고 있다. 예컨대, 이렇게 쓰고 있다. ─ "자본주의 체제를 강화하려고 하는 것, 이것이 신식민주의의 주요한 동인(動因)이다. 구종주국이나 그 제국주의적 동맹국=경쟁상대국은 신식민주의적 방법으로 어떻게 해서든 신흥국가들의 정치적, 경제적, 사회적 발전에 대한 지배를 유지하고, 이들 국가의 생산력, 특히 천연자원을 약취할 가능성을 확보하며, 발전도상국을 세계자본주의 경제체제 내에 붙잡아매려 하고 있다. 그러나 현대의 국제정세 하에서 신식민지주의 정책은

그리하여 이들 국가에서의 계급투쟁은 제국주의·독점자본과 그 토착 앞잡이들에 대한 투쟁일 수밖에 없으며, 따라서 그에 따른 체제의 위기는 그 경제적 발전단계를 넘어 어느 곳보다도 첨예할 수밖에 없고, 그에 대한 억압은 폭압적·파쑈적이지 않을 수 없다. 제국주의의 식민지·신식민지라는 조건 하에서 자본주의로 이행하고 자본주의가 발전하는 곳에서는 그 첨예한 위기 때문에 이른바 '자유방임적 자본주의'는 존재할 수 없고, 그 자본주의는 그 발전 초기부터 '국가 자본주의'일 수밖에 없으며, 그 정치적 지배형태는 파씨즘, 즉 식민지·신식민지 파씨즘일 수밖에 없는 것이다.

더구나 신식민지에서의 폭압은 지배 제국주의에 의해서 사주·고무되고 뒷받침되고 있다. 예컨대, 2003년에 영국의 한 일간지는 다음과 같이 보도하고 있다.

> 기밀 해제된 미국의 파일들이 1970년대 군사정부(junta)에 대한 지원(backing)을 폭로하다.
>
> 새롭게 기밀 해제된 미 국무성 문서들에 의하면, 1970년대에 3만 명에 이르는 사람들이 살해된 아르헨티나의 '더러운 전쟁'을 헨리 키신저가 승인했다.
>
> 미국의 국무장관이었던 키신저 씨는, 미 의회의 회기가 재개되기 전에 행동할 것을 아르헨티나의 군부에 촉구하고, 워싱턴 당국은 아르헨티나 군부에게 "불필요한 어려움들"을 야기하지 않을 것이라고 그 군부에게 말한 것으로 보인다.[25]

이 기사를 읽는 독자들은, 음지에서 일하는 CIA가 아니라, 적어도 표면적으로는 공식적으로 행동하고, 공식적으로 행동하지 않을 수 없는 국무

갈수록 그 파국을 드러내고 있다. ... / 분석이 보여주는 바로는, 신식민지주의는 그 장기적 전략목표를 어느 것 하나 달성하지 못했다."(pp. 178-9.) 보다시피, 실제의 국제정세 전개와는 정반대의 '분석'을 보여주고 있다.

25) 던칸 캠벨(Duncan Campbell in Los Angeles), "키신저가 아르헨티나의 '더러운 전쟁'을 승인했다(Kissinger approved Argentinian 'dirty war')", *The guardian*, 2003. 12. 3. 〈http://www.theguardian.com/world/2003/dec/06/argentina.usa〉

장관의 움직임에 관한 문서·보도임을 감안하면서 상황을 추정하고 음미해야 할 것이다.

다른 하나의 이견은 이렇게 제출된다. 즉, 앞에서 필리핀에서의 신식민지 파씨즘과 관련하여 인용했던 연구자인 조형제 씨는, "영원히 계속될 것처럼 필리핀 민중 위에 군림하면서 세계사의 진보적 흐름에 역행해 오던 마르코스의 종속적 권위주의 체제는" 1986년 2월에 "마침내 민중의 힘에 의해 붕괴되고 말았다"26)고 말하면서 "종속적 권위주의 체제"에 붙인 후주에서 이렇게 말하고 있다.

> 1972년이 계엄 선포 이후 성립된 필리핀 정치 체제에 대해서는 여러 개념들이 사용되고 있는데 그 중요한 것들을 정리해 보면 다음과 같다.
> ① 합헌적 권위주의 체제(constitutional authoritarianism)
> ...
> ② 파시스트 국가(fascist state 또는 state fascism)
> 유럽의 나찌즘과 파시즘에서 기원을 찾을 수 있는 국가 개념으로서 필리핀 공산당을 비롯한 좌파 정치 세력들이 마르코스 통치의 피지배 계급에 대한 폭력적, 억압적 성격을 지칭하기 위해 일반적으로 사용하고 있다. 그러나 계엄 선포를 전후한 필리핀의 정치 변동에서는 파시즘의 불가결한 요소인 쁘띠부르주아 계급의 주도, 통치자의 카리스마, 대중에 대한 광범한 이데올로기적 동원 등이 거의 존재하지 않았다. 더욱이 '파씨스트 국가'는 필리핀 정치 체제의 제국주의와의 관련성에 대해서도 전혀 밝혀 주고 있지 못하기 때문에 적절한 개념이라고 볼 수 없다.
> ③ 종속적 권위주의 체제(dependent authoritarianism)
> '권위주의 체제'는 자본주의 국가의 형태를 자유민주제에 대립되는 국가형태로서 지배 계급의 헤게모니가 취약할 때 일반적으로 강력한 노동 통제를 기반으로 국가가 자본 축적을 주도하고 관리하는 억압적 정치 체제를 지칭하는 개념으로 사용되고 있다. Alex Mogno는 필리핀 정치 체제를 이러한 '권위주의 체제'로 보고, 거기에 미 제국주의에 대한 예속적 성격을 강조

---

26) 조형제, 앞의 글, p. 56.

하기 위해 '종속적'이라는 수식어를 붙이고 있다. 더 이상의 좋은 대안적 개념이 없으므로 우리는 이 글에서도 '종속적 권위주의 체제'의 개념을 사용하려고 한다. ...
　④ ...27)

그러나 이는 오해와 독단에 근거한 주장이다.
독단에 대해서 먼저 말하자면, 조형제 씨는, 한편에서는, "더욱이 '파씨스트 국가'는 필리핀 정치 체제의 제국주의와의 관련성에 대해서도 전혀 밝혀 주고 있지 못하기 때문에 적절한 개념이라고 볼 수 없다"고 말하면서, 다른 한편에서는 "필리핀 정치 체제를 ... '권위주의 체제'로 보고, 거기에 미 제국주의에 대한 예속적 성격을 강조하기 위해 '종속적'이라는 수식어를 붙이"며, ... "더 이상의 좋은 대안적 개념이 없으므로 ... '종속적 권위주의 체제'의 개념을 사용하려고 한다"고 말하고 있다.
그런데, "필리핀 정치 체제를 ... '권위주의 체제'로 보고, 거기에 미 제국주의에 대한 예속적 성격을 강조하기 위해 '종속적'이라는 수식어를 붙"인다고 말하고 있지만, "파씨스트 국가"라는 개념 자체가 "필리핀 정치 체제의 제국주의와의 관련성에 대해서 전혀 밝혀 주고 있지 못"한 것처럼, "권위주의 체제"라는 개념 자체는 "필리핀 정치 체제의 제국주의와의 관련성에 대해서 전혀 밝혀 주고 있지 못"하다. 그리하여, "권위주의 체제"라는 규정에 "종속적"이라는 수식어를 붙일 때, 그것은 "미 제국주의에 대한 예속적 성격을 강조하기 위해"서가 아니라, 바로 그 예속성을 밝히기 위해서인 것이다. 그렇다면, "파씨스트 국가"라고 해서 그 앞에 "예속적"이나 "종속적" 같은 수식어를 못 붙일 아무런 이유가 없으며, 따라서 "더욱이 '파씨스트 국가'는 필리핀 정치 체제의 제국주의와의 관련성에 대해서도 전혀 밝혀 주고 있지 못하기 때문에 적절한 개념" 운운하면서 필리핀과 관련, "파씨스트 국가"라는 개념을 기각하는 것은 분명 독단이다. 아니, 방금 앞에서 "파씨스트 국가"라는 개념 자체가 "필리핀 정치 체제의

---

27) 김종채·공제욱·조형제·이성형 저, 손학규 편, 앞의 책, pp. 113-4.

제국주의와의 관련성에 대해서 전혀 밝혀 주고 있지 못"한 것처럼 운운했지만, 사실은 "파씨스트 국가"라고 할 때, 거기에는, 앞에서 논한 것처럼, 제국주의 체제의 전반적 위기가, 따라서 신식민지의 제국주의에의 종속성이 사실은 전제되어 있는 것이고, 거기에 "신식민지"라고 덧붙일 때, 그것이야말로 그 예속성·종속성을 강조하기 위한 것이다. 더구나, 우리가 앞에서 '각주 6)'을 붙여 인용하고 있는 조형제 씨 자신의 글 등에서도 명백한 것처럼, "마르코스 통치의 피지배 계급에 대한 폭력적, 억압적 성격을 지칭하기 위해" "파씨스트 국가"라는 개념을 "일반적으로 사용하고 있"는 "필리핀 공산당을 비롯한 좌파 정치 세력들"이야말로 미 제국주의에 대한 필리핀의 예속성을 누구보다도 투철하게 인식하고 있고, 누구보다도 투철하고 처절하게 그 예속성을 극복하기 위해 싸우고 있는 세력 아니던가!

한편, 조형제 씨는 "계엄 선포를 전후한 필리핀의 정치 변동에서는 파시즘의 불가결한 요소인 쁘띠부르주아 계급의 주도, 통치자의 카리스마, 대중에 대한 광범한 이데올로기적 동원 등이 거의 존재하지 않았다"며, 마르코스 치하의 필리핀을 "파씨스트 국가"로 규정하는 것을 기각하고 있다.

그러나 이는 파씨즘에 대한 커다란 오해에서 유래하는 주장일 뿐이다. "통치자의 카리스마" 유무 판단의 주관성이나, 전국의 사실상 모든 가정을 뒤덮고 있는 대중매체들을 통해서 밤낮 없이 쏟아지는 제국주의·독점자본의 애국주의 캠페인이나 질서 캠페인, 경제 안정·성장 캠페인을 두고도 "대중에 대한 광범한 이데올로기적 동원 등이 거의 존재하지 않았다" 운운하는 것은 차치하고라도, 파씨즘을 독점자본이 아니라 "쁘띠부르주아 계급"이 "주도"하는 운동으로 파악하는 것은 그야말로 놀랄 만큼 피상적인 견해이다!

파씨즘을 '쁘띠부르주아 계급이 주도하는 운동'으로 파악하는 것을 비판하기 전에, 조현제 씨의 '권위주의 체제'에 대해서 먼저 간단하게 언급하자. 앞에서 본 것처럼 그는, "'권위주의 체제'는 자본주의 국가의 형태를 자유민주제에 대립되는 국가형태로서 지배 계급의 헤게모니가 취약할 때 일반적으로 강력한 노동 통제를 기반으로 국가가 자본 축적을 주도하고 관리하는 억압적 정치 체제를 지칭하는 개념으로 사용되고 있다"고 말하고 있다. 하지만, '권위주의 체제'는 결코 자유민주제에 대립하는 자본주의 국가형태가 아니다. '권위주의 체제'를 그렇게 소위 자유민주제에 대립적인 것으로 생각하는 것은 사실은 저들 부르주아 이데올로그들의 거짓 선전을 그대로 받아들이는 것일 뿐이다. 이른바 현대 자유민주제가 바로 '권위주의 체제'이고, 그러한 '억압적·파쑈적 정치 체제'일 뿐이다. 그것이 현실이고 진실이다. 그리고 부르주아 사회에서는 결코 "국가가 자본축적을 주도하고 관리하"지 않는다. 자본축적을 주도하고 관리하는 것은 (독점)자본 그 자체, 그 인격화로서의 (독점)자본가들이다. 국가는 단지 "강력한 노동 통제"와 같은 "억압적 정치 체제"를 통해서 (독점)자본의 그러한 자본축적과 관리를 외적으로 보증할 뿐이다.

사실 '권위주의 체제'라는 용어는 '비판적인' 부르주아 강단 이데올로그들이, '파쑈 체제'라는 용어를 기피하면서, 즐겨 쓰는 용어이다. 그들이 이 용어를 즐겨 쓰는 것은, 그들의 주관적 의도야 어떻든, 그것이 현대 독점 부르주아 국가체제의 반(反)노동자·인민적 성격을 많건 적건 은폐하는 역할을 하고 있기 때문이다.

다시, 파씨즘을 '쁘띠부르주아 계급이 주도하는 운동'으로 파악하는 문제로 돌아오면, 그러한 견해는 1930년대 초에 널리 제시되었고, 따라서 당시에 이미 충분한 비판이 이루어진 바 있다.

대표적인 비판자는 인도 출신의 영국 공산당원인 팔메 두트(R. Palme Dutt)인데, 그는 "파씨즘이 일반적으로 '중간계급(middle-class)' (즉, 소부르주아) 운동으로 제시되는" 것에 대해서 우선 이렇게 평가한다.

> 초기에 파씨즘이 중간계급(소부르주아) 인자들로부터 발생하고, 조직 노동자계급 및 트러스트들과 거대금융에 반대하여 중간계급에게, 즉 소기업 및 전문가계급들에게 많이 호소하며, 그 구성의 대부분, 특히 그 지도부를 중간계급으로 채우고 있고, 위기적 상황에 처한 중간계급·소부르주아지의 이데올로기에 젖어 있다는 의미에서 거기에는 분명 상당한 진실이 있다.[28]

그러나 파씨즘을 "조직 노동자계급 및 대규모 자본 양자에 대립적인, 자본이나 노동과는 관계가 없는 '제3자'로서의 중간계급의 독자적인 운동이라는 의미에서의 중간계급 운동으로서 제시하는"데에 대해서는, 그는 이를 "파씨즘을 자유주의적이고 사민주의적으로 취급하는" 개념이라며[29] 이렇게 비판한다.

파씨즘을 이렇게 대 부르주아지에 대한 소부르주아 혁명으로 보는 견해는 명백히 사실에 있어서 오류이며, 파씨즘의 진짜 성격 및 그에 대한 투쟁을 진지하게 이해하는 데에 극도로 위험하다.

사실에 있어서 오류라고 하는 것은, 파씨즘의 실제의 역사, 발전, 기초 및 실천을 가장 간단히 조사해보는 것만으로도 명백하다. 어느 나라에서나 파씨즘의 공공연한(open and avowed) 지지자들은 티쎈가(Thyssens)나 크룹가(Krupps),[30] 몬드가(Monds),[31] 디터딩가(Deterdings),[32] 오언 영가(Owen Youngs)[33] 같은 대자본의 대표자들이다.

파씨즘은, 그 초기에는 막연하고 명백히 부정직하게 반(反)자본주의 선전을 하는 체하지만, 처음부터 대 부르주아지에 의해서, 즉 대지주들, 대금융자본가들 및 대산업자본가들에 의해서 조장되고, 자양분이 주어지며, 유지되고, 보조금이 주어진다.

나아가, 파씨즘은 오직 부르주아 독재의 직접적인 보호에 의해서만 그 초

---

28) 팔메 두트(R. Palme Dutt), ≪파씨즘과 사회 혁명(*Fascism and Social Revolution*)≫ (개정판 1935), Wildside Press, p. 97.
29) 팔메 두트(R. Palme Dutt), 같은 곳.
30) 티쎈(Thyssen AG)과 크룹(Krupp AG)은 모두 철강, 기계, 선박, 무기 등을 생산하며 나찌의 전쟁 수행에 기둥 노릇을 했던 독일의 거대 독점자본으로서 각각 티쎈가(家)와 크룹가가 설립·운영자였다. 두 회사는 1999년 합병하여 티쎈크룹(ThyssenKrupp AG)으로 되었다. 국내 대형 빌딩의 엘리베이터 중 다수가 바로 이 회사의 제품이다.
31) [어떤 가문인지, 독자들의 도움이 필요하다.]
32) 디터딩(Henri W. Deterding)은 영국과 네덜란드하 합작한 거대 석유회사 로얄더취쉘(Royal Dutch Shell Oil Company)의 최고경영자였다.
33) 오언 영가(Owen Young)는 미국의 제너럴일렉트릭(GE)의 대주주 가문이다.

기 단계에 노동자계급 운동에 의해서 일소되지 않고 구제되어 성장할 수 있다. 파씨즘은, 파씨스트의 불법은 공공연히 못 본 척하면서 노동자계급의 반대를 전력을 다하여 으깨 부수는 국가 폭력의, 고위 군부의, 경찰 당국의, 법원과 장관들의 도움에 의지할 수 있는 것이다. (…)

마지막으로, 파씨즘이 부르주아 국가 독재로부터 "권력을 정복"했다? 파씨즘은 어느 나라에서도 결코 "권력을 정복"하지 않았다. 어느 경우에나 파씨즘은 부르주아 독재에 의해서 위로부터 권좌에 앉혀졌다. 이딸리아에서 파씨즘은, 그에 대한 계엄령에 서명하기를 거부하고 무쏠리니를 권력으로 초대한 국왕에 의해서 권좌에 앉혀졌다. 무쏠리니의 전설적인 '로마로의 진군'은 침대차 속에서 이루어진 것이다. 독일에서 파씨즘은 대통령에 의해서 권좌에 앉혀졌는데, 당시 파씨즘은 선거 결과들이 보여주는 것처럼 독일에서 심하게 지지를 잃고 있을 때였다.

사실 부르주아지는 실제로는 권력을 한 손에서 다른 손으로 넘겨주면서 그것을 '혁명'이라고 부른 것이고, 그 실체는 오직 노동자계급에 대한 억압의 강화였다.[34]

파씨즘을 중간계급, 즉 소부르주아지의 운동으로 파악하는 것이 얼마나 현실과 동떨어진, 잘못된 인식인가를 알 수 있다. 파씨즘은 위기에 처한, 즉 노동자계급의 거대한 저항에 직면한 독점자본의 대응이며, 이것은 식민지·신식민지에서의 그것도 마찬가지이다. 식민지·신식민지 자체의 경제발전이 그 자체의 독점자본가계급을 낳을 만큼의 단계에 이루지 않은 경우에도 그곳에서의 위기·계급투쟁은 제국주의, 즉 식민지·신식민지 지배 독점자본에 대한 투쟁을 포함하는 것이며, 현지 토착 지배·착취계급은 이들 제국주의와 이해를 같이하기 때문이다. 즉, 현지의 토착 지배계급은, 그 경찰과 군대, 관료들은 자신들과 계급적 이해관계를 같이하는 제국주의의 방어를 위해서, 그들 제국주의의 첨병이 되어 식민지·신식민지의 노동자·인민을 파쑈적으로 억압하는 것이다.

---

34) 팔메 두트(R. Palme Dutt), 앞의 책, pp. 100-1.

신식민지 파씨즘의 한 전형, 라틴 아메리카

　신식민지·신식민지주의라는 개념은, 주지하는 것처럼, 아시아·아프리카의 구식민지들이 제2차 대전 후 '해방'·'독립'되었으나 그 '독립'된 국가들이 다시 제국주의에 종속적으로 재편성되는 과정 속에서 발생하였다. 그리고 이 때문에 신식민지는 일반적으로 "정치적으로는 독립하였으나 경제적으로는 제국주의에 종속된 국가들"로 정의되고 있다.[35]

　그런데, 신식민지를 이렇게 "정치적으로는 독립하였으나 경제적으로는 제국주의에 종속된 국가들"로 정의할 때, 신식민지주의는, 앞에서 필리핀과 관련하여 지나가는 말처럼 언급했지만, 결코 제2차 대전 후의 현상만도 아니며, 아시아·아프리카에 한정된 현상만도 아니다. 그것은 20세기 초로 거슬러 올라가고, 우리는 그 전형적인 예들을, 과거에는 '종속국'이라는 말로 불렸던 중·남미 국가들, 즉 라틴 아메리카 국가들에서 발견할 수 있다. 이미 19세기에 종주국 스페인과 뽀르뚜갈로부터 '독립'을 쟁취했던 라틴 아메리카 국가들이야말로 신식민지주의와 그에 대한 저항이 가장 극적인 형태로 드러나 온 지역인 것이다.

　라틴 아메리카에서 신식민지주의와 그에 대한 저항이 가장 극적인 형태로 드러나 온 것은, 미 제국주의야말로 신식민지주의의 맹주인 데다 라틴 아메리카는, 그 지역성 인접성과도 관련하여, 미국의 '앞마당'이니 '뒷마당'이니 할 만큼 이미 19세기 말엽부터 미 제국주의의 영향력이 막강한 곳이기 때문이고, 또한 착취와 억압에 대한, 신식민지 파씨즘에 대한 저항이 강렬한 곳이기 때문이다.

　잠깐 여기에서 오해를 피하기 위하여 얘기하자면, 앞에서 우리는 신식

---

[35] 예컨대, "국가유형 가운데 '발전 수준이 가장 낮은 경우'인 A·A·LA[아시아·아프리카·라틴 아메리카: 인용자]도 상세하게 살펴보면 50년대 말경부터 경제적으로 종속되어 있으면서도 정치적으로는 독립한 상태였다. 이는 … 구식민지 상태로부터 형식적으로는 독립되었으나 실제로는 여전히 지배당하는 신식민지 상태로의 이행을 뜻한다." (스야마 야스지(巢山靖司) 저, 서경원 역, 앞의 책, p. 31.)

민지를 "'정치적으로는 독립하였으나 경제적으로는 제국주의에 종속된 국가들'로 정의할 때" 운운하였다. 그러나 사실 이러한 정의는 정확한 게 아닙니다.

제국주의에 경제가 종속되어 있더라도 정치적으로 독립되어 있다면, 우리는 그러한 국가를 신식민지라고 규정하지 않는다. 대표적인 예로, 수카르노 집권 시의 인도네시아를 둘 수 있을 것이다. 당시 인도네시아는 장기간에 걸친 식민지 지배의 유산으로 그 경제가 제국주의에 종속되지 않을 수 없었지만, 정치적으로 독립하여 그 정치적 독립을 공고히 하고 그 경제적 예속을 극복하고자 분투하고 있었기 때문에 그 경제적 예속을 이유로 신식민지로 규정할 수는 없는 것이다.

신식민지가 신식민지인 이유는, 그 국가가 정치적으로 '독립'되었다고 하지만, 그 독립은 허울일 뿐 실제로는 제국주의의 정치적 지배·조종을 받기 때문이다. 그리고 이 정치적 지배·조종은, 앞에서도 거듭 얘기한 것처럼, 토착 지배·착취계급이, 그 정치적·이데올로기적 대표자들이 그 계급적 이해 때문에 자발적으로, 그리고 적극적·능동적으로 제국주의에의 종속을 추구·유지하고 공고히 하기 때문이다. 결국 신식민지는 형식적·외양상으로는 독립국이지만 실질적으로는 정치적으로도, 경제적으로도, 그리고 문화적으로도 제국주의에 종속된 국가들이다.

자, 이제 라틴 아메리카에서의 신식민지 지배를, 아니 오해를 없애기 위해 말하자면, 그 극단적 형태를 보기로 하자.[36]

> 정치적으로는 라틴 아메리카에 군사 파씨즘의 개발독재가 위세를 떨친 20여 년(60년대 중반-80년대 중반) 동안 1천만 명의 정치범과 3만여 명의 실종자를 기록하는 억압과 폭력의 암흑기가 연출됐다.[37]

---

36) 아시아 대신에 라틴 아메리카에서 예를 드는 가장 큰 이유는, 그곳에 관한 것은 일단 남의 얘기여서 우리 사회에서도 비교적 자유롭게 발언할 수 있기 때문이다.
37) 이은윤·문일현·최재영 저, ≪격동하는 라틴 아메리카≫, 세진사, 1991, p. 10.

《중앙일보》 기자 세 사람이 1990년 2월 10일부터 50일간 라틴 아메리카 6개국을 '기획취재'하여 6개월간 연재한 내용을 단행본으로 엮어 발행하면서 "책 머리에" 하고 붙인 서문의 일부이다. "3만여 명의 실종자" ― 이는 분명 파씨스트들에 의해서 쥐도 새도 모르게 피살된 사람들일 터이다.

이 책의 "중남미 파씨즘"38)이라는 제목의 글을 보면, 더욱 생생하다. 이 글은, 반공연맹원들에 의한, 브라질의 노바 이과수라고 하는 빈민 지역의 이폴리트라는 한 천주교 주교의 납치·폭행·유기(遺棄) 사건(1977년)과, 경찰이 "철저히 수사하겠다고 공언했지만" "예비 수사조차 하지 않은 채 사건을 종결시키고 말았다는 사실"을 소개한 후, 이 사건은 "1950년대 이래 라틴 아메리카를 휩쓸어오고 있는 군사 파씨즘의 한 단면을 상징한다"며 이렇게 말하고 있다.

"남미에서의: [인용자] 가톨릭교회의 신앙적 전통과 … 현실적 영향력 등으로," "극우 파씨즘의 포악한 군사정권들도 가톨릭 성직자들에 대해서는 최대한의 의례적인 예우를 하고, 대화의 파트너로 받아들인다. …"
… [그런데: 인용자] 가톨릭의 고위 성직자인 주교가 이런 수난을 당한다

---

38) 저자들이 서문 말미에, 그리고 그것을 받아 책의 앞표지 안쪽 날개에 다음과 같이 적고 있는 것도 의미심장하다. ―"이 책은 필자들이 중앙일보 기획취재팀으로 50일 동안 라틴 아메리카 6개국을 순방취재, '중남미 영광과 좌절'이라는 제목으로 … 연재했던 내용들 중 지면 제작상 부득이 끊어내야 했던 부분 등을 되살리고, 신문에는 연재하지 않았던 10개 항목(중남미 파씨즘·반미감정·사회주의에의 동경·후지쇼크·의식화 고양기법 …)을 추가로 덧붙여 담은 것이다." 그렇게 "추가로 덧붙여" 단행본으로 엮어낸 저자들의 의지와 용기에 갈채를 보낸다. 그런데 조금 더 솔직했다면, "지면 제작상 부득이 끊어내야 했던 부분 등"은 "지면 제작시에 부득이 **가위질 당했던** 부분 등"이라고, 그리고 "신문에는 연재하지 않았던 10개 항목"은 "신문에는 연재하지 **못했던** 10개 항목"이라고 했어야 하지 않을까? 특히 "중남미 파씨즘"이니 "반미감정"이니, "사회주의에의 동경"이니 "의식화 고양기법"이니 하는 저 10개 항목은, 그것들이 남의 나라들의 얘기라고는 하지만, 재벌의 신문사로서는 그것들을 수십만 독자가 읽게끔 할 수는 없었을 테니까!

면, … 라틴 아메리카 대다수 민중들이 당하는 고통은 쉽게 짐작될 수 있다.
　물론 이폴리트 주교 납치사건을 훨씬 능가하는 끔찍한 일도 있다. 얼마 전 우리나라에 영화로도 소개된 바 있는 엘살바도르 로메르 대주교의 피살사건이다.
　1980년 3월 엘살바도르 수도인 산살바도르의 한 성당에서 미사를 집전하던 중, 군사정부의 지원을 받는 ORDEN이라는 준군사조직 암살단원들로부터 총격을 받고 쓰러진 로메르 대주교의 피살은, 또 하나의 비극적인 중남미 파씨즘의 단면이다.39)

그러고 나선, 이 "라틴 아메리카의 비극"· 신식민지 중남미 파씨즘의 배후에 미국이 있음을 이렇게 고발하고 있다.

　라틴 아메리카에 군사파쇼라는 전체주의가 자리를 잡게 한 정치적 명분은, 흔히 '국가안보주의'라는 것이었다.
　1940-1950년대에 걸쳐 미국 트루먼 대통령과 아이젠하워 대통령 행정부 치하에서부터 준비돼온 라틴 아메리카 국가안보주의는, 1959년 쿠바 공산화 이후 케네디 행정부의 피그만 침공 실패와, 월남의 디엔 비엔푸 함락40)이 있은 후 본격적인 태동을 서둘렀다.
　케네디 행정부는 미국의 대(對)중남미 정치· 군사전략의 전통적 개념을 재정립, 방어 중심의 고전적 군사전략을 게릴라와 대중폭동을 견제하고 분쇄하며, 그에 대응하는 경제개발을 추진하는 '개발안보'라는 반(反)게릴라전 방식으로 바꾸었다.41)

　여기에서 논급하지 않으면 안 되는 것은, 우선 "방어 중심의 고전적 군사전략"이든, "게릴라와 대중폭동을 견제하고 분쇄하며, 그에 대응하는 경

---

39) 이은윤 · 문일현 · 최재영 저, 앞의 책, pp. 47-8. 다만, 인용문의 첫 문단은 논의의 전개를 위해 인용부호를 붙여 인용문의 순서를 재배치했다.
40) 저자들의 착각이며, 디엔 비엔푸 함락은 1954년의 일이다.
41) 같은 책, p. 48.

제개발을 추진하는 '개발안보'라는 반(反)게릴라전 방식"이든, 어느 경우에나 저들의 '국가안보주의'가 국가의 적(敵)으로 상정하고, 또 그렇게 대하고 있는 것은 어느 국가나 모두 자국의 국민이라는 사실이다. 미국과 미국을 등에 업은 토착 지배·착취세력이 자국의 국민을 적으로 삼아 전쟁을 벌이고 있는 것이다. 따라서 위 인용문에서 "케네디 행정부는 … 방어 중심의 고전적 군사전략을 … 반(反)게릴라전 방식으로 바꾸었다"고 할 때, 사실은 바뀐 것은 군사전략의 내용이 아니라, 그 방식뿐이다. 즉 "방어 중심"의 소극적인 전략 방식에서 보다 적극적이고 공격적인 방식으로 그 전략이 바뀌었던 것이다.

그 다음엔, "경제개발을 추진하는 '개발안보'"라는 것에 관해서인데, 신식민지주의를 논할 때면 일일이 지적할 필요조차 없을 만큼 일반적으로 '경제개발'이 언급되고 특히 그를 위한 미국의 '경제원조' 혹은 '개발원조'가 언급된다. 대개는 그것이 미국의 경제적 이해와는 무관한 것으로, 혹은 심지어 미국이 그 자신의 경제적 이익을 희생하면서까지 제공했고 제공하고 있는 것으로 읽히는 방식으로!

그러나 이른바 제3세계에 대한 미국의 원조를 그러한 방식으로 이해하는 것은 전적으로 비과학적인 이해이다. 즉, 문제를 전적으로 몰계급적으로 이해하는 것이다. 제국주의가 제3국에 제공하는 원조는 제국주의의 이해에 복무할, 피원조국의 대리통치기구를 공고히 하기 위한 것일 뿐 아니라, 그러한 원조를 제공하는 제국주의 본국의 계급관계에서는 노동자·인민으로부터 징수하는 세금으로, 혹은 (적자재정에 의한 원조일 경우) 그것을 담보로 독점자본의 시장을, 특히 군수 독점자본의 시장을 창출하는 것이기 때문이다.

그건 그렇고, 위 저자들은 이렇게 계속한다.

> 미국의 대(對)중남미 정책과 깊은 관련을 가지면서 60년대부터 중남미에 등장한 군사정권들이, 라틴 아메리카 자체 내의 백인 군국주의와 파씨즘·미국의 매카시즘들을 뒤섞어 만든 … 중남미 파씨즘은, 대륙을 공포의 도가

니 속으로 몰아넣었다.

라틴 아메리카의 국가안보주의는 … 세련화된 신식민사회와 … 라틴 아메리카 민중들의 비극적 현실을 변명하기 위한 도구라는 인상을 짙게 드리우고 있다.

미 국방부 자문기구인 랜드연구소에서조차 "미 국방부는 미 다국적 기업들이 중남미 여러 나라들의 중앙정부와 오랜 부패의 역사를 맺어올 수 있도록, 군부를 통해 뒤치닥거리 해왔다"는 우려를 표함으로써, 라틴 아메리카 파씨즘과 미군부의 관계 및 중남미 파씨즘의 이면을 들어내 보여주었다.

…

… 라틴 아메리카의 군국주의 전통은 미국 대외정책이 강조한 국제공산주의라는 편리한 '속죄양'과, 미 국방부가 라틴 아메리카 군부 장교들의 교육과정을 통해 형성시킨 국가안보주의 교의(敎義)를 바탕으로 한, 극우 반공정권을 중남미 11개국에 탄생시켜 암살과 고문·테러로 뒤덮인 군사 파씨즘의 선풍을 일으켰다.

워싱턴 당국은 특별한 정치적, 경제적 이익을 얻지 못하는 경우에도 반공주의자라고 주장하는 중남미 독재자들을 지원했고, 이 같은 공산주의에 대한 선입견은 결과적으로 문제의 '중남미 파시즘'을 탄생시켰다.[42]

중남미 군사파쑈는 반게릴라전을 돕는다는 미국의 지원을 받아 탄압과 고문의 기술을 크게 발전시켰고, 이를 국내 독재통치에 활용하기도 했다. 미국의 국방성과 국제개발처(AID)·중앙정보국(CIA) 등은 직접, 간접의 갖가지 공안교육 프로그램과 자금지원을 통해 반게릴라전에 필요한 테러와 고문·감시 기술 등을 가르쳤고, 장비를 제공했다. 70년대 중반부터는 이러한 미국의 역할은 중남미 지역 경찰의 맏형으로 나선 브라질에 이전돼 수행됐다.[43]

이것이 바로 '테러와의 전쟁'을 벌이고, 자유와 인권을 외치는 미 제국주의의 민낯이다.

---

42) 같은 책, p. 49.
43) 같은 책, pp. 53-4.

참고로, 여기에서 "특별한 정치적, 경제적 이익을 얻지 못하는 경우에도" 운운할 때, 저자들은 극우반공의 파쑈 정권을 유지·강화하는 것 자체가 미 제국주의, 즉 미 독점자본의 이익을 위해 절대적으로 필요하다는 것을 이해하고 있지 못할 뿐 아니라, 그것은 자신들이 바로 앞에서 인용한 미 국방부 자문기구 랜드연구소의 발언, "미 다국적 기업들이 중남미 여러 나라들의 중앙정부와 오랜 부패의 역사를 맺어올 수 있도록, 군부를 통해 뒤치닥거리 해왔다" 운운과 모순된다는 것도 이해하지 못하고 있다.

그러나 타성적 사고(思考)를 하는 저들이 머리로는 이해하지 못했더라도, 신식민지 파씨즘에서 노는 미국 다국적 기업들의 역할은 저들로 하여금 "다국적 기업도 한몫"이라는 소제목 하에, 즉 '중남미 파씨즘의 비극에 다국적 기업도 한몫했다'는 소제목 하에 다음과 같이 말하지 않을 수 없게 하고 있다.

> 라틴 아메리카를 휩쓴 고문과 암살이라는 군사 파씨즘의 질병을 일으킨 병균들 중에는, 상당 정도가 미국의 다국적 기업 회의실과 군사기구들에 의해 배양됐다는 비판도 있다.44)

> 브라질의 한 가톨릭 주교는 이렇게 말했다.
> "총과 고문과 테러가 없다면 브라질 군부체제는 존립할 수 없을 것이다. 그리고 군부체제가 없다면 외국기업들이 계속 민중을 희생시켜 막대한 이윤을 취할 수 없을 것이다. ...."45)

또 "지배 세력화한 [라틴 아메리카: 인용자] 군부"라는 글에서는, "라틴 아메리카의 군부"는 "대부분 미국에[: 인용자]서 훈련받은 '반공 십자군'"이라며,46) "미 경제이익 보호"라는 소제목 하에 이렇게도 얘기한다.

---

44) 같은 책, p. 54.
45) 같은 책, p. 55.
46) 같은 책, p. 106.

미국의 대(對)중남미 군사정책을 이해하기 위해서는, 미 정치학자 제임스 프라츠 박사의 다음과 같은 지적에 유념할 필요가 있다.

"워싱턴 군부는 라틴 아메리카 군부들에게 군부가 정책에 영향을 미치고, 개인적 거부권을 행사할 수 있는 '급소'를 구축해 주고 교육시킨 뒤, 미국의 경제적 이익 보호를 위해 그 군부를 이용함으로써, 라틴 아메리카 정치체제의 심장부로 진입했다."[47]

그러면 이러한 신식민지 파씨즘 하에서 토착 지배·착취계급으로서의 대자본가, 대지주들의 행태는 어땠을까? 저자들은 이렇게 쓰고 있다.

연속되는 쿠데타의 연출로 탄생되는 역대 군사정권들은, 법과 질서를 옛날의 신화로 돌려버린 채 준군사·준경찰 조직의 비호 아래 아무런 처벌의 위험도 없이 마약밀매·강도·공갈·협박 등의 범죄가 자행될 수 있게 했고, 대재벌이나 대농원 지주들이 저항하는 노동자들과 사업경쟁자를 없애버리기 위해 암살단을 고용, '총잡이'들로 하여금 쏴 죽여 버려도 눈을 감았다.

실제로 브라질·아르헨티나 등의 대농원들이 자기들 농장에 땅을 팔기를 끝까지 거부하는 농민들이나, 말썽을 부리는 농업노동자들을 돈을 주고 고용한 '총잡이'들을 시켜 살상한 사례는 수없이 많고, 민정(民政)으로 돌아온 현재에도 대농원의 농업노동자 감독들이 총기를 휘두르는 예가 적지 않다.[48]

그런데, 이들 라틴 아메리카 파씨즘의 현지 집행자들의 정신세계 또한 신식민지 파씨즘을 현지에서 집행하는 자들의 정신세계를 전형적으로 보여주고 있다. 이렇게,

브라질 국가안보주의는 친미주의자인 고토 예 실바 장군을 비롯한 고위 장성들에 의해, 1950년대부터 미국의 영향을 받으면서 나름의 개발을 시작

---

47) 같은 책, p. 107.
48) 같은 책, p. 51.

했다.

실바 장군은 …

… "우리를 위태롭게 하는 것은 실제로 우리를 겨냥하는 게 아니라, 우리를 통해 미국을 겨냥하는 것"이라고 설명하면서, "서구문명의 파수꾼인 미국이 라틴 아메리카에서 그릇된 짓을 할 리가 없다"는 전제 아래 '미국 이익 = 브라질 이익'이라는 등식을 세웠다. 따라서 브라질은 미국 이익을 보호하는 지역경찰이 돼야 하며, 그 크기와 위치에서 볼 때 남대서양의 민주주의와 자유기업을 안전하게 지킬 의무가 있다는 것이다.[49]

'미국 이익 = 브라질 이익'! 물론 '미국 독점자본의 이익 = 브라질 대자본 및 대지주의 이익'이라는 뜻이다. 바로, 제국주의의 이익과 토착 지배·착취계급의 이익이 동일하다는 것을 그들은 본능적으로 이해하고 있는 것이다. 그리고 이 계급적 이해의 동일성이야말로 제국주의로서는 저들 현지 대리인들을 통해 신식민지 지배가 가능한, 그리고 현지의 토착 지배·착취계급으로서는 제국주의를 등에 업고 노동자·인민의 저항과 투쟁을 억압·압살할 수 있는 기초인 것이다.

참고로, 위 실바 장군의 발언 중에 "서구문명의 파수꾼인 미국" 운운하는 대목이 있는데, 이때 "서구문명"이란 사실은 "자본주의"를 기만적으로 표현한 것이다. 그런데, 미국은 어찌 "서구문명의 파수꾼"이기만 하겠는가? 지금까지 우리가 인용한 것에서만 보더라도 미국은 민주주의의 파수꾼, 자유의 파수꾼, 테러와 고문·암살의 파수꾼이기도 하지 않은가? 그러한 파수꾼인 미국이 비단 라틴 아메리카에서뿐 아니라 세계 어디에선들 어찌 "그릇된 짓을 할 리가" 있겠는가?!

한편, 이러한 식민지·신식민지 지배·억압과 그 착취는 당연히 피착취 인민 대중의 저항·투쟁을 불러오지 않을 수 없다. 그리고 저들의 파씨즘이 저토록 잔혹하게 전개된다는 것은 다름 아니라 그 억압과 착취에 대한 저항·투쟁이 그만큼 광범하고 격렬하다는 것을 의미한다. 파씨즘은 체제

---

[49] 같은 책, p. 50.

의 위기에 대한 독점자본의 대응이고, 그 강도는 바로 그 위기의 강도에 비례하는 것이기 때문이다.

실제로 라틴 아메리카 국가들에서는 여러 형태의 저항과 투쟁, 실질적인 민족해방을 위한 투쟁들이 벌어져 때로는 승리하고, 때로는 패배하였다. 그러나 그 승리는, 대표적인 예로 1970년대 초 칠레에서의 아옌데 정권의 성립처럼 합법적 절차에 의한 것이든, 니카라구아의 산디니스타 혁명처럼 무력에 의한 것이든, 쿠바 혁명을 제외하고는, 미국의 직접적, 혹은 간접적, 즉 신식민지 현지 군대와 그 외곽의 극우·반공 단체들을 동원한 '개입'에 의해 좌절되고, 타격을 받곤 했다.

여기에서는 니카라구아 산디니스타 혁명에 대한 자료를 간략히 제시해 보자. (물론 소부르주아적 관점의 자료인 점을 감안하며 읽어야 한다.)

1979년 7월 이전에 니카라구아에 존재했던 자본주의 국가는 미국인들의 군사침략과, 본질적으로 이러한 침략의 산물인 소모사 독재정권을 통해 미국이 이 나라에 행사해온 정치적 영향력의 산물이었다. 니카라구아에 자유주의적 부르주아 근대국가를 설립하려는 노력은 여타의 라틴 아메리카 지역보다 늦게 시작되었다. 과테말라, 엘살바도르, 온두라스, 코스타리카 등지에서 훨씬 이전에 이미 도입된 자유주의적 제 개혁의 영향을 받아 지난 세기가 끝날 즈음에서야 비로소 근대화된 부르주아 일부가 정치권력을 장악하고 경제 및 국가의 자본주의적 개혁에 착수하였다.

그러나 보수적 과두독재와 미국(당시 중미에서의 운하건설에 이해관계가 있었던)과의 결탁은 니카라구아의 자유주의적 개혁계획에 급속하고 폭력적인 제동을 걸었다. 1909년 젤라야(Zelaya) 대통령은 미국 지원세력과 이후에도 수차례에 걸쳐 국토를 침략하게 되는 미 해군의 침공에 의해 전복되었다. 1910년 '도손협정'(Dawson Accords)의 강요로 니카라구아는 미국의 실질적인 보호국으로 개편되었다. 1912년 미국 군대가 니카라구아를 점령하였다. 1914년 보수 정권은 미국과 브라이언-차모르 조약(Bryan-Chamorro Treaty)을 체결함으로써 양 대양을 연결할 수 있는 니카라구아의 지리적 잠재력을 미국이 장악하도록 했으며, 파나마까지의 전 지역에 대한 미국의 전략적 지배를 허용하였다. 1917년 미국은 함대외교를 펼쳐 보수주의자들의 수령격인 에밀리아노 차모르를 대통령에 앉혔다. 그는 외무상으로서 미 국무장관 브라이언과의 조약을 체결·서명했던 바로 그 자이다. 1921년과 1926년 미국 군대가 다시 니카라구아를 침범했다.

1927년에서 1933년 사이 산디노 장군의 군대는 국권을 수호하기 위해 미 점령군에 맞서 진정한 의미의 민족해방 전쟁을 벌였으며, 마침내 미국은 이 나라를 포기할 수밖에 없었다. 그러나 미국은 이미 제국주의 지배의 연장을 보장하기 위해 이나스타시오 소모사를 수령으로 하는 국가방위군이라는 정치·군사기구를 만들어 놓고 있었다. 소모사는 일종의 트램폴린(trampoline) 기구로서 국가방위군을 이용하여 정치권력을 획득하고 독재왕국을 건설하였으며, 이는 1979년까지 유지되었다.[50] 소모사 독재정권은 그의 식민지적 국가기구를 통해 미국과 국내의 지배적 부르주아 간의 동맹을 맺게 하는 정치적 교량 역할을 했다.

…

오랜 기간 니카라구아의 지배계급들은 스스로 종속적인 독재국가에 대한 그들의 종속상태를 받아들이는 데 아무 의문도 가지지 않았다. 국가주권의 종속성은 지배적인 사회세력들 자신이 소모사 독재정권에 종속되어 있다는 것과 동전의 양면을 이룬다. 산디노의 투쟁과 뒤이은 FSLN[산디니스타 민족해방전선: 인용자]의 투쟁은 모두 민족주권이라는 전투적이며 노도와 같은 계획으로 이러한 신식민주의적 계획에 대항하였다.[51]

---

50) 소모사는 산디노를 암살하고 정권을 잡았다. ─ "1934년 2월 21일, 그 이후 40년의 암흑시대를 결정짓는 일은 단 하룻밤에 이루어졌다. 저녁식사를 마치고 귀대하는 산디노 일행을 친위장교로 구성된 순찰대가 체포 연행하였다. 산디노와 참모장 에스트라다(Estrada) 장군, 제4유격대장 우만조르는 암살되었다. **전 아메리카 민중의 영웅으로 추앙되던 산디노를 간단히 쏘아 죽이는 거짓말 같은 일은 미국 대사와 소모사의 합의 속에서 벌어졌다.** 세 장군의 시체는 새벽에 교외로 비밀 수송되어 암매장되었다." (정명기, ≪니카라구아 혁명사. 민중노선의 승리≫, 한마당, 1986, p. 87.)
51) 카를로스 M. 빌라스(Carlos M. Vilas)·리차드 L. 해리스(Richard L. Harris), "민족해방, 대중민주주의, 그리고 사회주의에로의 이행", 리차드 L. 해리스 외 저, 편집부 역, 앞의 책, pp. 259-60.

"산디니스타가 권력을 장악한 1979년 7월 19일 이래 혁명 니카라구아가 직면한 가장 기본적인 문제 중의 하나는 미국과의 관계"였고, "미국으로서도 니카라구아 혁명체제를 어떻게 다룰 것인가 하는 문제에 직면했다." 그런 가운데, "카터 행정부가 물러날 때까지의 기간 동안 미국과 니카라구아의 관계는 양국 간에 얼마간의 불길한 조짐, 기만, 알력이 있었음에도 불구하고 전체적으로는 양호하였다." 즉, 카터 행정부는 "신정부의 안팎에서 우익세력을 강화하여 그들을 약화시키려고 기도"하기도 했고, "산디니스타 체제를 붕괴시키기 위해 정치적·외교적 압력뿐만 아니라 경제적 압력도 가했"지만, "군사적 해결책은 가능성이 희박한 대안으로서 고려되었을 뿐이었다."[52] 그러나 신자유주의 레이건의 극우 정권이 들어서자 상황이 일변했다. 그리하여,

1981년 내내 미국의 레이건 행정부는 자신들의 군사계획을 행동으로 옮겼다. 이 계획에는 쫓겨난 [소모사의: 인용자] 국가방위군 잔존세력으로 반산디니스타 무장세력을 창설하는 것과 엘살바도르·온두리스 연합군의 훈련안이 포함되어 있었다. 이와 동시에 온두라스에서 그들의 첫 번째 육해군 합동훈련에 들어갔고 니카라구아에 대한 봉쇄·침공의 위협을 노골적으로 가함으로써 이 지역에 심각한 위기를 조성하였다.

소모사 독재체제가 무너지자 미국의 훈련을 받은 소모사의 국가방위군의 대부분은 온두라스로 도망쳤다. 온두라스의 정부와 군부의 지원을 받아 그들은 니카라구아 국경 400km를 따라 14개의 군사진영을 설치했다. 1980년 내내 그리고 1981년 몇 개월 동안 국가방위군 병사들은 니카라구아 영토로 침입해 들어와 약탈, 암살을 자행하였고 국경 지역의 산디니스타군 전초기지에 대한 공격을 감행했다. 이 시기 동안에 국가방위군은 어떤 형태의 군대도 창설할 수가 없었다. 그들의 무기는 보잘것없었으며 그들의 공격은 산발적이고 통일되지 못했던 것이다.

1981년 마지막 몇 개월 동안 레이건 행정부는 기본적으로 CIA를 통해서

---

52) 만리오 티라도(Manlio Tirado), "미국과 산디니스타 혁명", 리차드 L. 해리스 외 저, 편집부 역, 앞의 책, pp. 239-41.

활동하면서 약탈 집단들을 통합, 훈련, 무장시키기 시작하였다. 이들은 처음에 군사지원으로서 1,900만 달러를 제공받았다. 이 자금을 다 써버리자 워싱턴은 추가로 2,400만 달러를 지원해 주었다. 1984년 초에 또 다시 2,100만 달러가 계획되어 8,000-10,000명 병력의 반혁명군을 창설하는 데 사용되었다.

그 전에는 서로 달랐던 그룹들이 CIA에 의해서 니카라구아 민주전선(Fueza Democtatica Nicaraguense)이라는 정치적·군사적 연합체 아래 결속되었다. 일반적으로 콘트라(Contras)로 알려진 FDN은 반니카라구아 비밀전쟁을 벌이고 있는 미국에 의해서 하나의 주요 수단으로 이용되어 왔다.

1981-1982년 사이에 레이건 행정부는 온두라스를 적당한 시기에 니카라구아에 대한 대대적 공격을 개시하기 위한 강력한 군사적 발판기지로 만들었다.[53]

이후 10년 동안 산디니스타 정권과, 미국의 지원을 받는 콘트라 반군 사이에 전쟁이 계속되고 3만여 명이 희생되지만, 미국은 군사적으로는 산디니스타 정권을 붕괴시킬 수 없었다. 자신이 소망과 객관적 사실의 전개를 혼동하는 일부 관찰자들은 '아직도 산디니스타 혁명은 지속되고 있다'고 떠들어대지만, 사실 그 혁명은 오래지 않아 스스로 붕괴돼버렸다. 산디니스타가 사회주의를 내걸었지만, 사실은 전혀 사회주의적이지 못하고, 즉 맑스-레닌주의적이지 못하고, 단지 민족주의적이었을 뿐이기 때문이었다. 그리하여 생산수단의 소유 문제를 어떻게 처리해야 되는지, 반혁명적 계급·분자들의 혁명 파괴공작에 어떻게 대응해야 하는지 전혀 몰랐기 때문이다.

산디니스타 혁명 30주년을 맞아 ≪프레시안≫은 이렇게 쓰고 있다.

> 이후 10년 동안 산디니스타와 콘트라 반군의 전투가 계속되는 가운데, 니카라과는 두 동강이 나고 3만 명의 사람들이 목숨을 잃었다.

---

53) 같은 글, pp. 244-5.

그토록 심했던 내전은 다당제가 도입돼 선거가 치러진 1990년에 종결됐다. 내전으로 지친 니카라과인들은 그 선거에서 산디니스타와 오르테가를 거부했다. 대신 광범위한 보수주의자 연합이 정권을 잡았다.

오르테가의 혁명 동지이자 부통령을 지낸 세르히오 라미레즈는 당시 선거에서 패배를 인정했던 것이 오르테가의 가장 큰 업적이라고 평가한다.[54]

1990년에 니카라구아인들이 산디니스타를, 그 지도자 오르테가를 거부한 것이 과연 "내전으로 지친" 때문이었을까? 생산수단의 사회주의적 국유화·공동소유가 취해졌고, 반동적인 혁명 파괴·공작 분자들에 대한 혁명적 독재가 취해졌더라도 니카라구아인들이 산디니스타를, 그 지도자 오르테가를 거부했을까?

오르테가 지도하의 산디니스타 정권이 취한 기본적인 정책은 고작 다음과 같은 것이었다.

> 혁명 성공 후 산디니스타는 경제계와 지식인, 보수주의자 정치인과 맑스주의 정치인 중에서 온건파들을 망라하는 국가재건위원회를 설립했다. 그것은 중미 지역에서 전례를 찾아볼 수 없는 혁명적인 실험이었다.
> 새 정부는 정치적 다원주의와 혼합경제를 표방했다. 문맹률을 60퍼센트에서 13퍼센트로 낮추는 문맹퇴치운동 역시 제시됐다.[55]

그토록 엄중한 상황에서 그토록 어려운 "혁명 성공 후" 고작 저런 조치를 취한다는 건, 비단 "중미 지역에서" 뿐 아니라 세계 어디에서도 "전례를 찾아볼 수 없는 혁명적인 실험"일 것이다. 그러한 노선의 필연적 결과는 붕괴와 타락일 수밖에 없다. 그리하여, "오르테가를 비판하는 많은 사람들은 그가 권력을 유지하기 위해 과거의 적들과 타협함으로써 혁명의 원칙을 포기해왔다고 말한다." 그리고 "많은 사람들은 엄한 낙태금지법을 통과

---

54) 선명수 기자, "니카라과 혁명 30주년… 혁명은 '미완성'", 《프레시안》, 2009. 7. 22. 〈http://www.pressian.com/news/article.html?no=1547〉
55) 같은 글.

시킨 것도 막강한 영향을 가진 가톨릭교회를 달래기 위한 오르테가의 양보안이었다고 생각한다."56)

물론 "오르테가의 타협적 행보에 대해 비판의 목소리가 높지만" 칭송이 없지도 아니다. 예컨대, "한때 산디니스타의 사령관이었던 이든 파스토라(Eden Pastora)는 오르테가를 '진정한 민주주의자'라고 칭송하기도 한다."

이든 파스토라(Eden Pastora), 그런데 그는 "산디니스타의 사령관이었다가 1980년대 혁명에 환멸을 느껴 **콘트라 반군 쪽으로 전향했다가 다시 오르테가 지지자로 돌아온** 특이한 경력을 가진" 인물이며, "권력을 얻기 위해서는 사탄하고도 거래해야 한다"고 말하는 인물이다!57)

아무튼 그렇게 해서 니카라구아는 아직도 신식민지적 상태를 벗어나지 못하고 있다.

* * *

너무나 남의 얘기만 장황하게 늘어놓았다. 염치가 없어서라도, 조심스럽지만, 우리의 문제를 다룬 글을 인용하면서 글을 끝맺어야 하겠다.

> 신식민지란 국내 지배자와 국외 지배자들의 일종의 이해 공동체를 기반으로 한다. 결국 신식민지 상황으로 피해를 보는 쪽은 평시에 각종 민영화, 시장화, 외국자본 침윤 속에서 착취당하고, 동북아 국제 상황이 심각해지면 총알받이로 징집당해야 할 한국 민중뿐일 것이다. 피해자인 민중이야말로 탈식민화를 위한 투쟁에 앞장서야 하지 않겠는가? 군사·정치·경제적 종속이 심화돼가는 상황에서는 민중을 위한 좀 더 나은 세상이 오지 않을 것만은 확실하다.58) **노사과연**

---

56) 같은 글.
57) 같은 글.
58) 박노자(노르웨이 오슬로대 교수), "탈식민을 위하여!", ≪한겨레≫, 2015. 8. 5.

한국의 사회운동과 레닌주의

문영찬 | 연구위원장

1. 머리말

2008년 시작된 세계대공황은 유럽 등의 재정위기를 거쳐 중국 등 신흥국들의 위기로 지속적으로 심화되고 있다. 현재 세계의 정세와 질서를 규정하는 것은 이러한 세계대공황인데 이로 인해 세계 질서의 통합력이 약화되고 있고 다른 한편으로 세계질서의 새로운 재편이 나타나고 있는데 이는 동아시아에서는 중국과 미국의 헤게모니 다툼으로 표현되고 있다.

한국에서 지난 4월의 총선은 예상외로 박근혜 정권과 새누리당의 패배를 결과했는데 민주주의를 부정하고 파씨즘으로 치닫는 박근혜 정권에 대해 민주주의를 지지하는 민중들이 반발한 결과로 해석될 수 있다. 그러나 이러한 정치적 결과는 한국자본주의가 겪고 있는 경제 침체 즉 경제 공황의 결과 광범위한 민중들이 박근혜 정권으로부터 이반한 결과이기도 하다.

박근혜 정권은 반기문 유엔 사무총장을 대선 후보로 영입하는 것을 통해 레임덕을 막고 정권을 연장하려 하고 있다. 이에 대해 자유주의 세력은 협치를 내세우고 최근에는 개헌론을 들고나오며 경제공황으로 인해 위기에 처한 지배계급의 안정화를 도모하고 있다. 반동세력과 자유주의 세력의 이러한 협치, 연합의 창끝은 노동자계급에게 겨누어지고 있는데 구조조정을 통한 광범위한 해고, 공공부문의 성과연봉제, 일반해고 등 노동자계급에게서 최소한의 생존권과 단결의 자유조차 박탈하려 하고 있다.

현재 한국 사회의 운동은 이러한 상황에 대해 능동적으로 대응하지 못하고 각각의 쟁점에 대해 수동적으로 끌려다니는 상태이다. 나아가 노동자계급의 정치적 능력, 정치투쟁 능력은 현저히 약화된 상태인데 이로 인해 노동자계급이 반박근혜 전선, 반파씨즘 전선을 주도하지 못하고 민중들의 불만의 성장, 민중투쟁의 성과가 자유주의 세력과 소부르주아 세력에게 귀속되고 있다.

노동자계급의 이러한 정치적 무능력의 상태는 첫째 박근혜 정권의 파쑈적 억압에 대해 과학적으로 대응하지 못했다는 점, 둘째 그동안 노동자계급이 민주노동당, 통합진보당, 정의당 등으로 이어지는 개량주의 세력의 헤게모니로부터 벗어나지 못했다는 점, 셋째, 쏘련 붕괴 뒤 이어져 온 노동자계급의 이데올로기적 해체상태가 여전히 지속되고 있다는 점에서 비롯된다.

따라서 한편으로는 당면한 반파쑈의 과제, 생존권 투쟁 등 전술적 과제를 수행하면서 다른 한편으로 노동자계급의 사상을 재건하는 것이 필요하다. 자유주의 세력과 개량주의 세력의 헤게모니로부터 벗어나야만 노동자계급 자신의 과학적 전술, 정치적 노선이 가능한데 이를 위해서는 노동자계급이 이데올로기적 독립성을 가져야만 하기 때문이다.

현재 한국 사회의 운동은 이데올로기적 측면에서 보면 사민주의적 경향, 기본소득론 등 소부르주아적 경향, 뜨로츠끼주의적 경향 등 난맥상을 보이고 있다. 한국 사회운동이 이러한 이데올로기적 경향으로 조각나는 과정에서 80년대의 변혁적 운동을 일으키는 데 결정적인 역할을 했던 레닌주의는 어느덧 사라지고 말았다. 20세기 사회주의의 몰락이 레닌주의를 청산하게 했던 것이다. 그러나 레닌주의는 맑스주의를 현실에 적용하여 인류 최초의 사회주의 혁명을 성공시켰다는 점에서 그리고 제국주의 시대의 과학적 이론이라는 점에서 그리고 전쟁과 평화, 민족 문제 등 현재의 시기에도 절실한 문제들에 대해 과학적 내용을 가지고 있다는 점에서, 나아가 노동자계급의 정치적 전술의 원칙들, 그리고 민주집중제와 당건설이라는 노동자계급의 조직노선을 체현했던 사상이라는 점에서 21세기 현재의 시기에 있어서도 여전히 유효한 이론이고 사상이라 할 수 있다.

노동자계급의 현재의 정치적 무능력의 타개, 이데올로기적 독립성의 쟁취! 이를 위해서 노동자계급은 레닌주의를 다시 고려하고 학습하고 적용할 필요가 있다.

레닌의 사상과 노선은 항상 구체적이었고 또 일체의 요소들이 상호 간에 긴밀히 연관되어 있는 통일적인 것이었다. 그러나 그것은 크게 보면 사상의 측면, 정치전술의 측면, 조직의 측면으로 나눌 수 있다. 또한 레닌은 러시아 혁명의 성공 이후 인류 최초의 사회주의 건설의 길을 걸어갔는데 이는 곧 사회주의 건설론이다.

그러면 사회주의 운동의 핵은 사상이라는 점에서 먼저 사상노선의 측면에서부터 레닌주의의 요체에 대해 접근해 보자.

2. 레닌의 사상노선

레닌의 정치적 역정은 짜르 러시아, 봉건제의 러시아에서 맑스주의를 정립하는 과정으로 시작되었다. 러시아는 19세기 전반기부터 별빛 같은 혁명가들, 혁명운동이 있었는데 체르니셰프스끼 등 혁명적 민주주의자들은 반짜르 운동을 펼쳤다. 그러나 이후 이러한 혁명적 전통을 대신하여 19세기 후반에는 나로드니끼가 지배적이 되었는데 나로드니끼는 러시아가 자본주의 발전을 생략하고 농촌의 공동체에 기반하여 직접 사회주의로 나아갈 수 있다는 주장을 하였다. 레닌의 활동의 출발점은 바로 이러한 나로드니끼들과의 싸움이었는데 레닌은 ≪러시아에서 자본주의 발전연구≫를 집필하여 러시아 또한 자본주의 발전의 예외가 아니라 자본주의 발전이 필연적이며 따라서 자본주의 발전이 배태하는 노동자계급의 발전을 기반으로 한 사회주의 운동을 해야 한다는 주장을 정립해 갔다. 1890년대 후반까지 레닌의 활동은 반나로드니끼와 러시아에서 맑스주의의 대중적 보급, 노동운동에서 맑스주의의 확대를 향한 노력이었다.

이후 레닌은 서유럽의 제2 인터내셔널에서 확산되어가던 수정주의에 맞서서 단호한 투쟁을 하였다. 레닌은 수정주의에 대해 다음과 같이 정의한다. "맑스주의가 존재한 두 번째의 반세기는 맑스주의 자체 내에서 맑스주의에 적대적인 조류와의 투쟁(90년대에)으로 시작되었다. … 맑스 이전의 사회주의는 패배했다. 그것은 더 이상 자기 자신의 독립적인 토대에 기초하여 투쟁을 계속하는 것이 아니라 수정주의로서, 맑스주의의 일반적 토대 위에서 투쟁을 계속한다."[1] 프루동주의, 블랑끼주의 등 맑스 당시 존재했던 소부르주아적 사회주의 조류는 맑스주의의 확대에 따라 몰락했는데, 노동운동에서 맑스주의가 지배적 조류가 되자 소부르주아적 조류는 맑스주의 진영 내부로 들어와서 맑스주의를 '수정'하는 길을 택했고 그 대표적인 인물이 베른슈타인이었다. 베른슈타인은 철학에서 신칸트주의, 사회주의 이론에서 과학적 사회주의가 아닌 윤리적 사회주의를 들고나왔다. 레닌은 이들 수정주의의 원천이 자본주의에서 몰락하는 소부르주아 세력이 노동자계급의 진영 내로 들어오면서 형성되는 것임을 밝혔다.

 1905년의 제1차 러시아 혁명이 실패로 끝나고 반동기가 시작되었을 때 러시아의 사회주의 운동은 심각한 위기에 처했다. 당조직 자체가 와해의 위기에 처하게 되었을 때 레닌은 두 가지 편향에 맞서 싸웠는데 첫 번째 편향이 비합법 조직에 대한 청산주의였다. 비합법 조직을 해소하고 모두 합법적 활동으로 전환하자는 우익적 주장이었는데 이는 사실상 당을 해체하자는 것이었다. 또한 역편향으로서 의회 내의 의원단을 모두 소환하여 짜르 의회에서 철수하자는 주장이 있었는데 이는 합법적 활동을 포기하자는 것으로서 당을 대중으로부터 고립시키는 것이었다. 레닌은 이러한 두 가지 편향을 비판하면서 합법 활동과 비합법 활동을 결합할 것을 주장하였다. 또한 이 시기, 즉, 반동기에 러시아 활동가들의 사상적 와해의 정도는 심각했는데 대표적인 사람이 레닌의 벗이었던 보그다노프로 그는 변증법적 유물론을 버리고 마하주의, 경험비판론으로 돌아섰다. 이러한 심각한 상황에 대해 레닌은 ≪유물론과 경험비판론≫이라는 철학 저서를 집필하

---

1) 레닌, "맑스주의와 수정주의", ≪레닌 선집≫ 1권, progress, 모스끄바, p. 50.

여 경험비판론을 철저하게 비판하고 19세기 말까지의 과학발전의 경험을 총괄하여 변증법적 유물론을 발전시켰다.

1905년의 러시아 혁명 전에 러시아 혁명을 둘러싼 전략, 전술의 불일치, 그리고 당건설을 둘러싼 의견의 불일치로 당내의 두 경향으로 나뉘었던 볼셰비끼와 멘셰비끼는 반동기를 거치면서 사실상 당적 통일이 사라졌다. 그리하여 조직적으로 청산주의적 입장을 보였던 멘셰비끼는 당조직이 사실상 사라졌고 단지 경향으로만 남아 있었던 반면에 전투적 조직, 비합법 조직을 유지하였던 볼셰비끼는 1912년을 전후하여 새로운 고양기가 시작되면서 러시아 노동운동의 다수파가 되었고 의회 내 의석에서도 멘셰비끼에 비해 월등했다. 그런데 이 시기에 뜨로츠끼는 볼셰비끼와 레닌에 대해 분열주의자라는 비판을 가했다. 뜨로츠끼는 1905년 이전의 당적 통일이 여전히 살아 있다고 주장하며 볼셰비끼가 독자적 조직을 강화하는 것에 대해 반대한 것이었다. 이에 대해 레닌은 "통일에 대한 외침을 구실로 한 통일의 파괴"라는 글에서 뜨로츠끼를 통렬히 비판했다. 뜨로츠끼가 스스로는 볼셰비끼와 멘셰비끼 어디에도 속하지 않은 소분파주의를 보이면서 존재하지 않는 당적 통일을 구실로 스스로의 분파주의적 행동을 합리화한다는 것이었다.

한편 이 시기에 제국주의질서가 강화되면서 민족문제가 새로운 차원에서 대두되었는데 레닌은 민족자결권을 옹호하면서 이를 반대하는 로자 룩셈부르크와 논쟁을 벌였다. 19세기에 민족문제와 민족운동은 주로 유럽적 차원의 문제였다. 그러나 20세기 들어서서 자본주의가 제국주의로 전화하면서 그리고 아시아, 아프리카 등의 나라들, 민족들이 식민지화되면서 민족문제는 유럽적 차원을 넘어서서 세계적 차원에서 새롭게 대두하는 것이었다.

레닌은 민족자결권에 대해 다음과 같이 정의한다. "결론적으로, 만약 우리가 법적인 정의로 요술을 부리거나 추상적 정의를 "발명"하는 것이 아니라, 민족운동의 역사적-경제적 조건들을 검토함에 의해 민족자결권의 의미를 파악하기를 원한다면, 우리는 불가피하게 민족자결권은 이들 민족들의 외적인 민족적 구성체들로부터 정치적 분리, 그리고 독립적인 민족국가의 형성을 의미한다는 결론에 도달할 수밖에 없다."[2] 즉, 레닌은 민족자결권을 다른 민족으로부터 분리의 자유, 독립적인 민족국가의 형성의 권리라고 파악한다. 레닌이 이와 같이 파악하는 근거는 자본주의 발전이, 봉건제에 맞선 자본주의의 승리가 민족운동과 밀접하게 연계되어 있다는 인식 때문이었다. 민족국가라는 형식이 자본주의 발전의 요구와 맞아떨어진다는 것이 논리적으로 그리고 역사적으로 타당하다는 것이었다. 그런데 로자 룩셈부르크는 당시 러시아에 종속되어 있던 폴란드의 혁명가로서 민족분리의 요구가 폴란드 민족주의자들을 강화시킨다는 것을 들어서 민족자결권을 반대했다. 이에 대해 레닌은 그것은 협소하며 러시아 노동계급의 입장에서는 폴란드의 민족자결의 권리를 인정하는 것이 폴란드 노동계급과의 연대를 위한 필수조건임을 들었다. 그런 점에서 민족자결권은 사회주의적 성격이 아니라 부르주아적 성격을 띠는 것이었고 민족 분리와 민족국가 형성의 권리 이상도 이하도 아니었다. 언뜻 보기에 부르주아적인 민족주의 운동, 민족주의자를 강화시키는 것으로 보이는 민족자결권에 대한 승인은 그러나 전 세계적인 의의를 지니는 것이었다. 왜냐하면 자본주의가 자유경쟁 자본주의에서 독점자본주의로, 제국주의로 전화한 상태에서, 세계 각지의 식민지에 대한 제국주의의 지배가 불가피하게 초래하는 세계적인 민족해방운동에 대해, 이들과 프롤레타리아트의 사회주의 운동을 연결시키는 고리가 바로 민족자결권의 승인이었기 때문이다. 그리하여 프롤레타리아트의 자본의 지배에 맞선 투쟁은 피억압 민족의 해방운동이라는 동맹군을 획득할 수 있게 되었다. 아시아를 보면 러시아 혁명 후 중국, 조선 등의 민족해방운동이 폭발적으로 발전했는데 이는 전적으로 레닌의 민족자결권에 대한 승인에 기초한 것이었다.

또한 레닌은 민족문제를 넘어서서 제국주의 질서 자체를 분석하는 길로 나아갔는데 제1차 제국주의 전쟁이 한창일 때 제기되었던 유럽합중국

---

2) 레닌, "민족자결권", 같은 책, pp. 568-9.

슬로건에 대해 분석하면서 자본주의하에서 유럽의 통일, 유럽합중국은 불가능하거나 반동적이며 사회주의에 대한 억압과 여타의 지역의 자본주의 발전을 지체하게 하는 것이라고 보았다. 그리고 주목되는 것은 유럽합중국이라는 슬로건의 분석을 통해 레닌이 일국에서 사회주의 혁명의 가능성을 최초로 도출한 것이었다. "불균등한 경제적 및 정치적 발전은 자본주의의 절대적 법칙이다. 그러므로, 사회주의의 승리는 처음에는 몇몇의 혹은 심지어 단 하나의 자본주의 나라에서도 가능하다."[3]

이렇게 사회주의 혁명의 전망을 열어가면서 레닌은 제국주의 전쟁의 와중에 당시의 전쟁과 정치를 근본적으로 규정하는 제국주의 질서에 대한 전면적인 분석에 들어갔는데 그것이 ≪제국주의론≫이다. 자유경쟁 자본주의의 독점자본주의로의 전화, 산업자본과 은행자본의 융합을 통한 금융자본의 형성과 금융과두제의 지배, 상품수출에 비한 자본수출의 비중의 비약적 증대, 자본가 단체와 제국주의 국가에 의한 세계의 분할과 재분할 등이 제국주의 질서를 구성하는 근본요소임을 밝히면서 레닌은 사회주의 운동과 관련하여 다음과 같은 주목할 만한 결론을 내린다. 즉, 자본의 수출로 벌어들이는 이익의 증대로 이자 낳는 자본이 급증하면서 금리생활자가 증가하고 또 이윤의 일부를 노동자계급의 상층에 나누어 주게 되면서 노동운동에서 기회주의 흐름이 창출된다는 것이었다. 레닌은 제국주의의 이러한 기생성을 밝히면서 제국주의는 부패한 자본주의이며, 사멸하는 자본주의이고 제국주의에 맞선 투쟁은 기회주의에 대한 투쟁과 결합되어야 한다고 정식화하였다. 그리하여 제국주의는 사회주의 혁명의 전야라는 것이 레닌의 결론이었고 그러한 결론의 올바름이 입증된 것이 1917년의 러시아 혁명이었다.

러시아 혁명은 부르주아 민주주의 혁명의 사회주의 혁명으로의 전화를 보여주는 사례이다. 1917년의 2월 혁명은 짜르체제를 무너뜨리고 부르주아 임시정부를 수립한 부르주아 혁명이었다. 그러나 2월 혁명은 동시에

---

3) 레닌, "유럽합중국 슬로건에 대하여", 같은 책, p. 631.

노동자, 병사 쏘비에트를 창출했는데 여기서 병사는 농민층이 다수였다는 점에서 레닌이 앞서 말했던 노동자와 농민의 혁명적 민주주의 독재가 쏘비에트라는 형태로 실현된 것이었다. 그러나 이것은 임시정부라는 권력과 쏘비에트라는 권력의 이중권력이었는데 여기서 레닌은 '모든 권력을 쏘비에트로!'라는 구호를 제시하여 부르주아 혁명의 사회주의 혁명으로의 연속적인 전화를 주장했다. 그러나 이 당시의 레닌과 볼셰비끼의 노선은 사회주의로의 평화적 이행노선이었는데 왜냐하면 노동자와 병사들이 무장된 상태였기 때문이었다. 그러나 7월의 꼬르닐로프의 군사반란 이후 임시정부가 폭력적 탄압으로 나오자 비로소 볼셰비끼는 임시정부의 타도를 주장하고 그것은 10월 혁명으로 이어졌다. 이 과정에서 사상적 측면에서 두드러지는 것은 레닌이 혁명을 앞둔 시점에서 집필한 ≪국가와 혁명≫이다. 임시정부의 탄압을 피해 피신하여 은둔한 상태에서 레닌은 국가의 문제, 혁명의 문제, 국가와 혁명의 관계 문제를 최종적으로 정리했다. 이 저작에서 레닌은 국가는 계급대립의 비화해성의 산물이라는 것, 민주주의는 다수결을 의미하는 것이 아니라 다수결을 강제하는 국가를 의미한다는 것, 부르주아 민주주의는 필연적으로 프롤레타리아 민주주의로 질적 전화를 하고 부르주아 의회와 달리 프롤레타리아적 대의기구는 입법과 집행의 통일 기구라는 것, 그리고 국가는 폐지되는 것이 아니라 사멸하며 국가 사멸의 경제적 조건은 정신노동과 육체노동의 대립의 사멸이라는 것, 민주주의 또한 하나의 습관이 되어 그 정치적 성격을 상실하고 사멸한다는 것 등을 밝혔다. 이렇게 레닌은 국가의 문제, 그리고 국가와 혁명의 연관성을 해명하고 10월 혁명을 승리로 이끌 수 있었다.

10월 혁명의 승리 자체는 순탄한 것이었는데 왜냐하면 주요 제국주의 국가들이 전쟁에 얽혀 있어서 혁명에 대한 즉각적인 간섭이 어려웠기 때문이었다. 그러나 독일에서 혁명이 발발했지만 실패로 귀결되고 제국주의 전쟁이 종료되면서 러시아 혁명에 대한 제국주의 국가들의 간섭이 즉각 개시되었고 이들은 러시아 내의 반혁명 세력과 연계되어 러시아는 3년여에 걸친 내전을 겪게 되었다. 이 시기에 러시아 혁명의 사활은 제국주의 전쟁으로부터 러시아가 성공적으로 철수할 수 있는가에 달려 있었다. 즉, 평화의 문제가 가장 절실한 것이었는데 객관적으로는 전쟁의 성격이 제국주의 전쟁이었고 또 주체적으로는 병사들이 지쳐있었고 광범위한 민중들이 평화를 절실히 요구했기 때문이었다. 이를 위해 레닌은 독일에 영토의 일정 부분을 할양하고 평화를 얻고자 했으나 많은 반발을 샀고 특히 뜨로츠끼는 협상의 대표로서 독일에 대한 양보를 거부하여 독일군의 공격을 불러왔고 결국은 더 큰 양보를 하여서 독일군의 진격을 막고 쏘비에트 권력을 보전할 수 있었다. 이 당시 러시아는 군대가 없었다. 즉, 짜르 당시의 군대는 이미 와해되어 있었고 강력한 혁명군은 조직되어 있지 않았다. 따라서 양보를 통한 평화만이 가능했는데 뜨로츠끼는 이러한 현실적 조건을 무시한 것이었다. 이러한 양보, 브레스트-리똡스크 조약을 통해 쏘비에트 권력은 시간을 벌 수 있었고 러시아 내의 혁명을 진전시킬 수 있었다.

이렇게 러시아 혁명이 절체절명의 순간에 놓여 있을 때 독일의 카우츠키는 러시아 혁명을 비난하는 길을 걸었다. 카우츠키는 독재와 민주주의를 추상적으로 대비시키면서 러시아 혁명이 민주주의적 방식으로 달성된 것이 아니라 독재적 방식으로 즉, 무력으로 이루어졌다고 비난하였다. 이에 대해 레닌은 카우츠키를 비판하면서 독재와 민주주의에 대한 계급적 접근을 주장하였다. "혹자는 맑스주의적, 사회주의적 방식으로 주장할 수 있다. 그 경우에 혹자는 피착취자와 착취자의 관계로부터 출발할 것이다. 아니면 혹자는 자유주의적, 부르주아 민주주의적 방식으로 주장할 수 있다. 그리고 그 경우에 혹자는 다수와 소수 간의 관계로부터 나아갈 것이다."4) 여기서 레닌은 카우츠키가 착취자는 소수이고 피착취자는 다수이며 따라서 민주주의적으로 평화적으로 다수의 힘으로 혁명을 해야 한다고 주장하는 것을 반박하고 있다. 레닌은 민주주의 또한 계급적 성격을 가지며 따라서 단순히 다수와 소수의 문제로 접근하는 것이 아니라 착취와 피착취의 문제가 일차적이며 그로부터 프롤레타리아 독재의 문제가 도출된다

---

4) 레닌, ≪프롤레타리아 혁명과 배신자 카우츠키≫(≪레닌 선집≫ 3권), progress, 모스끄바, p. 34.

는 점을 주장하고 있다. 레닌은 프롤레타리아 독재의 불가피성에 대해 다음과 같이 말한다. "자본주의로부터 공산주의로의 이행은 온전한 역사적 시기를 필요로 한다. 이 시기가 끝날 때까지, 착취자들은 불가피하게 복고의 희망을 보전하며, 이 희망은 복고에 대한 시도로 전화된다. 그들의 최초의 심각한 패배 후에 타도당한 착취자들—그들의 타도를 예상하지 못했고, 그것이 가능하다고 결코 믿지 않았으며, 그러한 생각을 결코 용인하지 않았던—은 열 배나 증가된 정력, 백배나 증가된 격렬한 열정과 증오로, 그들이 빼앗긴 "이상향"의 회복을 위한 싸움에 … 스스로를 내던진다."[5] 여기서 레닌은 프롤레타리아 독재의 객관적 필요성과 주체적 필요성을 다 같이 말하고 있다. 객관적 필요성은 자본주의로부터 공산주의로의 이행기라는 객관적 성격이 프롤레타리아 독재를 불가피하게 한다는 것이다. 계급사회의 잔재, 계급대립의 유물들로 인해서 국가의 즉각적인 폐지가 불가능하며 계급적 독재를 의미하는 국가의 존재가 필요하다는 것이다. 또한 주체적으로는 타도당한 착취자들의 저항이 타도당하기 전보다 '백배'나 더 강화되기 때문에 억압의 기능을 위한 프롤레타리아 독재가 필요하다는 것이다.

또한 레닌은 카우츠키를 반박하면서 독재와 민주주의의 연관에 대한 심원한 분석을 하였는데 그 요지는 다음과 같다. 즉, 민주주의와 독재는 뗄 수 없이 연관되어 있으며 그 연관성의 핵심은 계급적 성격의 문제이다. 그런 점에서 프롤레타리아 독재는 프롤레타리아 민주주의의 발전을 통해 공고화되며 거꾸로 프롤레타리아 민주주의는 프롤레타리아 독재를 통해 사회에 존재하는 부르주아적 요소가 약화되고 계급적 잔재가 극복될 때 발전하게 된다. 또한 부르주아 사회에서는 부르주아 민주주의가 발전할 때 부르주아 독재는 가장 공고화된다. 바로 그런 점에서 레닌은 카우츠키의 "순수 민주주의"를 비판하면서 다수와 소수의 문제 이전에 민주주의와 독재에 대한 계급적 접근이 일차적임을 주장했다.

---

[5] 같은 책, pp. 35-6.

내전이 승리로 끝나고 사회주의 건설이 본격화되면서 대두된 문제는 당내에서 좌익공산주의의 조류의 문제였다. 좌익공산주의는 혁명적 구호를 앞세우면서 현실적 조건을 무시하는 경향을 띠었는데 레닌은 ≪좌익공산주의-소아병≫에서 이들을 비판했다. 이 저작은 레닌이 20여 년에 걸친 볼셰비끼 운동을 총괄하면서 그 경험을 녹여서 젊은 공산주의자들의 정치적 역량을 제고하기 위한 목적에서 쓰인 것이었다. 자본주의 사회에서 의회에 대한 참여의 문제, 부르주아 민주주의 세력에 대한 지지의 문제, 동맹과 제휴의 문제 등을 통해 레닌은 보다 원숙한 전술원칙, 정치적 노선을 제기했다. 이 글에서 레닌이 혁명의 승리를 위한 조건으로서 '대중 자신의 정치적 경험'을 지적한 것은 인상적이다. "승리는 전위만으로 얻어질 수 없다. 전체 계급, 광범위한 대중들이 전위에 대한 직접적인 지지 혹은 적어도 전위에 대한 우호적인 중립 그리고 적에 대한 지지의 배제의 입장을 취하기 전에, 전위를 결정적인 전투로 내모는 것은 어리석을 뿐만 아니라 범죄적이다. 선전과 선동만으로는 전체 계급, 노동인민의 광범한 대중, 자본에 의해 억압받는 사람들이 이러한 입장을 취하기에는 충분하지 않다. 그것을 위해서는 대중들이 자기 자신의 정치적 경험을 가져야만 한다. 이것이 러시아만이 아니라 독일에서도 강제하는 힘으로 그리고 명백하게 확증된 모든 위대한 혁명들의 근본법칙이다."[6] 대중 자신의 정치적 경험이 혁명 승리의 절대적 조건인 이유는, 혁명은 대중이 주체로 일어설 때만 가능하기 때문이다. 선전의 단계에서는 몇몇 인텔리의 주도성이 주요할 수 있지만 실제 혁명을 하기 위해서는 대중 스스로 일어서는 것이 필요하며, 대중이 자신의 정치적 경험을 통해서 스스로 결단하는 과정을 필요로 하기 때문이다. 이와 같이 좌익공산주의에 대한 레닌의 비판은 일종의 좌편향에 대한 비판인데 이는 우편향에 대한 비판과는 차원이 다르다. 우익적 개량주의 혹은 멘셰비끼는 소부르주아성이라는 계급성의 문제였다면 좌편향, 좌익공산주의는 노동자계급의 역량의 미성숙의 징표로

---

[6] 같은 책, p. 350.

서 교정의 대상이었다. 그러나 1930년대의 스페인 내전에서 뜨로츠끼주의자들의 공화국에 대한 반란처럼 좌편향이 교정의 대상을 넘어서 실천적인 위험으로 전화될 소지는 그것이 '편향'이라는 점에서 존재한다.

대중 자신의 정치적 경험이 승리를 위한 필수조건이라는 레닌의 언급은 시사하는 바가 크다. 그런데 레닌은 여기서 더 나아가 대중이라는 개념이 의미하는 바가 고정되어 있지 않으며 투쟁의 성격의 변화에 따라, 역사발전의 단계에 따라 변화하는 것임을 지적한다. "그러므로 나는 "대중"이라는 개념에 대해 단지 몇 마디를 하고 싶다. 그것은 투쟁의 성격이 변화함에 따라 변화하는 것이다. 우리 운동에서 그리고 멘셰비끼에 대한 우리의 투쟁의 역사에서 여러분은 수천의 노동자들이 운동에 명확한 대중적 성격을 주기에 충분했던 많은 사례를 발견할 것이다. ... 운동이 확산되고 강화된다면, 그것은 점차적으로 혁명으로 발전한다. ... 혁명이 충분히 준비되었다면, "대중"이라는 개념은 달라지게 된다: 수천의 노동자들은 더 이상 대중이 되지 않는다. ... "대중"이라는 개념은 변화를 겪는데 그래서 그것은 다수 그리고 노동자만의 다수가 아니라 모든 피착취자들의 다수를 의미한다. ... 절대적 다수가 언제나 본질적이지는 않다; 그러나 승리하고 권력을 유지하기 위해 본질적인 것은 노동계급의 다수만이 아니라 시골의 근로대중과 피착취 대중의 다수이다. ..."[7] 대중 자신의 정치적 경험을 강조한 레닌은 혁명의 승리와 권력의 유지를 위한 조건으로서 대중의 지지를 고려하며 또한 대중의 범위가 투쟁의 성격의 변화에 따라, 발전의 단계에 따라 달라진다는 변증법적인 통찰을 하고 있다. 선전 단계에서 대중의 범위는 수십 명으로 족할 수 있다. 선동 단계에서라면 대중의 범위는 수백, 나아가 수천이 될 수 있다. 그러나 권력을 향한 실제적인 투쟁과 나아가 권력의 유지가 문제되는 상황에서 대중의 범위는 전혀 달라지며 노동자계급과 나아가 피착취 대중의 다수의 지지와 참여가 관건이 된다. 그리고 그러한 대중의 지지를 쟁취하기 전에 결정적 전투에 나

---

7) 레닌, "공산주의 인터내셔널 3차 대회", 같은 책, pp. 576-7.

서는 것은 "범죄적"이라고 레닌은 지적하고 있다.

이러한 것이 레닌의 여정과 러시아 혁명의 발전을 축으로 고찰한 레닌의 사상노선의 대략이다. 여기서 사상노선이라고 제시된 것은 사회주의 운동의 구성요소인 강령, 조직, 전술 중에서 강령과 유사한 내용을 갖는 것들이다. 그러나 사상은 조직, 전술과 동떨어진 것이 아니며 조직사상, 전술원칙, 전략사상 등과 같이 통일되어 있다. 다만 강령, 조직, 전술이라는 접근이 아니라 사상, 정치, 조직노선이라는 접근을 하는 것은 현재의 실천적인 요구에 부응하기 위한 것이다.

3. 레닌의 정치노선

레닌은 한편으로 철저하게 실천적이며 다른 한편으로 과학적이었다. 맑스 또한 실천과 이론적 과학성이 통일되어 있었다. 그러나 맑스와 레닌은 일정한 차이가 있는데 맑스는 노동자계급의 발생기에, 노동운동의 태동기에 노동자계급의 이데올로기로서 과학적 사회주의를 개척해 갔다면 레닌은 이미 존재하는 맑스주의를 기반으로 러시아에서 혁명운동을 개척해 갔다. 또한 레닌은 노동자계급이 혁명을 직접적으로 목표로 하는 시대, 제국주의 시대의 사회주의 운동을 개척했다는 점에서 조직과 전술에서 맑스와 엥겔스 시대보다 구체적인 진전을 이루어냈다. 그런 점에서 레닌의 정치노선은 맑스와 엥겔스 시대보다 더 정교화되었다고 할 수 있다. 그러나 그 과정에서 레닌은 철저히 맑스주의를 고수하였고 맑스주의 원칙을 러시아의 현실과 유럽적인 규모에서 창조적으로 적용시켰다.

레닌의 정치적 역정은 당시 유럽에서 형성되고 있던 제2 인터내셔널 내의 혁명적 조류와 개량주의 조류(수정주의 조류)의 존재에 의해 규정되었다. 레닌은 서유럽의 선진적인 이론과 경험을 흡수하면서 러시아에서 혁명적 조류를 건설하고자 했다. 레닌의 저작 ≪무엇을 할 것인가≫는 당시 유행하던 '비판의 자유'라는 구호를 비판하는데 거기서 레닌은 비판의 자유가 실은 맑스주의 원칙에 대한 수정의 자유를 의미하며 이러한 수정주의가 유럽적 규모에서, 제2 인터내셔널 내에서 형성되어 있음을 지적한다. 그리하여 이러한 고찰을 통해 러시아에서 유럽적 규모의 개량주의, 수정주의와 구분되는 혁명적 조류의 건설이 필요함을 주장하며 레닌은 사회주의 정치의 근본원칙들을 개진한다.

레닌은 사회주의는 계급투쟁으로부터 자연발생적으로 나오는 것이 아니라 계급투쟁과 나란히 발전하는 것이며 사회주의는 자본주의 사회의 정치와 경제에 대한 과학적 분석을 통해 도출되는 것임을 지적한다. 여기로부터 레닌의 유명한 정식, '외부로부터'(from without)이라는 정식이 나온다. 사회주의 의식은 노동자와 자본가의 대립 내부에서 자연발생적으로 형성되는 것이 아니라 그 관계의 외부로부터, 목적의식적으로 도입된다. 따라서 사회주의 의식은 노동자와 자본가의 직접적 대립을 의미하는 경제투쟁의 과정에서 자연적으로 나오는 것이 아니며 사회를 구성하는 모든 계급들의 상호관계와 그들의 국가와의 연관에 대한 분석으로부터 나온다. 바로 이 점에서 사회주의자의 역할, 나아가 사회주의 당의 역할이 도출되며 그들의 실천인 사회주의 정치의 본질이 나온다.

레닌은 "과정으로서의 전술"이라는 경제주의자들의 전술관을 비판하며 이에 대해 "계획으로서의 전술"을 대치시킨다. 그러면서 레닌은 노동자계급의 자연발생적인 정치라 할 수 있는 노동조합주의 정치를 고찰하면서 그에 대해 사회주의 정치를 대치시킨다. "자연발생적인 노동계급운동은 그 자체로는 단지 노동조합주의만을 만들어 낼 수 있고(그리고 불가피하게 만들어 낸다) 노동계급의 조합주의 정치는 정확히 노동계급의 부르주아 정치이다. 노동계급이 정치투쟁에 참여하고 심지어 정치 혁명에 참여한다고 해도 그 사실이 본질적으로 그 정치를 사회민주주의 정치로 만드는 것은 아니다."[8] 노동조합 또한 정치적 역할이 있고 정치투쟁을 수행한다. 그러나 노동조합의 정치는 일차적으로 노동자의 경제적 조건의 개선을 목

---

8) 레닌, ≪무엇을 할 것인가≫(≪레닌 선집≫ 1권), p. 165.

표로 하고 또 부르주아 체제 내에서 노동자의 지위의 개선을 목표로 한다. 그런 점에서 노동조합주의 정치는 부르주아적 성격을 띠는데 레닌은 이를 지적한 것이다. 그러면 노동조합주의 정치와 구분되는 사회주의 정치는 어떠한 것인가?

레닌이 사회주의 정치의 핵으로 들고 있는 것은 '포괄적인 정치폭로'이다. "이러한 억압이 사회의 가장 다양한 계급들에 영향을 주는 한, 그것이 생활과 활동의 가장 다양한 영역들—직업적, 시민적, 개인적, 가족, 종교적, 과학적 등등—에서 표현되는 한, 우리가 그 모든 측면들에서 전제에 대한 정치적 폭로의 조직화를 수행하지 않는다면 노동자들의 정치적 의식을 발전시킨다는 우리의 과제를 충족시킬 수 없다는 것이 명확하지 않는가?"[9] 이는 대중의 정치적 의식을 끌어올리기 위해서는 노동과 자본의 관계 내부를 넘어서서 사회를 구성하는 일체의 요소들 속에서 나타나는 억압에 대한 폭로를 조직해야 한다는 것이다. 그리고 그러한 정치폭로는 경제적 측면에만 제한되는 것은 아닌데 이에 대해 레닌은 다음과 같이 말한다. "실제적으로, 이러한 것들이 경제적인 것에 기초한 정치적 선동으로 제한되지 않을 때, "노동대중의 활동을 끌어올리는 것"이 가능하다. 정치선동의 필수적인 확대를 위한 기초적인 조건은 포괄적인 정치폭로의 조직화이다. 이러한 폭로를 수단으로 하는 것 이외에 다른 어떤 방식으로도 대중들은 정치적 의식과 혁명적 활동으로 훈련될 수 없다."[10] 나아가 레닌은 경제적 요구투쟁을 개량투쟁으로 파악하면서 이를 사회주의 정치 속에서 다음과 같이 위치 지운다. "혁명적 사회민주주의는 언제나 개량을 위한 투쟁을 그 활동의 부분으로 포함해 왔다. ... 한마디로 그것은 전체의 부분으로서 개량을 위한 투쟁을 자유와 사회주의를 위한 투쟁에 종속시킨다."[11] 경제주의자들은 경제투쟁을 통한 정치적 의식의 제고, 그리고 나아가 경제투쟁에 정치적 성격을 부여하는 것을 주장했던 반면에 레닌은

---

9) 같은 책, p. 135.
10) 같은 책, pp. 144-5.
11) 같은 책, p. 139.

사회의 제 계급의 관계에 대한 분석과 일체의 억압에 대한 포괄적인 정치폭로를 통한 정치적 의식의 제고를 주장했고 경제투쟁의 요구는 일종의 개량으로서 자유, 즉, 민주주의와 사회주의를 위한 투쟁에 종속되어야 한다고 파악했다. 그리하여 레닌은 노동자계급은 민주주의 획득을 위한 투쟁에서 전위투사이며 사회주의자는 노동조합의 서기가 아니라 인민의 호민관이 되어야 한다고 주장했다.

노동자계급은 자연발생적으로는 노동조합주의 정치를 넘어설 수 없으며 그것은 노동자계급의 부르주아 정치이며 사회주의자는 노동과 자본의 관계를 넘어서는 전체 사회 계급들의 상호관계와 국가와의 관계에서 일체의 정치적 억압을 폭로하는 포괄적인 정치폭로, 정치선동을 조직해야 하며 그것이 사회주의 정치의 본령이고, 경제적 요구, 개량투쟁은 민주주의와 사회주의를 위한 투쟁에 종속되어야 한다는 것이 레닌의 사회주의 정치관이라 할 수 있다. 1917년의 혁명까지의 그리고 이어지는 사회주의 건설과정에서 레닌의 치열했던 정치적 역정은 바로 이러한 사회주의 정치관을 토대로 한 것이었다.

레닌의 정치전술의 측면이 가장 두드러지게 나타나는 것은 ≪민주주의 혁명에서 사회민주주의의 두 가지 전술≫이라는 저작에서이다. 이 저작은 먼저 러시아에서 혁명의 성격이 부르주아적 성격을 띠는 민주주의 혁명이라고 규정하고 그러한 혁명을 19세기의 유럽과 달리 부르주아 계급이 주도하는 것이 아니라 프롤레타리아 계급이 주도해야 한다는 것을 제기했다. 부르주아 혁명인데 왜 부르주아 계급의 주도성이 아니라 프롤레타리아 계급의 헤게모니를 주장해야 하는가? 그것은 19세기와 달리 20세기 들어서서 부르주아 계급의 진보성이 사라지고 부르주아들이 혁명에 대해 움츠러들고 혁명보다는 반동세력과의 타협을 통해서 자신의 이익을 도모하게 되었기 때문이다. 1871년의 빠리꼬뮌의 충격 이후로 부르주아들은 노동자계급의 성장에 겁을 먹게 되었고 독일의 부르주아지는 혁명적 방식이 아닌 타협적 방식으로 독일의 지배계급과 연합하여 부르주아 사회로의 이행을 추구했다. 이러한 경향은 러시아에서 더욱더 심화되었는데 러시아의 부르주아들은 사회의 발전이 객관적으로 부르주아 혁명을 일정에 올리고 있었음에도 불구하고 짜르에 대한 비타협적 투쟁이 아닌 타협을 추구했는데 레닌은 바로 이러한 시대적 조류를 간파하고 부르주아 혁명에서 프롤레타리아 헤게모니를 정립하고 그를 위해서 프롤레타리아트와 농민층과의 동맹을 전략으로 설정했다.

프롤레타리아 헤게모니의 문제에 대해 레닌은 다음과 같이 정식화하고 있다. "혁명의 결과는 노동계급이 부르주아지의 보조자, 전제에 맞선 공격력에서는 강력하지만 정치적으로는 무능한 보조자의 역할을 할 것인가, 아니면 인민 혁명의 지도자의 역할을 할 것인가에 달려 있다."12) 혁명의 성격은 주체의 역량에 달린 것이 아니라 사회발전의 단계라는 역사적 조건에 따라 객관적으로 규정된다. 따라서 러시아에서 혁명의 성격은 봉건제라는 조건 속에서 이루어지는 러시아에서 자본주의 발전, 그 모순에 의해 규정된다. 그런 점에서 러시아에서 혁명은 명확히 부르주아 민주주의 혁명이었다. 그러나 그것을 누가, 어느 계급이 주도할 것인가에 따라 혁명의 결과는 천양지차로 달라진다. 부르주아지가 주도할 경우 그것은 짜르와의 타협으로 끝나고 봉건제, 지주의 억압이 잔존하는 가운데 지루한 개량의 시대가 시작된다. 그러나 가장 혁명적인 계급인 노동자계급이 단지 투쟁부대로서 역할하는 것을 넘어서서 정치적 헤게모니를 움켜쥔다면, 그리고 자신의 주위에 동맹군을 끌어들인다면 그것은 '인민혁명'의 방식으로 수행되며 그 결과 봉건제가 일소되고 노동자계급과 농민의 혁명적 민주주의 독재가 수립되며 노동자계급의 헤게모니가 지속적으로 발전하면 그것은 사회주의 혁명으로 전화된다. 타협을 통한 개량인가? 아니면 노동자계급의 헤게모니하의 인민혁명인가? 이것이 레닌이 1905년 혁명을 앞두고 정식화한 전략의 문제였다.

당시 러시아에서는 자본주의 발전이 급속히 이루어지고 있었지만 전체 인구 중에서 노동자계급이 차지하던 비율은 매우 낮았다. 그러나 노동자

---

12) 레닌, 《민주주의 혁명에서 사회민주주의의 두 가지 전술》(《레닌 선집》 1권), pp. 426-7.

계급의 힘은 그 수에 비례하는 것이 아니라 사회에서 차지하는 노동자계급의 고유한 위상, 즉, 무산자로서 혁명성이 강할 수밖에 없다는 점과 또한 생산에서 차지하는 노동자계급의 결정적 역할에서 나온다. 바로 이 점 때문에 당시 러시아에서 노동자계급의 적은 수에도 불구하고 레닌은 민주주의 혁명에서 노동자계급의 헤게모니를 주장할 수 있었다. 이에 대해 레닌은 1917년 혁명 후에 다음과 같이 말했다. "수많은 독특한 역사적 조건들하에서, 후진적인 러시아는 혁명의 시기에 피억압 대중들의 독립적 활동의 급속한 성장(이것은 모든 위대한 혁명들에서 일어났다)뿐만 아니라 프롤레타리아트의 중요성은 전체 인구에서 그것의 비율보다 한없이 크다는 것을 세계에 보여주었다."[13]

레닌은 멘셰비끼의 전략노선에 맞서 혁명적 전략 노선을 발전시켰다. 이 당시는 아직 전략과 전술의 구분이 이루어지지 않았다. 따라서 당시 레닌의 전술 개념은 오늘날의 전략과 전술 개념을 모두 포함하고 있다. 레닌은 전술 개념에 대해 다음과 같이 정의한다. "당의 전술에 대해, 우리는 당의 정치적 행위, 혹은 그것의 정치활동의 성격, 방향, 그리고 방법들을 의미한다. 전술적 결의는 새로운 과제 혹은 새로운 정치적 상황과 관련하여 전체로서 당의 정치적 행위를 정확히 규정하기 위하여 당대회에 의해 채택된다."[14] 여기서 레닌은 전술의 전제가 새로운 과제 혹은 새로운 정치적 상황, 정세라고 규정한다. 즉, 전술은 정세와의 관련에 의해 규정되는 것이다. 새로운 정세에 조응하는 당의 정치적 행위, 태도, 입장을 결정하는 것이 곧 전술이다. 또한 전술은 정치활동의 성격, 방향, 방법들을 의미하는데 이는 전술의 총체적 성격을 말하는 것이다. 즉, 전술은 새로운 정세 속에서 요구되는 당의 총체적인 정치행위를 가리키는 것이며 어떤 부분적 행동 자체를 가리키는 것이 아니다. 따라서 당의 전술 결의는 반드시 총체적인 내용을 담는 것이어야 한다.

또한 전술은 정세에 조응하는 실천적인 정치행위라는 점에서 선전과

---

13) 레닌, ≪좌익공산주의—소아병≫(≪레닌 선집≫ 3권), p. 347.
14) 레닌, ≪민주주의 혁명에서 사회민주주의의 두 가지 전술≫(앞의 책), p. 430.

다르다. 이에 대한 레닌의 견해를 살펴보자. "다른 한편으로 결의는 단지 임시혁명정부만을 다루고 있고 다른 어떤 것도 다루고 있지 않다; 결과적으로 "권력의 장악" 일반은 전혀 눈에 들어오지 않는다. 대회가 이것을 그리고 유사한 문제들을 제거한 것은 올바랐는가? 의심할 여지없이 올바랐다. 왜냐하면 러시아에서 정치적 상황은 결코 이러한 문제들을 당면한 쟁점으로 만들고 있지 않기 때문이다."15) 여기에는 전술과 선전의 차이가 잘 녹아 있다. 당시 러시아의 정세는 짜르의 타도, 제헌의회의 수립이 쟁점이 되는 상황이었다. 이 쟁점에 대한 레닌의 전술은 짜르의 타도와 제헌의회의 수립을 부르주아적인 타협의 방식이 아니라 혁명적 방식으로 해야 하며 그를 위해 임시혁명정부라는 슬로건을 제기해야 한다는 것이었다. 당시 당대회의 결의는 그렇기 때문에 임시혁명정부라는 슬로건에 초점을 맞추고 있었고 레닌은 이것의 타당성을 강조했다. 레닌은 당대회의 결의에서 '권력의 장악'의 문제가 빠져 있다는 지적에 대해 그것은 지금의 쟁점이 아니라고 보았다. 즉, 당시의 정세에서 권력 장악 자체가 쟁점이 아니며 권력 장악은 당시의 정세에서는 여전히 선전의 과제 즉, 권력 장악 '일반'의 문제에 머물러 있는 것이어서 전술 결의에 담길 수 없다고 본 것이다. 이와 같이 레닌은 전술 결의에는 선전의 과제를 빼고 쟁점에 대한 실천적 결의만을 담아야 한다고 주장했다. 그러면 권력 장악은 언제 쟁점이 되는가? 그것은 다수 대중이 짜르의 타도를 자신의 입장으로 갖게 되고 짜르의 퇴진 이후 권력의 성격이 무엇인가가 이론적 쟁점이 아니라 현실 정치적 쟁점이 될 때이며 그때 비로소 권력 장악의 문제는 선전이 아닌 전술의 영역이 된다. 선전은 소수에 대한 이론적 접근의 문제라면 전술은 다수 대중을 움직이게 하는 것이다. 이것은 차원이 다른 것이고 전술 결의는 이론의 영역을 넘어서는 현실 정치의 영역의 문제이다.

그러면 레닌이 러시아의 부르주아 혁명에서 노동자계급의 헤게모니 문제를 구체적으로 어떻게 정립하는가를 살펴보자. 레닌은 러시아의 부르주

---

15) 같은 책, p. 432.

아 민주주의 혁명이 러시아의 자본주의 발전을 촉진할 것이라고 고찰하면서 그로부터 노동자 당의 정치적 독립성의 필요성을 도출한다. "이 진리에 대한 주장은 이론적 견지에서만이 아니라 실천적 정치의 견지에서도 거대한 중요성이 있는데, 왜냐하면 그로부터 현재의 "일반 민주주의" 운동에서 프롤레타리아트 당의 완전한 계급적 독립성이 필수불가결한 조건이라는 점이 따라 나오기 때문이다."16) 부르주아 혁명 자체는 그 객관적 성격으로 인해 러시아의 자본주의 발전을 촉진할 수밖에 없기 때문에 노동자계급이 부르주아 세력과 구분되는 계급적, 정치적 독립성을 유지해야 하며 만약 이러한 독립성의 유지가 없다면 노동자계급은 부르주아 혁명 과정에서 부르주아 계급에게 정치적으로 '용해'될 수밖에 없다. 이러한 정치적 독립성을 전제로 레닌은 철저한 부르주아 혁명을 통한 노동자계급의 해방의 길을 논한다. "그리고 이러한 원칙들로부터 노동자계급이 자본주의의 가일층의 발전을 제외한 어떤 것에서 구원을 찾는 것은 반동적이라는 사상이 따라 나온다. 러시아와 같은 나라에서 노동계급은 자본주의로부터라기보다는 자본주의의 불충분한 발전으로 고통받는다. ... 부르주아 혁명이 더 완전하고, 더 단호하고, 그리고 더 일관될수록, 부르주아지에 맞서는 그리고 사회주의를 향하는 프롤레타리아트의 투쟁은 더 확실할 것이다."17) 나로드니끼는 자본주의 발전을 건너뛰고 사회주의로 나아가고자 했지만 레닌은 자본주의의 발전을 제외한 구원의 길은 반동적이라고 규정하면서 나로드니끼의 길과는 정반대의 길, 즉, 자본주의 발전이라는 필연성을 인식하면서 다른 한편으로 바로 그렇기 때문에 불가피한 러시아의 부르주아 혁명의 과제를 노동자계급이 주도함을 통해서 사회주의로 접근하는 길을 제시한 것이다. 이러한 접근은 변증법적인데 바로 필연성의 지양으로서 자유의 쟁취를 제기한 것이기 때문이다.

레닌은 이로써 부르주아 혁명에서 노동자계급의 헤게모니 이론을 정립했다. 그런데 헤게모니가 되기 위해서는 따르는 세력이 있어야 하는데 그

---

16) 같은 책, p. 451.
17) 같은 책, p. 452.

것이 곧 동맹의 문제이다. 레닌은 동맹으로서 부르주아지가 아닌 농민층을 주목하는데 소부르주아적인 농민과 부르주아들의 '동요'의 문제를 다음과 같이 고찰한다. "그런데 농민층의 불안정성은 부르주아지의 불안정성과는 근본적으로 다르다. 왜냐하면 현재 농민층은 사적 소유의 절대적 보전에 관심이 있기 보다는 사적 소유의 주요한 형태의 하나로서 지주의 영지의 몰수에 관심이 있기 때문이다."[18] 부르주아지의 불안정성과 농민층의 불안정성은 외관상으로는 비슷하지만 계급적 차이가 있는데 부르주아지는 짜르로 대표되는 지주계급과의 타협으로 부르주아적 길로 가려 하기 때문에 근본적 불안정성이 있는 반면에 농민층은 소부르주아로서 자기 토지의 보전에 관심이 있지만 그럼에도 현재는 지주토지의 몰수를 통한 봉건적 질곡에서 해방을 추구한다는 점에서 당면 혁명에서 혁명성을 갖고 있음을 지적한 것이다. 이렇게 동맹의 문제를 해결한 레닌은 부르주아 혁명의 최대치로서 노동자계급과 농민의 혁명적 민주주의 독재를 대안 권력으로 상정한다. 이 독재는 부르주아적 틀 내에서, 자본주의 체제 내에서 개혁의 과제를 최대치로 실현하는 것을 목표로 삼는 것이며 그것이 성공적으로 이루어진다면, 그리고 그를 통해 노동자계급이 발전하고 노동자계급의 헤게모니가 강화된다면 서서히 사회주의 혁명으로 이행하는 것이다. 그러나 1905년 당시 노동자계급의 역량이 미성숙했고 또 짜르체제가 비록 러-일전쟁에서 패배했다 하더라도 강력했기 때문에 러시아의 1차 혁명은 노동자와 민중들의 봉기를 정점을 하는 혁명적 정세를 창출했음에도 패배하고 만다. 그리고 기나긴 반동기가 시작되고 1912년이 되어서야 노동자계급의 대중운동과 당운동은 다시 살아나고 이때 볼셰비끼는 ≪쁘라브다≫라는 합법 일간지를 창간하고 또 선거에서는 노동자 지구에서 다수를 당선시켜 의회에 진출한다. 그러나 1914년 제1차 제국주의 전쟁이 발발하여 러시아의 정세는 다시 암흑기로 접어드는데 이러한 암흑기는 1917년 2월 혁명으로 짜르가 퇴진하면서 끝나게 된다.

---

18) 같은 책, p. 492.

제1차 제국주의 전쟁이 발발했을 때 레닌은 그 전쟁의 성격에 대해 다음과 같이 규정한다. "영토의 점령과 다른 민족들의 복속, 경쟁하는 민족들의 파괴와 그들의 부에 대한 약탈, 러시아, 독일, 영국 그리고 다른 나라들에서 노동대중의 관심을 국내적인 정치적 위기로부터 돌리는 것, 노동자들의 단결의 파괴와 민족주의적인 우민화, 그리고 프롤레타리아트의 혁명운동을 약화시키기 위한 그들의 전위의 절멸 ― 이것들이 현재의 전쟁의 유일한 실제적 내용, 중요성 그리고 의미를 이루는 것이다."[19] 이것이 제국주의 전쟁이라고 규정할 때의 실제적인 내용으로서 레닌이 제시한 것이다. 이러한 전쟁은 자유경쟁 자본주의가 독점자본주의로 전화되고 금융자본의 지배가 전일적으로 되면서 제국주의 간의 모순이 극에 달했기 때문에 발생한 것이다. 당시 독일의 비약적인 자본주의 발전은 제국주의 간 모순을 격화시켰는데 영국은 자본의 축적 정도와 식민지의 확대에서 앞서 있었지만 자본주의 발전 속도가 매우 느려지고 있었던 반면에 독일은 자본주의 발전의 속도는 매우 급속했지만 축적된 자본의 양은 영국에 비해 적었고 또 식민지 점령은 영국과 프랑스에 비해 뒤쳐져 있었다. 바로 이러한 상황이 영국, 프랑스와 독일 간의 대립을 전쟁의 폭발로 이끌게 했다. 이렇게 전쟁이 발발한 상황에서 제2 인터내셔널의 세력들의 다수는 '조국방위'라는 구호 아래 전쟁공채에 찬성표를 던지고 노동자대중을 전쟁터의 총알받이로 내모는 것에 동의했다. 이로서 제2 인터내셔널은 파산했고 소수파였던 짐머발트 좌파를 중심으로 제3 인터내셔널의 건설이 모색된다. 레닌은 이러한 상황에서 '제국주의 전쟁의 내전으로의 전화!'를 기치로 내세운다. "그러나 모든 선진적 나라들에서 전쟁은 사회주의 혁명의 슬로건―전쟁의 짐이 프롤레타리아트의 어깨를 더욱더 무겁게 누를수록, 그리고 대규모의 자본주의의 거대한 기술적 진보라는 조건에서 현재의 "애국적인" 야만주의의 공포 후에 유럽의 재창조에서 프롤레타리아트의 미래의 역할이 더욱더 적극적으로 될수록, 더욱더 긴급하게 되는 슬로

---

19) 레닌, "전쟁과 러시아의 사회민주주의", ≪레닌 선집≫ 1권, p. 618.

건—을 일정에 올려놓았다. ... 현재의 제국주의 전쟁의 내전으로의 전화는 유일하게 올바른 프롤레타리아트의 슬로건이며, 빠리꼬뮌의 경험으로부터 따라 나오고 바젤결의(1912)에서 틀이 잡힌 것이다."[20] 당시 러시아는 전쟁에도 불구하고 변혁의 성격은 민주주의 혁명이었지만 서유럽의 선진 나라에서는 전쟁에 의해 사회주의 혁명이 일정에 올랐다는 것이 레닌이 개괄한 혁명의 전망이다. 이러한 레닌의 전망은 타당한데 러시아의 1917년 2월 혁명은 짜르의 퇴진을 핵으로 하는 민주주의 혁명이었지만 그 뒤 발생한 독일혁명 등은 비록 유산되었지만 사회주의 혁명이었기 때문이다. 그러나 혁명의 성격은 각 나라마다 차이가 있지만 제국주의 전쟁은 각각의 나라에서 혁명적 위기를 발생시킬 수밖에 없으며 레닌은 이러한 인식을 기초로 '제국주의 전쟁의 내전으로 전화!'라는 슬로건을 제출했다.

1917년 2월 혁명이 발발하여 짜르가 퇴진하고 부르주아 임시정부가 수립되었을 때 초미의 관심사는 전쟁의 문제였다. 이에 대해 레닌은 다음과 같이 인내심을 갖고 대중을 설득해야 한다고 했다. "정복의 수단으로서가 아니라 단지 필요한 것일 뿐이라고 전쟁을 받아들이는 혁명적 방위주의에 대한 대중적인 믿음을 갖고 있는 광범한 부문들이 의심의 여지없이 정직하다는 견지에서, 그들이 부르주아지에 의해 기만당하고 있다는 견지에서, 특별한 숙고와 끈질김, 인내를 갖고서, 대중들에게 그들의 오류를 설명하고, 자본과 제국주의 전쟁 간에 존재하는 뗄 수 없는 연계를 설명하고 그리고 자본을 타도함이 없이는 진정한 민주주의적 평화, 폭력에 의해 부여되는 것이 아닌 평화를 통해, 전쟁을 끝내는 것이 불가능하다는 것을 입증하는 것이 필요하다."[21] 여기서 레닌은 당시의 최대의 쟁점이었던 전쟁과 평화의 문제에 대해 전쟁의 원인은 바로 자본에 있으며 자본의 이익을 위해 전쟁이 수행되고 있으며 따라서 자본을 타도함을 통해서만 진정한 민주주의적 평화가 가능하다는 것을 대중들에게 인내심을 갖고 끈질기게

---

20) 같은 글, p. 624.
21) 레닌, "현재의 혁명에서 프롤레타리아트의 과제", ≪레닌 선집≫ 3권, pp. 29-30.

설명해야 함을 말하고 있다. 여기에서 레닌은 두 가지를 말하고 있다. 하나는 전쟁과 평화의 문제에 대한 과학적 태도를 견지할 것과 다른 하나는 당시의 정세가 대중들이 짜르를 타도하기는 했지만 여전히 부르주아 임시정부를 지지하고 있는 상황이며 그 정부의 헤게모니하에 놓여 있다는 것을 고려해야만 한다는 것이다. 그리하여 레닌은 부르주아 임시정부가 아닌 쏘비에트야말로 노동자와 인민의 진정한 정부라고 말한다. "쏘비에트 정부가 유일하게 가능한 형태의 혁명적 정부이며 그렇기 때문에 우리의 과제는 이 정부가 부르주아지의 영향력하에 굴복하는 한, 그들의 전술의 오류에 대해 인내심 있고 체계적이고 끈질기게 설명하는 것, 특별히 대중들의 실천적 필요에 맞는 설명을 하는 것임을 대중들이 알 수 있도록 하는 것이다."22) 레닌은 대중들이 부르주아 임시정부의 헤게모니하에 놓여 있는 한 진정한 혁명정부는 쏘비에트임을 대중들에게 인내심 있게 설명하는 것이 당시 정세에서 핵심적 과제라고 보고 있다. 이때 레닌은 전쟁을 끝내기 위해서는 자본을 타도해야 한다고 말하지만 임시정부의 타도를 즉각적으로 주장하는 것은 아니고 쏘비에트로의 평화적인 권력이양을 주장하고 있다. 이러한 평화노선은 당시 노동자들과 병사들, 즉 농민이 무장하고 있었다는 조건에 따른 것이다. 그런 점에서 2월 혁명 직후에는 두 개의 권력, 이중권력이 존재하고 있는 셈이다. "이러한 이중권력이란 무엇인가? 임시정부, 부르주아지의 정부와 나란히, 또 하나의 정부가 부상하고 있는데, 아직까지 약하고 갓 태어나고 있지만 그러나 의심의 여지없이 실제적으로 존재하고 성장하는 하나의 정부가 있다 — 노동자와 병사 대표들의 쏘비에트."23) 레닌은 이러한 이중권력의 과도적 성격에 대해 다음과 같이 말하고 있다. "이중권력은 단지 혁명의 발전에서 과도적 성격을 표현할 따름이다. 그것은 일반적인 부르주아 민주주의 혁명보다 더 나아갔지만, 아직 프롤레타리아트와 농민의 "순수한" 독재에 도달하지 못했을 때이다."24) 이렇게 이중권력의 본성을 파악했기 때문에 레닌은 '모든 권력

---

22) 같은 글, p. 30.
23) 같은 글, p. 34.

을 쏘비에트로!'라는 슬로건을 제시했고 대중들이 부르주아 임시정부로부터, 나아가 이들과 동맹을 맺고 있는 멘셰비끼 등으로부터 이반하기를 기다리면서 평화적 이행의 노선을 고수한다. 이러한 평화적 이행 노선에 대해 레닌은 다음과 같이 말한다. "그러나 러시아에서 최초의 내전은 끝났다; 우리는 지금 두 번째의 전쟁―제국주의와 무장한 인민의 전쟁―을 향해 나아가고 있다. 이 이행기의 시기에, 무장력이 병사들의 수중에 있는 한, 밀류꼬프와 꾸치꼬프가 폭력에 의존하지 않는 한, 이 내전은 우리로서는 평화적이고, 장기적이고, 그리고 인내심 있는 계급적 선전으로 전화된다."25) 여기서 레닌은 두 가지를 조건으로 평화적 이행 노선을 말하는데 그 조건들은 첫째, 무장력이 병사 등 인민의 수중에 있을 것, 둘째 임시정부가 폭력을 행사하지 않을 것이다. 그에 따라 볼셰비끼의 노선은 평화적인 장기간의 '선전'의 노선으로 표현되고 있다.

그러나 부르주아 임시정부는 제국주의 전쟁을 계속하고자 했고 임시정부를 지지하는 쏘비에트의 멘셰비끼는 서서히 대중적 영향을 상실해 갔다. 그리고 7월에 군부의 꼬르닐로프가 반란을 일으켰지만 노동자들이 철도를 봉쇄하여 군대의 이동을 저지하는 등의 실력행사로 반란은 실패한다. 이후 러시아 정세는 급격하게 변화하는데 대중의 압도적 다수가 볼셰비끼를 지지하게 된다. 또한 임시정부는 폭력과 탄압에 의존하게 되는데 이로 인해 레닌은 피신하게 된다. 그리하여 10월 혁명이 일정에 오르고 볼셰비끼는 압도적 대중의 지지를 기반으로 임시정부를 타도하고 쏘비에트 권력을 수립한다.

이상의 내용이 10월 혁명의 승리까지 레닌의 정치적 역정의 대략이다. 여기서는 레닌의 사회주의 정치관, 전술노선을 중심으로 살펴보았다. 이러한 정치노선의 핵심은 정세와 전술의 문제인데 선전과 전술이 어떠한 차이가 있는가, 그리고 노동자계급의 전술원칙이 어떠해야 하는가가 주요하

---

24) 같은 글, p. 40.
25) 레닌, "러시아 사회민주주의 노동당(볼)의제 7차(4월) 전러시아 협의회", ≪레닌 선집≫ 3권, p. 74.

다. 레닌은 사회주의 혁명을 실행하기까지 대중의 절대적 다수가 볼셰비끼를 지지하게 되는 때를 기다렸고 그 기간 동안 인내심 있게 선전의 활동을 하였다. 그러나 지배계급이 군사반란의 악수를 두고, 폭력으로 나오면서 대중의 지지가 급격히 볼셰비끼로 쏠리고 임시정부의 정치적 힘이 고갈되었을 때 볼셰비끼는 거의 평화적인 방식으로 임시정부를 타도했다. 이 과정에서 전쟁과 평화라는 주요 고리를 레닌과 볼셰비끼가 움켜쥐는 것을 통해 승리의 길을 열었다는 점에서 현실적 전술의 운용에서는 주요 고리를 파악하고 그것을 대중의 힘을 통해 뒷받침하는 것이 관건적이라는 점을 알 수 있다.

4. 레닌의 조직노선

아무리 사상이 굳건하고 또 정치전술이 뛰어나다 할지라도 그것을 조직으로 뒷받침하고 현실화하지 못한다면 현실은 변혁되지 않는다. 선전의 단계에서 조직문제는 부차적이다. 느슨한 써클의 수준으로도 선전의 과제는 상당부분 이루어질 수 있다. 그러나 실제적인 정치적 활동을 하려면, 정세의 쟁점에 대한 전술을 세우고 이를 밀고 나가기 위해서는 조직이 필요하며 그때는 조직노선의 문제가 일정에 올려지게 된다.

레닌은 《무엇을 할 것인가》에서 전국적 정치신문을 제기하며 조직노선을 개진한다. ""고용주와 정부에 대한 경제투쟁"은 결코 전 러시아적인 중앙집중화된 조직을 요구하지 않는다. 그리고 따라서 이러한 투쟁은 한 번의 총공격에서 모든 정치적 반대, 항의 및 분노의 표현을 결합시키는 그런 조직, 직업적 혁명가들로 구성되고 전체 인민의 실제적인 정치적 지도자들에 의해 지도되는 조직을 발생시킬 수 없다. 이것은 이유가 있다. 어떤 조직의 성격은 자연적으로 그리고 불가피하게 그것의 활동의 내용에 의해 결정된다."[26] 여기서 주목되는 것은 조직을 하나의 형식으로 파악하는 레닌의 관점이다. 즉, 조직은 그것이 어떤 정치적 활동을 수행하는가라는 내용에 의해 결정되는 일종의 형식으로 파악되고 있다. 조직문제는 복잡한 것, 세심한 주의를 요하는 것이라는 등의 조직에 대한 일반적 관점은 틀린 것이 아니지만 조직의 본질을 가리키는 것은 아니다. 레닌이 제기하는, 조직은 정치활동의 내용에 의해 규정되는 형식이라는 관점은 바로 조직문제의 본질을 가리키는 것이다. 따라서 문제가 되는 것이 정치활동의 성격의 문제인지, 아니면 조직의 형식의 문제인지를 정확히 구분하는 것이 일차적으로 필요하며 먼저 수행해야 할 정치활동의 내용을 구체적으로 확보한 후에 조직의 문제를 검토하고 구체화하는 것이 올바른 길이다.

레닌은 노동조합조직과 구분되는 혁명가들의 조직, 전위조직을 상정하고 있다. 이러한 조직의 구분은 바로 그것이 수행해야 하는 정치활동의 성격이 다르기 때문에 이루어지는 것이다. 노동조합 조직은 노동자 대중의 경제적 조건의 개선을 목표로 개별자본가와 정부에 대해 투쟁을 한다. 그러나 수행해야 할 활동이 전제정부에 맞서는 민주주의 투쟁이고 나아가 그것을 사회주의 혁명투쟁으로 전화시키려 할 때는 강력한 통일성을 갖는 전위조직이 불가피하게 된다.

전위조직 나아가 전위당은 포괄적인 정치폭로의 조직화라는 과제를 수행하기 위한 질을 가져야 한다. 이러한 활동은 노동자와 자본가의 직접적 대립이라는 경제투쟁을 넘어서서 사회의 전 계급들의 상호관계와 국가와의 관계에서 투쟁을 요구하며 대중의 자연발생적 투쟁을 넘어서는 의식적 투쟁을 요구하는 것이다. 이 전위조직의 현실적 활동의 내용은 일차적으로는 두 가지로 압축될 수 있는데 첫째는 사회주의의 선전, 선동이며 둘째는 당면한 정치투쟁, 정치폭로의 조직화이다. 사회주의의 선전, 선동 없이 정치폭로 혹은 전술적 과제를 수행하는 것만으로는 사회주의 세력이라는 자기 정체성을 가질 수 없다. 어떠한 조건과 난관에도 불구하고 사회주의를 선전, 선동하는 것을 멈추지 않을 때만 그 조직과 활동가가 사회주의 조직,

---

26) 레닌, ≪무엇을 할 것인가≫(앞의 책), p. 168.

사회주의자로 규정되게 된다. 그러나 이것은 가장 기본적인 전제이고 정체성의 문제이다. 전술은 그러한 선전 활동과 달리 실제 정치행위를 수행하는 것이다. 그리고 그것은 포괄적인 정치폭로와 전술적 슬로건의 결정, 대중의 힘에 의해 전술을 뒷받침하는 것으로 이루어진다. 바로 이러한 과제를 수행하기 위해서 레닌은 전위조직이라는 상을 제기한 것이다.

여기서 레닌이 전위조직의 조직원리로 제기한 민주집중제를 검토할 필요가 있다. 민주집중제는 전위조직의 조직원리만이 아니라 20세기의 100여 년에 걸쳐 노동조합을 포함한 모든 노동자계급의 조직 그리고 운동조직의 조직원리가 되어 왔었다. 그러나 민주집중제는 많은 오해를 받고 있으며 부르주아들에 의해서는 전체주의 조직원리로 매도된다. 그러나 과연 그러한가? 민주집중제는 중앙집권주의와 민주주의의 통일이다. 중앙집권주의가 필요한 이유는 현실의 정치투쟁에서 강력한 힘을 가지기 위해서이다. 전 조직원이 일사불란하게 통일된 행동을 할 수 있어야 지배계급과 국가에 맞선 치열한 정치투쟁을 수행할 수 있기 때문이다. 멘셰비끼와 같이 중앙집권주의를 부정하고 느슨하게 산개된 써클의 망으로는 '정부에 맞선 경제투쟁'은 수행할 수 있을지 몰라도 변혁적인 정치투쟁을 수행하는 것이 불가능하다. 그러나 이러한 중앙집권주의는 민주주의 원리와 통일되어야만 한다. 모든 성원들이 지도부에 대해 의견을 제시할 권리를 가지고 능동적 주체로 참여하는 것을 통해서만 전위조직, 전위당은 살아 있는 조직이 될 수 있다. 한편으로 강력한 중앙집중과 다른 한편으로 철저한 민주주의는 어떻게 통일될 수 있는가? 운동조직에서 중앙집중은 보고의 집중을 의미한다. 부르주아적인 조직에서 중앙집중은 돈과 권력의 집중을 의미하지만 노동자계급에서 중앙집중은 정확한 보고를 통한 올바른 정치방침, 통일된 정치방침의 형성을 가능하게 하는 것이다. 또한 이러한 중앙집중과 민주주의가 유기적으로 통일되기 위해서는 분권화가 필수이다. 전위당, 전위조직의 부문조직과 지역조직, 그리고 그 밑의 지구조직 등은 각각 책임 있는 권한을 가져야만 한다. 유기체의 신체는 근육조직, 장기조직, 감각기관, 신경조직, 두뇌기관 등등으로 나뉘어 있지만 그것들은 유기적으로 통일되어 있다. 새로운 사회를 창출하기 위해 투쟁하는 전위조직은 최고도의 유기성을 지녀야만 하고 그것은 철저한 분권화를 의미한다. 즉, 전위조직은 한편으로 일사분란하게 통일되어 있으면서도 다른 한편으로 각각의 성원과 기관들이 자유롭게 투쟁의 영역을 개척하고 자유의 영역을 개척해 나가는 존재이다. 여기서의 자유개념은 필연성의 지양으로서 자유를 의미한다.

레닌은 ≪무엇을 할 것인가≫에서 분권화라는 개념 대신 전문화라는 개념을 사용한다. "전문화(specialisation)의 결여는 우리 기술의 가장 심각한 결함 중의 하나이다. 그것에 대해 B-v는 정당하고 통렬하게 불평하고 있다. 우리의 공통의 대의에 입각한 각각의 분리된 "활동"(operation)이 더 작게 될수록, 우리는 이런 활동을 수행할 수 있는 보다 많은 사람(대부분의 경우에 직업적 혁명가가 되기에는 전혀 불가능한 사람들)을 발견할 수 있게 된다. ... 한마디로 전문화는 중앙집권주의를 불가피하게 전제하고 그리고 또한 그것을 요구한다."27) 여기서 레닌이 사용하는 전문화의 개념은 기능을 중심으로 하는 개념이다. 그러나 그러한 전문화가 가능하기 위해서는 당연히 분권화를 전제로 한다. 세세한 것 하나하나 혹은 각각의 영역에 대해 중앙의 지도부가 의견과 방침을 내는 것은 써클의 수준에서는 가능하지만 조직의 규모가 100명 이상이 될 때는 불가능하게 된다. 따라서 분권화를 수행할 때만 그 조직은 활력 있게 되고 발전할 수 있게 된다. 그러나 레닌이 말했듯이 전문화 혹은 분권화의 전제는 강력한 중앙집중적인 통일이다. 분권화가 조직의 분열로 귀착되지 않기 위해서는 보고의 집중을 기초로 하는 통일성의 제고가 필요하다. 그리고 그러한 통일성을 근거지우는 것은 과학적 노선 이외에는 없다.

레닌은 ≪무엇을 할 것인가≫에서 당적 통일을 형성해 가는 유력한 무기로서 전국적 정치신문을 제기했다. 20세기 초반의 조건에서 규칙적으로 발행되는 비합법적인 정치신문은 당건설의 유력한 무기로 작용했다. 전국

---

27) 같은 책, pp. 191-2.

적 정치신문이 당건설의 무기가 되고 선전가일 뿐만 아니라 배포망을 통해 조직가로서도 역할하는 것, 즉 사상적 통일과 조직적 통일의 무기로서 전국적 정치신문은 당시로서는 창조적인 발상이었고 러시아의 사회주의 운동의 발전에 커다란 기여를 한 것이었다. 그러나 21세기 지금의 시점에서 레닌 당시를 그대로 흉내낼 수는 없다. 인터넷과 SNS를 통한 정보의 홍수가 일상인 현실에서 레닌을 교조적으로 모방하는 것은 적절하지 않다. 지금의 현실에서 당건설의 무기가 무엇인가는 한국자본주의의 발전과 운동의 현실에 대한 천착을 통해 서서히 파악될 수 있을 것이다. 그러나 무엇이 당건설의 구체적 무기가 될 수 있을 것인가의 문제는 향후의 과제로 미루더라도 당이 무엇인가에 관한 레닌의 견해는 21세기 지금의 현실에서도 여전히 유효하다.

러시아에서 프롤레타리아 당은 1890년대 후반에 창건되었다. 그러나 당건설 직후 많은 당원들이 검거되었고 당은 사실상 와해된다. 즉, 최초의 당은 일종의 선언적 당으로 머물렀다. 그리고 러시아의 노동운동이 발전하고 맑스주의 보급이 확대되고 레닌이 ≪이스끄라≫를 통해 실질적인 당조직을 형성해 가면서 1903년에 2차 당대회가 열렸고 이를 통해 러시아에서 당은 실질적으로 건설되었다. 그러나 이 대회에서 당원자격 규정을 둘러싸고 볼셰비끼와 멘셰비끼가 나뉘었고 그리하여 당건설 이후 당적 통일은 선언적인 상태에 머물고 실질적으로는 볼셰비끼 당과 멘셰비끼 당으로 나누었는데 이때 두 그룹은 당내의 경향이라 할 수 있었다. 레닌은 당대회 직후 당대회를 분석하는 글을 발표했는데 그것이 ≪한 걸음 앞으로 두 걸음 뒤로≫이다. 이 저작에는 당이 무엇인가가 고스란히 담겨 있는데 20세기의 노동계급의 사회주의 당은 대부분 이 조직노선에 따라 건설되었다.

≪한 걸음 앞으로 두 걸음 뒤로≫에서 나타난 근본적인 사상은 '위로부터 당건설'의 사상이다. 즉, 당대회를 통한 당건설의 사상이다. "물론 조직문제에서 기회주의자들의 완전한 입장은 1항에 대한 논쟁에서 이미 드러나기 시작했다; 산개되어 있고, 강력하게 결합되어 있지 않은 당조직에 대한 그들의 옹호; 당대회와 그것에 의해 수립되는 기구들로부터 출발하

여 위로부터 밑으로 당을 건설한다는 사상("관료주의적인" 사상)에 대한 그들의 적대; 모든 교수, 고등학교 학생 그리고 모든 "파업참가자들"이 스스로를 당원으로 선언하는 것을 허용하는, 밑으로부터 나아가려는 그들의 경향..."[28] 볼셰비끼는 당대회를 통한 당건설, 위로부터의 당건설을 주장한 반면 멘셰비끼는 당대회의 실질적 권위를 부정하고 당을 느슨한 연합으로 이해하면서 교수, 학생, 파업참가자들이 스스로를 당원으로 선언할 수 있는 당을 그리고 있었다. 위로부터 당건설과 밑으로부터 당건설의 대립! 위로부터의 당건설은 언뜻 보기에 민주주의에 반하는 것으로 보이고 멘셰비끼가 민주주의를 옹호하는 듯이 보인다. 그러나 여기에는 당의 본질을 무엇으로 볼 것인가에 대한 관점의 대립이 요약되어 있다. 레닌과 볼셰비끼는 당을 사상적 통일을 핵심으로 하여 '사상의 힘을 권위의 힘으로 전화'시키는 것으로 본다. 그러나 멘셰비끼는 이러한 강력한 통일성을 부정하고 기존의 써클적 질서를 용인하면서 그러한 써클들의 느슨한 연합으로서 당을 상정하는 것이다. 이렇게 당에 대한 관점이 근본적 차이가 있었기 때문에 2차 당대회는 당원자격을 둘러싼 논쟁을 통해 다수파(볼셰비끼)와 소수파(멘셰비끼)로 갈릴 수밖에 없었다. 당대회의 의미에 대해 레닌은 규약 18조의 규정을 인용한다. "대회의 모든 결정들과 그것이 수행한 모든 선거는 당의 결정이며 모든 당조직들을 구속한다. 그것들은 누구에 의해서도 어떠한 구실로도 도전받을 수 없고 오직 다음 당대회에 의해서만 취소되거나 수정될 수 있다."[29] 이와 같은 규약의 규정을 통해 당대회는 최고의 권위를 갖는 기관이 되는 것인데 멘셰비끼는 당대회 이후 당대회의 결정을 사실상 무시하였고 레닌은 이를 비판하고 있다.

다음으로 쟁점이 되는 것이 당적 질서가 써클적 질서의 온존을 용인하는가 아닌가였다. 당인가, 써클인가가 쟁점이었다. "그리하여 쟁점은 다음과 같이 되었다: 써클인가 아니면 당인가? 대의원들의 권리가 가상적인 권리라는 이름으로 혹은 다양한 조직들과 써클들의 규약의 이름으로 당대

---

28) 레닌, 《한 걸음 앞으로 두 걸음 뒤로》(《레닌 선집》 1권), p. 243.
29) 같은 책, p. 246.

회에서 제한되어야 하는가 아니면 모든 하부의 조직들과 이전의 그룹들이 진정으로 공식적인 당의 기관들이 창출되는 과정에서 완전히, 명목적으로가 아니라 실제적으로 당대회 앞에서 해산되어야 하는가?"[30] 처음에는 위로부터 당건설인가, 아래로부터 당건설인가를 둘러싸고 당대회의 권위를 어떻게 볼 것인가가 문제되었다면 이후에는 당대회를 통한 당건설이 이루어지는 현실 앞에서 써클적 질서를 해소할 것인가 유지할 것인가가 문제되었던 것이다. 다양한 써클들은 당건설과 써클적 질서의 유지가 배치되지 않는 것으로 보았는데 이는 중앙집권적인 당의 성격과는 맞지 않는 것이었고 이 점이 당원 자격 조항에 대한 논쟁을 계기로 폭발했다.

볼셰비끼는 당원 자격에 대해 당 강령을 받아들이고 하나의 당조직에 참가하여 활동하는 자로 규정했던 반면에 멘셰비끼는 당원 자격에 대해 당강령을 받아들이고 활동하는 것은 승인했으나 하나의 당 조직에 참가한다는 규정을 첨가하는 것을 한사코 반대했다. 이것은 당적 질서를 각각의 써클의 느슨한 연합으로 할 것인가 아니면 단일한 통일성을 갖는 중앙집권적인 조직으로 할 것인가의 대립이었다. 이렇게 당인가 써클인가의 쟁점은 당적 질서의 성격을 어떻게 규정할 것인가로 문제가 좁혀졌는데 이러한 논쟁을 통하여 당과 계급은 어떠한 차이가 있는가가 쟁점이 되었다. 여기서 레닌이 당과 계급의 차이를 논한 부분을 인용해 보자. "당조직으로 승인된 조직의 성원만이 당원으로 인정된다 할지라도, "직접적으로" 어떠한 당조직에도 결합할 수 없는 사람들은 당에 속하지는 않지만 당과 연계되어 있는 조직에서 여전히 활동할 수 있다. 결과적으로 사람들이 활동하는 것, 운동에 참가하는 것을 막는다는 의미에서 누구라도 밖으로 내친다는 논의는 있을 수 없다. 반대로 우리의 당조직들이 실제적인 사회민주주의자로 구성되어 더 강해질수록, 당내에서는 동요와 불안정성이 더 적게 되고, 당을 둘러싸고 있으며 당에 의해 지도되는 노동계급 대중들의 요소에 대한 당의 영향력은 더 광범위하고 더 다양하게 되고 더 풍부하고

---

30) 같은 책, p. 253.

더 결실 있게 될 것이다. 노동계급의 전위로서 당은 결국, 전체 계급과 혼동되어서는 안 된다."31) 여기서 당은 계급전체와 혼동되어서는 안 된다고 레닌은 주장하고 있는데 당은 노동계급의 전위이며 당원자격이 엄격해 질수록 당은 사상적 통일이 높아지고 결국 당이 강화되고 이렇게 당이 강화될 때 계급전체의 역량도 강화된다는 것이 레닌의 주장의 요지이다. 따라서 당과 계급이 혼동되면, 당원 자격은 실제적인 활동의 반영이 아니라 하나의 타이틀로 전락되고 당내에 비조직적 사상이 유입된다고 레닌은 경고한다. 이러한 논쟁의 결과 당대회를 결산하면서 레닌은 당의 질, 당적 질서의 의미에 대해 다음과 같이 정리한다. "그들은 이전에는 우리 당이 형식적으로 조직된 하나의 전체가 아니었고 단지 분리된 그룹들의 총계였을 뿐이며 그리하여 사상적 영향력의 관계를 제외한 다른 관계들이 이들 그룹들 간에 불가능했다는 것을 잊었다. 지금은 우리는 조직된 당을 갖고 있고 그리고 이것은 권위의 수립, 사상의 힘의 권위의 힘으로의 전화, 하부 당기구의 상부 당기구에 대한 종속을 의미한다."32) 사상의 힘의 권위의 힘으로의 전화! 이것이 바로 당건설의 의미이고 당적 질서의 내용이다. 써클이 아니라 당이기 때문에 그 당은 계급 전체의 당이 된다. 따라서 당건설은 계급 전체의 사회주의 역량의 총화이어야 한다. 레닌이 멘셰비끼와 많은 노선 차이가 있음에도 불구하고 함께 당대회를 치룬 것은 바로 당은 계급 전체의 당이어야 하기 때문이다. 그리고 그러한 계급 전체의 당이어야 비로소 당적 질서를 논할 수 있게 된다. 한국 사회에서 그러한 당이 건설되기까지는 써클 혹은 정파의 시대가 계속될 것이지만 그럼에도 불구하고 당건설을 목적의식적으로 지향하고 (잠재적인) 당적 태도를 견지하는 것은 필수적이다.

    레닌의 조직노선은 철저히 실천적이고 당파적이다. 레닌은 조직은 정치활동의 형식이라는 근본적 사상을 기초로 당대회를 통한 위로부터 당건설 사상을 제기했다. 위로부터 당건설 사상의 의미는 사상적 통일을 기초로

---

31) 같은 책, p. 286.
32) 같은 책, p. 374.

사상의 힘을 권위의 힘으로 전화시키자는 것이다. 또한 당건설을 통해서 써클적 질서가 해소되어야 하며 당은 계급과 달리 계급의 전위의 성격을 갖는다는 점을 강조했다. 그리고 이러한 당이 건설될 때만 명실상부한 의미에서의 계급투쟁, 계급전체의 역량을 동원하는 투쟁이 가능할 것이다. 이러한 레닌의 조직사상은 부르주아적 조직과는 그 원리가 판이하다. 부르주아 조직은 돈과 권력 등에 의존한다. 그러나 무산계급이 조직적으로 결속하기 위해서는 과학적 조직노선이 요구된다. 한국 사회의 노동계급은 써클 시대에서 당건설로 이행하는 시대에 처해 있다. 한편으로는 프롤레타리아 당파성을 실현하면서 다른 한편으로는 과학적 조직노선을 벼려내는 것을 통해 서서히 당건설의 전망을 열어가는 것이 필요하다.

5. 레닌의 사회주의 건설론

레닌은 10월 혁명의 승리 이후 한편으로는 전쟁을 끝내고 평화를 쟁취하는 것, 그리고 쏘비에트 권력을 유지하는 것, 그리고 한편으로는 생산을 조직하면서 사회주의를 건설하는 과제에 직면하였다. 러시아의 전체 인민이 짜르를 타도하고 나아가 10월 혁명을 통해 임시정부를 타도한 것은 바로 전쟁의 문제 때문이었다. 따라서 레닌은 독일에 대해 굴욕적인 협상이었지만 브레스트-리똡스크 협정을 통해 전쟁을 종료하고 평화를 이루어 냈다. 그러나 제국주의 세력이 간섭을 시작하고 국내에서 타도당한 지배계급이 반란을 일으키면서 내전이 시작되었고 이 내전은 1920년까지 약 3년의 기간 동안 진행되었다. 이 기간 동안 레닌과 볼셰비끼의 모든 관심은 내전의 승리에 두어졌다. 볼셰비끼가 고립무원의 처지에서 제국주의 간섭을 물리치고 강력한 백군세력에 승리할 수 있었던 것은, 즉 쏘비에트 권력을 유지할 수 있었던 근본원인은 노동자계급과 농민의 동맹을 유지하고 견고히 하였기 때문이었다. 10월 혁명은 농민들에게 토지와 평화를 가져다 주었지만 반란군들은 그 점령 지역에 다시금 지주의 지배를 부활시

컸다. 그에 따라 시골의 농민층은 내전 과정에서 누가 진정한 농민의 벗인지를 확인할 수 있었고 그리하여 장기간의 내전이 볼셰비끼의 승리로 기울 수 있었다.

한편 내전의 급한 불이 잦아들면서 혹은 내전의 와중에 볼셰비끼는 생산의 조직화라는 사상 초유의 과제에 직면하였다. 자본가계급의 기업과 자산을 몰수했으나 이제는 자본가가 아닌 사회주의적 방식과 계획에 의해 생산이 조직되어야만 했다. 레닌은 10월 혁명 직후부터 이러한 사회주의적 생산의 조직화에 착수했는데 이때 레닌이 제창한 것이 사회주의적 경쟁과 회계와 통제라는 구호였다. 사회주의적 사회에서 비로소 노동자들은 자본에 의한 억압을 떨치고 자신의 능력을 최대한 발휘할 수 있는 기회를 얻게 되었고 이것이 바로 사회주의적 경쟁의 조직화인데 레닌은 그러한 사회주의 경쟁을 통한 생산력의 발전을 주장한 것이었다. 또한 회계와 통제가 매우 중요했는데 국유화된 기업에서 계획적인 사회주의 생산은 노동자의 통제를 통해서만 가능했다. 노동자계급의 혁명적 열정과 의지에 기반하여 생산에서의 노동자계급의 독재를 표현하는 것이 노동자 통제였다. 혁명 직후 자원의 분배와 생산의 조직은 오직 노동자 통제를 통해서만 가능했다. 또 하나 레닌이 제창한 구호가 회계였는데 회계를 통해서만 생산의 무정부성을 극복하고 개별기업 나아가 전 국가적인 생산 계획의 설정과 분배가 가능했기 때문이었다. 이러한 노동자 통제와 회계는 한편으로 사회주의 경제의 기본을 놓는 것이면서 다른 한편으로 내전이라는 긴급상황에 부응하는 것이었다. 그런데 쏘비에트 권력의 유지가 6개월을 넘어서는 1918년 4월에 레닌은 생산에 대한 노동자 통제라는 구호를 생산에 대한 노동자의 규제, 혹은 조절이라는 구호로 대체한다. "노동자의 통제(control)가 하나의 사실이 될 때까지, 선진적 노동자들이 이 통제에 대한 위반자들 혹은 통제의 문제에 부주의한 사람들에 대한 승리적인 그리고 무자비한 성전을 조직하고 수행할 때까지, 최초의 단계로부터(노동자 통제로부터) 사회주의를 향한 두 번째의 단계로, 즉, 생산에 대한 노동자의 규제(regulation, 조절)로 넘어가는 것은 불가능할 것이다."[33] 노동자 통제가 생산에 대한 노동자계급의 장악과 지배를 의미하는 긴급한 조치였다면 노동자 규제 혹은 조절은 생산에 대한 합리적인 조정을 노동자가 주도적으로 시행한다는 의미이다. 즉, 지배의 문제에서 생산의 합리적 조직화의 문제로 단계가 변화하고 있음을 레닌이 제기한 것이다.

그리고 내전의 상황에서 전시공산주의가 강제되고 있었지만 레닌은 1918년 5월에 사회주의 건설의 수단으로서 국가자본주의의 조직화를 제기한다. "국가자본주의가 우리의 쏘비에트 공화국에서 현재의 사정들과 비교해 볼 때 앞으로의 한 발짝 전진이 될 것이라는 생각이 그들에게는 없다. 대략 6개월 내에 국가자본주의가 우리 공화국에서 수립된다면, 이것은 커다란 성공일 것이고 일 년 내에 사회주의가 우리나라에서 항구적으로 확고한 지배력을 획득하고 무적이 될 것이라는 확실한 보증이 될 것이다."[34] 이러한 레닌의 언급은 주목할 만한데 국가자본주의라는 방책이 1920년 이후 NEP시대에 비로소 제기된 것이 아니라 혁명 직후부터 사회주의 건설의 방도로 국가자본주의의 조직화가 제기되었다는 것을 의미하기 때문이다. 레닌이 이러한 방책을 제기하는 것은 러시아의 경제적 현실에서 비롯된다. 즉, 인구의 압도적 다수가 소부르주아적인 농민인 상태에서 국유화된 기업의 사회주의 경제와 노동자계급이 장악하는 국가자본주의를 통해서 압도적 다수의 소농민 경제가 발생시키는 위험을 감소시키고 평화적으로 사회주의 건설의 길을 갈 수 있었기 때문이다. 이에 대해 레닌은 자신의 문제의식을 다음과 같이 제기한다. "사회주의와 전쟁하는 것은 국가자본주의가 아니라 국가자본주의와 사회주의 양자에 맞서 싸우는 소부르주아지 더하기 사적 자본주의이다. … 왜냐하면 소소유의 무정부성의 계속은 가장 크고 가장 심각한 위험이며 그것은 틀림없이 우리의 파멸이 될 것(우리가 그것을 극복하지 못한다면)이며 반면에 국가자본주의에 대한 더 무거운 공물의 지불이 우리를 파멸시키지 않을 뿐만 아니라 그것은 우

---

33) 레닌, "쏘비에트 정부의 긴급한 임무들", ≪레닌 선집≫ 2권, progress, 모스끄바, p. 599.
34) 레닌, ""좌익" 소아병과 소부르주아적 정신상태", 같은 책, p. 631.

리를 가장 확실한 길에 의해 사회주의로 이끌 것이다. 노동계급이 소소유의 무정부성에 맞서서 국가체제를 방어하는 것을 배웠을 때, 노동계급이 국가자본주의 노선과 나란히 전국적 규모에서 대규모 생산을 조직하는 것을 배웠을 때, 노동계급은, 내가 이 표현을 써도 된다면, 모든 트럼프 카드를 쥘 것이고 그리고 사회주의의 공고화는 확실하게 될 것이다."[35] 여기서 레닌이 언급하는 국가자본주의는 대규모 기업을 자본주의적 방식으로 운영하는 것을 의미한다. 즉, 이윤의 추구를 국유화된 기업에 허용하는 것이다. 그러나 레닌은 이러한 타협이 사회주의 건설의 길에서 불가피하며 이를 통해서 노동자계급이 대규모 생산의 조직화의 경험을 쌓게 될 때 그 기업이 이윤 추구가 아닌 사회주의적 목표로 전환하는 것은 쏘비에트 권력하에서는 용이하다는 것을 전제하고 있다. 자본가계급이 타도된 상황에서 생산의 무정부성을 극복하고 나아가 소소유가 발생시키는 자본주의 복고경향의 위험을 상쇄하기 위해서 대규모 생산의 조직화를 위한 가장 빠른 길이 국가자본주의의 조직화임을 레닌이 주장한 것이다. 나아가 전국적인 소소유 농민이 압도적인 현실에서 이들과 적대하지 않기 위해서는 '거래'를 통해서 노동자계급이 소농민층과 관계를 맺는 것이 불가피하고 그 고리가 바로 국가자본주의 조직화라고 레닌은 주장한 것이다. 이러한 국가자본주의를 레닌에게 강제하는 조건은 바로 전국적인 소농민, 소소유의 지배인데 자본주의가 고도로 발달하고 소농민이 지배적이라는 조건이 없다면 국가자본주의 조직화는 그 양과 질에서 그리고 그 시간의 정도에서 단축되거나 생략될 수 있을 것이고 직접적인 사회주의 생산의 조직화는 앞당겨질 수 있을 것이다.

한편 1919년 3월에 제1차 공산주의 인터내셔널 대회에서 레닌은 프롤레타리아 독재와 프롤레타리아 민주주의에 대해 주목할 말한 주장을 한다. "낡은, 즉, 부르주아적인 민주주의와 의회제 체제는 노동인민 대중들이 정부기구로부터 멀리 떨어져 있도록 그렇게 조직되었다. 쏘비에트 권

---

35) 같은 글, pp. 632-4.

력 즉, 프롤레타리아 독재는 반대로 노동인민이 정부기구에 가깝게 가도록 조직되었다. 또한 그것은 쏘비에트 국가조직 하에서 입법권력과 집행권력을 결합시키고 생산단위-공장-에 의해 지역적인 선거구를 대체하는 목적이다."36) 여기에는 프롤레타리아 권력의 인민성, 대중 친화성이 표현되어 있고 동시에 국가의 조직원리가 나타나 있는데 입법과 집행의 통일 즉, 맑스가 말한 빠리꼬뮌형 국가로서 쏘비에트가 제시되어 있고 또 하나 주목할 만한 것으로서 선거구가 지역적 단위가 아니라, 즉, 지역구가 아니라 생산단위, 공장을 단위로 설치되었다는 점이다. 이 점은 대의기관으로서 쏘비에트의 프롤레타리아적 성격을 보증하는 것이다. 공장을 기준으로 쏘비에트 대의원을 선출한다면 그 대의원은 프롤레타리아적 성격을 잃을 수가 없다. 그런데 1930년대 쏘비에트 헌법이 개정되면서 이 조항이 변경되었는데 즉, 공장을 중심으로 한 생산단위 선거구가 지역단위 선거구로 개편되었다. 이것은 쓰딸린의 커다란 실책이라고 생각되는데 이 개편을 통해 쏘비에트 권력에서 프롤레타리아트 출신이 아니라 관리자, 간부당원, 인텔리 출신의 비중이 서서히 증가했기 때문이다.

한편 레닌은 내전의 상황에서 노동자계급과 농민의 동맹의 유지에 심혈을 기울인다. 레닌은 특히 중농에 대해 인내의 정책을 가져야 함을 강조한다. "그러나 우리는 중농과 관련하여 어떠한 힘의 사용도 용인해서는 안 될 것이다. 심지어 부유한 농민과 관련하여서도 우리는 부르주아지에 대한 것처럼 단호하게 말하지 않는다 - 부유한 농민과 꿀락에 대한 절대적인 수탈. 이 구분은 우리의 강령에 들어가 있다. 우리는 부유한 농민들의 반혁명적 노력의 저항은 진압되어야만 한다고 말한다. 그것은 완전한 수탈은 아니다."37) 여기서 레닌은 중농에 대한 강제적 힘의 사용의 금지를 말한다. 소소유자로서 중농에 대해서 인내의 정책을 가지고 동맹을 유지해야 함을 강조하는 것이다. 또한 부유한 농민과 꿀락을 조심스럽게 구분하면서 부유한 농민들의 반혁명은 진압해야 하지만 그들의 재산을 완전

---

36) 레닌, "공산주의 인터내셔널 제1차 대회", ≪레닌 선집≫ 3권, p. 105.
37) 같은 글, p. 145.

히 수탈해서는 안 된다고 주장하고 있다. 꿀락은 러시아에서 전통적으로 소농민과 빈농들에 대한 수탈자로 인식되어 왔고 심지어는 '흡혈귀'로 규정되어 왔다. 레닌은 꿀락에 대해서는 수탈의 정책을 펼 수 있다는 것을 전제하면서도 부유한 농민과 꿀락을 구분하여 수탈의 대상을 가능한 한 좁히려 하고 있다.

내전이 한창일 때 러시아에서 철도노동자들의 영웅적 투쟁이 있었는데 그것은 내전의 수행을 원조하기 위해 철도노동자들이 휴일인 토요일에 일정시간 노동을 자발적으로 수행한 것이었다. 내전의 승리를 위한 자발적 노동은 이후 많은 지역에 퍼져나갔는데 이에 대해 레닌은 감격해 하면서 이것이 바로 새로운 사회의 싹이라고 하였다. "위대한 시작"이라는 글에서 그러한 노동자의 영웅정신을 높이 평가하면서 레닌은 노동생산성의 문제가 사회주의 승리의 관건임을 지적한다. "최종적인 분석에서 노동생산성은 새로운 사회체제의 승리를 위한 가장 중요한, 주요한 것이다."[38]

내전이 서서히 종식되면서 레닌이 혁명 직후에 사고하였던 국가자본주의를 통한 소소유의 극복이라는 정책은 구체화되고 내전의 종식과 함께 신경제정책이 전개된다. 이 정책은 한편으로 국가자본주의의 조직화 즉, 기업에서 이윤원리의 도입과 함께 다른 한편으로는 내전 수행을 위해 농민으로부터 잉여농산물을 강제적으로 징발했던 정책을 변경하여 일정량의 현물세로 전환한 것이 주요하다. 레닌은 "현물세"라는 글에서 다음과 같이 말한다. "우리는 자본주의에 대한 두려움 없이, 어떤 대가를 치루더라도 거래를 발전시키기 위해 가능한 모든 것을 하여야 한다. 왜냐하면 우리가 그것에 부여한 제한(경제에서 지주와 부르주아지에 대한 수탈, 정치에서 노동자와 농민의 지배)은 충분히 협소하고 "적당하기" 때문이다. 이것이 현물세의 근본적인 사상이고 경제적인 의미이다."[39] 지주와 부르주아지에 대한 수탈이 이미 이루어졌고 정치적으로 노동자와 농민의 지배가 공고한 상황에서 더 이상 자본주의를 두려워할 필요가 없으며 농민에게 거래를

---

38) 레닌, "위대한 시작", 같은 책, p. 177.
39) 레닌, "현물세", 같은 책, p. 545.

허용하고 고무하는 것이 필요하며 그것을 적극적으로 조직하여야 한다는 것이다. 내전 상황에서는 잉여농산물에 대한 강제징발로 잉여농산물이 없었기 때문에 농민들은 거래를 할 수 없었다. 그러나 강제징발이 일정량의 현물세로 전환되어 잉여농산물이 농민에게 발생하게 되면서 농민들이 거래를 자유롭게 하여서 농촌경제를 발전시키고 사회주의 경제와 국가자본주의로 조직된 노동자계급과 '거래'를 통해 관계를 공고히 해야 한다는 것이 레닌의 주장의 요지이다. 레닌은 심지어 '거래'를 당면한 주요고리라고까지 말한다. "거래는 1921-22년의 우리의 사회주의 건설의 이행기적 형태들에서, 우리, 프롤레타리아 정부, 우리, 지배하는 공산당이 '모든 힘을 다하여 움켜쥐어야만 하는' 사건들의 역사적 사슬의 "고리"이다."40) 레닌이 이렇게 거래를 주요고리로 파악하는 것은 경제적으로는 농민이 다수인 러시아의 현실에서 농민경제의 발전이 곧 전체 국가경제의 발전을 의미하기 때문이며 정치적으로는 거래를 통한 노동자계급과 농민층의 관계의 공고화, 즉 노동자와 농민의 동맹의 강화가 절실했기 때문이다.

한편 내전이 끝나고 신경제정책으로 이행하면서 당내에서 노동조합 논쟁이 발생하였다. 뜨로쯔끼는 '노동의 군사화'를 들고 나왔는데 이는 노동조합을 국가기관화하자는 것이었다. 이에 대해 레닌은 통렬하게 비판하면서 사회주의 사회에서 노동조합의 위상을 정식화했다. "국가는 강제의 영역이다. 특히 프롤레타리아 독재의 시대에 강제를 포기하는 것은 미친 짓이다. 그렇기 때문에 행정적 접근과 "조타(操舵)"는 필수불가결하다. 당은, 직접 지배하는 프롤레타리아트의 지도자이고 전위이다. 영향력의 특수한 수단 그리고 전위를 숙정하고 강화시키는 수단은 강제가 아니라 당으로부터의 추방이다. 노동조합은 국가권력의 저수지이고, 공산주의의 학교이며, 관리의 학교이다. 이 영역에서 특수하고 주요한 것은 관리가 아니라 "중앙의 국가관리"(그리고 물론 지방도), "국가경제와 노동인민의 광범한 대중 간의" "끈"이다(당강령, 경제부문, 5항, 노동조합을 다루는 부분을 보

---

40) 레닌, "금의 중요성", 같은 책, p. 590.

라)."⁴¹⁾ 이러한 레닌의 견해는 노동조합을 국가기관화하려는 뜨로츠끼의 견해를 정면으로 반박하는 것이다. 국가는 "강제의 영역"이라는 점이 본질적인데 노동조합이 국가기관화되면 노동조합은 대중의 자발적 조직이라는 성격을 상실하게 된다. 이렇게 되면 노동조합이 사실상 무력화되고 노동조합의 기능이 사회주의 사회에서 사라지게 된다. 레닌은 바로 이 점을 지적하고 있는 것이고 나아가 당에 대해서도 강제가 아니라 당으로부터 추방을 통해서 당과 전위를 강화한다는 점을 밝혔다. 왜냐하면 당의 본질은 국가와 달리 강제가 아니라 사상적 권위(정치적 권위)를 통한 영향력의 행사이기 때문이다. 그런 관점에서 레닌은 노동조합은 대중의 자발적 조직, 대중조직이라는 성격을 유지하는 것이 중요하며 그에 기초하여 국가관리(행정)와 노동대중을 연결하는 '끈'이 되어야 한다고 강조한 것이다.

레닌은 20세기 사회주의에서 수정주의의 대두와 관련하여 많이 논쟁된 프롤레타리아 독재하에서의 계급투쟁의 문제에 대해 다음과 같이 정식화한다. "프롤레타리아 독재하에서 계급투쟁은 사라지지 않는다; 그것은 단지 상이한 형태를 띨 뿐이다."⁴²⁾ 이러한 레닌의 언급은 중요한데 20세기의 사회주의의 몰락을 가져온 수정주의의 발생과 전개는 바로 레닌의 이 정식화된 주장을 왜곡하고 거부하는 것에 기초하고 있기 때문이다. 프롤레타리아 독재, 즉 국가가 사멸하지 않고 존재한다는 것은 계급대립의 문제가 종식되지 않았다는 것을 의미한다. 그에 따라 계급투쟁은 형태가 변화하여 때로는 은밀하게 때로는 공공연하게 전개된다. 쏘련의 역사에서 나타난 생산에 대한 사보타지, 제국주의와 결탁한 반혁명분자의 음모들은 대표적인 사례이다. 더욱이 사회주의 국가 외부에 제국주의가 존재하는 한, 반혁명의 위험은 사라지지 않는다. 그러나 흐루쇼프 등의 쏘련의 수정주의, 그리고 덩샤오핑 등의 중국의 수정주의는 계급투쟁의 시대는 종료되었다고 선언하면서 제국주의와 화해의 길을 걸었다. 그리고 이러한 수정주의의 결말은 세계 사회주의진영의 붕괴와 착취의 부활이었다.

---

41) 레닌, "다시 한번 노동조합에 대하여", 같은 책, p. 489.
42) 레닌, "프롤레타리아 독재 시대에 경제와 정치", 같은 책, p. 236.

레닌은 전시공산주의에서 신경제정책으로 전환하면서 사회주의 건설에 혼신의 힘을 다한다. 그때 내건 구호가 "공산주의는 쏘비에트 권력 더하기 나라 전체의 전기화이다"[43]였다. 이러한 레닌의 구호는 의미심장한데 이 구호는 정치에서 쏘비에트 권력, 즉 프롤레타리아 독재를 유지하는 가운데 전기, 즉, 생산력의 발전이 무계급 사회의 건설의 지름길이라는 노선을 의미한다. 사회주의 혁명은 그 나라에서 착취의 생산관계를 제거한다는 점에서 생산력을 해방하고 생산력의 발전을 촉진한다. 레닌이 강조한 이 구호는 바로 이 점을 가리키는 것으로서 해방된 생산력의 잠재력을 극대화할 것을 요청하는 것이고 생산력의 발전과 비례하여 사회주의는 공고화되고 무계급 사회는 앞당겨진다는 것을 말하고 있다.

레닌의 사회주의 건설 노선은 내전의 상황에서 직면한 생산의 조직화에서 출발하였다. 최초에는 노동자의 통제, 이어 노동자의 규제(조절)로 생산의 조직화의 단계를 높이면서 소농민이 압도적인 러시아의 현실에서 국가자본주의의 조직화를 통한 대규모 생산의 조직화를 달성하여 소농생산이 가져오는 무정부성의 위험을 제어하고 사회주의 건설을 앞당기고자 했다. 또한 내전의 상황에서 레닌은 농민과의 동맹의 유지에 심혈을 기울였으며 그 결과 내전에서 승리할 수 있었다. 이러한 정치적 측면과 더불어 경제적 측면에서도 농촌에서 '거래'를 발전시키는 것을 통해 국민경제를 발전시키고 노농동맹을 공고화하여 사회주의 건설의 길을 닦았다. 이러한 레닌의 사회주의 건설론은 프롤레타리아 독재하의 사회주의 건설의 과정을 압축적으로 보여주는데 21세기에 닥칠 사회주의 건설에 있어서 많은 영감과 시사점을 주는 것이다.

---

43) 레닌, "제8차 전 러시아 쏘비에트 대회", 같은 책, p. 461.

6. 결론

현재 한국 사회에서 레닌은 쟁점이 거의 되지 않는다. 사회주의 운동이 퇴조하고 운동의 지배적 조류가 개량주의가 되면서 변혁의 길을 걸었던 레닌은 고려의 대상이 되지 않고 있다. 또한 뜨로츠끼주의적 조류는 겉으로는 굉장한 혁명적 구호를 외치고 뜨로츠끼의 혁명적 미사여구를 동원하지만 실제로는 과학적 노선을 팽개치는 것이다. 20세기 사회주의의 몰락이라는 세계사적인 격변은 세계적 차원에서 반동의 시대를 가져왔으며 각지에서 노동자계급은 이데올로기적 해체상태에 놓이게 되었다. 자신의 깃발을 상실한 노동자계급은 자본의 신자유주의적 공세에 각개격파 당해왔으며 최근에는 공황에 따른 구조조정 공세에 놓여 있다.

그러나 세계대공황의 전개는 자본주의에 대한 장밋빛 전망을 일거에 무너뜨리고 있다. 세계대공황으로 인해 세계적 차원에서 자본주의 질서에 균열이 발생하고 있으며 공황의 현실을 통해 금융자본의 기생성, 자본주의의 부패성을 생생하게 목도하는 세계의 노동자계급과 민중들은 서서히 반자본주의의 방향을 모색하고 있다. 이러한 상황에서 레닌은 제국주의 시대의 초반에 발생기의 제국주의를 분석하면서 혁명의 길을 개척했다는 점에서 그리고 인류최초의 사회주의 건설의 길을 걸어갔다는 점에서 21세기 지금의 시점에서도 많은 영감을 우리에게 주며 레닌이 전개했던 사상노선, 정치적 전술원칙, 조직원리에 대한 고민은 우리가 어떻게 운동의 전망을 개척해가야 하는가에 대한 일종의 교과서로 작용한다. 레닌의 노선들이 교과서인 이유는 두 가지인데 첫째는 그것들이 21세기 지금도 유효한 원칙들을 담고 있기 때문이다. 이는 레닌이 철저히 맑스주의를 고수하면서 러시아의 현실에 맑스주의를 창조적으로 적용하는 가운데 현실과 결합된 원칙, 현실을 변화시키는 원칙을 개척해갔기 때문이다. 둘째로 레닌이 21세기 사회주의자들에게 교과서인 이유는 그것이 기계적으로 적용되어서는 안 되기 때문이다. 레닌은 19세기 후반과 20세기 초반을 살았던 인물이다. 레닌 이후 세계는 사회주의 건설의 경험을 체계적으로 쌓았고 또 2차 대전이라는 대전쟁을 겪었고 세계사회주의 진영의 성립과 붕괴를 목도했다. 또한 세계 식민지체제가 붕괴되었고 자본주의 내적으로는 독점자본주의 자체의 모순으로 말미암아 국가가 경제에 전면 개입하여 사적독점을 떠받치는 국가독점자본주의가 발전하였다. 또한 지금은 세계 사회주의 진영이 붕괴되어 세계사적인 대반동이 전개되는 시기이며 다른 한편으로는 세계대공황의 시기이기도 하다. 즉, 레닌 당시와 지금은 계급투쟁의 조건이 많은 점에서 다르다. 따라서 레닌의 테제들을 지금 교조적으로 적용하는 것은 운동을 질곡하는 것이 된다.

그러나 지금의 운동의 현실은 청산주의, 개량주의가 지배적인 이유로 해서 레닌 자체가 운동의 잣대가 되지 않고 있다. 이는 소중하고 풍부한 운동의 경험이 외면되는 것과 같다. 레닌의 노선은 사회주의자들에게 계급투쟁의 과학을 제공한다. 우리 운동이 파쑈적 억압의 현실을 극복하고 운동의 재건을 이루고 당건설로 나아가기 위해서는 한국 사회에서 레닌주의의 복원이 필요하다. 그러나 레닌주의를 복원하는 것은 한순간에 이루어지지는 않을 것이다. 그것은 장기간의 노력과 투쟁을 요구할 것이다. 그렇지만 인류최초의 사회주의 혁명의 경험을 압축하는 레닌주의를 외면하고서는 21세기의 어떠한 혁명적 조류의 창출도 불가능할 것이다. **노사과연**

노동자계급의 민주주의 투쟁

김태균 | 회원

1. 들어가며

지난 4월 13일 치러진 제20대 총선은 여소야대로 마무리되었다. 19대 국회에서 152석을 차지했던 새누리당이 122석으로, 127석이었던 민주통합당이 161석(더민주당 123석+국민의 당 38석)을 차지함으로써 세간의 예상을 넘어 여소야대라는 결과를 낳았다.

그러나 박근혜 정권은 총선의 결과와 상관없이 노동자계급을 향한 공격을 늦추지 않고 있다. 아니, 오히려 총선 전인 여대야소 정국보다도 더 공세적으로 구조조정의 칼끝을 노동자, 민중의 목줄을 향해 겨누고 있다.

박근혜 정권은 4·13 총선이 끝나자마자 구조조정의 불가피성에 대한 여론전을 본격화하면서 조선·해운 업종에 대해 노동자 해고를 주된 내용으로 하는 '부실기업 구조조정 기본 계획 및 방향'을 발표하였다. 이와 함께 민주당·국민의당 등 거대 야당은 정권의 구조조정 그 자체의 반대가 아닌 구조조정 추진 속도, 투명성 등에 대한 문제제기[1]를 함으로써 당적을 떠나 여야 정치권 모두는 구조조정의 불가피성을 인정하고 있는 분위기이다.

---

1) 더불어민주당과 국민의당은 박근혜 정권의 구조조정 관련 △구조조정 과정의 투명성 강화, △국회와 충분한 협의, △부실 초래 대주주 일가의 방만 경영 책임 규명, △기업 부실 방관 정부 책임 규명, △실업대책 등 사회안전망 강화 등을 주장하면서 대체적인 구조조정 자체에 대해서는 동의를 하고 있는 실정이다.

이러한 노동자의 희생을 전제로 한 구조조정 공세와 더불어 정권 출범 초기부터 진행된 박근혜 정권의 반민주주의적 작태는 노동자계급을 넘어 전체 인민의 삶을 황폐하게 만들고 있다. 다른 한편, 박근혜 정권은 정권 출범 그 자체는 국정원을 동원한 불법 선거를 통한 것이었으며 최소한의 부르주아 민주주의조차 부정하는 것이었다. 부정선거를 통한 정권 장악에 이어 국정원을 동원한 정치사찰, 세월호 참사를 포함한 수많은 사건 사고[2])에 대한 처리과정, 2014년 12월 통합진보당 해산 사건 등으로 이어지는 박근혜 정권의 부르주아 민주주의 파괴 책동은 파쑈적인 모습으로 나아가고 있다.

박근혜 정권이 이렇게 부르주아 민주주의조차 부정할 수밖에 없는 것은 박근혜 정권 스스로가 위기적 상황에 처해 있음을 보여주는 것이다. 세계대공황으로 요동치는 정세에서 구조조정 공세와 부정선거, 정치사찰, 세월호, 통합진보당 폭력적 해산으로 표현되는 박근혜 정권의 파쑈적 행보가 바로 2016년 노동자계급 앞에 놓여 있는 현실이자, 동시에 노동자계급 투쟁의 출발점인 것이다. 즉, 임금삭감과 인원감축 등 구조조정으로 표현되는 경제적 영역의 투쟁 과제와 부정선거, 세월호, 통합진보당 해산 등 파쑈적 행위에 맞서 민주주의를 확장·강화해야 하는 정치적 투쟁 과제가 바로 한국 노동자계급 앞에 놓여 있는 것이다.

그러나 문제는 그리 쉽지만은 않다. 특히 노동자계급 투쟁을 지지, 지원하고 또 다른 형태로 지도해야 하는 계급운동 진영의 경제투쟁과 정치투쟁에 대한 판단의 오류가 노동자계급 투쟁에 있어 전진을 가로막고 있기 때문이다. 한 예를 들자면 바로 박근혜 정권의 성격 관련한 계급운동

---

2) 2013년 7월 해병대 캠프 참가했던 모 고교생 5명 사망 사건, 2014년 2월 경주 마우나 리조트 붕괴 사고로 모 대학생 10명 사망 사건, 같은 해 4월 16일 발생한 세월호 침몰 사건으로 인해 295명 사망과 9명 실종 사건, 10월 경기도 분당 환풍구 사건으로 인해 16명 사망과 11명 부상 사건, 11월 담양 펜션 화재로 인해 4명 사망과 6명 부상 사건, 15년 3월 인천 강화도 캠핑 화재 사건으로 5명 사망과 2명 부상 사건, 5월 메르스 사건으로 36명 사망 사건, 영유아 중심으로 사망자 239명을 내고 지금도 피해자가 속출하고 있는 옥시 가습기 살균제 사건 등.

진영의 판단의 오류이다.

　박근혜 정권의 성격을 신자유주의 정권에서부터 파씨즘 정권으로까지 다양하게 바라보고 있는 계급운동 진영은 성격의 다양성만큼이나 그 구체적 전술도 다양하게 나타난다. 박근혜 정권을 신자유주의 정권으로 규정하고 있는 진영은 반신자유주의 투쟁(반자본주의 투쟁)으로, 박근혜 정권의 성격을 파씨즘 정권으로 규정하는 진영은 반파쑈 민주화 투쟁으로 노동자계급의 투쟁전술을 제기하고 있다. 이러한 성격 논쟁으로부터 이어진 전술적 차이는 박근혜 정권의 반민주적 작태, 파쑈적 작태에 대한 노동자계급의 대응의 차이, 즉 노동자계급의 민주주의 투쟁에 대한 전술의 차이로 나타난다. 필자는 계급운동 진영에서 나타나는 박근혜 정권의 성격에 대한 논쟁과, 이로부터 파생된 전술에 있어 일부 경향의 판단에 대한 오류가 노동자계급이 가져야 할 민주주의 투쟁의 원칙에 대한 몰이해, 즉 노동자계급의 경제투쟁과 정치투쟁의 결합에 대한 몰이해로부터 나타나고 있다는 생각이다. 더불어 정치투쟁 영역이라 할 수 있는 '민주주의 투쟁'과 '민주주의'에 대한 노동자계급의 태도에 대한 무지로부터 나타나는 혼돈의 문제라는 판단이다.

　이에 본고는 노동자계급 투쟁의 두 가지 기본 형태, 즉 '경제투쟁과 정치투쟁의 결합에 대한 문제를 어떻게 볼 것인가?' 그리고 정치투쟁의 영역이라 할 수 있는 '민주주의 투쟁에 대한 노동자계급의 태도는 무엇인가?', '민주주의란 무엇인가?'라는 질문에 답을 함으로써 현실 계급투쟁의 전망을 밝히는 것을 목적으로 한다.

2. 노동자계급의 경제투쟁과 정치투쟁 그리고 양자의 결합

　맑스는 "노동조합—그 과거, 현재, 미래"[3]를 통해 과학적 사회주의의

---

3) 맑스 저, 이경숙 역, ≪맑스·엥겔스의 노동조합 이론≫, 새길, 1988, pp. 78-9.

관점에서 노동자계급의 경제투쟁, 제도적 요구 투쟁, 정치투쟁에 대한 상을 정리하였다. 이에 대한 구체적 내용은 노동자계급의 경제투쟁과 정치투쟁의 내용 그리고 두 개의 기본적 투쟁의 결합 및 사회변혁 투쟁에 대한 노동조합의 역할에 대한 규정이다.

맑스가 위 글에서 이야기하고 있는 노동조합의 경제투쟁과 정치투쟁 그리고 이에 대한 결합에 대한 견해는 다음과 같다. 경제투쟁은 개별자본가나 개별자본가 집단을 상대로 임금과 노동조건(노동시간) 등의 문제를 요구하고 해결하는 투쟁을 의미한다. 이러한 경제투쟁이야말로 노동자계급의 대중조직인 노동조합의 가장 기본적 투쟁이자, 단결과 투쟁의 출발점이다. 이에 반해 정치투쟁은 정부를 상대로 한 노동입법·제도적 요구 투쟁이다. 8시간 노동일(표준노동일)의 법률에 의한 규제, 단결권·파업권 등 노동기본권의 확립, 보통선거권의 획득 등 정부에 대한 여러 가지 노동입법 및 제도적 요구투쟁이 바로 노동조합의 정치투쟁이다. 또한, 노동조합은 일상적 경제투쟁이나 노동입법 및 제도적 요구 등 정치투쟁뿐 아니라 자본주의 사회의 변혁이라는 사회운동, 정치운동을 지원해야 한다는 점이다. 그리고 노동조합은 이러한 경제투쟁과 정치투쟁이라는 기본 양대 투쟁을 올바르게 결합해서 진행해야 한다는 점이다.

레닌은 노동조합의 경제투쟁 자체에 정치적 성격을 가미하고자 하는 각종 행위에 대해 비판을 하면서 노동조합의 경제투쟁과 정치투쟁의 상과 관계를 명확히 하였다.

> 경제투쟁은 고용자와 싸워 좀 더 나은 노동력 판매 조건과 좀 더 나은 생활 및 작업 조건을 얻어내기 위한 노동자의 집단적 투쟁이다. 따라서 이 투쟁은 필연적으로 노동조합 투쟁이 된다. 왜냐하면 노동조건은 직종에 따라 매우 다르기 때문이다. 그것을 개선하려는 투쟁은 직종별 조직을 바탕으로 해서만 가능하기 때문이다. … 그러므로 '경제투쟁 자체에 정치적 성격을 가미한다'는 것은 '입법적·행정적 대책을 통해 각 개별 직종의 작업조건을 개선하고 이들 직종상의 요구를 충족시키고자 하는 노력'을 의미하게 된다.

이것은 바로 모든 노동조합이 하고 있는 일이자, 이제껏 해온 일이다. … 그러므로 '경제투쟁 자체에 정치적 성격을 가미한다'는 오만한 발언은 '대단히' 심오하고 혁명적으로 들리지는 모르나 사실은 사회 민주주의적 정치활동을 노동조합적 정치활동으로 격하시키려는 케케묵은 시도를 은폐하기 위한 수법에 불과하다.[4]

경제투쟁과 정치투쟁에 대해 레닌의 또 다른 말을 들어보자.

이 강령의 핵심은 프롤레타리아트의 계급투쟁을 조직하고 프롤레타리아트에 의한 정치권력의 획득과 사회주의 사회의 조직을 궁극목표로 하는 투쟁을 지도하는 데 있다. 프롤레타리아트의 계급투쟁은 경제투쟁(노동자의 상태를 개선하기 위해 개별 자본가 또는 개별 자본가집단에 대하여 수행하는 투쟁)과 정치투쟁(인민의 권리를 확대하기 위해, 즉 민주주의를 위해, 또 프롤레타리아트의 정치권력을 위해 정부에 대하여 수행하는 투쟁)으로 나누어진다. … 노동자계급의 경제투쟁을 조직하는 것, 이것을 기초로 하여 노동자들 사이에서 선동을 수행하는 것, 즉 고용주에 대한 노동자의 일상적인 투쟁을 원조하고 모든 종류의 억압에 대하여 노동자의 주의를 촉구하고, 그리하여 단결의 필요성을 그들에게 설명하는 것이 필요하다는 것에 대해서는 모든 사회 민주주의자가 동의하고 있다. 그럼에도 경제투쟁을 위해 정치투쟁을 망각하는 것은 국제 사회민주주의의 기본원칙으로부터의 이탈을 의미하며, 노동운동의 전체 역사의 교훈을 망각하는 것이다.[5]

레닌의 위 글은 노동자계급의 당 강령에 대한 이야기지만 노동자계급운동에 있어 경제투쟁과 정치투쟁 그리고 양자의 올바른 결합에 대해 이야기하고 있다. 레닌은 노동자계급의 투쟁을 맑스와 마찬가지로 크게 경제투쟁과 정치투쟁으로 구분하였다. 노동자의 상태를 개선하기 위해 그리고 개별자본가 또는 개별 자본가 집단을 상대로 한 투쟁을 경제투쟁으로,

---

4) 레닌, 《무엇을 할 것인가》, 거름, pp. 177-8.
5) 《레닌저작집1》, 전진, p. 78.

인민의 권리를 확대하기 위하여, 즉 민주주의를 위해, 프롤레타리아트의 정치권력을 위해서 정부를 상대로 한 투쟁을 정치투쟁으로 구분하고, 이러한 정치투쟁을 엄호·지지·지원하는 노동조합 투쟁의 역할을 이야기하였다. 그리고 또한 레닌은 노동자계급 투쟁에 있어 경제투쟁과 정치투쟁 중 그 어느 것 하나도 소홀함이 없이 충실하게 진행해야 함을 강조하였다.

1) 노동자계급의 경제투쟁의 의미

노동조합의 일상적인 경제투쟁에서 그 중심은 당연히 임금인상과 노동시간 단축 투쟁이다. 이는 자본주의 사회에서 노동자 대중이 처해 있는 객관적 조건에 기인한다. 노동자는 직종과 직무 등과는 상관없이 자신의 노동력을 판매하고 그 대가로 임금을 받는다는 공통의 이해를 가지고 있다. 자신의 노동력을 판매하는 노동자의 입장에서 가능하면 높은 수준의 임금과 노동시간의 단축을 요구한다. 또한 지속적 노동력 판매를 위하여 적정한 노동강도를 요구한다. 이를 위한 협상과 투쟁은 노동자에게 있어 가장 기본적인 투쟁이며 이를 경제투쟁이라 한다. 그러하기에 자본주의 사회가 유지·존속―노동자계급과 자본가계급이 존속―되는 이상 노동자들의 가장 기본적 투쟁―경제투쟁―은 지속될 수밖에 없다.

자본이 지배하는 자본주의 사회에서 노동자 대중은 노동력을 판매하고 임금을 받는다는 조건 그 자체만으로 이미 '자본에 대항하는 계급'이다. 여기서 한 걸음 더 나아가 노동자 대중의 공통요구(경제적 요구)를 가지고 자본에 대항하여 단결하고 투쟁할 때 노동자 대중은 비로소 그들 자신을 위한 계급이 된다. 노동자 대중이 공통의 요구 즉, 임금인상과 노동시간 단축, 적정한 노동강도로 표현되는 요구를 가지고 단결하고 투쟁하는 것은 노동자가 스스로 노동자임을 선언하는 '혁명적 계급'으로의 전환을 의미한다. 이러한 노동자계급의 '혁명적 계급'으로의 전환은 자본주의 사회를 극복하고 새로운 사회로의 전환을 위한 주체 형성을 의미하기도 한다.

2) 노동자계급의 노동입법, 제도적 요구를 건 투쟁의 의미

자본가계급을 상대로 한 노동자계급의 투쟁은 자본주의 사회 출현과 함께 시작했다. 이는 자본가계급의 임금 노동에 대한 착취와 수탈이라는 자본주의적 모순이 존재하는 한 지속되는 자본주의의 고유한 현상이다.

자본주의 초기의 노동자계급의 투쟁양상은 직장별로 고립 분산된 형태로, 그리고 개별적인 저항 형태로 전개되었다. 임금과 노동시간 및 적정한 노동강도를 둘러싼 고립 분산적인 노동자계급 투쟁은 점차 개별자본가에서 자본가 집단으로 향하고, 그리고 이를 지원하는 정부의 존재를 인식하게 된다. 노동자들은 이들의 투쟁 과정에서 개별 자본가들이 자본가 집단을 만들어 노동자계급에 대항하고, 정부는 노동자 투쟁에 대해 각종 반노동법을 동원하여 탄압하는 모습을 보면서 노동자 대중 스스로 자각하게 되는 것이다. 노동자 대중은 스스로 경제투쟁의 승리를 위해서는 개별 노동자에서 전체 노동자로 단결의 필요성을 느끼게 된다. 또한 각각의 공장이나 부문, 산업을 뛰어넘어 정부를 상대로 한 노동입법, 제도적 요구를 건 투쟁을 시작해야만 됨을 자각하게 된다. 즉, 초기의 고립 분산적이며 개별적인 노동자 대중의 임금인상 및 노동시간 단축 관련한 경제투쟁이 자본과 정부의 총체적인 노동탄압을 거치면서 투쟁의 과정에서 점차 정부를 상대로 한 노동입법과 제도적 요구 투쟁을 해야 될 필요성을 느끼게 되는 것이다. 이러한 노동입법과 제도적 요구 투쟁은 임금 및 노동시간을 둘러싼 경제투쟁과는 달리 정치적 성격을 가지며 그 대상도 개별 자본가 나 혹은 개별 자본가 집단에서 정부로의 전환을 전제하고 있다. 노동조합의 노동입법, 제도적 요구 투쟁은 노동기본권의 법적 확립, 노동시간이나 최저 노동연령 제한, 산업재해, 위생 등과 관련한 공장법 제·개정, 파업에 대한 법적 제한 철폐, 산업재해·질병·실업에 대한 사회보장 확립과 확충 등이 있다. 이러한 노동입법, 제도적 요구라는 정치투쟁은 개별적 혹은 직업적 이익을 유지·확대하는 경제투쟁과는 명확하게 구분된다.

노동입법 및 제도적 요구 투쟁은 노동자계급의 기본적 경제투쟁과 양자 상호 간의 올바른 결합을 통해서만 그 의의를 가진다. 또한 이러한 정치투쟁은 전체 노동자 대중의 이익을 위한 투쟁이라는 점에서 의의를 가진다. 비록 그것이 자본주의 체제 내(內) 투쟁(개량적 투쟁)이라는 한계를 가지지만 말이다.

3) 노동입법·제도적 요구 이외의 민주주의 투쟁으로서 정치투쟁의 의미

노동조합운동은 위에서도 확인했듯이 임금인상과 노동시간 단축이라는 경제투쟁과 노동입법·제도적 요구라는 정치투쟁 등 두 가지[6] 형태를 기본으로 한다. 그러나 노동자계급의 투쟁은 위에서 이야기한 두 가지만이 존재하는 것은 아니다. '인민의 권리를 확대하기 위한 투쟁, 민주주의를 위한 투쟁, 노동자계급의 정치권력을 쟁취하기 위하여 정부를 상대로 한 투쟁' 또한 노동자계급의 중요한 투쟁이며, 노동입법 및 제도적 요구라는 정치투쟁과는 또 다른 영역의 정치투쟁이다. 즉 노동자계급의 정치투쟁은 정부를 상대로 한 노동입법 및 제도적 요구 투쟁뿐만 아니라, 인민의 권리 확대 및 민주주의를 위한 투쟁 그리고 노동자계급의 정치권력을 쟁취하기 위한 투쟁 또한 포함한다.

(1) 민주주의란?

우리는 흔히 민주주의 하면 '선거'를 떠올린다. 그리고 또 '~~주의'라는 번역으로 인해 체계화된 이론이나 학설처럼 현실과 동떨어진 관념의 형태로 이해되곤 한다. 민주주의를 영어로 하면 Democracy이다. Democracy는 일반적으로 서양의 정치사상에서는 '인민이 지배하는 정체(政體)'의 의미로 사용된다. '인민이 지배하는 정체(政體)' 즉 민주제(民主制)는 국가의 통치형태로서 예를 들면 군주제, 귀족제, 공화제 등과 함께 다루어지는 형태이다. 그러나 한국에서 Democracy가 민주제(民主制)로 번역되기보다는

---

[6] 물론 노동자계급의 투쟁은 일반적으로는 경제투쟁, 정치투쟁 그리고 이데올로기 투쟁 등 3가지 영역으로 구분한다.

-ism을 의미하는 민주주의(民主主義)로 번역이 됨으로써 '하나의 통치형태'로서 민주주의가 아닌 '체계화된 이론이나 학설'로 민주주의가 곡해되고 있다.

여기서 맑스가 이야기하고 있는 '민주주의'에 대해 살펴보자.

> 민주주의는 내용과 형식이다. ... 이와 같이 민주주의는 모든 국가체제의 본질, 사회화된 인간의 하나의 특수한 체제로서 존재하는 것이다.[7]

맑스는 '민주주의'를 하나의 정치체제이면서 모든 정치(국가)체제의 본질이라고 언급하였다. 맑스는 기본적으로 '민주주의'를 하나의 국가형식 또는 정치체제로 바라보았다.[8] 그리고 '민주주의'를 하나의 일반적 형식(form)으로 규정하면서 군주제, 귀족제 등과 마찬가지로 하나의 국가 형식이라 규정하였다.

맑스에 이어 레닌의 말도 보자.

> 민주주의는 다수에 대한 소수의 복종과 동일하지 않다. 민주주의는 다수에 대한 소수의 복종을 승인하는 하나의 국가, 다시 말해서 하나의 계급이 다른 계급에 대항하여 강제력을 체계적으로 행사하기 위한, 대중의 한 부류가 여타 다른 부류에 대하여 권력을 체계적으로 사용하기 위한 하나의 조직체 이상이 결코 아닌 것이다.[9]

> 소위 국가의 사멸은 민주주의의 사멸을 의미하며, 국가의 폐지는 곧 민주주의 폐지를 의미한다는 것을 망각하는 오류를 지속적으로 범하고 있음을 알 수 있다.[10]

---

7) 맑스, 《헤겔 법철학의 비판》, 아침, p. 231.
8) 같은 책, pp. 231, 234.
9) 레닌, 《국가와 혁명》, 논장, p. 104.
10) 같은 책, p. 103.

레닌의 '민주주의'에 대한 개념 규정을 보면 '민주주의'는 '~주의'로서 '민주주의'가 아닌 '국가통치형태'로서 '민주주의' 의미를 가지고 있음을 재확인할 수가 있다. 그리고 레닌은 '민주주의'조차 계급 사회에서 하나의 계급이 또 다른 계급을 지배할 때 체계적으로 강제력을 행사하기 위한 국가 형태, 즉 계급성을 가지고 있음을 강조하고 있다. 결국, 민주주의는 '~주의'로서 체계화된 이론이나 학설의 의미보다는 하나의 정형화된 일반적 형식(form)으로써 국가 형태를 취하고 있으며, 국가와 마찬가지로 계급 사회에서 지배계급의 이해와 요구에 근거한 착취 도구인 것이다.

'민주주의'가 '~주의'로서의 '민주주의'가 아니라 정형화된 일반적 형식으로써 '민주주의'라 할 때 '민주주의'는 어떠한 내용을 가질까?

'민주주의'는 국가형태와 마찬가지로 계급사회에서 지배계급이 피지배계급을 지배할 때 체계적으로 강제력을 행사하기 위한 일반적 형태이다. '민주주의'는 '군주제', '귀족제' 등과는 다른 내용을 가진다. 맑스에 의하면 '민주주의'는 개체적 인간의 자유와 정치적 평등을 주된 내용으로 하고 있다고 하였다. 또한, 그러한 내용은 봉건제와의 투쟁의 결과로서 성립되어지는 것으로 파악한다. 즉 민주주의는 봉건제와의 투쟁의 결과물이자 개체적 인간의 자유와 정치적 평등을 주된 내용으로 하고 있다. 또한 민주주의는 피지배계급을 지배할 때 체계적으로 강제력을 행사하기 위한 국가 형태인 것이다. '민주주의'는 계급을 초월한(또는 현실을 초월한) 그 어떠한 관념의 총체가 아닌 계급사회에서 계급사회를 지탱하고 유지하는, 즉 계급사회를 위한 '수단'이다. 그러하기에 당연하게도 자본주의 사회에서 민주주의는 '지배계급의 민주주의', '부르주아 민주주의'를 뜻한다.

봉건제 사회에서 자본주의 사회로의 변화 과정에서 부르주아지는 신흥 중간계급으로 사회적 신분과 예속이라는 봉건제 시대의 구습을 타파하고, 자유로운 자본가계급으로서의 물적 조건을 형성해야 하는 역사적 과제 앞에 놓여 있었다. 광범위한 노동자·농민이라는 생산자 대중의 투쟁과 함께 전개되었던 부르주아 혁명은 부르주아 계급으로서 온전하게 이윤 착취를 위한 물적 토대, 즉 사회적 신분과 예속으로부터 자유로우며, 개인적 소유를 철저하게 인정하는 새로운 사회에서의 부르주아 민주주의를 과제로 했다.

부르주아 민주주의는 중세 봉건 질서의 극복 과정이라는 역사적 이행기에서 신분제적 정치질서를 타파하려는 진보적 원리로 형성되었다. 그리고 또한 중세 봉건 질서를 극복하는 동력으로 작동하였다. 이 과정에서 개체적 인간의 자유와 같은 의미로서의 정치 행위가 자본주의라는 새로운 사회 양식과 결합하면서 부르주아 민주주의가 형성된 것이다. 그러나 이러한 정치적 자유는 제도화되는 과정에서 형식적 평등으로 제한되어 나타났다. 선거에 참여하여 자신의 권리나 이익을 위임하는 절차상의 자유로만 제한되는 선거권의 평등으로 나타난 것이다. 결국, 봉건제 질서를 타파하고 출발한 부르주아 민주주의는 만인의 평등과 자유가 아닌 자본가계급에게 있어 착취의 자유를, 노동자계급에게 있어서는 또 다른 형태의 형식적 평등과 노동력을 판매할 자유만을 부여하는 기능을 하게 된 것이다. 부르주아 계급이라는 하나의 계급만의 민주주의, 즉 부르주아 독재로 나타난 것이다. 결국 부르주아 민주주의는 자본가 국가를 유지·존속시키기 위한 수단으로, 다른 말로 이야기하면 부르주아 독재에 봉사하는 기능을 하게 된다.

(2) 부르주아 민주주의—의회제 민주주의

부르주아 민주주의 정치체제의 특징은 의회제 민주주의이다. 봉건제 사회와의 투쟁의 과정에서 등장한 부르주아 민주주의 정치원리가 자본제 사회의 질서와 맞물리면서 의회제 민주주의라는 정치체제의 형태로 제도화되었다. 의회제 민주주의 정치체제의 핵심적 내용은 바로 권리의 위임이다. 인민의 권리가 입법부라는 정치제도에 위임되어, 입법부를 통해 인민의 권리와 이익이 대표되고 보호받게 되는 정치 제도가 바로 의회제 민주주의인 것이다. 봉건제 사회와의 투쟁의 과정에서 등장한 부르주아 민주주의는 봉건제 사회의 신분제에 근거한 정치적 질서에 대항하여 인민의 정치적 참여를 확대하는 형태로 나타났다. 그 결과 자본주의 사회의 민주주의는 인간의 정치적 권리의 평등으로 나타났다. 평등한 인간의 정치적 권리는 선거에 의해 선출된 대표자에게 위임되었고, 위임된 대표자(정치인)에 의해 그 권리를 행사하게 된다.

그러나 다음과 같이 맑스는 이렇게 성립된 의회제 민주주의가 인간의 자유와 평등을 실질적으로 보장하지 못할 뿐 아니라 자본주의 사회의 불평등과 부자유에 기초한 것이라고 비판하였다.

> 라인주 의회는 국민의 모든 권리를 자기 속으로 흡수하여 그것을 특권으로 삼아 국민에 대항하여 행사했던 중세의 신분제 의회와 본질적으로 다르지 않다.
> 스스로의 특권을 국민의 권리에 대항시키는 신분제 의회를, 주민 스스로 행동하고, 대표하는 자치기관으로서의 의회로 근본적으로 개조할 것[11]

결국 인간의 자유와 평등은 의회제 민주주의처럼 입법부를 통해 자신이 권리를 위임하고, 그 대표를 선출하는 방식의 형태가 아니다. 인간의 권리는 어느 누구에게 위임되거나 양도될 수 없으며 인간 스스로에 의해서 결정되고 대표되어야만 하는 것이다. 그렇다면 왜 위임의 형식인 의회제 민주주의는 인간의 권리를 보장받을 수 없는 체계인가? 이는 바로 다음과 같이 두 가지의 이유 때문이다.

우선 첫 번째로 의회제 민주주의는 자본주의 사회의 모순인 시민사회의 불평등과 부자유에 기초하기 때문이다. 인민의 대표성을 위임받은 대표인 입법부 의원들은 사실상 자본주의 사회의 모순 즉, 사적 이해관계에 근거하여 활동을 한다. 즉, 의회제 민주주의는 위임된 인간의 권리가 사적 소유자에게 유리한 내용으로 변질되게 하는 사적 소유관계, 자본주의 자체 모순의 표현이기 때문이다.

그리고 두 번째는 바로 의회제 민주주의 체계가 시민사회와 정치사회를 분리하는 자본주의 사회의 표현양식이기 때문이다. 각 개인 모두가 정

---

11) 맑스, "제6회 라인주 의회의 투쟁".

치에 직접 참여하지 않고, 그 권리를 위임받은 정치인들이 입법부에 참여하는 형태는 바로 국가와 시민사회가 분리된 곳에서만 나타나는 특별한 형태이다. 시민사회 구성원들이 스스로가 행하는 정치가 아닌, 권리를 위임받은 별도의 정치인들이 정치를 하는 형태, 유권자와 정치인이 분리되는 형태는 바로 시민사회와 정치사회의 분리를 전제로 해야만 가능하기 때문이다. 따라서 시민사회와 정치사회가 분리되지 않은 곳에서는 의회제 민주주의 형태가 발생할 수 없다. 인간의 권리가 입법부를 통해서 위임되는 것은 자본제 사회만이 가지는 특징일 뿐 인간의 일반적 특성에서 나타나는 일반적 정치형태는 아닌 것이다.

노동자계급의 올바른 민주주의 투쟁의 핵심은 바로 자본주의 체제의 특징이라 할 수 있는 의회제 민주주의에 대해 어떻게 바라볼 것인가와 그리고 이를 토대로 한 실천 활동이다. 의회제 민주주의에 대한 과학적 분석은 결국 의회제 민주주의가 자본주의 사회에서의 또 다른 통치 수단임을 분명히 하는 것이다. 사적 소유에 기초하고 있다는 것과, 이로 인해 인민의 정치적 평등이 대표를 선출하는 것 자체에 대한 평등으로 한정되고, 위임받은 정치인들은 자본주의 사회(사적 소유)에 근거하여 위임받은 인민의 정치적 권리를 변질시키고 있다는 점을 분명히 하는 것이다. 바로 이것이 자본주의 사회만이 가지고 있는 시민사회와 정치사회와의 분리의 또 다른 얼굴인 의회제 민주주의―부르주아 민주주의인 것이다.

부르주아 민주주의·의회제 민주주의는 그 사회적 내용과는 별개의 일반적 형식이 아니라 그 사회적 성립의 산물인 것이다. 그 사회의 성립, 즉 자본주의적 사회관계에서 비롯된 제 모순의 표현이자, 그 모순을 유지하고 확장시켜 나가는 기능임을 분명히 하는 것이 바로 부르주아 민주주의·의회제 민주주의를 올바르게 바라보는 것이다.

부르주아 민주주의·의회제 민주주의의 문제는 자본주의 질서에서 자본가계급에게 일방적으로 유리한 정치질서를 보장하는 문제만을 해결한다고 해서 되는 것은 아니다. 맑스는 의회제 민주주의에 대한 문제해결이 참여를 통해서는 즉, 의회참여의 양적 확대를 통해서나 혹은 위임받은 정치인들이 공공이익을 대변하는 합리적 활동을 통해서는 결코 해결될 수 없다고 하였다. 또한 맑스는 이에 대한 대안으로 어떠한 권위나 제도도 인간의 자유와 권리를 대표할 수 없으므로, 인간의 자유와 권리는 인민 스스로에 의해서 결정되고 대표되어야 하는 형태를 이야기하였다.

부르주아 민주주의·의회제 민주주의에 대한 노동자계급의 태도는 바로 여기에서부터 시작을 해야 한다. 신분제에 기초한 봉건제 사회를 극복하였던 부르주아 민주주의·의회제 민주주의에 대한 진보성을 인정하고, 또 한편으로는 그 한계를 분명히 해야 한다. 이러한 부르주아 민주주의 진보성과 한계, 바로 이것이 부르주아 민주주의를 바라보는 노동자계급의 과학적 시각인 것이다.

마지막으로 보통 선거권에 대한 맑스의 주장을 들어보자.

> 보통 선거권은 지금까지는 신성한 국가권력에 의회의 승인을 부여하기 위해서 악용되었거나, 혹은 수년에 한 번 의회제적 계급지배를 승인하기 위해서만 인민에 의해서 사용되어온, 지배계급 수중의 장난감으로 악용되어 왔다.[12]

(3) 노동자 투쟁에서 '부르주아 민주주의' 투쟁이 가지는 의미

민주주의는 체계화된 학설이나 이론 등 현실과 분리된 관념이 아니라 현실을 반영하는 하나의 일반적 형식이다. 봉건제 사회의 신분제 정치질서를 지양하며 자본주의 사회 출현과 함께 형성된 하나의 정치체제가 바로 (부르주아) 민주주의인 것이다. 부르주아 민주주의는 시민사회와 정치사회의 분리라는 자본주의 사회에서 발생하는 특수한 형태이며, 인민의 정치적 권리가 정치인들에게 위임되는 의회제 민주주의로 제도화되며, 이런 부르주아 민주주의는 국가와 함께 성장, 소멸한다. 부르주아 민주주의는 노동자계급에게 시민사회 영역에서는 임금노예의 지위를 부여하고, 정치사회 영역에서의 형식적 평등을 부여함으로써, 자본주의 체제를 유지·

---

[12] 맑스, 《《프랑스에서의 내전》을 위한 제1초고》.

강화하는 역할을 한다. 이에 반해 노동자계급의 역할은 바로 시민사회 영역에서의 임금노예제의 철폐를, 정치사회 영역에서 형식적 평등을 실제적이고 인간적 평등으로 가져가기 위한 직접 민주주의를 실현하는 것이다. 언론·출판·결사·집회·사상과 양심의 자유가 없다면 노동자계급의 해방 투쟁의 전진은 없다. 물론 이러한 부르주아 민주주의는 노동자계급뿐만이 아니라 자본주의 사회의 여타의 계급·계층에게도 절실하게 요구되어지는 것이다. 그러나 노동자계급과는 달리 노동자계급을 제외한 여타의 소부르주아들에게는 부르주아 민주주의 그 자체가 목표이다. 노동자계급에게 있어서 부르주아 민주주의는 노동 해방의 세상으로 진군하기 위한 하나의 수단일 뿐이다. 그러하기에 부르주아 민주주의의 철저한 지양은 노동자계급만이 가능하며, 노동해방된 세상을 통해 부르주아 민주주의의 한계를 극복할 수가 있는 것이다.

이에 대해 엥겔스의 말을 들어보자.

> 부르주아적 자유, 언론의 자유, 집회 및 결사의 권리에 대한 선동과 같은 부르주아지가 저버린 선동을 부르주아지의 뜻에 상관없이 추진해 나가는 길 밖에 없다. 이러한 자유들이 없이는 노동자 당 자신이 자유롭게 활동할 수가 없다, 노동자 당이 이러한 투쟁을 벌이는 것은 자신들 본래의 생존요소, 자신들이 숨을 쉬는 데 필요한 공기를 획득하는 위해서이다.[13]

(4) 정치투쟁 그리고 경제투쟁과 정치투쟁의 올바른 결합

경제투쟁은 노동자의 상태를 개선하기 위해 개별 자본가 혹은 개별자본가 집단을 상대로 한 투쟁이다. 정치투쟁은 인민의 권리를 확대하기 위한 투쟁, 민주주의를 위한 투쟁, 노동자계급의 정치권력을 쟁취하기 위하여 정부를 상대로 한 투쟁이다. 물론 위에서 이야기했듯이 정부를 상대로 한 노동자계급의 노동입법·제도적 요구 투쟁도 정치투쟁에 포함된다.

---

[13] 엥겔스, ≪프로이센의 군사문제와 독일의 노동자 당≫(≪맑스·엥겔스 저작선집≫ 3권), 박종철출판사, p. 60.

레닌의 말을 조금 더 확인해 보자.

계급투쟁이란 무엇인가? 개별 공장, 개별 직종의 노동자가 자신의 한 고용주 또는 자신의 고용주들과 투쟁하기 시작한다면 … 그것은 계급투쟁의 미약한 맹아에 지나지 않는다. … 개별 노동자가 자신이 전체 노동자계급의 한 성원임을 자각할 때, 또 개별 고용주나 개별 관리에 대한 자신의 일상적인 사소한 투쟁을 부르주아지 전체와 정부 전체에 대한 투쟁으로 간주하게 될 때, 그때에야 비로소 그들의 투쟁은 계급투쟁이 된다. "모든 계급투쟁은 정치투쟁이다" — 마르크스의 유명한 이 말은 고용주들에 대한 노동자의 모든 투쟁은 언제나 항상 정치투쟁이라는 의미로 이해한다면, 그것은 오류일 것이다. 그 말은 자본가에 대한 노동자의 투쟁은, 그것이 계급투쟁으로 되는 데에 따라서 필연적으로 정치투쟁이 된다는 의미로 이해해야 한다.[14]

이는 맑스의 '모든 계급투쟁은 정치투쟁이다'라는 말에 대한 레닌의 해석이다. 자본에 대한 노동자의 투쟁, 즉 경제투쟁은 '계급투쟁의 미약한 맹아'에 지나지 않지만 계급투쟁으로 되는 데에 따라 필연적으로 정치투쟁이 된다는 의미다. 이를 다른 말로 하면 '모든 경제투쟁은 정치투쟁으로 전화한다'는 말과 같다. 경제투쟁과 정치투쟁으로 노동자계급의 투쟁을 구분하지만, 경제투쟁은 '계급투쟁의 맹아'이며 계급투쟁으로 되는 데에 따라 '정치투쟁으로 전화한다'는 의미이며, 넓은 의미로는 경제투쟁 또한 정치투쟁과 그 형태를 달리하지만 계급투쟁에 포함됨을 뜻한다.

경제투쟁과 정치투쟁은 순차적일까? 혹은 하나의 종속변수에 따른 독립변수적 개념일까? 이 질문에 대해 레닌은 다음과 같이 답을 하고 있다.

경제파업과 정치파업의 상호의존 관계 — 둘이 긴밀하게 결합하지 않고는 참으로 광범하고 참으로 대중적인 운동은 불가능하다. 이 결합의 구체적인 형태는, 한편으로는 운동의 초기나 새로운 층이 운동으로 들어올 때에는 순

---

[14] ≪레닌저작집1≫, p. 81.

경제적인 파업이 우세한 역할을 하지만, 다른 한편으로 정치파업이 후진층을 깨우치고 일깨워 운동을 일반화하고 확대하며 그것을 더 높은 단계로 끌어올린다는 것이다.15)

경제투쟁과 정치투쟁은 그 어떠한 것이 또 다른 것에 대한 원인이 아니라 상호 의존적 관계이다. 경제투쟁을 힘 있게 전개하기 위해서도 정치투쟁을 통한 노동자 대중의 정치적 각성이 요구되며, 역으로 정치투쟁을 힘 있게 전개하기 위해서는 경제투쟁을 통한 노동자 대중의 조직화가 절실하게 요구되기 때문이다.

3. 2016년 노동자계급의 상태

1) 2016년 객관적 정세

2016년 현재의 정세를 키워드로 정리해 보자면 경제위기(공황)·구조조정·민주주의 퇴보로 정리할 수 있다.

(1) 현재의 한국 사회를 규정하는 첫 번째 키워드는 바로 공황이다.

2014년 제조업의 매출액이 지난 1961년 이후 처음으로 -1.6%로 떨어지는 등 한국 자본주의는 경제위기로 접어들었다. 2016년 지금도 경제위기는 한층 심화되고 있는 상황16)이다.

한국의 경제성장률은 2%대로 주저앉았으며, 5년 연속 세계 평균을 밑도는 성장률을 보였다. 수출은 1년여 넘게 연속으로 마이너스 행진을 기록하고 있고, 물가상승률은 IMF 직후인 1990년 0.8% 이후 16년 만에 0%대로 떨어졌다. 영업이익으로 이자비용조차 갚지 못하는 한계기업이 전체

---

15) 같은 책. p. 436.
16) 권정기, "노동자계급은 경제위기에 어떻게 대응 할 것인가", ≪정세와 노동≫ 제123호(2016. 5.) 참조.

의 10%를 넘어섰다. 대기업 54곳과 중소기업 175곳은 이미 구조조정 수술대에 올랐다. 제조업 평균 가동률은 2015년 74.2%로 IMF 직후인 1998년(67.6%) 이후 17년 만에 가장 낮은 수준으로 떨어졌다. 지난 4월 13일 20대 총선이 끝나자마자 조선·해운·석유화학·철강·건설 등 5대 업종을 중심으로 구조조정이 본격화되고 있는 상황이다. 수출 의존도가 60%를 넘어서는 한국의 경우 미국과 유럽의 경제위기 그리고 중국 및 일본의 경기침체 또한 그 심각성을 증가시키는 요인으로 작동하고 있다. 인민의 살림살이 또한 만만치 않은 상황이다. 가계부채는 2015년 한 해 동안 100조 원 이상 늘어 1,200조 원을 넘어섰다. 은행 부채 관련해서는 가계의 가처분 소득에서 원리금 상환액이 차지하는 비중이 2015년 21.7%에서 올해 벌써 24.2%를 넘어섬으로 인해, 인민의 호주머니를 털지 않으면 생존할 수 없는 금융자본의 위기까지 엿볼 수 있는 실정이다.

(2) 두 번째는 구조조정으로 불리는 노동자계급에 대한 대대적 공격이다.

자본의 위기인 경제위기(공황)는 노동자계급에게도 그 살인적 여파를 몰고 오고 있다. 삼성, 현대, SK, 금호 등 30대 한국 독점자본의 고용은 2015년 한 해 0.4% 감소했으며, 2016년 20대 총선 이후 몰아치는 인원감축의 정도는 2015년 그것을 훨씬 뛰어넘을 것으로 전망되고 있다. 자본과 정권은 4·13 총선 직후인 지난 4월 26일 '3차 산업경쟁력 강화 및 구조조정 협의체'를 개최하여 조선·해운 업종 등 부실기업 구조조정 기본 계획 및 방향을 발표하였다. 문제는 조선·해운 업종 관련한 구조조정으로 끝이 아니라는 점이다. 조선과 해운 업종에 이어 철강 및 모든 산업으로 확산되는 구조조정은, 결국 취업군에서 내몰린 실업 노동자뿐 아니라, 그나마 취업군에 있는 비정규직·정규직 구분 없이 전체 노동자들에게 살인적 고통을 요구하고 있다. 지난해 전교조, 공무원 노동조합 등 공무원 노동자들을 중심으로 한 공무원 연금 개악을 추진했고, 올해 초 정말로 맘대로 임금삭감과 일반 해고를 하기 위한 양대 지침을 발표했다. 임금 피크제, 성과연봉제 등을 중심으로 한 임금삭감과 해고의 자유는 민주노총

위원장 등 지도집행력의 구속 등과 맞물려 총체적 노동조합 탄압으로 이어지고 있는 상황이다. 공황이라는 경제위기에서 부실한 자본을 살리기 위한 '기업구조조정촉진법'과 '테러방지법(시행령)'의 통과는 부실한 자본을 살리기 위해 무엇을 공격하고 있는 것인지를 분명하게 보여주고 있다.

(3) 마지막 세 번째 바로 박근혜 정권의 무능력과 민주주의의 퇴보이다.
국정원을 동원한 광범위한 부정선거를 통해 당선(?)된 박근혜 정권은 부르주아의 준거인 부르주아 민주주의조차 파괴하지 않으면 안 될 정도로 위기로 몰리고 있다. 2014년 12월 통합진보당의 해산을 통해 부르주아 민주주의의 가장 대표적 특징인 의회제 민주주의가 파괴되었다.

그리고 또한 언론·출판·결사·집회·사상과 양심의 자유를 위해 투쟁하는 수많은 노동자, 민중을 저들은 공권력을 동원하여 가두고 억누르는 모습을 보여주고 있다. 또한 세월호, 옥시 가습기 사건 등 수많은 사건사고에서 보여주고 있듯이, 국민국가 수준에서 정치사회와 시민사회와의 분리를 극명하게 보여주고 있다. 종합적으로 2016년 노동자계급 앞에 놓여 있는 객관적 정세는 공황이라는 자본주의 경제위기의 한복판에서 노동자 민중에 대한 광범위한 탄압과 함께 부르주아 민주주의조차 훼손하는 파쇼적 정국이다.

2) 공황이라는 객관적 조건은 노동자계급에게 물러설 수 없는 투쟁을 요구하고 있다.

개별 자본가나 개별 자본가 집단들을 상대로 더 나은 노동력 판매 조건과 좀 더 나은 생활 및 작업 조건을 얻어내기 위한 노동자계급의 집단적 투쟁, 즉 경제투쟁의 영역이 매우 치열하게 전개되고 있다. 불행하게도 보다 나은 조건을 위한 노동자계급의 경제투쟁이 아니라, 기존의 투쟁의 성과로 쟁취했던 수많은 경제적 조건들이 자본의 반격에 의해 빼앗기고 있는 것에 대한 투쟁이다. 단지 빼앗김에 머무는 것이 아니라 노동자들의 기본적 권리인 노동조합을 건설하고, 집단교섭을 진행하고, 집단행동(파업)

을 할 수 있는 기본적 권리조차 파괴되고 있는 상황이다. 즉 지금의 상황은 더 빼앗기 위한 투쟁이 아니라, 투쟁하지 않으면 죽기 때문에 투쟁해야 하는 벼랑 끝 상황이다. 공무원 연금 개악, 임금피크제와 성과연봉제를 동원한 임금삭감과 원샷법을 동원한 자유로운 해고, 테러법을 동원한 집회, 시위의 자유에 대한 억압은 개별 자본가의 공세가 아니라 정부의 자본 지원 정책이며, 직접 노동자계급을 상대로 한 정부의 노동자 죽이기 정책이다. 노동자계급의 정치투쟁의 일부분, 즉 노동입법과 제도적 요구 투쟁 또한 경제적 투쟁과 마찬가지로 벼랑 끝에 몰리고 있다. 현재의 상황은 개선을 위한 노동입법 및 제도적 요구 투쟁이 아니라, 정권의 자본 살리기, 노동자 죽이기 공세에 맞선 방어적 투쟁인 셈이다.

이러한 정치투쟁 또한 위에서 이야기한 것과 마찬가지로 벼랑 끝 경제 투쟁과 동일하게 회피할 수도 회피해서도 안 되는 절체절명의 투쟁이다. 그렇다면 왜, 2016년 현재의 상황이, 지금보다 높은 수준의 조건을 위한 경제투쟁 혹은 정치투쟁이 아니라, 벼랑 끝에 몰려 살아남기 위한 경제투쟁, 정치투쟁으로 나타나고 있는가?

이에 대한 답은 경제위기(공황) 때문이다. 공황은 경쟁력이 있고, 자금력이 강한 자본에게 있어서는 '위기'가 아닌 '기회'가 된다. 작금의 2016년 한국 자본주의는 자본주의 그 자체로서 최소한의 부르주아 민주주의조차 수행할 수 없을 정도로 뇌사상태에 빠져 있다. 심폐기능을 담당하는 연수를 비롯한 뇌간까지 정지가 되어 기계가 심폐기능을 대신해 주지 않으면 살 수 없는 상태를 우리는 흔히 뇌사상태라고 한다. 공황기 한국 자본주의는 별도의 조치를 통하지 않고는 도저히 스스로 생존할 수 없는 상태, 즉 뇌사상태와 마찬가지로 위기 상태이다. 공황은 자본주의 사회의 모순인 생산의 사회적 성격과 소유의 사적 성격 간의 모순의 표현 형태인 과잉생산으로 인해 나타난다.

공황 관련한 맑스의 말을 들어보자.

마르크스가 이야기하길, 이 '폭발적 증가, 대 격변, 공황'들은 … '규칙적으로 되풀이되면서, 더욱 대규모로 반복된다.' 점점 더 깊어지는 불황으로 특징지어지고, 점점 짧아지는 호황 기간으로 점철된 체제, 생산 가능한 부의 총량을 처리할 수 없는 체제를 그는 우리에게 그려 보여 주었다.17)

맑스의 이 말은 공황 그 자체의 만성적인 주기성을 이야기하고 있다. 이러한 공황은 다음과 같이 귀결18)된다. 우선 공황, 경제위기는 경제위기에 그치지 않고 부르주아 민주주의를 파괴함으로써 사회적·정치적 위기를 조성한다는 점이다. 한국 전쟁 이후 처음으로 나타난 1958년 미국의 경제원조 중단으로부터 시작된 한국의 경제위기(공황)는 60년 4·19 혁명으로 이어졌고, 1969년 공황은 1970년 전태일 열사 투쟁과 경기 광주 대단지 투쟁으로, 1970년대 말 공황은 YH산업 노동자들의 투쟁, 부마항쟁, 박정희 피살, 사북 탄광 노동자들의 투쟁과 광주항쟁으로 이어졌던 것을 상기해 보면 쉽게 이해가 가능19)하다.

과잉생산으로 인한 공황을 통해서 나타나는 두 번째 귀결점은 하락한 자본의 이윤율을 회복하기 위하여 자본 스스로가 자본을 파괴한다는 점이다. 생산의 무정부성으로 인해 과잉 생산된 재화의 소비는 전쟁을 통하거나, 혹은 자본 스스로 자본을 파괴하는 과정을 겪는다. 이는 경제위기에서 나타나는 수많은 중소자본은 물론 일부 대자본조차 부도를 내면서 도산해 가고 있는 현실에서 쉽게 알 수가 있다. 그리고 세 번째로 새로운 기술, 새로운 생산수단의 도입 등 경쟁력 강화를 통해 저하된 이윤율을 극복하기 위해 자본은 모든 방법을 강구한다는 점이다. 네 번째는 바로 노동자 계급을 대상으로 한 착취의 정도가 매우 강화된다는 점이다.

이러한 부르주아 민주주의 파괴, 자본의 파괴, 새로운 혁신, 착취 강화는 공황이라는 자본의 위기를 극복하기 위한 자본의 자구책으로서, 이 결

---

17) 크리스 하먼 저, 김종원 역, 《마르크스주의와 공황론》, 풀무질, 1995, p. 19.
18) 채만수, 《노동자 교양경제학》(6판), 노사과연, 2013, pp. 494-512.
19) 김태균, "한국 노동자계급의 경제공황기 대응 방안", 《노동사회과학 제8호: 파시즘인가 사회주의인가》, 노사과연, 2015 참조.

과 자본의 집적과 집중이 고도화되는 과정을 가져온다. 경쟁력과 자금 동원력 등이 약한 자본은 소멸해 가지만, 반대로 경쟁력과 자금 동원력이 강한 자본은 평소와는 달리 공황기에 더욱 급격하게 자신을 키워가게 된다. 새로운 기술과 생산수단의 도입 및 노동자계급에 대한 착취 강화를 통한 집적의 고도화, 부실 자본의 인수 합병 등을 통한 자본 집중의 고도화는 공황기 경쟁력이 있고 자금 동원력이 강한 자본에게는 곧 위기가 아닌 기회인 것이다.

3) 공황은 노동자계급에게 새로운 사회로의 전진을 위한 '기회'이다.

공황은 자본의 위기 과정에서 나타나는 노동자계급의 위기이다. 경쟁력이 없는 자본의 퇴출 과정은 노동자 대중의 광범위한 실업의 문제, 새로운 기술과 생산수단 도입 과정에서 노동자계급에게 나타나는 장시간 노동과 임금의 삭감 문제로 나타난다. 이러한 자본의 공황기 위기관리 과정에서 나타나는 노동자계급에 대한 구조조정과 임금삭감 및 실업의 확산은 해도 그만, 안 해도 그만이 아니라 자본 입장에서는 기필코 해야만 자본이 살아남는 절체절명의 과제이다. 마찬가지로 노동자계급에게 있어서도 뒤로 한 발 물러서면 낭떠러지로 떨어지는 벼랑 끝 투쟁인 셈이다. 경제위기, 공황은 자본주의 자체의 모순인 생산의 사회적 성격과 소유의 사적 성격 간의 모순의 표현인 과잉생산으로부터 나타난 자본주의만의 독특한 현상[20]이다. 이는 지속적으로 발전하는 생산력과 그를 규정하는 생산관계와의 충돌로부터 나타난다. 사회의 물질적 생산력은 그 발전이 어느 정도 단계에 이르게 되면, 기존의 낡은 생산관계와 필연적으로 충돌을 하게 된다. 새로운 사회 초기에 생산관계가 생산력의 발전을 추동했던 것과는 달리, 공황은 생산관계가 생산력의 발전을 저지하는 것을 의미한다. 이러한 상황에서 새로운 사회로의 전환을 위한 사회혁명의 물적 조건이 마련된다. 인간은 바로 이러한 충돌의 시점에서 투쟁함으로써 생산력과 생산관

---

20) 맑스, ≪자본론≫ 3권, pp. 265-8.

계의 충돌을 해결한다. 바로 이러한 생산력과 생산관계의 충돌은 한편으로는 자본의 위기이자, 또 다른 한편으로는 인류에게 있어 새로운 사회로의 전환을 위한 물적 조건, 즉 기회를 제공한다.

4. 공황기 노동자계급의 투쟁
― 경제투쟁과 정치투쟁의 변증법적 통일을 위하여

1) 경제투쟁과 정치투쟁의 올바른 결합

공황기 노동자계급에 대한 공격은 공황이라는 조건 때문에 부르주아 민주주의조차 부정할 수밖에 없는 부르주아지의 위기를 반영한다. 물러설 수 없는 경제투쟁의 영역과 노동입법 및 제도적 요구 투쟁, 숨을 쉬어야지만 살아가는 생명체로서 인간에게 '공기'같은 민주주의가 부정되는 상황에서의 정치투쟁, 이 양자의 변증법적 결합은 그 어느 시기보다 당면한 공황 시기에 노동자계급에게 절실하게 요구되고 있다.

엥겔스는 경제투쟁과 정치투쟁의 관계에 대해 다음과 같이 이야기하고 있다.

> 임금인상과 노동시간의 단축을 위한 투쟁 등 현재 진행되고 있는 노동조합의 모든 활동은 그 자체가 목적이 아니라 수단. (중략) 좀 더 높은 목적, 즉 임금제도의 완전한 폐지라는 목적을 달성하기 위한 여러 가지 수단 중의 하나에 불과하다.[21]

결국, 노동조합의 경제투쟁은 임금제도의 완전한 폐지라는 목적을 위한 여러 가지 수단 중 한 가지이다. 이러한 수단과 임금제도 폐지라는 목적과 관련해서 레닌의 말을 이어서 들어보자.

---

21) 엥겔스, "노동조합", 《맑스·엥겔스의 노동조합이론》, p. 127.

경제투쟁은 프롤레타리아트의 정치투쟁과 올바로 결합하는 것을 조건으로 할 때만 노동자 대중의 상태를 영속적으로 개선하고 그것의 진정으로 계급적인 조직을 강화하는 결과를 낳을 수 있다.[22]

경제투쟁과 정치투쟁의 올바른 결합은 임금제도의 완전한 폐지라는 정치투쟁의 목적을 위한 수단으로서 경제투쟁이며, 경제투쟁 그 자체가 정치투쟁과 올바로 결합해야지만 경제투쟁 그 자체도 가능하다는 것을 말한다. 비록 개량이라는 한계를 가지고는 있으나, 노동입법과 제도적 요구 그리고 부르주아 민주주의 투쟁은 노동자계급에게 있어서는 경제투쟁을 올바로 하기 위해서도, 임금제도의 완전한 철폐를 위해서도 매우 중요한 의미를 가진다. 특히나 수많은 노동자들의 투쟁을 통해 쟁취했던 성과가 파괴되고 있는 공황기 파쇼적 정세에서 경제투쟁과 정치투쟁의 올바른 결합의 중요성은 더욱더 큰 의미를 가진다.

2) 2016년 투쟁

2014년부터 심화된 한국 자본주의의 공황은 지금도 여전히 그 위력을 발휘하고 있다. 이러한 경제위기에서 노동자계급을 상대로 한 자본과 정권의 폭압적 구조조정 공세는 더 이상 물러섬 없는 투쟁을 요구하고 있다. 특히 박근혜 정권의 반민주적 작태에 맞선 민주주의 투쟁은 노동자계급에게 경제투쟁과 정치투쟁의 올바른 결합이라는 과제를 던져주고 있다. 2016년 노동자계급의 투쟁 요구는 1)부실 및 대자본의 국유화, 2)실질임금 하락 없는 노동시간 단축으로 일자리 쟁취, 3)언론·출판·결사·집회·사상과 양심의 자유를 통한 민주주의 사수 투쟁으로 집중되어야 한다. 이러한 2016년 노동자계급의 투쟁의 성과는 바로 노동자계급의 대중조직인 민주노총의 강화와 함께 해방세상 건설의 주체인 노동자계급 정당 건설로 이어져야 한다.

---

22) 레닌, "RSDLP 통일 대회에 제출하는 전술 강령", ≪전집≫ 10권, p. 145.

(1) 부실 및 대자본의 국유화를 통한 고용안정 쟁취 투쟁

4·13 총선이 끝나자마자 자본과 정권은 조선업을 시작으로 공황기 부실기업에 대한 강도 높은 구조조정을 주문하고 있다. 구조조정은 자본의 집적과 집중의 고도화 과정으로 이어진다. 경쟁력 있는 자본을 중심으로 자본의 집중을 구체화하고, 이 과정에서 인민의 세금으로 형성된 공적자금으로 자본을 지원하는 방식이다. 서부경남지역과 부산·울산을 중심으로 한 조선 산업의 구조조정은 단순한 지역경제의 파산의 문제가 아니라, 구조조정의 과정에서 길거리로 밀려나는 수많은 노동자들의 실업의 문제이다. 최소한의 사회안전망이라 할 수 있는 실업수당이나 혹은 연금 등의 문제조차 긴축 재정 등으로 한 치도 양보할 수 없다는 한국 자본주의 상황에서 노동자계급에게 실업의 문제는 곧 죽음을 의미한다. 자본가계급에게 구조조정을 중심으로 한 자본 집중 고도화만이 살길이라면, 노동자계급에게는 부실기업을 비롯한 대기업의 즉각 국유화 요구를 통한 고용보장이 살길이다. 그 어떠한 이유로도 노동자계급의 죽음을 의미하는 해고를 받아들일 수는 없기 때문이다.

(2) 실질임금 하락 없는 노동시간 단축으로 일자리 쟁취 투쟁

한국 자본주의 공황에 대한 자본의 대응은 공무원 연금법 및 노동법 개악, 해고의 자유, 성과연봉제 도입, 정년 보장 미명하에 자행되는 임금피크제 도입 등 노동자의 임금수준 저하와 장시간의 노동 요구이다. 이는 설사 해고되지 않아도 해고로부터 나타나는 고통과 별반 차이가 없는 살인적 고통을 요구하는 것이다. 작금의 공황은 재화의 생산이 부족하여 나타나는 공황이 아니라, 과잉생산으로부터 나타나는 자본주의만의 특수한 현상이다. 공황으로 나타나는 고통은 공황의 원인 해소를 통해 극복할 수밖에 없다. 즉 과잉생산으로 표현되는 자본주의 근본모순인 생산의 사회적 성격과 소유의 사적 성격 간의 모순의 해소를 통해서만이 완전하게 공황으로부터의 고통을 해소할 수가 있다. 자본의 집적의 고도화 전략에서 제출되고 있는 임금삭감과 장시간 노동에 맞선 노동자계급의 투쟁은 바로 임금삭감 없는 노동시간 단축을 통한 일자리 창출이다. 혹자들은 이야기한다. "이것이 과연 가능한가? 아니 설사 노동자계급 투쟁이 광범위하게 전개되어도 공황이라는 조건에서 부르주아들이 받아들일 수 있는 요구인가?"라고. 공황은 자본가계급의 위기이다. 동시에 노동자계급의 위기이면서 새로운 사회로의 전환에 대한 기회이기도 하다. 공황이라는 작금의 상황에서 노동자계급에게 더 이상의 양보는 죽음을 의미한다. 양보와 타협의 문제가 아니라, 삶과 죽음의 문제임을 분명히 한다면 더 이상 양보란 있을 수 없다. 앉아서 죽음을 맞이할 것인가? 아니면 위기를 기회로 전환하는 투쟁을 통해 생존을 확보할 것인가? 문제가 이와 같다면, 더 이상 양보나 혹은 부르주아들이 받아들일 것에 대한 걱정은 집어치워야 하지 않을까?

(3) 박근혜 정권의 파쑈적 공세에 대해 전 민중과 함께 민주주의 사수 및 확장 투쟁

박근혜 정권은 출범과정에서 저들이 정한 규칙인 의회제 민주주의조차 부정하는, 국정원을 동원한 부정선거를 통해 권력을 찬탈했다. 세월호, 옥시 가습기 사건 등 수많은 인민이 사건 사고로 죽어가고 있음에도 불구하고 저들은 그들의 일이 아닌 양 하고 있을 뿐이다. 한 걸음 더 나아가 통합진보당 해산과 언론·출판·결사·집회·사상과 양심의 자유조차 부정을 하는 등 반민주적·파쑈적 행보를 걷고 있다. 이러한 박근혜 정권의 반민주적 행보는 노동자계급뿐만 아니라 여타의 계급에게 있어서도 인간의 생존에 절대적으로 필요한 산소를 빼앗듯이 노동자 인민을 낭떠러지로 내몰고 있다. 이에 노동자계급의 해방세상으로 진군하기 위해서도, 최소한의 인간생존에 필요한 공기를 획득하기 위해서도, 파쑈적 반민주 작태에 맞선 민주주의 투쟁은 절대적으로 필요하다. 공황기 구조조정에 반대하는 노동자계급의 부실기업·대기업의 국유화 투쟁, 실질임금 삭감 없는 노동시간 단축으로 일자리 쟁취 투쟁의 승리를 위해서도, 노동자계급의 반파쑈, 민주주의 투쟁은 중요한 의미를 가진다.

(4) 살인적 구조조정에 맞선 투쟁, 파쇼적 반민주에 대응하는 투쟁의 성과가 노동자계급 정당 건설의 기초 다지기로

공황은 부르주아들에게 있어 위기이자, 동시에 노동자계급에게 있어 위기이자 기회이다. 양보와 타협이 불가능한 적대적 긴장도가 최고조에 이르는 공황 상태는 노동자계급이건 자본가계급이건 양보 그 자체가 계급으로서의 죽음을 의미한다. 공황기 노동자계급의 부실기업·대기업의 국유화와 실질임금 삭감 없는 노동시간 단축을 통한 일자리 창출과 반민주에 맞선 반파쑈 민주화 투쟁은 공황기 노동자 민중의 숨통을 열어주는 역할에서 한 걸음 더 나아가 새로운 사회로의 전망을 가능하게 하는 투쟁이다. 이에 공황기 노동자계급 투쟁의 모든 성과는 곧이어 전개될 새로운 사회로의 전환을 위한 가장 강력한 수단인 노동자계급 정당 건설의 성과로 모아져야 할 것이다.

5. 나오며

필자는 2014년부터 심화된 한국 자본주의 경제위기에서 노동자계급이 취해야 할 경제투쟁과 정치투쟁의 올바른 결합, 그리고 정치투쟁의 주요한 영역인 민주주의 투쟁에 대해 노동자계급의 어떠한 태도를 가져야 할 것인가를 이야기했다. 경제투쟁은 개별 자본과 개별 자본가 집단을 상대로 노동자계급의 임금과 노동시간을 중심으로 한 노동조건 개선 투쟁을 의미한다. 정부를 상대로 노동입법 및 제도적 요구 투쟁과 보통 선거권 획득 등 인민의 권리를 확대하기 위한 투쟁, 민주주의를 위한 투쟁, 노동자 정치권력을 쟁취하기 위한 노동자계급의 투쟁은 정치투쟁이다. 그리고 경제투쟁과 정치투쟁은 우선순위의 문제가 아니다. 임금제도 철폐라는 정치적 목표를 수행하기 위한 수단으로서의 경제투쟁, 이러한 수단으로서 올바른 자리매김이 경제투쟁을 충실하게 수행하게 하고 그것이 바로 경제투쟁과 정치투쟁의 올바른 결합이다.

민주주의는 현실과 동떨어진 관념적 개념이 아니라 현실에 대한 표현이다. 봉건사회의 신분제질서에 대한 대안으로 제출된 자본주의의 민주주의는 부르주아 민주주의이다. 이러한 부르주아 민주주의는 의회제 민주주의로 표현된다. 생산의 사회적 성격과 소유의 사적 성격이라는 자본주의 모순의 특징인 의회제 민주주의는 시민사회와 정치사회와의 분리를 제도화한다.

그러하기에 부르주아 민주주의·의회제 민주주의는 자본주의 사회를 존속시키는 역할을 하며, 부르주아 독재의 또 다른 이름이다. 공황이라는 자본의 위기에는 부르주아 민주주의가 훼손될 가능성이 매우 높아지며, 이러한 현상은 파쑈적 형태로 나타난다. 자본주의 위기·공황이 노동자계급에게 미치는 영향은 민주주의 훼손을 통한 파쑈적 흐름과 살인적 구조조정으로 나타난다. 자본의 위기인 공황은 노동자계급에게 있어 위기이자 곧바로 새로운 사회로의 전환을 위한 기회이다. 이에 노동자계급에게 있어 한국 자본주의 공황은 새로운 사회로의 전환에 대한 기회이자 곧 해방된 사회 건설의 주체인 노동자계급 정당 건설의 토대를 구축할 수 있는 시기이다.

맑스는 '역사'를 인간의 활동이라 규정하였다. 노동자계급의 투쟁, 인간의 활동이 바로 역사를 개척해 간다.

> 역사가... 마치 하나의 개별적인 인격이라도 되는 듯이, 그 자신의 목적을 실현시키기 위해 인간을 활동하게 하는 것이 아니다. 역사는 다만 자기 자신의 목표를 추구하는 인간의 활동일 뿐이다.[23]

2016년 현재, 우리들의 투쟁은 역사를 만들어 가는 투쟁이며, 거스를 수 없는 역사발전의 진군을 의미한다. 공황기에서 민주주의를 위한 노동자계급의 진군은 바로 내가 딛고 있는 현실로부터 시작함을 의미한다. **노사과연**

---

23) 맑스, "최근 프로이센의 검열제도에 대한 견해", *Collected Works*, Vol. 1., pp. 10-11.

■ 참고자료

권정기(2016), "노동자계급은 경제위기에 어떻게 대응 할 것인가", ≪정세와 노동≫(2016. 5.), 노사과연.

권정기(2016), "노동자계급은 주도하는 반파쇼 민주주의 통일전선을 구축하자", ≪정세와 노동≫(2016. 1.), 노사과연.

김상복(1991), ≪노동조합운동의 전략과 전술≫, 새길.

김수행(2006), ≪자본주의 경제의 위기와 공황≫, 서울대학교 출판부.

김태균(2015), "한국 노동자계급의 경제공황기 대응 방안", ≪노동사회과학 제8호: 파시즘인가 사회주의인가≫, 노사과연.

레닌, "RSDLP 통일 대회에 제출하는 전술 강령", ≪전집≫ 10권.

레닌, ≪국가와 혁명≫, 논장.

레닌, ≪레닌저작집1≫, 전진.

레닌, ≪무엇을 할 것인가≫, 거름.

문영찬(2014), "세계정세와 반 박근혜 전선의 유지, 발전의 조건", ≪정세와 노동≫(2014. 10.), 노사과연.

문영찬(2015), "반파쇼 민주주의 전선 구축을 위하여", ≪정세와 노동≫(2015. 5.), 노사과연.

엥겔스, "노동조합", ≪맑스·엥겔스의 노동조합이론≫.

엥겔스, ≪프로이센의 군사문제와 독일의 노동자 당≫(≪맑스·엥겔스 저작선집≫ 3권), 박종철출판사.

채만수(2013), ≪노동자 교양경제학≫(6판), 노사과연.

채만수(2008), ≪피억압의 정치학≫, 노사과연.

칼 마르크스(1843), ≪헤겔 법철학의 비판≫, 아침.

칼 마르크스(1845), ≪신성가족≫, 편집부, 이웃(1990).

칼 마르크스(1866), ≪맑스·엥겔스의 노동조합 이론≫, 이경숙 옮김, 새길(1988).

칼 마르크스(1976), "제6회 라인주 의회의 투쟁".

칼 마르크스, ≪≪프랑스에서의 내전≫을 위한 제1초고≫.

칼 마르크스, ≪자본론≫ 3권.

크리스 하먼(1995), ≪마르크스주의와 공황론≫, 김종원 옮김, 풀무질.

지젝의 이데올로기론 비판과 맑스주의 이데올로기의 재건을 위하여

신재길 | 회원

[목차]
1. 들어가며
2. ≪이데올로기의 숭고한 대상≫에 나타난 지젝의 이데올로기론
3. 지젝의 이데올로기론의 문제점
    1) 이데올로기 개념에 대한 왜곡
    2) 화폐 물신성 개념에 대한 왜곡
    3) 지젝이 말하는 '욕망의 실재'는 자본의 욕망에 다름 아니다.
4. 인간본질과 허구적 이데올로기의 극복
    1) 인간의 본질은 '사회적 관계의 총체'
    2) 인간본질과 인간실존간의 괴리와 그 극복방향

1. 들어가며

쏘련이 붕괴된 이후 제국주의 진영에서는 '역사의 종말'이니 '이데올로기 시대의 종언'이니 하며 현시대를 규정하려 하였다. 이들이 말하는 역사의 종말은 자본주의가 영원할 것이라는 자신감과 희망을 말한 것이고, 이데올로기 시대의 종언은 사회주의 이념의 좌절을 표현한 것이다. 이러한 자본가들의 바람에도 불구하고 2008년 대공황이 자본주의를 엄습해 왔다.

그리고 그 여파는 아직도 진행 중이다. 이에 진보진영은 고무되어 성급하게 자본주의 붕괴 날짜를 점치는 이들도 등장하기까지 하였다.

하지만 자연발생적으로 자본주의가 붕괴되고 새로운 사회가 도래하는 일은 있을 수 없다. 자본주의를 극복하고자 하는 노동자·민중 중심의 대안세력이 있어야 한다. 그리고 이들이 목적의식적으로 새로운 사회를 건설해 가야 자본주의를 넘어설 수 있는 것이다. 자본주의에서 사회주의로의 이행은 이전의 사회구성체에서의 이행과 근본적인 차이가 있다. 봉건제에서 자본제로의 이행은 자본제적 생산관계가 봉건제 내에서 발생하고 이에 기반하여 부르주아 정치혁명이 수행되어 자본주의 사회가 이룩되었다. 그러나 자본주의에서 사회주의로의 이행은 먼저 정치권력을 노동자·민중이 장악하고 이 정권의 힘으로 사회주의적 생산관계를 건설해 간다. 이런 이행과정의 특징은 정치투쟁이 경제투쟁에 우선한다는 점과 목적의식적 계획이 자생적 과정보다 중요하다는 점이다. 이 두 가지 특징을 떠받치는 것이 노동자·민중의 이데올로기이다. 따라서 경제적 상황보다 이데올로기적 헤게모니가 사회주의 변혁에 있어 더 중요한 요소로 작용하게 된다.

2008년 대공황 이후 신자유주의 이데올로기는 자신의 허구성을 스스로 폭로하며 그 영향력을 상실해 가고 있다. 그러나 노동자·민중진영은 아직 자신의 이데올로기를 재건해 내지 못하고 있다. 그 결정적 요인 중 하나가 자유주의 이데올로기가 소위 진보진영을 대변하고 있으며 그 힘이 노동자·민중진영에도 미치고 있는 것이다.

자유주의 이데올로그 중 남한에서 막대한 영향을 미치고 있는 이가 소위 '세계적'학자인 지젝이다. 본고에서는 지젝의 주요저작인 ≪이데올로기의 숭고한 대상≫을 중심으로 그의 이데올로기론을 비판적으로 검토하고 맑스주의 이데올로기론의 재건을 모색해 보고자 한다.

2. ≪이데올로기의 숭고한 대상≫에 나타난 지젝의 이데올로기론

≪이데올로기의 숭고한 대상≫이 쏘련 붕괴 직전에 쓰여진 책이라 냉전 종식의 시대상황을 반영하지 못하는 한계가 있다. 하지만 지젝의 이데올로기론의 기본적 틀이 이 책에서 비롯된다는 점에서 볼 때, 그리고 이 책에서 나타난 관점이 지금까지 이어진다는 점에서 이 책을 중심으로 지젝의 이데올로기론을 검토하기로 하자.

지젝에 따르면 우리는 탈이데올로기 시대를 살고 있는 게 아니라, 냉소주의라는 이데올로기에 지배되는 이데올로기 시대에 살고 있다.

> 이데올로기 개념은 일종의 기본적이고 구조적인 **순진함**을 함축한다. 자신의 실질적인 조건들에 대한 오인, 그리고 소위 사회적인 현실과 우리의 왜곡된 표상 사이의 거리와 차이, 그것에 대한 우리의 허위의식 등등이 그것이다.[1] (강조는 지젝.)

지젝은 이렇게 고전적 이데올로기 개념을 허위의식으로 정의하고 이 개념이 오늘날 적용 가능한가 자문하고는 부정적으로 대답한다. 그리고 새로운 냉소주의적 이데올로기를 제기한다.

> 우리의 문제는 이 순진한 의식으로서의 이데올로기 개념이 오늘날 세계에도 여전히 적용할 수 있는가라는 것이다.[2]

'그들은 자신들이 무슨 일을 하고 있는지 잘 알고 있지만 그럼에도 여전히 그것을 하고 있다.' 냉소적인 이성은 더 이상 순진하지 않다. 그것은 계몽된 허위의식의 역설이다. 우리는 그것이 거짓임을 아주 잘 알고 있다. 우

---

1) 지젝, ≪이데올로기라는 숭고한 대상≫, 인간사랑, p. 60.
2) 같은 책, p. 61.

리는 이데올로기적인 보편성 뒤에 숨겨져 있는 특정 이익에 대해 잘 알고 있다. 하지만 그렇다고 그것을 포기하진 않는다.[3]

따라서 그런 냉소적인 이성 앞에서 전통적인 이데올로기 비판이 더 이상 힘을 쓸 수 없음은 자명한 일이다.[4]

결국 냉소주의 이데올로기가 지배하는 이데올로기 상황에서 고전적 이데올로기 이론은 힘을 쓸 수 없기에 새로운 이데올로기론이 필요하다는 말이다. 지젝은 이데올로기가 작동하는 지평에 대한 의문으로부터 시작한다.

이데올로기적인 환영의 자리는 어디인가? '지식'인가, 아니면 현실인가, 아니면 현실 속에서 '행동'인가? 언뜻 보기에 대답은 자명한 듯하다. 즉 이데올로기적인 환영은 '지식'에 위치해 있는 듯하다.[5]

지젝은 이데올로기의 지평에 대한 의문으로부터 고전적 이데올로기론에 대한 비판적 의문을 제기하고 고전적 이데올로기론의 대표로 맑스주의를 무대에 세운다.

우리는 '물화(物化)'에 대한 고전적인 마르크스주의의 모티브를 만나게 된다. 즉 우리는 사물의 이면에서 사물들 간의 관계 이면에서 사회적인 관계, 인간 주체들 간의 관계를 탐색해야 한다는 것이다.
하지만 마르크스의 공식을 그런 식으로 읽는다면 개인들이 행하고 있다고 생각하거나 알고 있는 수준에서뿐만이 아니라, 이미 사회현실 자체 속에서 그들이 행하고 있는 것의 수준에서도 작동하고 있는 왜곡, 환영, 오류 등을 그대로 남겨두게 된다. 개인들이 돈을 사용할 때, 그들은 거기에 마술적인 것이 아무것도 없다는 것을 잘 알고 있다.[6]

---

3) 같은 책, p. 62.
4) 같은 책, p. 63.
5) 같은 책, p. 64.

냉소주의적 개인들은 자신이 하는 행위의 의미를 잘 알면서도 그렇게 행한다는 것이고, 맑스는 이런 냉소주의적 인간을 보지 못했다는 점을 비판한다.

여기서 ≪매트릭스≫라는 영화에 나오는 한 장면이 연상된다. 저항군을 배신하고 감각적 즐거움에 만족해하는 이전의 저항군이었던 사람이 고급 식당에서 맛있어 보이는 스테이크를 먹고 있었다. 그 사람 앞에 옛 저항군 동료가 다가와서 이 모든 것은 허구임을 일깨워 준다. 이에 대해서 그 배신자는 자기도 다 알고 있다고 대답한다. 이 스테이크가 단지 인공단백질에 불과하다는 것, 실제로는 아무런 맛도 없다는 것, 자신이 맛있게 느끼는 것은 신경회로의 조작에 불과하다는 것, 이 모두 잘 알고 있다고 대답한다. 하지만 그럼에도 불구하고 자신은 이것을 선택할 것이라고 말한다. 이런 이데올로기 상황을 지젝은 다음과 같이 평한다.

> 그들은 이론상으로는 아니지만 실천적으로는 물신주의자들이다. 그들이 '모르는' 것, 그들이 오인하는 것은 사회활동과 현실(상품교환행위) 속에서 자신들이 물신주의적인 환영에 의해 조종당하고 있다는 것이다.[7]

그리고 "환영은 어디에 있는 것인가?"[8] 묻고 답한다.

> 환영은 지식의 측면에 있는 게 아니라 이미 현실 자체에, 사람들이 행하고 있는 것의 측면에 있다. ... 그들은 실제로 사물들의 실상을 잘 알고 있다. 하지만 그들은 여전히 마치 그것을 몰랐다는 듯이 행동한다.[9]

결국 지젝은 이데올로기가 작동하는 지평은 지식의 차원이 아니라 행위의 차원임을 말한다. 우리는 국가권력이 지배계급의 도구임을 잘 안다

---

6) 같은 책, p. 65.
7) 같은 책, p. 66.
8) 같은 책, p. 67.
9) 같은 곳.

는 것이다. 그럼에도 불구하고 새로운 지배자를 선출하기 위해 마치 선거가 주권자의 권리인 것처럼 투표한다는 것이다. 그리고 노동자가 자본가 후보에게 그가 반노동자적 후보라는 것을 잘 알지만 그럼에도 불구하고 마치 아닌 것처럼 행동한다는 것이다. 따라서 자본가 후보의 본질이 반노동자적이라고 폭로한다고 해서 노동자들이 노동자 후보에 표를 주지는 않는다는 것이다.

우리는 '눈을 뜨고 현실을 있는 그대로 보는 것을' 통해 다시 말해 이데올로기적인 스펙터클을 제거하는 것을 통해 이데올로기적인 꿈을 깨뜨리려 하지만 이는 허사이다.[10]

그렇다면 이런 냉소주의적 이데올로기에 대한 지젝의 대응은 무엇인가?

우리가 이데올로기적인 꿈의 위력을 깨뜨리는 유일한 방편은 꿈속에서 자신을 예고하는 욕망의 실재와 대면하는 것이다.[11]

지젝에 있어 이데올로기는 지식의 차원이 아니라 행위의 차원이므로 이데올로기는 모두 현실적 이데올로기다. 현실적 이데올로기는 이데올로기가 허위임을 알고 있더라도 그럼에도 그에 따라 행위하도록 작동하는 힘이다. 따라서 지젝에 있어 이데올로기 문제는 현실이라는 진짜와 이데올로기라는 허위의식의 대립구도가 될 수 없다. 지젝은 '욕망의 실재'와 이데올로기적 행위를 대립시킨다. 지젝에 의하면 '욕망의 실재'는 현실적 행위구조에 포섭되지 않은 실재의 부분이라고 한다. 이런 '욕망의 실재'의 예로 지젝은 계급투쟁을 든다.

---

10) 같은 책, p. 93.
11) 같은 책, p. 94.

3. 지젝의 이데올로기론의 문제점

1) 이데올로기 개념에 대한 왜곡

지젝은 고전적 이데올로기 개념을 ≪자본론≫에 나오는 맑스의 유명한 말인 "그들은 그것을 알지 못한 채 행하고 있다"를 인용하면서 '허위의식'이라고 개념정의를 한다. 맑스주의 이데올로기 개념을 단순히 허위의식이라고 정의 내리는 것은 단순화의 잘못을 넘어 왜곡을 감행하고 있는 것이다. 지젝의 맑스주의 이데올로기 개념에 대해서 복잡한 논거를 제시할 필요도 없이 사전적 정의와 대비해 봄으로써 그 왜곡의 심각성을 드러낼 수 있다.

이데올로기의 사전적 정의는 다음과 같다.

> 특정한 계급이익을 표현하며 또 그에 상응하는 행동규범, 입장, 가치평가를 포괄하는 사회적(정치적, 경제적, 법적, 교육적, 예술적, 도덕적, 철학적 등) 견해의 체계[12]

이러한 맑스주의적 이데올로기 개념에는 소위 '허위의식'이라는 요소는 조금도 들어있지 않다. 다만 이데올로기가 계급의 이익을 표현하는 사상의식이므로 부르주아 이데올로기와 노동자·민중 이데올로기로 나뉘고 부르주아 이데올로기는 그 계급적 한계로 허위의식에 머물게 된다. 부르주아 이데올로기는 부르주아지의 착취적 성격을 은폐하고 정당화시키는 역할을 해야 하기에 현실의 불평등과 자본주의의 착취구조를 옹호, 은폐할 수밖에 없다. 따라서 부르주아 이데올로기는 '허위의식'이다. 그러나 노동자·민중의 이데올로기는 노동자·민중의 이익을 표현하기에 현실을 있는 그대로 반영하게 된다. 따라서 노동자·민중의 이데올로기는 진리인 것이다. 지젝은 이데올로기를 바라볼 때 계급적 관점에 서 있지 못하므로 이

---

[12] ≪철학대사전≫, 동녘, p. 1020.

데올로기 일반을 허위의식으로 왜곡하고 있다. 이데올로기는 계급적 이익을 반영하기에 허위적 이데올로기와 진실된 이데올로기로 나뉜다. 이데올로기는 계급적 성격을 띠는 것이다. 계급적 입장에 서지 않고 이데올로기 일반을 허위의식이라고 하는 것은 실은 '노동자·민중의 이데올로기도 허위의식이다'라는 허위의식을 유포하기 위한 수단이다.

다음으로 지젝은 이데올로기를 지식의 차원에 한정한다. 그리고는 행위와 대립시킨다. 이는 또 다른 왜곡이다. 맑스주의에서 이데올로기는 '행동규범'의 체계이다. 행동규범은 사람의 행동을 규제하는 역할을 한다. 행동규범으로서의 이데올로기는 사람들의 행동의 방향과 목적을 규정하며 행동과정을 조절, 통제한다. 따라서 사람은 이데올로기적인 신념과 의지의 정도에 따라 행동에 있어 적극성과 능동성이 달라진다. 이데올로기는 단순한 지식이 아니라 행동규범인 것이다. 단순히 지식의 문제라면 알고도 앎과 반대로 행할 수도 있고, 지식이 현실의 조건과 괴리가 발생해 아는 대로 행할 수 없을 수도 있다. 의지가 없거나 능력의 부족으로 아는 대로 행하지 못하는 경우도 있다. 그러나 행위규범은 다르다. 행위규범은 지식의 차원이 아니라 신념이나 의지, 도덕이나 관습의 차원이다. 즉 행동규범은 사유, 의지, 감정 등이 일정한 이상, 목적 등을 이루기 위해 마땅히 따라야 할 법칙과 원리이다. 모든 사람은 사회적, 계급적, 또는 개인적 행동규범을 가지고 있다. 사람인 이상 정도의 차이는 있을지라도 행동규범 없이 행동할 수는 없다. 따라서 지젝처럼 이데올로기를 단순히 지식의 차원으로 협소화시키는 것은 이데올로기의 본질을 알지 못하는 것이다. 이는 무지를 넘어 노동자·민중으로부터 사회주의 이데올로기를 분리시키려는 의도에 복무하게 된다.

또한 이데올로기는 가치평가의 체계이며, 사람의 가치를 평가하는 기준이기도 하다. 행동규범은 가치평가에 근거하고 있으며 사물의 가치나 인간의 행위에 대한 가치평가는 평가하는 사람이 어떤 이데올로기를 가지고 있는가에 따라 달라진다. 즉 사람들이 어떤 행동을 한다는 것은 그 사람이 어떤 가치관을 가지고 있는가에 근거한다. 따라서 사람이 행하는 행동이 그 사람의 가치를 평가하는 기준이 된다면 가치관으로서의 이데올로기는 그 사람 자체의 가치를 평가하는 중요한 기준이 된다. 우리는 사람의 가치를 평가할 때 사회에 얼마나 기여했는가, 그 사람이 어떤 행동을 하는가를 보고 판단하게 된다. 그러나 사람의 행동과 그 결과만 가지고 그 사람의 가치를 평가하는 것은 잘못된 평가일 수 있다. 불순한 동기를 가지고 한 행위가 우연하게 사회적으로 기여한 바가 될 수 있기 때문이다. 이런 경우 우리는 그런 사람의 가치를 높게 평가하지 않는다. 어떤 행동의 동기나 의도, 목적 등도 함께 고려하여 평가할 때 그 행동의 의미를 올바르게 평가할 수 있게 된다. 사람의 행동의 동기, 의도, 목적 등을 규정하는 것이 가치관으로서의 이데올로기이다. 따라서 어떤 사람의 가치를 평가할 때 그 행동과 더불어 그 사람의 이데올로기를 기준으로 삼아야 한다.

이상에서 볼 수 있듯이 지젝의 이데올로기 개념은 철저히 부르주아지의 입장에 서 있다. 다음으로 지젝이 맑스의 물신성 개념을 어떻게 왜곡하는지를 보자.

2) 화폐 물신성 개념에 대한 왜곡

지젝은 부르주아 이데올로기의 허위의식에 대한 물적 기반으로 화폐 물신성을 인정한다. 그러나 그는 물신성 개념을 전혀 잘못 이해하고 있다.

> 상품물신의 본질적인 특징은 흔히 말하는 듯이 인간을 사물로 대치하는데('인간들 간의 관계가 사물들 간의 관계의 형식을 취하고 있다') 있지 않다. 오히려 그것은 구조화된 네트워크와 그 요소들 중의 하나가 이루고 있는 관계에 대한 어떤 오인에 있다. 진정으로 구조적인 효과라고 할 수 있는 것, 요소들이 맺고 있는 관계들의 네트워크의 효과라 할 수 있는 것이 요소들 중의 하나의 직접적인 속성으로 나타난다.[13]

---

13) 지젝, 앞의 책, p. 52.

A는 마치 B에게는 A의 등가물이 되는 것이 A의 '반영적인 규정'이 아니라는 듯이 B와 관계 맺는다. 다시 말해 마치 B가 본질적으로 이미 A의 등가물이 된 것처럼 관계 맺는 것이다.[14]

인용문에서 볼 수 있듯이 지젝은 화폐 물신성을 모든 상품들과 특수한 상품인 화폐와의 관계로 왜소화시킨다. 그리고 화폐가 물신성을 갖는 것은 상품관계의 '네트워크 효과' 때문이라고 한다. 그리고 이를 프로이트의 꿈분석과 동일시한다.

그 해답은 마르크스의 해석절차와 프로이트의 해석절차 사이에, 보다 정확히 말하자면 상품분석과 꿈분석 사이에 근본적인 상동관계가 있다는 데 있다. 두 경우 모두 요점은 형식 뒤에 숨겨져 있다고 추정되는 '내용'에 대한 물신적인 현혹을 피하는 것이다. 분석을 통해 밝혀져야 하는 '비밀'은 형식(상품의 형식, 꿈의 형식)이 숨기고 있는 내용이 아니라. 그 **형식 자체의 '비밀'**이다.[15] (강조는 지젝.)

진짜 문제는 상품의 '숨겨진 중핵(그것이 생산되면서 소비되는 노동의 양에 의해 그 가치가 결정되는 것)' 속으로 들어가는 것이 아니라 왜 노동이 상품가치의 형식을 띠고 있는지를, 왜 그것은 오로지 생산물의 상품형식으로만 자신의 사회적인 특성을 단언할 수 있는지를 설명하는 것이다.[16]

지젝에 의하면 상품형식의 효과 때문에 노동은 상품형식을 취할 수밖에 없다고 한다. 그는 상품형식의 효과를 '가정의 성격'이라고 한다.

실질적인 교환행위에 함축되어 있는 '마치~인 듯이'라는 가정의 성격을 지니고 있다. 교환행위가 일어나는 동안 개인들은 마치 산출과 부패의 자연

---

14) 같은 책, p. 54.
15) 같은 책, p. 33.
16) 같은 책, p. 34.

적인 순환으로부터 배제되어 있다는 듯이 행동하는 것이다. 물론 '의식'의 수준에선 그들도 그렇지 않다는 것을 '잘 알고 있지만' 말이다.17) (강조는 지젝.)

상품형식의 네트워크 효과가 '잘 알고 있지만 마치 모르는 듯이' 행위하는 냉소적 주체를 가능하게 한다는 것이다. 이를 지젝은 '이데올로기적 환상'이라고 한다. 지젝에 있어 이데올로기적 환상은 현실에 없는 것을 있는 것처럼 느끼거나 생각하는 상념이 아니다. 지젝의 이데올로기적 환상은 주체가 자신들의 욕망을 구조화하고 조직하는 방식이다. 바로 상품형식이 주체들이 자신의 욕망을 구조화하고 조직하는 방식이라는 것이다.

지젝은 '형식 이면의 비밀이 아닌 형식 그 자체의 비밀'을 **마치** 맑스가 고전파경제학자들을 비판하면서 주장한 **듯이** 말하고 있다. 하지만 맑스는 지젝류의 '속류'학자들을 이미 ≪자본론≫에서 비판하였다. 맑스가 지젝을 어떻게 비판하는지 보자.

> 고전파경제학에 반대해 중상주의가 부활했는데 (가닐 등), 이들은 가치에서 **오직 사회적 형태만을**, 또는 오히려 사회적 **형태의 실체 없는 외관만을** 보고 있다.18) (강조는 인용자.)

지젝이야 말로 '형식 그 자체'를 강조하면서 '실체 없는 외관'의 효과만을 강조하고 있는 것이다. 지젝이 ≪자본론≫을 인용한 부분은 다음과 같다.

> 노동생산물이 상품형태를 취하자마자 발생하는 노동생산물의 수수께끼와 같은 성격은 어디에서 오는가? 분명히 이 형태 자체에서 오는 것이다19)

여기에서 지젝은 '형태 자체에서 오는 것'을 강조하면서 중상주의자들

---

17) 같은 책, p. 43.
18) 맑스 저, 김수행 역, ≪자본론≫ 1권(상), 비봉출판사, p. 104, 각주 34.
19) 같은 책, p. 92.

이 범한 오류를 맑스의 이름으로 반복하고 있다. 지젝은 상품의 신비한 성격이 상품의 사용가치에서 나오지 않는다면 상품형태 그 자체에서 나온다고 말하고 있다. 그러나 맑스는 지젝이 인용한 문장에 이어 다음과 같이 덧붙이고 있다.

> 왜냐하면, 각종 인간노동이 동등하다는 것은 노동생산물이 가치로서 동등한 객관성을 가진다는 구체적 형태를 취하며, 인간노동력의 지출을 그 계속시간에 의해 측정하는 것은 노동생산물의 가치량이라는 형태를 취하며 끝으로, 생산자들 사이의 관계[그 속에서 그들의 노동의 사회적 성격이 증명된다]는 노동생산물 사이의 사회적 관계라는 형태를 취하기 때문이다.[20]

결국 상품형태 그 자체를 맑스가 강조한 것은 '관계들의 네트워크 효과' 때문이 아니라 상품형태가 보이지 않는 추상노동의 물적 대상화이며 그것의 사회적 외화의 형식이기 때문이다.

맑스는 고전파경제학자들이 내용만 보고 그 외화 형태를 간과한 것과 중상주의자들이 그 형식만 보고 본질과 내용을 보지 못한 것을 동시에 비판하고 있는 것이다. 그런데 지젝은 중상주의자들이 고전파경제학자들을 비판한 것을 가지고 **마치 맑스가 한 것처럼** 왜곡하고 있다. 더욱이 맑스는 중상주의자들을 고전파경제학자들에 대비하여 속류경제학자들이라고 경멸적으로 부른 것은 주지의 사실이다. 지젝은 이 경멸적인 속류경제학의 견해를 또다시 반복하고 있는 것이다.

3) 지젝이 말하는 '욕망의 실재'는 자본의 욕망에 다름 아니다.

지젝은 이데올로기적 꿈의 위력을 깨기 위한 방편으로 '욕망의 실재'와 대면할 것을 제안한다. '욕망의 실재'를 지젝은 '동일한 외상적인 중핵', '상징화를 비켜가는 실재의 잔여물', '잉여대상', '잉여향락' 등으로 표현하고 있다. 이를 지젝은 잉여가치와 등치시킨다.

---

[20] 같은 곳.

이것이 바로 잉여가치(자본주의적 생산양식을 가동시키는 '원인')와 욕망의 대상-원인 잉여향락사이의 상동관계이다.[21]

이 잉여향락은 자본주의가 '자신의 한계를, 자신의 무능력을 힘의 근원으로 변형'시키는 역할을 한다. 지젝은 자본주의의 내적 모순이 자본주의를 붕괴시키는 것이 아니라 오히려 자본주의를 '영구적으로 재생산'될 수 있도록 하는 힘이라고 한다.

자본주의는 끊임없이 자신의 생산조건들을 발달시켜 영구적으로 재생산될 수 있도록 하는데, 이는 바로 그것의 내재적인 모순 덕분이다.[22]

잉여향락을 규정하는 것은 바로 이러한 역설이다.[23]

지젝에게 있어 욕망은 생물학적 욕구를 넘어서 있다고 한다. 생물학적 욕구는 욕구가 채워지면 만족하게 되고 욕구는 사라진다. 그러나 지젝이 말하는 욕망은 채워지지 않는 결여를 조건으로 하기 때문에 만족을 모른다. 이 점에서 자본과 닮아 있다. 지젝의 정신분석학적 욕망은 인간의 보편적 욕망이 아니라 자본주의라는 역사적으로 제한되고, 계급적으로는 자본가에 한정된 특수한 욕망이다. 잉여가치가 자본의 욕망 대상이자 욕망의 원인인 점에서 '잉여향락'과 상동관계이다.

지젝이 말하는 '욕망의 실재'로서의 계급투쟁은 결국은 잉여가치를 '대상-원인'으로 하고 있는 것이다. 잉여가치를 '대상-원인'으로 하는 욕망이란 자본의 욕망에 다름 아니다. 이데올로기의 환상을 깨라는 말은 결국은 부르주아가 되어 잉여가치를 욕망하라는 말이다. 복잡한 논리를 따라온 지젝의 이데올로기론은 '억울하면 출세해'라는 속물근성으로 떨어지고 말았다. 물론 지젝은 "그것을 알지 못한 채 행하고 있다."

---

21) 지젝, 앞의 책, p. 101.
22) 같은 책, p. 100.
23) 같은 곳.

이렇듯 인간의 욕망을 자본의 욕망에 등치시키는 것은 지젝이 가지고 있는 인간의 본질에 대한 잘못된 견해에 기인한다. 지젝이 기초하고 있는 인간관은 정신분석학적 인간관이다. 물론 지젝은 프로이트식의 생물학주의에 반대한다고 명시적으로 말하고 있다. 즉 인간의 무의식적 욕망은 사회적 욕망이지 생물학적 욕망이 아니라는 것이다. 하지만 그 사회적 욕망이란 잉여가치를 추구하는 자본의 욕망이지 인간 본질로부터 나오는 욕구나 욕망이 아니다. 욕망과 욕망의 억압이라는 정신분석학적 분석틀은 잉여가치의 추구와 그 좌절(공황)이라는 자본의 운동과정이 개인 심리에 반영된 것에 다름 아니다. 따라서 이런 정신분석학적 틀을 기본으로 한 지젝의 이데올로기 비판은 새로운 부르주아 이데올로기로 작용할 뿐이다. 현실적으로도 신자유주의 이데올로기의 붕괴 이후 지젝이 세계적으로 주목을 받은 것도 이와 무관해 보이지 않는다.
　그럼 이제 맑스주의 입장에서 지젝이 제기한 냉소주의적 이데올로기를 어떻게 보아야 할지 검토해 보자.

4. 인간본질과 허구적 이데올로기의 극복

1) 인간의 본질은 '사회적 관계의 총체'
　맑스주의적 이데올로기비판은 인간의 본질로부터 시작해야 한다. 이데올로기 비판의 중심적 내용은 사회적 존재가 사회적 의식에 반영되고 다시 이 사회적 의식이라는 이데올로기가 어떻게 인간의 실천행동에 작용하여 사회를 변화시키는가를 밝히는 것이다. 즉 사회적 존재인 인간이 어떻게 세계와 자신을 자기의식에 반영하고 이 자기의식이 어떻게 다시 대상화되고 외화되는가 하는 문제가 이데올로기 문제이다. 따라서 인간의 본질에 따라 그 사회적 의식의 대상화와 외화의 방향이 결정된다.
　만약 자본의 욕망이 인간본질의 보편적인 성질이라면 인간은 자본주의에서 행복을 느끼며 자본주의의 유지에 힘쓰게 될 것이다. 그러나 자본의 욕망이 보편적인 인간본질에 반하는 것이라면 사람들은 자본주의사회에서 불행하게 되고 인간본질에 맞는 새로운 사회를 건설하고자 할 것이다.

맑스주의에서 인간본질은 무엇인가?

> 인간적 본질은 어떤 개개인에 내재하는 추상이 아니다. 그것은 현실적으로(In seiner Wirklichkeit) 사회적 관계들의 총체(ensemble)이다.[24]

위 인용은 맑스의 "포이에르바하에 관한 테제" 6번에서 말한 유명한 인간본질에 대한 규정이다. 인간은 본질적으로 사회적 존재라는 것이다. 그런데 이 '사회적'이라는 말의 해석에 여러 왜곡이 있다. 이를 뮈슬리프첸코는 다음과 같이 밝히고 있다.

> 부르조아적 및 수정주의적인 문헌에서는 마르크스의 정식이 난폭하게 비뚤어져 있다. 왜곡은 세 가지 기본적 경향으로 나타난다. 일부는 마르크스가 인간의 본질을 현존의 사회적 제 관계, 주어진 사회체제와 동일시한 것으로 이 명제를 해석하고 있다. 다른 것은 마르크스가 인간의 이해를 단지 생산제관계만의 총체로 환원하였다고 해석하고 있다. 제3의 것은 마르크스의 테제가 인간의 능동적, 활동적 본질을 나타내고 있지 않다고 주장하고 있다.[25]

이러한 왜곡은 '현실적으로(In seiner Wirklichkeit)'라는 말의 잘못된 해석에 기인한다고 뮈슬리프첸코는 지적한다.

> 종종 이 문구는 '실제로는'으로, 혹은 객체(사회구조)의, 고정화된, 비능동적으로 주어진 것이라는 의미로 이해된다. 이와 같은 이해는 인간의 본질을 너무나도 직선적으로, 또한 무매개적으로 주어진 사회적, 경제적 제관계와 동일시하게 되었다.[26]

---

[24] 맑스, "포이에르바하에 관한 테제", ≪독일이데올로기1≫, 두레, p. 39.
[25] 뮈슬리프첸코, ≪인간≫, 논장, p. 98.

독일어에서 wirklich라는 형용사는 게르만 고유어로 크게 보아 '①현실의, 실제의 ②본래적인, 참된, 진실한'이라는 두 가지 뜻을 지닌다. 따라서 '현실적으로(In seiner Wirklichkeit)'이란 말은 주어진 것으로서의 현실이 아니라 '본래적으로', '참으로'의 의미를 함축한다. 또 Wirklichkeit(현실성)은 헤겔 철학에서 '본질과 실존의 통일 또는 내적인 것과 외적인 것의 통일'이라고 정의된다. 즉 현실성은 내적인 것으로서의 본질이 외적인 것으로서 나타난 것이며, 본질의 발현 그 자체이다. 현실성은 본질과 현상의 통일과정이다. 현실성을 이렇게 해석한다면 인간의 본질을 주어진 사회적, 경제적 제 관계와 동일시 할 수는 없다. 왜냐하면 사회적, 경제적 제 관계는 인간의 본질적 속성의 현실적 외화이기 때문이다. 즉 '사회적 관계들의 총체'란 인간의 어떤 내적인 본질이 외적인 현실로 나타난 것으로 해석해야 할 것이다. 따라서 인간의 본질은 현존하는 경제관계로 환원될 수 없다.

뮈슬리프첸코는 다음과 같이 말하고 있다.

> '그 현실성에 있어서'라는 문구는 정태가 아니라 동태를 의미하고 있다. 즉 인간의 본질적, 현실적 여러 힘이 객관적 실재성으로 전화하는 과정, 그들 여러 힘이 현실로 구체화하는 것을 의미함과 동시에 일정한 사회적 관계, 제도, 문화 등이 인간적 본질의 형성에 대하여 작용하는 역과정, 인간이 스스로의 본질적 힘을 자기 것으로 획득하는 과정도 의미하고 있다. 인간의 본질에 있어서 이 변증법은 그의 노동활동의 과정에서 비로소 실현된다.[27]

또한 현실성개념은 과정을 내포하기에 역사성을 갖는다. 현실성은 가능성이 일정한 조건하에서 필연성을 획득하는 과정이다. '일정한 조건'이란 역사적 조건을 말한다. 이런 의미에서 현실성은 역사적 과정을 포함하게 된다.

---

26) 같은 책, p. 98.
27) 같은 책, p. 99.

'모든 사회적 제관계'의 총체로서 인간본질의 형성은, 이 총체가 현존하고 있는 여러 관계만이 아니라 인류와 인류문화의 역사경험 중 일정한 총체도 포함하고 있다는 것을 의미하고 있다. 마르크스가 지적했던 것처럼 자신의 모든 유적, 본질적 힘을 자신의 내부로부터 끌어내는 인간의 능력은 인류의 총활동에 의해서만, 역사의 결과로서만 가능하다.[28]

그리고 '총체(ensemble)'라는 말의 해석도 문제가 된다. 이 말은 불어에서 온 단어로 우리가 흔히 '앙상블'이라고 알고 있는 말이다. 남한의 무정부주의자들은 이 말을 오케스트라에 비견하여 개인성, 개별성, 단독성을 강조하는 의미로 왜곡한다. 즉 개별 연주자들의 연주가 완전해야 전체연주도 완전할 수 있다는 논리로 개인을 강조한다. '자유로운 개인들의 연합'에서 '자유로운 개인'이 '연합'을 가능하게 한다는 것이다. 그래서 이들은 인간의 본질을 개인의 속성으로 이해하고자 한다.

그러나 원래 ensemble은 한 벌의 조화로운 옷을 말하는 것으로 '전체적인 효과'를 나타내는 말이지 '개별자'의 연합을 의미하는 것이 아니다. 같은 옷이라도 어떻게 코디하느냐에 따라 그 개성이 완전히 달라진다. 이렇듯 개별요소의 특징을 넘어서는 전체적인 효과를 이르는 말이 앙상블이다. 따라서 인간의 본질도 개개인의 속성으로 환원될 수 없는 전체적 효과로서의 성질을 말한다고 할 수 있겠다.

결국 '인간의 본질은 사회적 관계들의 총체이다'라는 말은 인간의 어떤 내적 속성이 사회적 관계들의 효과로 현실화되는 역사적 과정을 의미하게 된다. 즉 인간의 사회적 본질의 외화가 특정한 역사적 조건 속의 사회적 관계의 총체를 형성한다. 그러나 이 특정한 사회적 관계의 총체는 인간의 사회적 본질이 성장함에 따라 인간의 사회적 본질의 발전을 억압하는 요소로 작용하게 된다. 이때 새로운 사회적 관계의 총체로 이행하게 된다. 이 과정의 경제적 표현이 생산력과 생산관계의 상호작용에 관한 것이다.

그렇다면 인간의 사회적 본질은 무엇인가? 인간의 사회적 본질은 개인

---

[28] 같은 책, p. 99.

의 속성이나 현존한 경제관계로 환원될 수 없고 인류의 기원에서 그 시원을 찾아야 한다.

> 지구상에서 인간의 출현은 인류의 기원과 사회의 기원이 합류하는 과정에서 나타난 생물의 독특한 종의 출현을 의미한다.29)

> 인간이라는 종(種)은 주위환경에 대하여 완전히 새로운 생존원리를 실현할 뿐 아니라 진보 그 자체의 본질을 변화시켰다. … 인간으로 진화한다는 생물학적인 법칙이나 수단도 지금에서는 이미 응용될 수 없게 되었다. 사회적 발전이 시작되었다.30)

이상의 인용문에서 알 수 있는 것은 인류의 기원과 사회의 기원이 동일하다는 점과 인류의 출현 즉 사회의 출현은 '완전히 새로운 생존원리'의 실현이라는 점이다. '완전히 새로운 생존원리'는 생물학적 법칙을 넘어서는 '사회적 생존원리'를 말한다. 이 '사회적 생존원리'가 인간의 사회적 본질이다. 맑스는 '사회적인 것'을 "생산이 다수 개인들의 협업으로 이루어진다는 의미이다"고 하였다.

인간이 사회적으로 출현하는 과정에서 생산 즉 노동이 중심적 역할을 한다. 생산이란 자연으로부터 인간의 독립을 의미한다. 루카치는 이를 무구속성(Unbefangenheit)이라고 하였다. 무구속성은 활동에 제약이 없다는 뜻이다. 즉 자유를 말한다. 생산으로 인간은 자연의 제약에서 벗어나기 시작했을 뿐만 아니라 자연을 통제, 지배하게 되었다. 다시 말해 인간은 자연과 분리된 사회라는 새로운 생존원리를 생산이라는 노동을 통해 획득하고, 그 과정에서 인간은 인간의 사회적 본질인 자연에 대한 독립성(자유)과 주동성(주도력)을 획득한다.

또 생산과정은 개인적으로 이루어진 것이 아니라 사회적으로 협업을 통해 이루어진다. 이 협업은 인간 상호 간의 교통을 요구하고 이 과정에

---

29) 같은 책, p. 93.
30) 같은 책, pp. 96-7.

서 언어가 생겨나게 된다. 언어의 탄생은 곧 의식의 탄생을 말한다. 이로서 인간은 의식성이라는 사회적 속성을 얻게 된다. 여기서 주의해야 할 점은 의식의 획득은 생물학적 발전의 결과가 아니라 사회적 창발의 결과라는 점이다. 즉 인간이 의식을 획득하게 된 것은 생물학적 진화의 산물이 아니라 생물학적 진화라는 생존원리를 극복하고 사회적인 생존원리를 실현한 결과인 것이다. 이 점은 맑스가 ≪독일이데올로기≫에서 "의식은 처음부터 이미 하나의 사회적 산물"이라고 지적한 바와 같다. 그리고 의식적인 생산과정은 그 자체가 창조적 과정이다. 따라서 의식성과 더불어 창조적 성격이 인간의 사회적 생존원리로 출현하게 된다.

즉 인간의 '완전히 새로운 생존원리'는 인간의 사회적 존재원리이고 사회적 본질이다. 그리고 인간의 존재원리인 사회적 본질은 독립성(자유)과 주동성(주도력) 그리고 의식성과 창조성으로 요약할 수 있다. 인류의 역사는 이러한 '완전히 새로운 생존원리'의 성장, 발전과정이라고 할 수 있겠다.

2) 인간본질과 인간실존의 괴리와 그 극복방향

인간본질이 위에서 본 사회적 생존원리라고 한다면 인간실존은 사회, 역사적 상황 속에 한계 지워진 인간이다. 따라서 살아있는 인간은 인간본질과 인간실존의 통일이라고 할 수 있다. 인간본질과 인간실존은 모순적 통일이다. 인간의 역사는 인간본질과 실존의 모순과 괴리를 지양해 온 과정이다. 인간본질은 인간의 탄생에서부터 자연으로부터 자유롭고 자연에 대해 주동적인 사회적 존재이다. 이러한 사회적 본질로 인해 사람은 목적의식적이고 창조적 삶을 살아갈 때 가장 큰 행복감을 느낀다. 그러나 현실의 인간실존은 자연과 사회로부터 새로운 구속과 제약을 받게 된다. 이에 인간은 새로운 구속과 제약을 극복하며 자신의 본질을 발전, 실현시켜 나아간다. 인간의 본질과 실존의 대립과 통일의 과정이 인간의 역사이다. 이때 인간본질과 인간실존의 괴리와 모순이 허구적 이데올로기의 물질적 토대가 된다. 자본주의 사회에서는 인간본질과 인간실존의 괴리는 노동의 소외와 화폐물신성으로 나타난다.

소외는 생산의 사회적 성격과 생산물의 사적 소유의 대립의 결과로 인해 인간노동의 생산물이 자립적으로 인간에게서 독립하고, 나아가 인간을 지배하며, 인간에게 적대적인 힘으로 변화한 결과이다. 인간과 인간의 관계는 상품과 상품의 물적 관계로 전도된다. 화폐는 이런 물적 관계를 지배하는 제왕의 자리를 차지하고, 이런 현상이 화폐의 물질적 속성에 기인한다고 생각하는 것이 화폐물신성이다.

이러한 전도된 상황에서 인간본질과 현실의 인간실존은 괴리를 일으킨다. 인간은 자연과 사회에 대해서 독립적이고 그에 대해 주동적 역할을 한다. 인간은 자신의 이해와 요구에 맞게 의식적으로 자연과 사회를 개조하고 창조적으로 새로운 자연과 사회를 만들어 낸다. 그러나 현실적 처지는 자신이 생산한 상품에 지배받는 무력하고 소외된 존재로 실존한다. 자본주의에서는 인간이 자본을 지배하는 것이 아니라 자본이 인간을 지배하고 인간은 자본증식의 수단이 된다. 인간은 자본에 복종하지 않으면 생존조차 힘들어진다. 이는 부르주아지라고 다르지 않다. 그러나 부르주아지는 자신의 계급적 처지로 말미암아 사실을 정확히 볼 수 없다. 사실을 정확히 본다는 것은 자본가에겐 자기부정이 되기 때문이다.

자본주의는 부르주아지가 지배권을 갖는 사회이다. 부르주아지의 지배는 소수의 지배일 수밖에 없다. 부르주아지의 지배권은 소수에 의해서, 그리고 소수를 위해 행사된다. 따라서 노동자·민중을 속이는 이데올로기 지배가 부르주아지 지배체제 유지를 위한 불가결한 전제로 된다. 부르주아 이데올로기는 과학이란 이름으로 부르주아 사회의 토대를 은폐하기 위한 허위의식을 만들어 낸다. 예를 들어 잉여가치의 진정한 기원에 대해 은폐한 무수한 이론들을 만들어 낸다. 그리고 부르주아 국가는 계급대립을 초연한, 사회전체를 위한 국가라는 허위적 국가이론이나 법은 만인에게 평등하다는 허위의식 등을 유포시킨다.

그러나 노동자는 자본주의 생산의 담당자이며 자신을 해방시킬 수 있는 계급이다. 이런 처지로 해서 노동자계급은 부르주아지와 달리 자본주의의 모순을 그 자체로 이해하고 받아들일 수 있다. 하지만 현실의 노동자는 부르주아지의 이데올로기에 지배당한다. 이데올로기 지배의 배후에는 항상 국가폭력이 있다. 노동자들이 국가 관료조직과 폭력조직에 대항할 힘이 없을 때 무력감을 느끼고 이런 무력감으로 인해 부르주아 이데올로기를 받아들이게 된다.

따라서 지젝이 지적한 냉소주의 즉 "그들은 자신들이 무슨 일을 하고 있는지 잘 알고 있지만 그럼에도 여전히 그것을 하고 있다"고 현재의 이데올로기 지형을 설명하는 것은 자본의 폭력적 지배와 그의 이데올로기적 은폐를 정당화하는 역할을 할 뿐이다. 냉소주의의 "그럼에도 불구하고"는 "어쩔 수 없이"로 바꿔야 한다. 즉 "그들은 자신들이 무슨 일을 하고 있는지 잘 알고 있지만 **어쩔 수 없이** 그것을 하고 있다." 이것이 자본주의 하에서의 이데올로기 지형이다. '어쩔 수 없이'를 '그럼에도 불구하고'로 왜곡함으로서 지젝은 **자신도 모르게** 자본의 지배를 정당화하는 역할을 충실히 수행하고 있는 것이다. **마치** 자본주의 사회가 인간의 본성에 맞는 것**처럼** 왜곡하고 있다.

심리학자 김태형은 ≪싸우는 심리학≫(서해문집)에서 이런 '**어쩔 수 없이**' 살아가는 자본주의에서의 인간 심리를 무력감, 고립감, 권태감으로 진단하고 있다. 거대한 자본의 지배로부터 개인들은 어찌할 바를 모르는 무기력한 심리가 형성되고, 경쟁의 강요에 의해 고립감에 시달린다. 그리고 노동하는 시간에도 삶의 의미를 찾지 못한다. 노동은 단순히 생존을 위한 수단에 불과하다. 인간은 의미 없는 삶을 살아갈 뿐이다. 의미 없는 삶 속에서 인간들은 권태감에 시달린다. 이것은 인간이 자신의 본질이 실현되지 못하는 실존의 상황 속에서 느끼는 심리들이다.

이러한 심리로부터 자본주의적 인간의 사회적 성격은 설명될 수 있다. 무력감에 대한 방어기제로 힘에의 추구가 나타나고 이는 권위주의적 성격을 형성한다고 한다. 고립감에서는 대중추종주의적 성격이 형성되어 유행에 민감해진다. 그리고 권태감에서 감각적, 쾌락지향적 성격이 형성된다. 이러한 현대인의 성격의 바탕에 시장지향적 성격이 즉 인간상품의 심리가 자리 잡고 있다는 것이다. 권위주의, 대중추종주의, 쾌락지향주의 등은 인간본질과 인간실존 간의 괴리와 모순에서 오는 무력감, 고립감, 권태감을 방어하는 기제로 작용하는 것으로 자본주의적 토대에서는 필연적 현상이기도 하다. 이런 자본주의적 사회성격을 정당화시키고 강화하는 것이 부르주아 이데올로기이다.

그렇다면 이런 부르주아 이데올로기는 어떻게 극복할 수 있을까?

지젝은 부르주아 이데올로기를 극복하기 위해 자신의 욕망을 대면하라고 하였다. 그러나 지젝이 말하는 정신분석학적 욕망은 자본의 욕망에 다름 아니기에 지젝의 대안은 부르주아 이데올로기를 극복하는 것이 아니라 오히려 강화시키게 된다.

자본의 욕망을 극복하는 길은 자본의 욕망이 역사적으로 한시적이며, 일부 자본가계급의 편향된 욕망임을 직시하는 것으로부터 시작될 수 있다. 부르주아 이데올로기를 극복하기 위한 물질적 토대는 자본주의 그 자체에 있다. 일례로 신자유주의 이데올로기는 2008년 금융위기와 대공황에의 진입으로 그 이데올로기적 허구성을 스스로 폭로하였다. 양식 있는 사람들은 신자유주의적 이데올로기의 허구성을 의심하지 않는다. 그럼에도 불구하고 신자유주의적 이데올로기가 완전히 파산하지 않고 있는 것은 신자유주의적 자본주의의 토대가 아직도 건재하기 때문이다. 즉 부르주아 이데올로기로부터 벗어나기 위해서는 부르주아 이데올로기의 토대를 제거해야 함이 전제가 된다. 그러나 토대를 바꾸기 위해서는 노동자, 민중이 투쟁에 나서야 한다. 노동자 민중이 투쟁에 나서기 위해서는 부르주아 이데올로기의 허구성을 폭로하는 것으로부터 시작해야 한다.

그러나 노동자, 민중이 투쟁에 나서기 위해서는 부르주아 이데올로기의 허구성을 폭로하는 것만으로는 부족하다. 노동자, 민중이 투쟁에 나서지 못하는 것은 부르주아 이데올로기의 허구성을 몰라서라기보다는 투쟁에 나설 때 돌아올 폭력과 억압이 두렵기 때문이다. 반동기에는 이런 두려움이 지배적이기에 일정 정도 이상의 투쟁을 수행하기가 어렵고, 제한적 투쟁도 다분히 경제적인 요구에 머물게 된다. 반동기에는 레닌의 말처럼 국가권력에 대한 "(직접행동이 아니라) 대중의 의지를 준비시키는 임무가 더욱더 절박한 것이 된다."31) '대중의 의지를 준비시키'기 위해서는 부르주아 이데올로기를 폭로할 뿐만 아니라 노동자·민중의 이데올로기인 맑스-레닌주의를 현 상황에 맞게 재건해 내야 한다. 선진 노동자와 민중이 사회주의 사회에 대한 비전을 받아들이고 그 이행경로를 과학적으로 이해할 때에만 선진 노동자와 민중의 투쟁의지는 살아날 것이고 이는 노동자, 민중 전체로 확대될 것이다.

다음으로는 노동자, 민중의 대중조직이 이익 집단적 성격을 극복하고 공동체적 성격을 강화해야 한다. 공동체적 성격이란 자본주의적 물적 지배로부터 오는 두려움, 고립감, 권태감을 극복할 수 있는 인간의 본질적 성격을 말한다. 연대의식과 동지애의 강화로 고립감과 두려움을 극복하는 조직, 조직활동의 사회적, 역사적 의미를 자각함으로서 가치 있는 삶의 의미를 느끼는 조직이 공동체적 조직이다.

이렇듯 부르주아 이데올로기로부터 벗어나기 위해서는 부르주아 이데올로기의 허구성에 대한 인식과 미래 사회주의에 대안과 전망, 그리고 노동자·민중의 저항적 공동체의 건설이 함께 수행되어야 한다.

이상에서 지젝의 이데올로기론 비판을 기초로 맑스-레닌주의의 이데올로기 재건을 위한 방향을 인간본질을 중심으로 간단히 제시해 보았다.

인간의 본질을 중심으로 바라보아도 자본주의의 붕괴는 필연적이다. 왜냐하면 자본주의 자체가 인간본성을 억압하기 때문이다. 억압은 회귀하기 마련이다. 억압의 회귀는 억압기제의 전복으로 나타날 것이다. 만에 하나 자본주의적 억압기제가 영원히 성공하더라도 자본주의는 유지될 수 없다. 자본주의적 억압기제가 성공한다는 것은 인간의 본질을 말살하는 것이 된다. 결국 인간 없는 자본주의가 되고 말 것이며 이는 더 이상 인간사회일 수 없기 때문이다. **노사과연**

---

31) 레닌, ≪러시아 반종파투쟁≫, 미래사, p. 46.

일본군국주의 패전 70주년—오늘날의 의미
: 전쟁법안의 성립은 우리들에게 무엇을 묻고 있는가

야마시타 이사오(山下勇男) | 사회주의이론연구
번역: 편집부

[번역자의 말]
 이 글은 일본의 〈활동가집단 사상운동〉의 계간지 ≪사회평론≫ 183호 (2015년 겨울호) 중 야마시타 이사오의 글(pp. 26-35)을 번역한 것이다. 동일본 지진피해와 더불어 일본 대중을 엄습한 원전 방사능 문제가 아직까지 해결되고 있지 않음에도 아베 정권은 원전 재가동을 획책하고 있다. 또한 국가의 주요 보안 사항 등을 적어도 5년간(갱신가능) 공표하지 않아도 될(오히려 누설하면 처벌) '특정비밀보호법'이 성립되었으며, 오키나와 미군 기지는 그 이전지를 놓고 아직까지도 대립이 지속되고 있다. 무엇보다 전쟁을 금지한 헌법 9조에 대해 헌법 개정이 사실상 어렵게 되자, 헌법을 '해석'하여 집단자위권을 추구하겠다는 아베 내각의 각의결정이 2014년 7월에 내려졌다. 이 집단자위권에 해당하는 구체적 사항은 '특정비밀보호법'이 적용되어 공개되지 않을 가능성이 있다는 내용도 아베 총리에 의해 발표되었다.
 이러한 흐름 속에서, 일본 대중 운동이 활성화되고 있다는 소식이 한국에도 들린다. 젊은 층을 중심으로 새로운 운동이 전개되고 있다는 점이 주목받고 있다. SEALDs(Students Emergency Action for Liberal Democracy-s) 등이 그것이다. 이 단체는 한국의 각종 언론매체에도 소개된 바 있는데, 일본의 최근의 운동이 '새롭다'라는 점을 강조하고, 종래의 일본 운동과 대비한 다음 더 나아가 한국의 시민사회운동의 구태의연함을 온건하게 지적하는 내용이 대부분이다.

아래의 야마시타의 글에서는 이러한 일본 정세의 개괄과 최근 운동의 특징 및 한계, 전망 등을 다루고 있다. 일본의 군국주의화의 정세에 대한 이해와 더불어, 한국에 소개되고 있는 일본 운동을 통해 한국 운동을 반추해 볼 수 있는 글이라 생각되어 번역하여 싣는다.

들어가며

2015년은 일본제국주의 패전 후 70년 시간의 흐름에 새로운 역사적 반동을 각인시킨, 중대한 전환이 이루어진 해이다. 아베 정권이 부르주아 헌법의 규범이라 할 만한 입헌주의를 침입하는, 사실상의 쿠데타로 궁극적으로 해석 헌법을 완성시켰기 때문이다.

독일 시인이며 극작가인 B. 브레히트가 지금으로부터 60년 전 히틀러의 사진에 붙인 4행시에 '이 녀석이 하마터면 세계를 지배하려 했었던 남자이다. / 인민은 이 남자에게 승리하였다. 하지만 / 너무 흥분해서 승리의 환성을 올리지 않기를 바란다. / 이 남자가 기어나온 모태는 아직 살아있다'라고 쓴 기억이, 아직 우리들의 뇌리에 되살아나고 있다.

아베는 노동자 인민에게 뚜렷하게 존재하는 적이다. 하지만 사실은 아베의 배후에 도사리고 있는 거대자본이 아베를 필요로 하며 전쟁국가를 수행하는 도구로서 그를 정치의 무대 위에 등장시켰다. 일본국 헌법 3대 원칙 중 하나인 '국제평화주의'는 물론이거니와, '기본적 인권'과 '국민주권'도 전쟁국가화를 수행하는 데 질곡이 되어 왔다. 군수생산에 활로를 뚫고자 하는 아베의 '성장전략'과 이것은 표리 관계이다. 지금이야말로 우리들은 브레히트가 언급한 '모태'에 눈을 향해야 한다.

전쟁법안에 위기감을 느낀 다수의 사람들이 반대 목소리를 내며 행동을 벌였다. 국회 앞에 12만 명이 모인 8월 30일 행동을 비롯, 전국 각지에서 노년·장년·청년, 여성, 특히 어린 아이들을 데려온 여성, 학생, 학자·지식인이 일어섰다. 운동은 널리 확산되어 분위기가 고조되었다고 할 수 있다. 하지만 무조건 환호성을 지를 수만은 없다. 왜냐하면 여기에는 전쟁 법안에 반대하고 이를 저지하려는 투쟁의 선두에 서야 할 노동자·노동조합의 대열, 그리고 그 지도부가 결정적으로 부족하였기 때문이다. 우리들은 전쟁법안의 성립을 계기로 일본 인민은 이를 왜 저지할 수 없었는가, 이를 심도 깊게 생각해보아야 할 것이다.

전쟁법안에 반대하는 이유로 자주 거론되는 '일본이 전쟁에 휘말린다'로 대표되는 위기감은, 과연 전쟁법제의 본질을 꿰뚫고 있는 것일까. 반대 운동 측에는 아베가 끊임없이 몰아치는 중국과 조선 '위기'론을 보완할 수도 있는 언동도 눈에 띤다. 이르기를 아베 정권의 헌법무시는 '북조선과 마찬가지다', '이래서는 군 확충을 추진하는 중국과 다를 바가 없다' 등등. 여기에는 명백하게 '선진국' 일본, 부활한 일본제국주의 70년 역사와 현실이 북조선과 중국을 대비하면서 '전쟁을 수행하지 않았던 일본', '평화로운 나라 일본'으로 긍정적으로 파악되고 있다. 반대로 보자면 각종 여론조사가 나타내는 전쟁법안 반대와 일·미 보안체제 지지·오키나와 미군 기지 고정화 묵인이 병행하는 여론 동향을 우리들은 어떻게 이해해야 할 것인가. 혹은 허위와 책임 회피로 도배된 '전쟁 70년 담화' 후에 아베 정권 지지율이 회복되었던 이유는 무엇일까. '과거'의 미청산과 역사관의 왜곡, 일본 제국주의에 대한 현상인식의 결여, 이로 인한 계급적 관점을 결여시키는 투쟁의 양상 등 모든 것이 여기에 응축되어 있다고 나는 생각한다.

러시아 10월 사회주의 혁명 승리로부터 98년이 지났다. 100주년이 2년 뒤로 곧 다가온다. 10월 혁명이 열어젖힌 20세기 현대사의 새로운 지평은 불가피한 차질이 있었다고는 하나 인류사의 발전 방향을 지금도 규정하고 있다. 부르주아와 그 앞잡이 대중매체가 일제히 목소리를 내지르며 대대적인 선전을 했지만 사회주의 세계체제 붕괴는 세계에 '평화'를 가져다주지 않았다. 자본은 목적(이윤)을 위해서라면 수단을 가리지 않는다. 자본주의는 전쟁을 영속화함으로 연명한다. 이 4반세기의 경험이 웅변해 주고 있다.

우리들은 아시아에서 2,000만 명, 일본인 310만 명이 넘는 희생 끝에 세계 반파씨즘 세력의 지원을 받아 쟁취한 일본국 헌법을 방치하지 않고 전쟁 없는 세계를 지향하며 사회주의 깃발을 치켜들고 앞으로도 계속 투쟁해 나가야 할 것이다.

1. 전후사의 전환점 2015년

제2차 세계대전 종결 70주년을 맞이하는 올해, 대전 종결에 이르는 역사 인식에 대한 두 가지 커다란 조류로 세계가 명확하게 나뉘어졌다. 사회주의 정권이 타도하였다고는 하지만 독·쏘전에서 2,000만 명이나 되는 희생을 치루고 세계를 파씨즘 지배에서 해방시킨 쏘련국의 역사를 계승하자는 러시아와, 아시아에서 일본군국주의의 침략과 식민지배에 종지부를 찍는 투쟁의 중심적 역할을 짊어졌던 중국이 역사의 정통적인 계승자로서 자랑스러운 모습을 보이며, 미·유럽·일본과는 다르다는 점을 강조하는 결과를 낳았다.

대(大)조국전쟁(대(對)독일전쟁) 승리 70년 기념식전은 5월 9일, 중국의 시진핑 국가주석, 조선민주주의 인민공화국 최고인민회의 김영남 의장, 쿠바의 라울 카스트로 국가평의회 의장 등 20개국, 지역·국제조직 지도자가 출석하여 모스끄바에서 개최되었다. 미·유럽·일본 각국 수뇌는 독일 메르켈 수상이 하루 늦게 '무명전사의 묘'에 헌화한 것을 제외하면 초대되었지만 보이콧했다.

또한 중국인민항일전쟁 및 세계 파씨즘 전쟁승리 70주년 기념식전은 9월 3일, 러시아 푸틴 대통령, 조선노동당 중앙위원 정치국원 사무국 서기장인 최용해, 한국 박근혜 대통령, 반기문 국제연합 사무총장 등 49개국, 11개의 국제기관 대표가 출석하였으며 베이징에서 열렸다. 모스끄바와 베이징 두 기념식전에 수뇌 출석자가 많지 않았다는 것은, 현재 국제정치상황의 반영임과 동시에 제2차 세계대전의 종결에 이르는 반파씨즘 투쟁을 둘러싼 역사인식의 차이가 투영된 것이다.

    수뇌 참가를 보류한 미국·유럽은 베이징 식전에는 형식적이기는 하나 예를 들어 현지 주재대사를 출석시키는 최소한의 예의를 표명하였다. 이에 비해 일본 정부는 대리인을 세우지도 않았으며 그뿐만 아니라 국제연합 사무총장의 출석에 불만을 표출하는 무례도 범하였다. 이러한 것은 영원히 기억에 담아 두어야 한다.

    아베 정권은 이 기념해야 할 해에, 하필이면 반파씨즘 투쟁 승리로 초래된 전후 세계질서의 구조를 부정하고 노골적으로 도전하는 폭거, 위헌인 전쟁법안의 성립을 강행하였다. 아베는 부르주아 헌법 규범인 입헌주의를 공공연하게 유린하고 사실상의 쿠데타를 감행하였다.

    아베가 의도하는 것, 노리는 것은 무엇이었을까. 한마디로 말하자면 그것은 전쟁책임에 시치미를 떼고 집단자위권의 행사를 배경으로 대두하는 중국에 대항하고, 아시아에서 일본제국주의의 경제적·정치적·군사적인 패권을 다시 부흥시키려는 것이었다. 꿈이여 다시 한 번, 이런 것이다. 아베의 야망은 경제적·정치적·군사적으로는 물론 아무리 좋게 말해 준다 하더라도 일본제국주의가 단독으로는 이루지 못할 것이라는 것은 명백하다. 그렇기 때문이야말로 미국 제국주의의 군사력 재배치, 아시아·태평양 지역에 대한 전력 집중이라 하면서 '동맹강화'를 지렛대로 일본제국주의의 독자적 이해를 추구하려 하였다. 그것이 전쟁법안을 강행한 아베의 진의였다고 나는 본다.

2. 전쟁법제 입안에서 성립까지, 그 무대 뒤

    전쟁법안 반대 투쟁의 총화, 그리고 향후 투쟁 방향과도 관련하여 전쟁법제 폐지와 함께 입헌주의 회복이 주장되고 있다. 헌법은 국민이 국가를 견제하는 것이며 그 반대는 아니라는 '입헌주의'의 기본적인 사항 중 한 가지에 대한 이해는 상당히 확산되었다. 그러나 입헌주의가 성립한 배경이나 역사, 그리고 지금 회복되어야 할 입헌주의란 무엇인가라는 점에 대해서는 충분히 검토·논의되고 있지 않은 채 말로서만 되풀이되고 있는 듯이 보인다. 이러한 점에 대하여 보다 심층적으로 사고해야 되지 않을까.

입헌주의는 프랑스 혁명으로 대표되는 근대 여명기에 확립되었다. 국민의 권리보장, 이를 담보하기 위한 권력 분립, 권력의 남용방지와 상호견제가 이 이념의 핵심적 내용을 이룬다. '국민의 권리보장'은 자본주의 발전을 촉진하는 '경제적 자유(자본 입장에서의 자유)권의 보장'으로 주로 파악되어 왔다. 이 정도는 가장 기본적인 내용으로 일단 파악해 둘 필요가 있다.

하지만 입헌주의에 대한 해석 문제는 이 정도로 해 두고 좀 서둘러 가겠다. 우리들에게 지금 요구되고 있는 것은 자본주의가 체제의 유지·연명을 위해 입헌주의를 장애물로 보기 시작하기에 이르렀다는 것, 이러한 인식이다. 이것은 자민당 헌법 개정초안(2012년 4월 27일 결정)에서 노골적으로까지 표현되었다. 인민을 수탈하고 억압하기 위해서라면 자본주의는 어떠한 정치형태라도 취하는 것을 주저하지 않으며 자본주의의 전 역사가 이를 증명하고 있다. 1930년대 성립한 파씨즘 지배는 그 전형이었다. 입헌주의 회복을 주장한다면 입헌주의의 파괴를 필연화시키는 자본주의의 토대, 브레히트가 지금으로부터 60년 전에 '파씨즘을 낳은 모태는 아직 살아있다'고 주의를 환기한, 그 모태에 지금이야 말로 시선을 돌려야 한다.

집단자위권 행사 용인을 헌법 개정 수속에 의하지 않고 실현하는 시나리오, 즉 입헌주의를 파괴하는 비책은, 미·일 쌍방에서 이미 사전에 준비되었던 것이었다. 민주당 노다 정권하였던 2012년 8월 미국 전략국제문제연구소(CICS)로부터 제3차 아미티지 나이 보고 '미일동맹: 아시아의 안정을 보지한다'가 발표되었다. 여기에는 다음과 같은 내용이 작성되어 있었다.

· 자위대는 시대 착오적인 헌법이 완화된다면 더욱 중요한 역할을 수행할 수 있다.

· 여론의 강한 반대에도 불구하고 노다 수상 정부는 원전의 재가동을 시작하였다. 적절한 책임 있는 방식이다.
· 미국은 일본의 정책변경—방위산업의 무기수출과 기술수출—을 장려해야 한다.
· '도모다치[역자 주: 일본어로 친구라는 뜻] 작전'에서 미군과 자위대는 집단자위권 금지 규정에 주의할 필요 없이 행동하였다. 집단자위권 금지는 동맹의 장애물이다.

제3차 아미티지 나이 보고는 헌법 개정 수속을 거치지 않고 9조의 확대해석에 의한 집단자위권 행사를 용인할 것을 요구하고 있었다. 아베 정권도 이 시나리오를 따랐다. 그 뒤의 과정을 간략한 연표로 정리해 보았다. 미군과 자위대의 합동 훈련 등은 생략되어 있지만 이를 포함하여 합법화에 앞서 기성사실이 착착 축적되었으며 국회심의는 그들에게는 이러한 기성사실을 추인시키는 형식적 절차에 불과하였다.

2012년	12월	제2차 아베정권 발족.
2013년	1월	아베가 중의원본회의에서 96조 선행개헌론.
	2월	아베의 사적 고문기관 '안전보장의 법적 정비의 재구축에 관한 간담회' (이하 안보법 간담회) 설치.
	11월	국가안전보장회의(일본판 NSC)설치법 성립.
	12월	'특정비밀보호법' 성립
2014년	5월	'안보법간담회'가 '집단적 자위권행사용인'을 제언
	7월	'집단적 자위권행사용인'에 대한 각의결정.
	10월	2+2 '일미 방위협력을 위한 지침(가이드라인)' 개정의 중간 보고.
2015년	4월	전쟁법안각의결정. 2+2 '가이드라인' 개정, 전쟁법제를 선취.
	5월	방위성 통합막료감부, 전쟁법안의 성립을 전제로 '일미 방위협력을 위한 지침(가이드라인) 및 평화안전법제 관련 법안에 대하여' 책정. 비밀리에 부대편성계획, 그 뒤, 국회심의에서 공산당이 폭로.

무엇이 이토록 아베를 내달리게 하고 있는가. 목전의 경제와 사회가 깊게 병들어 있기 때문이다. 국력의 쇠퇴는 이미 숨길 수 없게 되었다. 국내 총생산(GDP)는 과거 20년 이상 늘고 있지 않다. 인구 감소는 더 이상 막을 수 없다. 정부는 GDP 대비 200%를 넘어, 1945년 패전 시와 어깨를 나란히 할 정도로, '선진국' 중 최악의 재정 적자를 안고 있다. 왜 이렇게 재정적자가 부풀어 오르고 있는가. 오랜 시간에 걸친 자본주의 연명책의 청구서가 돌아오고 있는 것인데, 그 책임은 절대 추궁되지 않는다. 거대자본은 막대한 과잉자본을 껴안고 있다. 그 액수는 300조 엔을 훨씬 넘었다. 그런데도 질리지도 않고 경단련(経団連)은 법인세 인하를 요구한다. 자본의 강렬한 욕구에는 제한이 없다.

아베 정권은 지금 경단련과 긴밀하게 연계하면서 군사국가화와 표리일체인 군수산업 확대를 '경제전략'의 핵심에 위치시킨다. 경단련 방위생산위원회(가맹 60개사)와 아베 정권이 완벽하게 호흡을 일치시킨 2인 3각을 나타나게 위해 간단히 연표를 작성했다. 경단련은 예전부터 국산품 수출 해금, 무기 수출에 관한 전문부서의 설치, 국가주도의 대규모 공동개발 등을 정부에 요청해 왔는데 이를 받아, 방위예산은 3년 연속 증가했다.

2013년	12월	'국가안전보장전략' 책정.
2014년	4월	'무기수출 3원칙' 개정 '방위장비품 이전3원칙'. 이후 방위연구·공동개발로 미·영·프·호주 등 연속 협정.
	6월	'개정방위성 설치법' 성립. 이른바 양복 관료 중심의 '운용기획국 폐지' 제복 중심의 '통합막료감부로의 권한 집중', 문관통제 무력화.
2015년	9월	경단련 간부회, 무기 등 방위장비품 수출의 국가전략으로서의 추진을 요구하는 '방위산업정책의 실행을 향한 제언'.
	10월	방위장비청 1800명 체제로 발족.

2016년도 예산요구는 5.1조 엔. 군사대국화를 정당화하기 위해서는 '외부의 적'의 존재를 클로즈업 시켜야 한다. '안전보장환경의 변화' 등, 언제

나 반복되는 이유를 다는 것만으로는 부족하다. 참의원 '평화안전법제' 특별위원회의 심의가 일단락지어질 지음, 아베는 여론 동향을 크게 의식하였을까, 본심을 스스럼없이 내뱉고 중국·조선의 '위협'을 기탄없이 언급했다.

전쟁법안이 설립된 지금, 아베를 정권의 권좌에서 끌어내리는 데에 관심이 집중되고 있다. 나는 그것이 틀렸다고는 생각지 않는다. 다만 그러나 우리들의 투쟁은 그 앞의 아베 정권이 입각하고 있고 그들을 배후에서 지탱하고 있는 '모태', 즉 다국적화한 거대자본의 존재를 정면에서 파악해 두어야 한다고 생각한다. 전쟁법안 반대 투쟁에 결여되어 있는 것은 그러한 통찰력이었다.

3. 전쟁법안반대 투쟁의 교훈

전쟁법안에 반대하는 전국적인 행동은, 중앙 수준에서는 '전쟁을 용서치 않는 1000인 위원회', '해석으로 헌법 9조를 파괴하지 말라 실행위원회', '전쟁하는 국가만들기 스톱-헌법을 지키고·살리는 공동센터'이 3자로 구성되는 '전쟁을 하게 하지 말라·9조를 파괴하지 말라 — 총집중 행동실행위원회'가 호소한 8월 30일 국회 앞 행동에 12만 명이 집결하여 최고조에 달하였다. 행동에 참가한 층은 다양한 장르의 학자나 학생, 아이를 둔 여성으로 확산되어 최고조로 고양되었다. 60년 안보투쟁 이래 처음이라는 평가도 들을 수 있었다. 그 반면 우리들이 추구하려 한 노동자·노동조합이 투쟁의 선두에 선다는 구상은 역량부족이 역력하였다.

'60년 안보투쟁을 짊어진 것은 기성정당·노동조합 중심의 조직행동이었다.' 그러나 이에 대하여 이번에는 '자립한 시민의 자발적 참가가 중심이었다'라고 하며 그 '새로움'에 공명하는 여론이 두드러졌다. '21세기형 시민혁명' 등등 의미를 알 수 없는 무조건적 찬미까지 등장했다. 이러한 것을 언급하는 사람들은 '시민혁명'이란 자본주의 발흥기의 부르주아혁명을 지칭한다는 기본적 이해조차 하지 못하고 있다는 것을 알고서는 나는 경악을 금치 못했다.

여담은 이제 그만하고 조직과 개인을 대립적으로 파악하는 풍조가 이러한 평가의 기저에서 보인다. 내가 한마디 하자면, 문제는 오히려 노동조합으로 대표되는 그들이 말하는 '기성조직'이 기대되는 본래의 역할을 수행하지 못했다는 점에 있었다.

60년 안보투쟁에 대해 이것저것 말할 여유는 없다. 하지만 60년 안보투쟁을 끌어들이는 이러한 발언을 접하면, 이 사람들이 도대체 60년 안보투쟁에 대해 어느 정도 경험이든 학습이든 해왔던 것일까, 염려가 앞선다. 유치 아사오(湯地朝雄)가 ≪신일본문학≫ 1960년 8월호에 기고한 에세이 "〈질적전환〉론 비판"을 자료로 다시 수록하였다[역자 주: 이 글이 실린 ≪사회평론≫, p. 36에 게재]. 시민주체의 운동에 대한 과대한 평가와 기대가 개정안보조약이 강행 체결된 1960년 5월 19일(6월 19일 자연성립) 후 상황과 쏙 빼닮았다는 것을 알 수 있을 것이라 확신한다. 60년 안보투쟁에서는 마지막으로 기시 노부스케를 퇴진하도록 내몰았다. 하지만 기시는 이케다 하야토에게 뒷일을 맡기고 정부의 위기를 극복하였다. 전쟁법안 반대투쟁은 그 수준에조차도 달하지 못하였다. 아베는 여전히 권좌에 앉아 있는 상태이다.

다케이 테루오는 ≪일본독서신문≫의 1960년 7월 4일자에 "현대 문학의 상황 비판"을 기고하고 그 내용 중에 다음과 같이 기술하였다. '지난날까지를 격렬한 정치 계절이라 한다면, 이를 빠져나온 오늘날 우리들은 이와 접속하고 대응할 사상의 계절을 만들어 내어야 한다. 일본 인민 사이에 일으켜 세웠던 정치적, 사회적 의식의 변동과, 이 과정에서 끓어오른 위대한 행동참가의 에너지를 정착시키고 확대해 나갈 이론의 창조가 그 당면한 과제일 것이다.'

패배의 원인을 구하고 역사를 거슬러 올라가 본다면, 시민주의자들이 이구동성으로 제창하는 '기성정당이나 노동조합'을 중심으로 60년 안보투쟁에서 발휘된 반체제 의식이 〈사상의 계절〉에서 결정적으로 패배를 경험하고 체제내로 회수·통합되고 말았던 것이다. 노동자계급의 계급의식이 해체돼 버리고 노동운동이 기초부터 파괴되어 버린 것이 오늘날의 사태를 초래한 근본적 요인이었다. 국회 앞이라는, 상징적이지만 절대 주요 전장(戰場)이 아닌 특정 장소에 엄청나게 많은 시민이 모였다 하더라도 들떠서는 안 된다.

이 점에 관련하여 지금 시작된 것은 아니지만 공투조직 내부에서 정세인식이나 운동의 방향성을 둘러싼 이론을 서로 부딪히게 만드는 절차탁마(切磋琢磨)가 완전히 상실되어 버렸다. 분열을 너무 두려워한 나머지, 이론(異論)의 제출과 이를 둘러싼 토론을 자기규제하는 것을 운동의 통일을 유지케 하는 전제로 두는 것이 도움이 될 것이라 생각한다면 이는 잘못된 것이라 생각된다.

논점은 다기에 이른다. 한 두 개의 예를 들어보자.

입헌주의의 옹호는 헌법개정의 '절차'론에 빠지지는 않았을까. 9조는 '개별적 자위권을 부정하지 않는다', '자위대 합헌' 주장이 암묵적으로 전제가 되어 버린 느낌이 있다. 이대로 괜찮은 것인가.

아베가 반복하는 중국·조선 '위협'론을 보완할 수도 있는 논조도 마음에 걸린다. 반복되지만, '중국과 조선은 군사대국'이라던가, '전쟁법안이 통과하면 중국이나 조선 같은 국가가 되어버린다' 등이 그것이다. 일·중 간 불화는 왜 발생한 것일까. 일·중 공동성명(1972년) 정신을 짓밟아 온 것은 어느 쪽인가. 그것은 자민당으로 대표되는 일본의 역대정권이었다. 역사인식을 문제시하거나 센카쿠=댜오위다오를 문제시하거나. 아베는 '전후 70년 담화'에서 대중의 무지를 틈탄 왜곡된 역사인식을 그대로 언급했다. 그는 일본이 '만주사변'(리우타이아호 사건, 1931년) 이후 방향을 잘못 잡아 전쟁에 대한 길을 걸었다는 듯이 묘사하였다. 러일전쟁(1904년)이 조선의 식민지 지배를 둘러싼 전쟁이었다는 역사적 사실을 소멸시켰을 뿐 아니라 일본의 승리가 '아시아나 아프리카 사람들에게 용기를 북돋았다'라면서 자기 멋대로인 역사관으로 날조하였다.

조선에 대한 혐오와 적대 감정은 수십 년 동안 대중언론에 의해 의도적으로 출현하였으며 아베 '전후 70년 담화'에도 나타난 역사관의 왜곡과 더불어 대중의식에 깊이 뿌리를 내리고 있다. 운동 내부에 이러한 감정이 무의식·무자각적인 상태로 도입되었다. 침략전쟁과 식민지지배의 책임은 아직까지 청산되어 있지 않다. 고등학교 무상화 적용에서 조선계 고등학교를 제외하는 재일조선인에 대한 인권침해를 보더라도 그것은 아직까지도 계속되고 있다. 전쟁법제를 강행한 아베 정권하의 일본과 비교·대비해야 하는 것은 중국과 조선만에 그쳐서는 안 된다. 우리들이 해야 하는 것은 자국일본에 의한 전쟁과 침략의 근현대사와 정면으로 마주하고 반전·평화의 사상을 확립하는 투쟁으로 되돌아오는 것이다.

전쟁법안성립후의 투쟁 방향성을 둘러싸고, 다양한 논의가 엇갈리고 있다. 전쟁법제의 폐지·헌법주의회복의 '국민연합정부'의 수립이 일본공산당에 의해 제창되었다. 초점은 향후 참의원선거에서 선거 협력을 하는 것으로 좁혀지고 있는 것처럼 보인다. 나는 선거 따위 어떻게 되든 상관없다고는 말하고 싶지 않다. 모든 수단을 사용해야 한다고도 생각한다. 하지만 시민주체의 운동 고양만이 언급되며 사람들의 의식과 운동의 〈질적 전환〉을 전혀 염두에 두지 않고 소홀히 여겨지는 것은 아닌가.

일·미안보조약이 헌법 상위에 군림하는 현실을 어떻게 마주할 것인가. 전쟁법안에 반대한 시민의 문제의식이 일·미안보체제에 향해졌다고는 도저히 생각할 수 없다. 대중언론의 조사에 따르면 국민의 80%가 일·미안보조약을 지지하고 있다. 오키나와의 신기지건설 반대투쟁에 대한 본토주민의 이해는 개선되고 있다고는 하지만 여전히 미진하게 머물고 있다.

전쟁법제로 인해 입헌주의가 파괴된 것은 아니다. 현행 헌법체제 이후 조금씩 진행되는 해석헌법과 입법개헌에 의해 '국제평화주의'도 사회권을 포함한 '기본적 인권'도 '국민주권'도 지금은 너덜너덜해졌다. 직장에서, 학교에서 나날의 생활의 장에서, 빼앗긴 권리를 회복하는 투쟁과 결합하지 않고 국회 앞에서 아무리 많은 사람들이 모인다 하더라도, 피아의 역관계를 바꿀 수는 없다. 몰아치는 공격은 일본제국주의의 체제유지와 연명을 건, 전면적이며 계급적인 그것이다.

4. 전쟁 없는 세계를 위하여

11월 7일은 러시아 10월 사회주의 혁명 98주년 기념일이다. 쏘련이 해체된 것은 1991년. 이미 24년의 세월이 흘렀다. 사회주의 재생의 길은 아직도 보이지 않는다. '사회주의'를 입에 담는 것조차 꺼려지는 세계가 출현했다. 유감스럽지만 이것이 현실이다.

최근 제국주의 열강국가들은 내외적으로 심각한 모순과 대립을 안고 있으면서도 국가에 의해 강약의 차이는 있지만 총체적으로 노동자계급의 조직력과 투쟁력을 약체화시키는 데 성공하였다. 광의의 반제세력에 대한 공격, 즉, 시장의 지배와 자원의 약탈에 저항하는 뜻에 따르지 않는 정권에 대해 내분을 일으키고 무력으로 개입하며 지상에서 일소하는 공격은, 사회주의 세계체제를 소멸시키는 기운을 등에 업고 최근 24년간 절대 멈추지 않았다. 중동에서부터 북아프리카까지 광대한 지역이 지금 전화의 확대와 영속화로 국가적·사회적 질서의 붕괴 위기에 휩싸여 있다.

오바마 정권은 앞서 14년에 걸쳐 아프가니스딴에 전개된 병력을 2016년 말까지 완전 철수시킨다는 방침을 철회하였다.

1990년대 이후 발생한 주요한 전쟁을 열거해 보았다. 여기에는 '부흥지원'이라던가 '급유활동', 혹은 '해적소탕', PKO라던가, 일본 정부가 이것저것 같은 명목으로 자위대를 해외에 파견한 사실은 생략되어 있다. 아베정권은 전쟁법제 성립을 강행한 지금 자위대를 미국 제국주의 침략군의 원조대로서 반대하는 여론을 고려하여 처음에는 조심스럽게, 결국에는 대범하게 자위대를 지구 반대편까지 파견할 태세를 갖출 것이다. 우리들의 반전·평화 투쟁의 진가는 그 때에 시험받게 될 것이다.

쏘련의 해체이후에 한정하더라도,

이란·이라크 전쟁의 모습을 바뀐 채 계속된 걸프만 전쟁(**1991년**),

NATO(북대서양조약기구)가 유고슬라비아 내전에 '인도개입'한 베오그라드 공중폭격(**1991년**),

9·11이후 미국제국주의가 '동료 연합'을 맺어 시작한 아프가니스딴 침략전쟁(2001년-),

있지도 않은 대량파괴병기 존재를 구실로 시작한 이라크 침략전쟁(2003년-)

'아랍의 봄'에 편승한 리비아 내전에 대한 개입·카다피 정권의 배제, 더 나아가 시리아 반정부세력을 지원한 아싸드 정권배제 책동(2011년-)

등이 권력 공백을 불러 IS(이슬람국가)가 대두할 소지를 만들었다. 수만 명의 무고한 인민이 살해당했다. 난민 무리의 물결이 유럽에 몰려들고 있다. 세계를 혼란 와중으로 끌어들이면서도 제국주의의 누구하나도 책임을 지지 않는다.

우끄라이나의 거취를 둘러싸고 미국·EU와 러시아 간 대립에 대해서도 한마디 해둘 필요가 있을 것이다. 일본의 대중언론은, '서방측' 세계에서는 그것이 상식일 것인데, 러시아를 일방적으로 악마 취급하고 있다. 그러나 동·서 독일의 통일(실제로는 서에 의한 동의 흡수) 시에 쏘·미 정부 간에 NATO를 확대하지 않는다는 약속을 나누었었다. 이 교섭을 담은 외교문서가 남아 있으며 러시아 정부에 의해 공표되었다. 미국은 이러한 약속을 휴지조각으로 만들었다. EU의 동부 확대, 즉 제국주의에 의한 시장 지배의 중·동유럽 국가들로의 확대는 전략 미사일 방위망의 배치와 더불어 NATO에 대한 가맹촉진과 동시에 추진되었다.

쏘련의 해체 후 구 사회주의 국가들은 '서방측'에 붙을 것인가, 그렇지 않으면 '동측'에 머물 것인가, 위협적인 양자선택을 강요당했다. 그 무렵의 정부에 대한 사람들의 불만이 민족배외주의의 소동이나 내전의 촉발, 쿠데타를 부추기는 목적으로 사용되었다. '동측'에 남은 마지막 사회주의 연방국가 유고슬라비아가 미·유럽 제국주의와 NATO의 먹잇감이 되었다. 우끄라이나에서도 똑같은 일이 반복되었다.

1990년대 초, '냉전체제의 종언'으로 평화로운 세계가 다가올 것이라고 언론은 기세 좋게 선전하였다. 미 클린턴 정권(1993년-2001년)은 '평화의 배당'이라 칭하고 군사비의 삭감을 시도하였으나, 도로아미타불, 고작 3년 동안 진행되었다. 자본은 목적(이윤)을 위해서라면 수단을 가리지 않는다. 나오미 클라인은 일찍이 ≪쇼크 독트린≫(이와나미 서점, 2011년)을 저술하고 현대자본주의를 적절하게도 '참사편승형 자본주의'라 명명하였다. 이 규정은 충분하다고는 할 수 없다. 자본은 확실히 '참사'에 '편승'한다. 동일본대지진 후 '부흥특수'에 몰려든 거대자본의 움직임을 탐색한다면 충분히 이해할 수 있을 것이다(가네노 마사하루, "모두 새롭게"를 향하는 지진피해 복구—피해지역에서의 현지 레포트', ≪사회평론≫ 171-172호). 하지만 자본은 그것이 이득을 낳는다고 확신하면 적극적으로 '참사'를 만들어낸다. 군산복합체의 지배가 미국의 역대정권의 향방을 규정하고 있다. 민주당 정권인가 공화당 정권인가는 본질적인 차이가 없다. 전쟁은 자본에게 절호의 돈벌이 수단이며 자본주의는 전쟁을 영속화함으로써 연명한다. 이러한 점들은 최근 4반세기 세계의 흐름을 되돌아본다면 일목요연할 것이다.

우리들은 세계 평화 실현이라는 목표를 향해 사회주의를 재건하는 길을 추구한다. 그리고 일본국 헌법이 전문과 9조로 높은 뜻을 노래한 전쟁부정, 비무장 정신을 궁극적인 이상으로 치켜들고자 한다.

전쟁을 만들어내는 근원에 다가서는 투쟁이 필요하다!
오키나와 현민이 몸으로 계속 실천하고 있는 비폭력 투쟁에 연대하자!
우리들은 전쟁 없는 세계를 지향하며 계급의식을 벼려내 사회주의 미래를 열어젖히기 위하여 향후에도 계속 투쟁해 나갈 것이다.

본고는 2015년 11월 7일에 열린 '러시아 10월 사회주의 혁명 98주년 기념 "전쟁안내"(B. 브레히트) 낭독과 노래와 강연의 모임'의 강연내용에 보고자인 필자가 약간의 수정을 덧붙인 것이다. **노사과연**

시리아에서의 군사적-정치적 평형 상태*

엘리세오스 바게나스(Elisseos Vagenas)
| 그리스 공산당 중앙위원회 성원, 국제 관계 부문에 대한 책임자
번역: 제일호(부산지회 회원)

작가 알렉산드르 지노비예프(Alexandr Zinoviev)[1]가 처음으로 자본주의 국가 러시아를 "뿔 달린 토끼"에 비유했던 이래로 10년 이상의 시간이 흘러갔다. 왜 "토끼"인가 하면, 분명히 자본주의 복고 후 처음 몇 년간 그

---

* 출처: 그리스 공산당 중앙위원회의 정치적-이론적 잡지, *Kommounistiki Epitheorisi*, 2016년 1호에 발표된 기사로부터 광범위한 발췌.
1) 알렉산드르 지노비예프(Alexander Zinoviev(1922-2006)). 가장 잘 알려져 있는 현대 러시아 작가, 사회학자, 수학자, 철학자 중의 한 사람. 그의 인생 역정은 쏘비에트 체제에 대한 거부, 1976년 쏘련 공산당으로부터의 추방, 1978년 쏘련에서의 탈출 등을 포함하고 있다. 20년 후 그는 그의 관점을 바꾸었고 지금 자본주의 러시아에서 그는 러시아 인텔리겐챠 사이에 존재하는 쏘비에트 체제의 가장 광신적인 지지자들 중의 한 사람으로 헤아려질 수 있다. 그는 자신의 반쏘비에트 입장을 전적으로 후회했고 정말로 러시아 인민들에게 공식적으로 사과했던 어쩌면 "냉전 시대"의 유일한 쏘비에트 반체제 인사이다. 그가 쓰딸린을 암살하는 것을 목표로 하는 그룹을 조직했기 때문에 그 자신이 1939년 체포되었고 정당하게 체포되었다고 진술하면서, "박해"와 "꿀락"에 관한 반쏘비에트 선전에 대해 공격적으로 반응했다. "무엇을 하려고 했는가, 우리에게 메달을 달라?"는 2005년 이 주제에 관한 질문에 대한 그의 대답이었다. 1990년 이후 그는 쏘비에트 체제를 특징지었던 쏘련의 성과들과 또한 인간적인 가치들을 열정적으로 방어했다. 지노비예프는 쏘련의 붕괴를 "전례가 없는 범죄"로써 특징지우면서, 쏘련의 붕괴에 관하여 맹비난하였다. 그의 마지막 회견에서, 그는 "전 세계의 근본적인 악(惡)은 사적 소유이고 만약 인류가 사적 소유를 넘어서서 움직이지 못한다면, 인류의 운명은 정해져 있다"라고 진술했다.

나라를 세계적 제국주의의 "피라미드"에 동화시키는 길을 걸었고 국내에서 자신의 입장을 공고화하려 시도하였던 러시아의 새롭게 형성된 부르주아지가 미국과 다른 강대국들의 요구에 직면하여 쉽게 굴복하였기 때문이다. 그리고 이것은 러시아가 쏘련으로부터 강력한 병기고를 "물려받았다"는 사실에도 불구하고 그러하다(그러므로 ... "뿔"이다).

그러나 상황은 바뀌고 있다. 그리고 이제 러시아는 자신들의 국경 밖에서 더 많이, 더 자주 군사력을 사용하고 있다. 러시아는 몰도바(트랜스드니에스트리아(Transdniestria)의 경우), 따지끼스딴(Tadjikstan), 그루지아(압하지아(Abkhazia)와 남 오세사(South Ossetia)의 경우), 우끄라이나(끄리미아(Crimea)의 경우) 등 "직접적인 이해관계가 있는 지역"이라고 고려되는 구쏘련의 영토들에서 군사력을 사용하였다. 모스끄바는 시리아에서 군사개입으로, 더 원거리의 지역들에서 군사개입에 관한 최근의 미국의 "독점"을 침해하면서 "비약"을 하였다. '시리아의 평형상태'라는 용어를 변화시키는 개입은 다른 무엇보다도 국제공산주의운동에서 혼란을 야기하고 있다.

물론 러시아의 군사개입이 있고 난 후, 빠리에서 살인적인 공격이 뒤이었다. 이 대학살은 또한 시리아의 지정학적인 "알고리즘"에 있어 새로운 조건을 형성하였다. 왜냐하면 평범한 인민들에 대한 대학살은 프랑스 부르주아지 그리고 나토의 회원국들과 EU에 의해, 전체적으로 보면 훨씬 더 큰 군사개입이 있기 전의 "헌주(獻酒, libation)"—프랑스 인민의 피로써—로 활용되었기 때문이다.

먼저 우리가 검토하고 있는 쟁점을 이해하기 위해 유용한 약간의 기초적인 정치적-군사적 발전들을 살펴보자.

증대된 외국의 군사 개입

러시아의 공중공격은 9월 30일 소위 이슬람 국가(IS; Islamic State)에 반대하여 시리아에서 시작되었다.

같은 날 러시아 상원(the Russian Upper House)은 해외에 군사력을 배치하고자 하는, 특히 시리아에서 바싸르 아싸드(Bashar Assad)를 지원하고자 하는 푸틴 대통령의 요구를 받아들였다.

이러한 일은 시리아와 우끄라이나에 대한 러시아의 입장을 옹호했던 UN에서의 러시아 대통령의 연설이 있은 후에 일어났다. 시리아에 관해서, 그는 아싸드 없이 정치적 해결은 있을 수 없다고 강조하였고, 뿐만 아니라 쿠르드족과 함께, 이슬람 국가(IS)에 저항하고 있는 아싸드 정권을 강화할 필요성이 있다고 강조하였다.

미국 대통령 버락 오바마와의 만남은, 일정 부분의 대중매체가 그 만남을 IS와 싸우는 것에 대하여 러시아와 미국이 "수렴"하는 것을 가리키는 것으로 제기했음에도 불구하고, 아싸드 정권의 미래—물론 어느 제국주의 열강이 시리아에서 "우세"를 점할 것인가와 연계된 것—에 대한 그들의 모순을 극복하지는 못했다.

그러한 발전은 또한 중동과 동지중해 지역에서 제국주의 상호 간의 모순의 가일층의 첨예화라는 신호를 분명하게 보내준다. 우리는 시리아에 대한 러시아의 군사개입은 2011년 이전에 그 지역에서 진행 중이었던 미국, EU, 터키, 걸프(the Gulf) 지역의 왕조 국가들과 다른 강대국들의 개입, 예를 들면, 미국의 이라크 점령, NATO의 리비아에 대한 공격, 시리아로의 미국과 미국의 동맹국들에 의한 무장 군대의 침입이 있고 난 후에 이루어졌다는 것을 명심해야 한다.

2011년 최초의 순간부터 그리스 공산당이 시리아 인민들과 또한 더 넓은 지역의 인민들에게 아주 심각한 결과들을 가져온 군사개입을 비난했다는 것을 주목해야 한다. 부르주아 정당들과 기회주의 정당들이 소위 "아랍의 봄"을 축하했을 때, 우리 당은 제국주의 열강들이 소위 시리아의 반대파에게 자금을 지원하고 무장시키려 노력을 하고 있다는 것을 폭로하였는데, 그러한 노력은 특히 "이슬람 국가"라는 괴물의 형성과 확산이라는 결과를 낳았고, 뿐만 아니라 시리아 내부(대략 1000만 명의 인민들)와 외국으로 나간(주로 터키, 레바논, 요르단인데 대략 200만 명의 인민들이 집을 떠났고 이들 중 할 수 있는 사람들은 유럽 국가들로 가고자 하고 있다) 거대한 난민들의 물결이라는 결과를 낳았다.

시리아에서 경제적이고 지정학적인 이해관계의 충돌

아싸드의 부르주아 정권과 러시아의 경제적 및 정치-군사적 동맹이 밀접하다는 것은 잘 알려져 있다. 이 정권은 지난 20년 동안 중동과 동지중해 지역에서 자본주의 러시아의 안정적인 동맹이었다. 이 지역은, 그 부르주아 계급들이 자기 자신의 이해관계를 증진시키려 하는 미국, EU, 이스라엘, 이집트, 걸프 지역의 왕조 국가들과 같은 강력한 "선수들(players)"이 펼치는 심각한 지정학적 "게임"이 진행 중인 지역이다. 약간의 더 특수한 자료를 살펴보도록 하자.

원료 문제

2013년 6월의 한 인터뷰에서 아싸드는 다음과 같이 주장했다: "서방의 나라들은 그들의 공개적인 정치적 입장과는 대조적으로 나라의 재건과 시리아 해안에서 발견되었던 풍부한 탄화수소 저장물들의 추출을 위한 "매력적인" 계약들을 비밀리에 제안하려 노력하고 있다. 미국의 허락 없이는 움직일 수 없는 세계은행은 "관대한" 조건으로 210억 달러의 차관을 제안했는데, 우리는 이것을 전적으로 거절하였다. 우리는 이미 시리아의 EEZ에서 탄화수소 추출에 대한 권리들을 러시아의 한 회사에 주었다. 우리는 러시아인들을 믿는데, 러시아인들은 만약 시리아가 서방과 그에 종속된 세력들에 의해 그 지역에서 통제된다면 위험에 처해질 수 있는 자신들의 전략적인 안전과 국가적 이익을 방어하고 있다."[2]

---

2) 예를 들어, 다음을 보라. http://energypress.gr/news/o-polemos-ton-agogon-stin-notioana toliki-mesogeio

탄화수소 저장물의 크기에 대하여 다른 평가들이 있지만,[3] 시리아의 연구자들은 시리아의 천연가스 저장물의 규모가 이스라엘보다도 10배나 크기 때문에 현재의 "국제적인 에너지 지도"를 뒤집을 것이라고 주장한다.

가장 최근의 사건들이 있기 전, 탄화수소 추출을 위하여 러시아 회사들과 맺은 계약은 16억 달러였다. 뿐만 아니라 러시아 회사들은 정제소의 건설에 적극적이다.

파이프라인의 건설

러시아의 신문 *Kommersant*는 2013년 다음과 같이 썼다: "시리아 전쟁의 결과는 유럽 천연가스 시장에 중대한 영향을 미칠 것이다. 그 분쟁에 관련된 당파들은 두 개의 경쟁 세력에 의해 지원을 받고 있는데, 그 경쟁 세력들은, 시리아 영토를 가로질러 EU로 가는 새로운 천연가스 파이프라인들을 건설하는 것을 원하고 있다: 이란과 카타르. 이러한 점에 비추어보면, Gazprom과 러시아의 예산 수입을 위한 결과들은 Aleppo와 다마스쿠스를 위한 싸움들에 의해 상당한 정도 결정될 것이다."[4]

특수한 상이한 계획들과 관련하여:

2011년 7월 27일, 이란에서 바그다드, 다마스쿠스, 베이루트와 서유럽까지 천연가스의 수송에 대비하는 "우정의 파이프라인"이라고 불리어지는 천연가스 파이프라인에 대해, 이란, 이라크와 시리아 사이에 협약이 맺어졌다.[5]

천연가스에 관하여 이란의 기본적인 경쟁자인 카타르는, 자신의 천연가스를 사우디아라비아, 요르단과 시리아를 경유하여 유럽에 배급할 수 있도록 하는 파이프라인을 건설하려는, 터키와 협의한 자신의 목표가 좌절

---

[3] http://www.al-akhbar.com/node/184653
[4] *Synchroni Rosia*. 〈http://gr.rbth.com/international/2013/02/06/i_maxi_ton_agogon_sti_mesi_anatoli_19795〉
[5] ≪동지중해에서 에너지 전쟁(*The energy war in the Eastern Mediterranean*)≫, Kommounistiki Epitheorisi, issue 1/2012.

되었다고 생각했다. 물론, 이 파이프라인을 건설하기 위한 전제조건은 시리아의 참여인데, 시리아는 이라크와 이란과 체결한 협약으로 인해 "게임"에서 카타르를 빼버렸다. 카타르의 계획은 또한 미국의 은총을 입었었다.

러시아가 유럽시장에서 자기 자신의 입장과 경쟁관계에 있는 미국-카타르 계획의 실현을 보는 것을 원하지 않는다는 것은 말할 필요조차 없는데, 반면에 이란의 계획은 러시아에 더 보완적이고 그것이 실질적으로 실행될 수 있을지는 그 지역의 불안정성으로 인해 의심스럽다. 뿐만 아니라 러시아가 이란의 파이프라인의 한 부분, 파이프라인이 끝나는 항구들의 현대화와 정제소들의 건설을 떠맡아 왔기 때문에 러시아 역시 이 계획의 이행에 실질적으로 관련되어 있다.[6]

무기판매로부터 얻는 이윤

러시아는 시리아에서 무기판매로 이윤을 얻고 있는데, 시리아는 이러한 발전들이 있기 전에조차도 러시아 무기들의 기본적인 소비자들 중의 하나였다. SIPRI(Stockholm International Peace Research Institute, 스톡홀름 국제 평화 연구소)의 자료에 기초해 보았을 때, 2010년(이러한 발전들이 있기 전에) 시리아에 대한 러시아의 무기 수출이 2억3천8백만 달러라면,[7] 2013년에는 3억5천백만 달러에 도달하였을 것이다. 반면에 ≪인민일보≫에 의하면 이행될 예정인 계약들은 40억 달러에 도달할 것이다.[8]

자연스럽게 아싸드 정권의 통제되지 않는 전복은 이 모든 이윤들을 위험에 처하게 할 것이다. ≪인민일보≫는 다음을 주목한다: "러시아가 시리아를 포기하면, 그러면 이 부채는 아마도 또 다른 과도 정부에 의해 승인되지 못할 수도 있으며, 시리아에 대한 무기판매의 지속이 위험에 처해질 수도 있고 그 결과 중동에서 중요한 지정학적인 입장을 가진 국가에서 러시아의 영향력이 제한될 수도 있다."[9]

---

6) http://www.kontinent.org/article.php?aid=52454f5ae5e84
7) http://top.rbc.ru/business/24/09/2015/560168269a7947597c281379
8) http://russian.people.com.cn/95184/7727145.html

시리아 시장에서 지위를 확보함으로써 얻는 이익

러시아 회사들은 생산품들(연료, 기계, 식품, 목재 등)을 수출했고(그리고 전쟁 이전보다도 더 적은 크기일지라고 계속 수출하고 있다), 반면에 다른 러시아 회사들 역시 여행과 전기통신 분야에서 활동하고 있다.

만약 이윤의 중대한 손실을 가져올 수 있는 아싸드 정권의 통제되지 않는 전복이 있다면, 물론 교전상태 때문에 손실을 입었던 러시아 독점 회사들은(러시아의 비군사적인 수출의 가치는 2011년 18억9천 달러에서 2014년 5억8천2백 달러까지 떨어졌다)[10] 훨씬 더 광범위하게 피해를 입을 것이다.

지정학적이고 군사적인 영역

러시아가 지중해에서 해군의 기계 설비를 위한 영구적인 정박장들을 가진 완전한 군사 기지로 발전될 수 있는, 시리아의 타르투스시에 "해군의 연료 보급소"를 소유하고 있는 것은 잘 알려져 있다. 이것은 러시아 영토가 아닌 곳에서의 유일한 러시아 해군 기지이다.

이것은 중국의 신문 ≪인민 일보≫에 의해 강조되었는데, ≪인민일보≫는 또한 다음과 같은 내용을 덧붙인다: "러시아는 자신들과 협력하는 국가들이 미국에 의해 차례차례로 공격받는 것을 허용하는 것을 원하지 않는다. 그렇지 않다면, 러시아의 지도적인 지위는 심각한 타격을 입을 것이다."[11]

---

9) MSC 국제관계와 전략 연구소의 은퇴한 육군 장교 안드레아스 마짜코스(Andreas Matzakos), ≪시리아에서의 이해관계에서 러시아의 절대로 필요한 이익이 있을까? 왜 러시아는 아싸드 정권을 계속 지지하고 있는가?≫. ⟨http://www.elisme.gr/gr/2013-01-06-18-39-21/item/2015-09-27⟩
10) http://www.rusexporter.ru/research/country/detail/2506/
11) http://russian.people.com.cn/95184/7727145.html

분쟁에서 이용되고 있는 구실들

5년 전 시리아에서 제국주의의 군사개입을 시작했던 미국과 미국의 동맹국들은, "민주주의"의 문제, "독재자 아싸드"의 전복과 소위 "아랍의 봄"을 위한 지지라는 문제들을 구실로 하였다. 만약 당신들이 누가 "자유"와 "민주주의"를 간구하고 있는지를 본다면, 이 위선은 극히 분명해진다: 반인민적인 걸프 지역의 왕조 국가들, 키프러스의 절반을 차지하고 있는 터키, 여러 민족들을 학살하는 데 주도적인 역할을 하며 그들의 독점 기업들이 더 좋은 지위를 얻기 위해 그들의 기호에 맞지 않는 정권을 전복하는 데 주도적인 역할을 하는 미국과 EU.

오늘날 위의 국가들은 민주주의에 관한 구실을 계속 주장하면서, 또한 "테러와의 전쟁"과 위의 국가들에 반대하는 지하디스트가 수행하는 공격으로부터의 "자기 방어"라는 구실을 다시 꺼내고 있는데, 지하디스트는 소위 "이슬람 국가(IS)"에 의해 통제되는 시리아의 영토들에 근거를 두고 있다.

러시아를 보면, 러시아의 지도부는 러시아의 개입에 대한 구실로 우리가 이미 강조했었던 경제적이고 지정학적인 이익을 거의 언급하지 않는다. 그럼에도 불구하고 정부 출신의 러시아 정치인들과 언론인들은 이 일에 관해 말한다. 러시아의 개입의 이러한 특수한 국면에서 러시아의 지도부는 다음과 같은 구실을 개진한다:

1. 러시아는 "테러리즘"에 반대하는 것을 돕기 위해 시리아 정부가 초청했다. 러시아는 소위 테러에 반대하는 전쟁을 촉진하였고 러시아는 합법적인 시리아 정부에 의해 초청되었기 때문에 러시아의 행위들이 국제법에 반하는 것이 아니라는 것을 또한 강조하였다.

2. 러시아는 수천 명의 이슬람 국가 전사들이 러시아와 구쏘련 지역 출신이고, 만약 이슬람 국가가 시리아에서 승리한다면 그들이 러시아로 되돌아와서 국가의 영토 보전과 러시아 인민들의 복지를 목표로 하는 유사한 "테러리스트의 공격"을 수행할 것이라는 사실을 강조한다.

3. 다음의 문제들이 또한 어느 정도까지는 적절한 곳에서 활용된다: 난

민의 물결, 인도주의적 재앙, 고대 유물의 파괴와 이슬람 국가의 야만적인 행위들을 멈추게 하는 것.

4. 시나이 산 상공에서 러시아 여객기를 공격했던 비극이 있은 후, 러시아의 지도부는 또한 "자기 방어"라는 구실을 사용하는 데 의존했는데, 우리는 아래에서 더 자세히 "자기 방어"라는 구실에 관해 언급할 것이다.

[시리아 분쟁에서 세력들의 군사적인 상호관계와 관련된 자료를 제공하는 기사의 부분은 생략된다.]

러시아의 군사적인 개입

이 복잡한 군사적인 상황 하에서, 러시아의 지도부는 주로 두 가지 방식으로 아싸드의 세력을 재강화하기로 결정했다:

a) 고도로 정밀한 무기들로 현대적인 군사장비의 공급을 통해서(새로운 병사 수송 군용 차량, 현대적인 전자통신 체계, 무인 정찰기, 기관총).

b) "테러리스트" 세력들에 대한 공중 폭격을 통해서. 러시아는 카스피해와 지중해 함대에 속하는 전함들에서 발사되는 미사일로써 적이 있는 장소들을 폭격하여 군사력을 과시했다. 시리아 공군은 낡은 비행기를 가지고 있기 때문에 적에게 정밀한 타격을 수행할 수 있는 능력이 떨어진다.

[시리아 분쟁에 개입한 러시아의 공군과 해군의 역량에 관한 자료를 제공하는 기사의 부분은 생략된다.]

단기적 및 장기적 목표들

러시아 개입의 군사적 중요성

이러한 행위들을 통해, 시리아 군대의 손실들이 상쇄되어질 수 있고 그들의 적들과 관계하여 시리아 군대가 다시 우세와 역동성을 확보할 수 있을 것이라고 평가된다.

더구나, *Financial Times* 지12)에 의하면, 미국은 터키와 요르단과 협력하여, 그들이 리비아에서 사용했던 것과 똑같은 방식에 따라, 즉 "비행금지 구역"을 시리아에서 실행할 것이다.

정치적 목표들

러시아의 부르주아지는 동지중해 지역에서 자신들의 경제적이고 지정학적인 이익을 강화하는 것을 목표로 삼고 있는 중이다. 유고슬라비아와 리비아에서의 발전으로부터 교훈을 얻고서, 즉, 그곳들에서는 군사력이 없었고 대결 지역에서 멀리 떨어져 있었는데, 러시아의 부르주아지는 유사한 상황을 방지하려고 시도하고 있는 중이다. 러시아는 할 수 있는 모든 수단을 동원하여 시리아 정권을 지지하는 것을 목표로 하고 있는데 아싸드 정권으로 대표되는 부르주아 부분과 협력하여 자원 개발과 인민들에 대한 착취와 관련하여 유럽-대서양 독점 기업들이 아닌 러시아의 독점 기업들이 우선권을 가지기 위해서이다.

이것은 우끄라이나에서의 난국을 "풀어내고" 독일, 프랑스와 미국 사이의 모순을 러시아가 더 잘 이용하도록 만들어주는 발전이었다. 그것은 또한 러시아가 이란, 이라크와 이집트의 정권들에 더 효과적으로 접근하도록 만들어준다.

더구나 러시아가 시리아에서 자신들의 이익을 방어하는 데 성공적이냐 그렇지 못하냐가 중앙아시아와 예를 들어 이집트나 이란과 같이 러시아가 자본을 더 깊이 침투시키고자 노력하는 다른 지역들에서 자신들의 이익을 방어하기 위한 결단력과 힘을 가지고 있는지를 미리 결정하게 될 것이다. 그래서 러시아의 지도부는, 그 지역의 다른 나라들에 대한 자신들의 침투

---

12) http://www.ft.com/intl/cms/s/0/cee6fcba-69bf-11e5-8171-ba1968cf791a.html#axzz3neno2hNG

를 심화하는 시도를 강화하기 위해, 시리아에서 자신들의 지위를 유지하고자 도박을 벌이고 있는 중이다.

다른 열강들의 군사적-정치적 입장

EU, 미국과 그들의 동맹국들이 다른 무엇보다도 끄리미아에 대한 러시아의 흡수와 동우끄라이나에 대한 군사적 개입을 고발한다는 것을 구실로 러시아에 대한 경제 제재를 이행했었던 순간에, 다른 강력한 열강들의 입장을 주목하는 것은 가치가 있다.

미국은 시리아에서 러시아의 군사적인 개입에 대해 부정적으로 반응하였다. 미국 측에서는 이라크와 시리아에서 계속 공중공격을 가하는 한편, 또한 군사 고문관들을 쿠르드족과 아마도 시리아에서 활동하는 다른 무장 그룹들에게 보냈다. 이 모든 움직임들은 시리아 북동부 지역에서 미국의 이익을 보여준다. 미국은 자신들의 계획을 진척시키기 위해 자신들의 동맹국들의 현존하는 군사기지를 이용하고 있는데 그중에는 수다(Suda)와 칼라마타(Kalamata) 기지가 있다. 미국은 또한 항공모함 "해리 트루만(CVN75)호"를 지중해로 보냈다.

정치적으로 미국은 시리아 대통령의 무조건적인 제거를 전제조건으로 놓는 자세를 취하는 것 같지만, 미국의 진정한 목표는 그 지역에서 자신들의 지위를 강화하고 자신들의 경쟁자들의 지위를 약화시키는 것이다.

최근에, 중국은 시리아에서 화학무기의 문제에 대해 그리고 공습을 위해 UN의 승인을 얻고자 하는 미국의 목적에 대하여 UN에서 러시아와 같은 태도를 취했다. 러시아와 함께 중국은 자신들의 거부권을 행사하였다. 지금 다양한 그리스의 소식통들은 중국의 군함들과 비행기들이 아싸드를 방어하기 위해 시리아에 도착하고 있는 중이라고 쓰고 있다. 이것은 아직 중국에 의해 확인되지는 않았지만 가능한 시나리오로서 규정될 수는 없다. 사실 ≪인민일보≫는 중국인 군사전문가 찬 춘센(Chan Chunsen)의 평론을 보도했는데, 그는 시리아의 분쟁에 참여하기 위해 가고 있다는 중국 항공모함에 관한 모든 보도들이 단지 소문이며 중국은 군사적으로 시

리아에서 어떤 군대의 편도 들지 않을 것이라고 주장한다.13)

UN의 70주년 기념일을 축하하기 위한 모임에서 중국의 외교부 장관 왕이(Wang Yi)는 전 세계가 비극적인 발전들에 직면하여 하는 일 없이 서 있을 수는 없지만 또한 스스로의 결의에 의해 다른 국가들의 사건들에 개입할 수 있는 국가는 하나도 없다고 말했다. 그는 또한 그와 시리아 외무장관과의 회합 동안 시리아의 주권이 존중되어야 한다고 주장했다. 그러나 그의 연설에서 그는 아싸드나 러시아의 주도성에 대해서는 언급하지 않았으며 "중국은 중동에서 이해관계가 없다. 그러므로 중국은 건설적인 역할을 하려고 노력하고 있다"라고 덧붙였다.14) 중국 외교부는 중국은 정치적인 해결을 선호하는 입장을 취하고 있다고 선언했다.15)

2015년 초기에, 중국 외교부 대변인 후아 춘잉(Hua Chunying)은 중국의 입장에 대해 말했다: "시리아에서 테러리스트 조직들에 대한 러시아의 공격에 관해서, 우리는 또한 이전에 우리의 지지를 표현했었으며 러시아가 시리아 정부의 초청을 받아서 시리아에서 테러리스트 조직들에 반대하는 싸움을 수행했던 것에 주목했다."16)

미국과 차이가 나는 독일의 입장은 특별히 흥미롭다. 처음에는 독일은 7개국 선언(미국, 영국, 프랑스, 독일, 카타르, 사우디아라비아, 터키)에 서명하였는데,17) 그것은 러시아가 시리아의 반군과 시민들을 향한 러시아의 공격을 멈추고 이슬람 국가에 반대하는 노력에 초점을 맞추어 달라고 요구하였다.

A. 메르켈은 2015년 10월 4일 다음과 같이 말했다:

"우리는 군사적인 노력을 기울일 필요가 있다. 하지만 군사적인 노력이

---

13) http://russian.people.com.cn//n/2015/0929/c31521-8957089.html
14) http://top.rbc.ru/politics/01/10/2015/560d2f6a9a794744bcd58e23
15) http://russian.people.com.cn//n/2015/1001/c31521-8957602.html
16) http://www.rg.ru/2015/12/04/kitay-anons.html
17) 기억할 만한 성명서 — 7개국은 러시아에게 그들이 후원하는 이슬람 파씨스트를 공격하지 말 것을 요청한다. 〈http://thesecretrealtruth.blogspot.com/2015/10/7_3.html#ixzz3naTs9Kdr〉

해결책을 가져다주지는 않을 것이다: 우리는 정치적 과정을 필요로 하지만 그것은 아직까지는 잘 풀리고 있지 않다."그녀는 또한 시리아의 바사르 알 아싸드 대통령 정권이 회담들에 참가하는 것이 필요하다고 덧붙였다: "그러나 정치적 해결에 도달하기 위해, 실제적인 성공을 얻기 위해서 나는 시리아 반군 대표자들뿐만 아니라 현재 다마스쿠스와 다른 지역들을 통치하고 있는 사람들이 그리고 무엇보다도 각각의 그룹들의 동맹 모두가 필요하다고 본다. 러시아, 미국, 사우디아라비아와 이란은 독일, 프랑스, 영국과 함께 중요한 역할을 할 수 있을 것이다."[18]

즉, 메르켈의 말은 다음과 같은 문제들에 관하여 미국의 입장과 다른 입장을 가지고 있다: 1) 메르켈의 말은 정치적 해결을 위한 회담 테이블에서 아싸드의 존재를 받아들인다. 2) 메르켈의 말은 이란이 같은 테이블에 있어야 한다는 것을 받아들인다.

독일의 입장은 분명히 미국의 입장과 다르며 또한 프랑스의 입장과도 다르다. 프랑스는, 미국의 예를 추종하면서, 12월 27일(러시아의 개입이 있기 2일 전) 시리아에 대한 공중폭격을 수행했고 프랑스의 수상 마누엘 발스(Manuel Valls)는 러시아의 개입에 관해 말을 하면서, 화학무기 문제를 들추어내면서 다음과 같이 말했다: "러시아는 시리아에서 자신들의 목표에 관해서 실수를 해서는 안 되며 이슬람 국가와는 별개인 다른 조직들을 공격해서는 안 된다." 그리고 다음과 같은 내용을 분명히 밝혔다: "우리는 올바른 목표들을 공격해야 하는데 이번 경우에는 바로 이슬람 국가이다." "두 번째 조건은 그 누구도 시민들을 공격할 수 없다는 것이다. 그리고 주로, 당신들은 바샤르 알 아싸드(시리아 대통령) 정권이 시민들에게 계속해서 화학무기를 사용하고 있으며 이것이 용인될 수 없다는 것을 잘 알고 있다"[19]라고 발스는 계속해서 말했다.

그러나 2015년 11월 13일 빠리에 대한 살인적인 공격이 있은 후, 프랑스의 입장은 바뀐 것 같다. 프랑스의 대통령 F. 올랑드는 11월 16일 하원

---

18) http://www.ert.gr/merkel-vlepi-politiki-lisi-me-asant-ke-antipolitefsi-sti-siria/
19) http://www.politis-news.com/cgibin/hweb?-A=303503&-V=articles

과 상원에서의 연설에서 다음과 같이 말했다: "시리아에서 우리는 문제에 대한 정치적 해결책을 찾고 있는 중인데, 문제는 바샤르 아싸드가 아니다. 시리아에서 우리의 적은 이슬람 국가이다." 이것은 시리아 정책의 변화로써 해석되는데, 이것은 독일의 입장으로 접근하는 것이며 (즉각적인) 아싸드의 제거라는 강박관념은 더 이상 없다. 올랑드는 또한 공동으로 주도적 역할을 하기 위해 푸틴과 오바마를 방문할 것이라고 말했는데, 이 입장은 "러시아 쪽으로의 입장의 변화"를 일정기간 요구하고 있었던 M. 르펜(M. Le Pen)을 즐겁게 했다.

프랑스 항공모함 "샤를 드골(Charles de Gaulle)"호가 중동으로 향했고 "이슬람 국가"에 대한 공격을 시작했는데 미국(프랑스가 속하고 있는 동맹)과 또한 러시아 모두와 통합적인 군사작전을 하려 노력했다.

관련된 NATO 조약의 5항이 아니라 EU 조약 7절 42항[20])을 인용하려는 프랑스의 결정은 프랑스 부르주아지가 미국과의 동맹을 원하지만 미국의 주도적인 역할을 무조건적으로 받아들이지는 않는다는 것을 보여준다. 동시에 프랑스 정부가 리스본 조약 222항(테러리스트의 공격의 경우에 대해 더 분명하게 정말로 언급하고 있는)을 인용하지 않았다는 사실은 프랑스가 독일로부터 유지하려고 시도하고 있는 거리를 보여준다.

영국은 러시아의 개입에 대하여 아주 공격적인 성명서들을 발표했다: "그들은 도살자 아싸드를 후원하고 있는데, 그것은 그들에 대한 그리고 전 세계에 대한 무서운 실수이다. 그것은 그 지역을 더 불안정하게 만들 것이다."[21] 뿐만 아니라, 영국의 외무장관 필립 하몬드는 러시아가 시리

---

20) 42항은 ≪공동 안보와 방위 정책≫의 준비를 포함한다. 특별히 7절은 다음과 같이 적혀있다: "만약 한 회원 국가가 자국의 영토에서 무장공격의 희생물이 된다면, UN 헌장 51조항에 따라서 다른 회원 국가들은 자신들이 가진 힘의 모든 수단을 동원하여 원조와 도움의 의무를 다해야 할 것이다. 이것은 어떤 회원 국가들의 안보와 방어 정책의 특성에 대하여 편견을 가져서는 안 될 것이다. 이 지역에서 의무와 협력은 북대서양 조약 기구(North Atlantic Treaty Organisation) 하에서 의무와 일치해야할 것인데, NATO는 NATO의 회원 국가들을 위해 자신들이 집단적 방위의 토대로서 그리고 그것의 이행을 위한 포럼으로 남아 있다."

아에서 "고전적인 비대칭의 전쟁"을 수행한다고 고발하였다.[22] 12월 3일 영국은 역시 공중공격을 시작했는데, "가라앉지 않는 항공모함"인 키프러스에 있는 자신들의 군사기지를 이용하였다.

자신들로서는 "자기 방어"라는 이유로 시리아 영토에서 작전을 수행하는 중임을 인정한 이스라엘은 균형 잡힌 입장을 취하려 애쓰지만 직접적인 러시아의 군사적 개입에 관하여 불행하다고 표현했다. 수상 네탄야후(Netanyahu)는 그가 러시아와 이스라엘의 관계에서 논쟁으로 돌아가는 것을 원하지 않는다고 말했으며[23] "이스라엘은 지금 러시아와 경계를 맞대고 있다는 사실을 알고 있다"고 말했다.[24] 그러나 러시아가 이스라엘에게 러시아의 군사적인 개입에 의해 이스라엘의 이익이 손해를 입지 않을 것이라는 것을 보장했다는 것에 주목해야 한다. 완전히 반대로!

물론 이 모든 열강들은 러시아와 우연히 군사적으로 얽히게 되는 것을 피하려고 "메카니즘"을 창출하려는 그들의 의도―그리고 일부는 이미 그것에 따라 행동했다―를 성명으로 발표했다.

자신들의 수단으로써, 소위 "신 오토만 교리"를 가지고 있는 터키는, 중동, 발칸 반도와 깝까즈에서 통합적인 요소로서 이슬람을 활용하면서, 세계적인 제국주의 체제에서, 처음에는 G20 내부에서 그리고는 더 밀접한 써클로 들어가서 보다 확대된 역할을 하려는 그들 부르주아지의 야망을 진전시키고 있다. 그것이 시리아의 위기에서 결정적인 역할을 하고 있다! 터키의 부르주아지는 지하디스트를 지원했고, "이슬람 국가"에 의해 통제되는 지역에서 조직된 불법적인 석유 거래에 그들이 개입되었다는 고발은 근거를 가지고 있다. 먼저, 터키의 부르주아지는 시리아와 이라크를 분할

---

21) http://www.naftemporiki.gr/story/1012006/kameron-terastio-lathos-oi-rosikes-epidromes-sti-suria
22) http://www.naftemporiki.gr/story/1012116/xamont-i-rosia-den-mporei-na-petaei-ta-paixnidia-tis-apo-tin-kounia-otan-den-ginetai-to-diko-tis
23) http://tass.ru/mezhdunarodnaya-panorama/2317079
24) http://cnnpressroom.blogs.cnn.com/2015/10/04/fareed-zakaria-gps-benjamin-netanyahu-on-russia-iran-u-s/

하려는 계획을 지지했고 시리아에서 공중공격만 아니라 리비아에서 그랬던 것처럼 "비행 금지 구역"을 요구했는데, 그것은 실질적으로 육상의 침략과 시리아 전체나 시리아의 부분에 대한 점령을 위한 전제조건을 창출할 것이었다. 벌써 시리아와의 국경에서 터키에 의해 배치되고 있는 강력한 지상군에 대해 언급하는 소식통들도 있다. 러시아 전투기의 추락은 러시아가 터키 부르주아지의 이익(과 계획)을 공공연하게 무시할 수 없다는 것을 모스끄바에 보여주려는 목적을 가진 터키 측의 고의적인 행위였다. 이러한 진행은 분명히 자극적이었고 시리아의 위기에서 NATO의 더 커다란 개입을 자극하고 있다.

우리가 새로운 연합 소위 "이슬람 군사 동맹"25)을 형성하고자 하는 사우디아라비아의 목표에 관해 언급하지 않는 것은 실수일 수 있는데, "이슬람 군사 동맹"은 이른바 이슬람 국가에 맞서기 위해 중동, 아시아와 아프리카의 34개 국가들을 통합하려는 목표를 가지고 있다. 분명히 미국의 지원을 즐기는 이러한 계획은, 시리아를 분할하려는 지상의 작전 계획들이 시리아에서 진행된다면, 이슬람 군사 동맹이 완전히 성공하느냐 그렇지 못하느냐와는 관계없이 분명히 일정한 역할을 할 것이다.

이러한 발전들의 전망에 관한 평가

이러한 모순들과 그것들의 군사적 표현이 형성된 기초는 이윤획득가능성을 위한 자본가들의 경쟁과 천연자원과 부의 분할이다. 그러므로 시리아 문제는 거대한 세력들의 집중의 진원지인데, 그러나 그들이 반드시 분쟁 속에 빠지게 될 것이라는 것을 의미하는 것은 아니다. 많은 가능성이 있는데, 그 가능성들은 수십 가지의 요인들에 의해 영향을 받으며 우리는

---

25) http://www.rizospastis.gr/page.do?id=16064&publDate=17%2F12%2F2015&pageNo=24

그것들의 중요성과 잠재적인 역동성을 평가할 위치에 있지 않다. 노동자와 인민의 개입은 중요한 요인인데 지금까지는 국내와 외국의 부르주아지들의 목표들로부터 스스로를 자유롭게 하는 방향을 가지고 있지 않다.

최근의 세력들의 상호관계에 기초해 본다면, 다음과 같은 방향에서 발전이 있을 수 있다. 우리는 중요성에 대한 특별한 순서 없이 아래와 같이 그것들을 내놓는다:

A) 장기적으로 시리아가 경제적으로 피를 흘리게 하고 러시아를 정치적으로, 군사적으로 마모시킨다는 목표를 가진 미국과 그 동맹들, 예를 들어 터키, 이스라엘, 걸프의 왕조국가들의 기본적인 선택으로서, 오랜 기간에 걸쳐 아싸드와 그의 동맹들을 약화시키고 일촉즉발의 위기를 유발하는 것의 계속. 이것은 무기를 제공함으로써 달성될 수 있다(예를 들어, 전하는 바에 의하면 이미 요청을 받았으나 미국이 공식적으로는 거부한 스팅거 미사일을 반군에게 제공하는 것)[26] 그리고 동우끄라이나에서 "전선"을 열고 중앙아시아, 깝까즈 등에서 상처를 유발함으로써 달성될 수 있다. 물론 그러한 가능성은 그것들을 계획한 열강들에게 부정적일 수 있는 결과들, 예를 들면 전반적인 전쟁을 초래할 수 있다. 군사적-정치적 요원들은 이미 NATO와 러시아 사이에서 전반적인 전쟁에 관해 말을 하고 있는 중이고 NATO의 지출 증가를 밀어붙이고 있는 중이다.[27]

B) 시리아 위기에 대한 타협적인 해결책. 우선 타협이 외국의 열강들 사이에서 시작될 것이고 나중에는 타협에 국내의 반군들도 포함될 것이다. 그리고 다양한 타협의 결과가 있을 수 있는데, 가장 그럴 듯한 것은 시리아의 분할인데, 제국주의 강대국들의 공개적인 군사 개입이 또한 지정학적인 차원을 가지고 있기 때문이다. 예를 들어 러시아는 시리아 근해 지역에서 더 큰 관심을 보여주고 있는 중이고, 미국은 북부와 북동부 지역에 관심을 보여주고 있는 중인데, 북부와 북동부 지역은 미국이 군사

---

26) http://top.rbc.ru/politics/04/10/2015/5610c1619a7947339a73394c
27) http://www.onalert.gr/stories/senaria-oloklirotikou-polemou-nato-russias-gennoun-exoplismous-kai-xrima/45300

"고문단"을 쿠르드족의 무장 단체 등에게 보냈던 곳이다. 즉, 각각의 외국 열강들은 지역의 부르주아 세력들을 지원하면서 시리아를 여러 지대로, 즉 보호령들로 나눌 것이다.

어쨌든 대립하는 이해관계는 계속하여 분쟁으로 나아갈 것이다. 우리는 그릇된, 본질적으로 제국주의적인 "평화", 즉 "인민들의 머리에 총이 겨누어진" 평화를 보게 될 것이다.

10년 전 상황 그대로 돌아가는 것을 허용하는 국내와 국외 세력들의 상호관계의 시나리오는 가능성이 낮다. 즉 러시아가 그곳에서 완전히 자신들의 위치와 아싸드 정권을 유지하고 "테러리스트들"을 "분쇄"하는 것은 가능성이 낮은데, 푸틴이 강조했듯이 "테러리스트들"은 "온건한 반란군"과 "반란군"으로 쉽게 분리되어질 수 없다.

다른 한편으로 타협과 분쟁의 "매듭 풀기"는 다른 제국주의 강대국들이 그들의 관심을 발화 장소에 초점을 맞추도록 하는 것을 용이하게 할 것인데, 예를 들면 남중국해가 그것인데 그곳에서는 무엇보다도 중국과 미국 그리고 역시 중국과 그 지역의 다른 국가들 사이에서 한동안 대결국면이 강화될 것이다.

제국주의 전쟁을 정당화하는 것을 목적으로 하는 오도된 이데올로기적 구성

시리아에서의 공개적인 러시아의 개입은, 빠리에서 폭탄공격처럼, 우리가 검토해야만 하는 낡은 그리고 새로운 형태의 이데올로기적인 혼란의 "재순환"을 창출하였다. 따라서 예를 들어, 오늘날의 자본주의 러시아의 계급적 성격과 러시아 자본의 목표가 보통 논의되지 않고 있고 오늘날의 러시아가 지난날의 쏘련이 아니라는 점은 승인되고 있는 반면에 다양하게 오도된 이데올로기적인 구성이 종종 개진되고 있다. 그에 더하여 결정적으로는 국제적인 관계와 발전들에 대한 비계급적인 분석이 다시 나타나고 있다. 그 문제들은 대답할 가치가 있는데 왜냐하면 그것들이 노동자들로 하여금 노동자 자신으로부터 소원한 이해관계들 특히 자본의 이해를 위해 수행되고 있는 전쟁에서 제국주의 열강과 나란히 함께하고 그들을 선택하도록 이끌 수 있기 때문이다.

"미 제국"에 반대하는 "다극화 세계"

어떤 세력들은 제국주의를 단지 미국이라는 "제국"으로 보며, 이러한 기초 위에서 그들은 새로운 국가들 간의 연합(브릭스(BRICS), 상하이 협력 기구, 공동의 안전 조약 기구(Collective Security Treaty Organization), 알바(ALBA) 등)의 출현과 같이 세계적인 사안들에서 새롭게 떠오르는 자본주의 열강들의 진전에 경의를 표하는데, 그것들은 자본주의 국가들에 의해 형성되고 있고 경제적-정치적이고 군사적인 내용을 가진다. 이러한 발전에 대해 "새로운 다극화 세계"의 출현의 시작으로 경의가 표해지고 이것은 미국의 "헤게모니"에서 벗어나고자 하는 UN과 다른 국제기구들을 "개혁"하고 그것들에 "새로운 삶"을 줄 것이다. 이러한 관점에서 바라보면, 시리아에서 러시아의 군사적인 개입은 이 방향으로의 한 걸음으로 환영받을 것이다.

"새로운" 제국주의 간의 모순과 세계 체제의 명백한 재편성은 국제적인 관계들의 "민주화"를 이끌 수 있을 것이라는 것이 주장되고 있는데 독일, 러시아, 중국, 브라질과 다른 국가들의 강화와 미국의 위치의 상대적인 후퇴와 함께 "다극화"의 세계가 최근에 출현하고 있기 때문이다.

관련된 제안들이 들리는데 예를 들어 UN 안전보장 이사회를 여타의 나라들로 확대하는 것과 같은 것이다.

따라서 다음과 같은 문제가 발생한다: 예를 들어 시리자(SYRIZA)와 유럽 좌파 정당이 주장하듯이, EU의 증대된 세계적인 역할과 혹은 심지어 중국이나 러시아의 확대된 역할이 국제적인 발전을 위한 또 다른 "평화적인" 환경을 창조할 수 있을까?

우리가 평가하기로는 전혀 아니다. 그리고 그 이유는 제국주의 전쟁이 어떤 주어진 순간에 자본주의 국가들 사이에서 세력들의 특정한 상호관계에 의해 발생되는 것이 아니라, 자본주의의 법칙—불균등한 자본주의의 발전, 경쟁, 추가적인 이윤을 얻으려는 경향—에 의해 발생하기 때문이다. 제국주의 간의 모순은 바로 이 기초 위에서 생산되고 재생산되고 그리고 변화하는데, 특히 원료, 에너지, 그것들의 수송 네트워크, 시장에서의 몫을 위한 싸움과 같은 것이다. 이러한 경쟁은 독점 기업들과 그들의 이해관계를 표현하는 자본주의 국가들이 소유한 모든 수단들을 이용하면서 실행된다. 그것은 국가들 간의 협정들에서 반영되는데, 그것은 불균등한 발전 때문에 끊임없이 논쟁된다. 이것이 제국주의이고 크고 작은 규모의 군사적 공격의 근원이다.

부르주아화된 사회민주주의 세력과 기회주의 세력에 의해 유포되는, "투명성"을 가진, "새로운 민주적인 세계화 통치"에 관한 말은 노동자들을 현혹시키고자 하는 것을 목표로 자본주의, 제국주의의 야만 속에서 세력들의 새로운 상호관계를 이데올로기적으로 미화하려는 목표를 가진다.

제2차 세계 대전과 같은 이전의 전쟁들은 역시 불공정한 협정을 바로잡거나 새로운 전쟁을 방지한다는 명목으로 촉발되었다. 노동자들이 자본과 국제관계의 "민주화"에 관한 그러한 환상이나 덫으로부터 해방되어야 할 필요성이 절박한데, 그것들은 노동자들이 그들의 이익과는 거리가 먼 곳에 줄을 서게 한다.

평화와 인민의 이익을 보장하는 수단으로서 "다극화 세계"는 그릇된 생각이다. 본질적으로, 이러한 접근은 적을 동맹으로 취급하고 인민 세력들이 제국주의 혹은 제국주의 연합을 선택하도록 하는 덫에 빠지도록 하고 노동운동을 마비시킨다.

"러시아의 입장은, 더 일반화된 분쟁의 위험성을 포함하고 있다고 할지라도, 반제국주의 투쟁을 촉진한다."

이 견해는 종종 러시아가 "반제국주의 열강"이라는 평가와 겹쳐진다. "붉은 푸틴주의자들(Red Putinists)"이라는 이름의 완전한 정치적 "경향"이 최근 러시아에서 출현하였는데, 그들은 현 러시아 대통령 푸틴에게 "좌익적인" 정치적인 지지를 보내고 있다. 이것은 "다극화 세계"의 이데올로기적인 구성의 수정된 형식이다. 그것은 노동운동을 똑같이 오도하고 마비시키고 있는데 왜냐하면 러시아에서 오늘날의 권력의 사회적-계급적 성격을 간과하고 있기 때문이다. 오늘날의 러시아에서 생산수단과 권력을 누가 소유하고 있는가? 그 해답—부르주아지가 러시아에서 지배계급이고 독점기업들이 러시아에서 지배적인 반면에, 인민들의 거대한 다수는 자본주의의 사회적이고 경제적인 막다른 골목에 직면해 있다—은 이 입장의 대표자들에 의해 무시되고 있다. 특정 세력들의 관심은 기본적으로 미국과 다른 제국주의 강대국들에 반대하는 러시아의 투쟁에 초점이 맞추어져 있다. 그러나 이 투쟁은 러시아 인민들의 이익이 아니라 러시아 독점기업들의 이익 속에서 수행되고 있다.

더구나 "제국주의"라는 용어가 의미하는 바가 무엇인지를 분명히 밝히는 것이 중요하다. 우리가 이 용어를, 레닌이 그 기초가 최고의 단계, 독점단계의 자본주의라고 결론을 내린 그의 저작들에 의해 수립된 과학적인 기준으로 이해한다면, 독점이 지배적인 러시아와 같은 자본주의 열강이 "반제국주의 열강"으로 성격 규정될 수 없다는 것은 명백하게 된다.

제국주의에 대한 레닌주의적인 이해를 포기하고 제국주의를 "공격적인 대외 정책"으로 취급하거나 제국주의를 단지 미국과 동일시하고 미 "제국"이라는 견해를 가진 세력들 혹은 심지어 공산주의 세력들조차 막대한 정치적 실책으로 귀결될 수 있다. 이것의 특징적인 예는 그러한 세력들이 몇 년 전에 터키를 "반제국주의 열강"이라는 이름을 붙인 것이었는데, 그

때 에르도안은 이스라엘에 반대하는 터키의 대결을 첨예화하였고 이란에 우호적인 입장을 취하였다. 동시에 터키는 NATO라는 제국주의 군사동맹에 가입해 있었고 여전히 키프러스의 40%를 군사적으로 점령하고 있었으며 에게해에 대한 국제법을 그리스가 이행하는 것이 카수스 벨리(Casus Belli, 전쟁을 위한 핑계)가 될 것이라며 그리스를 위협했다.

물론 제국주의 간의 모순의 첨예화와 제국주의 전쟁은 그 자체로 노동계급과 인민세력들에 유리한 세력들의 상호관계의 변화를 초래하지는 않는다. 이 점은 우끄라이나와 다른 국가들뿐만 아니라 시리아에서의 현재의 발전들에 의해 드러났다. 그것의 전제조건은 자본주의의 야만을 타도한다는 목표를 향하여 분기하는 대중들을 지도하기 위해 잘 정교화된 혁명전략과 노동자-인민 운동에 뿌리를 가진 강력한 공산당들의 존재이다.

국제법의 비(非)계급적인 해석

우리가 조사해 본 경우, 일련의 세력들(공산주의 세력들을 포함해서)은 러시아가 미국과 다른 강대국들과는 반대로 "국제법의 틀"에서 활동하고 있는 중이라고 주장한다. 이러한 기초 위에서 그들은 러시아의 군사적인 개입을 시리아 정부의 초청으로 이루어진 것이라고, 다른 자본주의 국가들의 개입과 비교하여 다른 것이라고 정당화한다.

그러나 "국제법"은 그것이 오늘날 견지하는 바에 따르면 다른 국가의 영토에서 있을 수 있는 세 가지 예를 제시한다: 1) 리비아의 경우에서처럼 UN의 안전보장 이사회의 결정을 통하여. 2) 특정한 국가의 합법적인 정부의 초대를 통하여, 즉 시리아에 의해 초대된 러시아의 경우와 3) "자기 방어"를 이유로 하여.

시리아에 대한 공중공격에 관한 한 미국은 시작부터 "자기 방어"라는 이유를 들었다. 그러나 터키 정부는 UN 사무총장 반기문에게 보내는 편지에서 또한 UN 헌장의 "51항"을 인용했다. 터키의 UN 상주 대표인 레벤트 엘러(Levent Eler)는 그의 편지에서 다음과 같이 언급했다:

"시리아 정권이 터키의 안보와 터키 국민들의 안전을 분명하게 위험하게 하는 시리아 영토로부터 나오는 이러한 위협들을 방지할 수 없을 뿐만 아니라 방지하려고도 하지 않는다는 것은 분명하다(...) 시리아는 (이슬람 국가)를 위한 안전한 피난처가 되었다. 이 지역은, 시리아 국경을 넘어 터키 영토에서 이루어지는 공격을 훈련하고, 계획하고, 자금을 조달하고, 수행하기 위해 (이슬람 국가)에 의해 이용되고 있다."[28]

무장공격에 맞서서 자신을 방어하기 위한 국가의 권리를 언급하고 있는 UN 헌장 51항은 언제나 오늘날의 내용이었던 것은 아니라는 점은 주목할 가치가 있다. 처음에 이 조항은 UN의 회원국을 희생시키는 외국의 침략에 관련된 것이었는데 UN 안전보장 이사회의 관련 결정이 채택되기까지 자기 방어를 이유로 자신들의 국경 밖에서, 즉 침략국의 영토에서, 공격함으로써 침략에 대응하는 UN회원국의 권리에 관계된 것이었다.

그러나 2001년 9월 이후, 미국은 UN 안전보장 이사회에서 연설을 하였는데 미국이 탈레반에 반대하는 전쟁에서 아프가니스딴을 침략하고 점령하기 위해 그 조항을 인용하기 위해 특정 조항의 "확대 해석"을 요청하였다. 그때 UN 안전보장 이사회(그리고 러시아)는 미국의 요청을 받아들였으며, 지금 자기 방어는 특정 국가에 의한 어떤 공격(군사적 침략)에 대한 대응이 아니라 일반적으로 어떠한 종류의 무장공격으로부터도라고, 분명히 자의적으로 해석되어지는 어떤 것이 되었다.

2015년 11월 18일 러시아 또한 앞으로는 51항에 기초하여 행동할 것이라고 성명을 발표했는데 자신들도 자기 방어에 대한 권리를 역시 행사하고 있다고 간주했다. 현실적으로 이 입장은 "우리가 국제법을 준수하지 않는 강대국들에 반대하여 국제법을 준수하는 강대국을 지지해야 하는가"에 대하여 국제 공산주의운동의 대열 내에서 진행 중인 토론을 끝장내버렸다.

---

28) http://news247.gr/eidiseis/kosmos/h-toyrkia-enhmerwse-ton-ohe-oti-ksekina-aeroporikes-epitheseis-enantion-toy-islamikou-kratoys.3589646.html

그러나 우리는 다음과 같은 내용을 명확히 해야 한다: 국제법은 부르주아 법의 확장이다. 쏘련과 다른 사회주의 국가들이 존재했던 한, 이것은 자본주의와 사회주의 사이에서 세력들의 상호관계의 결과로서 —그럼에도 불구하고 그것은 지속적으로 부정적이었으며 심지어 이 기간에도 제국주의의 범죄는 저질러지고 있는 중이었다— 형성되었다. 국제법은 전적으로 자본주의 국가들 사이에서 세력들의 상호관계에 의해 결정된다. 국제법은 훨씬 더 반동적으로 되고 있고 있으며 그들의 경쟁의 틀에서 그리고 여러 민족들을 희생시키면서 제국주의 강대국들에 의해 자의적으로 이용되고 있다.

또 다른 제국주의의 분쟁이 발생하는 순간에 누가 그 분쟁을 시작하였는가나 누가 "국제법"을 준수하는가에 대해 토론하는 것은 완전히 헛다리를 짚는 것인데, 국제법은 훨씬 더 반동적으로 되었고 제국주의 강대국들이 인용할 수 있도록 "유연"하게 되어버렸다. 우리 공산주의자들이 분명히 해야 하는 본질은 이 전쟁이 수행되고 있는 "지형"이다. 독점 기업들의 이해관계에 의해 규정되는 지형. 그 본질은 분쟁을 하는 강대국들의 성격 속에서 발견될 수 있으며 이 강대국들은 특정한 계급적 내용을 가지고 있다.

미국을 "파씨스트"로서 그리고 러시아를 "민주적인" 국제적 세력으로서 규정하는 것

이 이데올로기적인 구성은 또한 국제법에 대한 비계급적인 분석으로부터 흘러나온다. 이러한 관점의 기초는 러시아의 부르주아지가 자신들의 이익을 증진하면서 현존하는 국제법의 틀 안에서 행동하는 반면에, 미국은 자신들의 이익을 증진하면서 계속해서 국제법을 위배하고 "이기적"이고 "파씨스트적인 방식으로" 행동한다는 견해이다. 이 견해는 미국은 국내적으로는 일정한 민주적인 기준을 준수하지만, 대외 정책에 있어서는 "파씨스트 방식"으로 행동하고 소위 "파씨즘의 수출"을 야기하고 있다고 주장한다. 이러한 근거에서 새로운 "반파씨스트 전선"의 요구가 출현한다.

이러한 평가는 의식적이든지 아니든지 간에 각 국가에서 국내-대외 정책의 통일적인 계급적인 특성을 무시하고 노동운동을 오도한다. 기본적인 기준으로서 체제의 계급적인 성격은 간과된다. 반인민적인 정치노선이 자본주의 국가들 내에서 독점 기업들의 이익을 위해 봉사하는 것처럼, 시장의 통제를 위한 개입과 제국주의 전쟁은 또한 독점 기업들의 이익을 위해 봉사한다. V. I. 레닌은 이 주제와 연관하여 다음과 같이 강조하였다. "대외 정책을 국내 정책과 분리하는 것보다도 더 잘못되거나 해로운 생각은 없다. 이 분리의 가공할 오류는 전쟁 기간에 훨씬 더 가공하게 된다."[29] 레닌은 그의 많은 저작들에서 "노동자들이 정치적으로 각성하고 있다면, 노동자들은 제국주의 약탈자들의 한 무리를 편들 수가 없다"는 것을 강조했다.[30]

국가들을 "파씨스트적인" 것과 "민주적인" 것으로 나누는 비극적으로 잘못된 분리는 공산주의 운동과 노동운동을 지역적인 분쟁이나 더 일반화인 군사적 분쟁에서 제국주의를 선택하는 쪽으로 이끈다.

반파씨즘 투쟁의 역사에 대한 인용과 관련하여, 우리는 파씨스트 독일의 주요한 경제력과 군사력은 "민주적인" 부르주아 국가들—미국, 프랑스와 영국—에 의해 독일에게 주어진 직접적인 원조 때문에 획득되었다는 논박할 수 없는 증거가 지금 있다는 것을 명심해야한다. 이 국가들은 또한 독일의 최초의 군사적인 침략 행동을 용인했다. 게다가 전쟁이 끝난 후, 독일의 전범들은 NATO와 "민주적인" 자본주의 국가들의 정보기관의 직원으로 근무하였다. 그리고 우리는 인류에 대해 범죄를 저질렀던 것이 나찌와 추축국 세력들[역자 주: 독일, 일본, 이딸리아]뿐만 아니라 "민주적인" 자본주의 국가들의 정부라는 것을 잊어서는 안 된다. 미국이 히로시

---

29) 레닌, "러시아 혁명의 해외 정책(The Foreign Policy of the Russian Revolution)", *Collected Works*, Vol. 25.
30) *Ibid.*

마와 나가사끼에 원자폭탄을 투하했을 때(1945년 8월 6일과 9일), 미국은 어떤 군사적인 필요성도 없음에도, 거대하고 냉혈적인 범죄를 저질렀다.

덜 강력한 열강을 지지하는 입장

다른 공산당들의 어떤 동지들은 러시아가 자본주의 국가이지만 국제적인 제국주의 체제에서 다른 BRICS 국가들(브라질, 인도, 중국, 남아프리카 공화국)처럼 국제법의 규칙들을 준수하고 또한 "금융자본의 핵심"으로 간주되는 "지구적 제국주의"로 통합되지 않은 "지역의 강대국"이라고 평가한다.

그러나 이 접근은 정치와 경제를 분리하고 있는데 오늘날 금융자본은 산업자본과 은행자본의 융합으로 모든 자본주의 국가에서 지배적이다. 주식회사들을 통합하는 독점 그룹들, 독점자본주의의 기본적인 특징, 즉 제국주의는 "부유한" 자본주의 국가들과 "가난한" 자본주의 국가들 모두에서 지배적이다.

자본주의 나라들을 "중심부"에 있는 몇몇 나라들—이것의 하나의 버전이 "황금의 10억"(전 세계 인구) 이론이다—과 "주변부"에 있는 다른 나라들로 분리하는 것은 제국주의 개념을 협소화시키고 자본주의 "중심부"에 의한 종속성과 착취라는 문제로 제국주의 개념을 제한한다. 제국주의에 대한 레닌주의의 이론은, 이 이론이 정식화되었던 시대의 독점자본주의의 발전에 기초하여, 지구의 나머지를 착취하고 있는 "소수의(handful)"의 거대한 제국주의 강대국들의 존재라는 문제를 정확하게 주장하였다. 세계적인 제국주의 피라미드에서 그 나라들의 고유한 등급을 오늘날의 상황으로 도식적으로 이전하는 것은, 많은 국가들에서 독점자본주의의 발전의 현재 수준을 무시하는 것이면서, 레닌주의에 대한 서투른 모방이다. 결국 그것은 덜 발전된 자본주의 국가들의 부르주아 계급과의 협력을 초래하는데 그들의 일정부분은 "애국적"이고, "반독점적"이고, "민족적으로 각성되었다"고 간주된다. 이것은 인민운동에 대한 파멸적인 접근인데, 특히 우리가 제국주의 전쟁과 연관된 문제에 관해 이야기할 때 그러하다.

뿐만 아니라 미국이 전 세계에서 가장 큰 채무국임에도 불구하고 미국을 "주변부"에 있는 존재로 규정지울 수 없는 것과 마찬가지로, 러시아가 원료를 수출하고 있기 때문에, 러시아가 "주변부"에 속하는 것으로 규정지워질 수 없다는 것이 강조되어져야 한다. 게다가 EU와 중국은 러시아에 대한 에너지 의존도가 상당한 수준인데, 러시아는 무진장한 원료와는 별도로 미국에 대응할 수 있는 핵무기, 기술적이고 과학적인 전문기술과 고도로 훈련된 노동력을 가지고 있고 러시아는 자본을 수출한다. 이것을 고려해보면, 러시아는 "제국주의 피라미드"의 정상에 자리 잡고 있는 "소수의" 국가에 속한다. 러시아가 유라시아에 있는 모든 자본주의 국가들의 연합의 "원동력"인 것은 우연이 아니다. 게다가 러시아가 전 세계 발전에서 중요한 역할을 하는 것도 우연이 아니다.

물론 러시아 부르주아지의 경제적인 힘은 분명히 미국 부르주아지의 힘보다는 작지만 이것이 노동운동이 러시아 부르주아지를 동맹으로 선택하는 이유가 될 수는 없다. 이 특정한 문제에 대해 레닌이 취한 방법론과 입장으로부터 배우는 것은 가치가 있다:

"아프리카의 3/4을 전자의 국가가 소유하고 있고 반면에 1/4을 후자의 국가가 소유하고 있다고 가정해보자. 아프리카의 재분할은 그들의 전쟁의 객관적인 내용물이다. 우리가 어느 쪽의 성공을 바라야만 하는가? 그것의 이전의 형식 안에서 그 문제를 말한다는 것은 불합리할 수 있다. 왜냐하면 우리는 평가를 위한 오래된 기준을 가지고 있지 않기 때문이다: 수십년 간의 부르주아 민족해방운동도 없을 뿐만 아니라 부패한 봉건제의 긴 과정도 없다. 전자의 국가가 아프리카의 3/4에 대한 자신들의 "권리"를 주장하는 것을 도운다거나 후자의 국가(비록 전자의 국가보다도 경제적으로 더 빠르게 발전하고 있는 중이라고 할지라도)가 3/4의 권리를 차지하는 것을 도우는 것 둘 중 하나는 현재의 민주주의의 일은 아니다."

"오늘날의 민주주의는, 제국주의 부르주아지의 그 어느 쪽과도 결합하지 않아야만, 양측이 모두 나쁘다고 말해야만, 그리고 모든 나라에서 제국주의 부르주아지의 패배를 바란다고 말해야만 진정한 민주주의일 것이다. 어떤 다른 결정도 실제로는 민족주의적-자유주의적일 것이고 진정한 국제주의와는 아무런 공통점도 없을 것이다(...) 실제로는 반동적인 제국주의 부르주아지의 뒤를 따라가는 오늘날의 민주주의에 대한 어떠한 말도 지금은 존재할 수가 없다, 후자가 어떤 "색조"를 띠는가에 관계없이.(...)"[31]

"러시아의 입장은 독점의 이익에 봉사한다는 숨은 동기와 목표를 가지고 있는데 그렇지만 그들로서는 "정의의 전쟁"을 수행하고 있는 "애국적인" 정권을 지지하고 있는데 그런 이유로 해서 그것은 반제국주의 운동을 위해 긍정적이고 유용하다."

이 견해에 관해 보면, 쏘련과 시리아 간의 관계는 종종 이 견해를 뒷받침하는 것으로 언급되고 있지만, 이 견해는 시리아의 계급적 특성과 생산수단이 부르주아 계급의 손안에 있다는 사실을 무시하고 있다. 1963년 이래로 시리아를 통치해오고 있는 바쓰당(The Baath) 정권은 2차 세계대전 이후 지배하게 되었는데 그때는 쏘련, 반파씨즘 투쟁의 승리에 대한 쏘련의 공헌, 동유럽에서 사회주의 정권의 탄생, 식민지주의의 붕괴 덕분에, 세력들의 상호관계에서 긍정적인 발전이 있었을 때였다. 그 당시는 시리아에서, 뿐만 아니라 국제공산주의 운동의 일반적인 노선에서, 사회 생활의 모든 영역에 널리 퍼져있던 후진성을 극복하기 위한 전제조건으로서, 민족독립과 이 목표를 둘러싼 결집의 문제가 중심적인 주제였다. 쏘련과 다른 사회주의 국가들은 새로운 정권들을 지지하는 협력의 경제적 및 다른 형태의 정책을 형성했는데 그중에 시리아가 있었다. 이 정책은 그들이

---

31) 레닌, "잘못된 깃발 아래(Under a False Flag)", *Collected Works*, Vol. 21.

국제적인 자본주의 시장과 제국주의 연합들로 동화되는 것을 막고 또한 통치하는 전선 내에서 사회주의적 방향에 우호적인 세력들을 강화한다는 하는 목표를 가지고 있었다.

더 강력한 제국주의 강대국들에 반대하여 몇몇의 자본주의 국가들과 경제적인 관계와 심지어 동맹을 발전시키기 위한 쏘련의 이러한 노력은 합당하고 이해할 만했는데 왜냐하면 그것이 제국주의자들의 연합전선을 약화시켰고 일시적일지라도 세력들을 그들로부터 분리시켰으며 제국주의 진영의 모순을 활용하였기 때문이다. 문제는, 어떤 국가들에 대해 경제적, 외교적이거나 다른 수준에서 표현되었던 쏘련의 이러한 있을 수 있는 (국가) 정책이 원칙으로 끌어올려지고 이론으로 전화되고 이들 나라에서 소위 "비자본주의적 발전의 길"에 대한 이야기가 있게 되었다는 것인데 그 길은 "평화적 이행"에 관한 견해와 연계되어 있었다. 이것은 공산주의 세력들과 결과적으로 노동운동이 부르주아 행정부를 용인하거나 심지어 거기에 참가하는 것을 초래했다.

정말로 오늘날까지 레닌의 입장, 즉 "국가독점자본주의는 사회주의를 위한 완전한 물질적인 준비이고 그것과 사회주의라고 불리어지는 계단 사이에 어떠한 중간의 계단도 없는 역사의 사다리의 한 계단이다"[32]라는 입장은 공산주의 세력들에 의해 오해되고 있다. 물질적인 전제조건을 성숙시키는 것을 목표로 하는 것이 운위되는 기초 위에서, 시리아에서도 역시 부르주아 행정부에 대해 공산주의자들이 적극적으로 지원하고 참여하는 것이 변호되었다. 이 특수한 사람들이 국가독점자본주의를 레닌이 묘사했던 대로 제국주의, 자본주의의 최고 단계로서 이해하는 것이 아니라 단지 경제에서 강력한 국가의 부문의 존재로서 이해했을 때에 더욱더 그러했다. 그리고 우리는 그 밖의 어떤 점을 강조해야만 한다: 레닌은 공산주의자들이 정부의 입장에서 혹은 다른 입장에서 국가독점자본주의의 관리와 강화에 공헌하는 것을 결코 요구하지 않았다. 그러므로 이것은 부르주아

---

[32] 레닌, ≪임박한 파국과 그것과 싸우는 방법(The Impending Catastrophe and How to Combat it)≫, Collected Works, Vol. 25.

정부, "좌파"정부, "애국주의적" 정부 등에 대한 공산주의자들의 참여를 변명하기 위한, 레닌주의 입장에 대한 잘못된 해석이다. 레닌은 이 특정한 문구 앞에 "제국주의 전쟁은 사회주의 혁명의 전야이다"33)라고 썼지만, 이것이 공산주의자로서 우리가 제국주의 전쟁을 환영해야 하고 제국주의 전쟁에서 우리나라의 부르주아 계급의 편에 서서 거기에 참여해야 한다는 것을 의미하지 않는다. 우리가 역사로부터 알고 있듯이, 레닌은 제국주의의 제1차 세계대전에 참여하는 것을 반대하여, 제2차 인터내셔널이 포기했던 기치, 프롤레타리아 국제주의의 기치를 들어 올렸던 사람이었다.

그러므로 부르주아 계급을 "애국주의" 부문과 "외국인들에 대해 굴종적인" 부문으로 잘못 분리하는 것과 부르주아 정부에 대한 참여하는 것은 공산당과 노동자들을 "그릇된 깃발" 하에서 싸우도록 하는 결과를 초래하며 레닌은 이것의 위험성을 경고하였다.34) 마찬가지로 "자본주의와 사회주의 간의 중간단계는 존재하지 않는다"는 것, 이는 시리아의 경우에 역시 분명한 사실이다.

쏘련에서 반혁명과 사회주의의 전복이 일어난 후, 시리아는 자본의 집중화를 지지하였고, 독점 기업들의 이익과의 관계를 더욱 진척시켰고, 구조조정 정책들을 이행하였고, 반인민적인 조치들을 취하였다.

각각의 자본주의 국가의 부르주아 계급의 목표는 경제적, 정치적, 군사적인 힘과 함께 시장에서 더 큰 몫을 획득함으로써, 노동계급과 다른 인민층에 대한 착취를 강화함으로써, 독점 기업들이 더 큰 이윤을 획득하게 하기 위해 천연자원, 석유, 천연 가스, 에너지 수송로, 운반체계의 통제와 착취를 위한 경쟁에서 더 나은 위치를 점유하는 것이다. 이것이 일반적인 "규칙"이며 시리아 역시 이 규칙에서 예외는 아니다. 시리아는 2010년 에르도안과 터키를 "전략적인 동맹"으로 끌어올렸다. 이에 앞서 PKK에 대한 입장의 변화가 선행되었다(우리는 임라리(Imrali) 섬에서의 그의 투옥으로 끝난 오칼란의 "오디세이"(Ocalan's "Odyssey")가 어떻게 시작되었는지를

---

33) *Ibid*.
34) Lenin, "Under a False Flag".

잊어서는 안 된다). 공산주의자들의 저항에도 불구하고 그것은 노동자들에게 심각한 부정적인 결과들(예를 들어, 노동관계의 악화, 무엇보다도 해고를 자유롭게 하는 것, 기초적인 대중적 소비재의 가격 상승 등)을 동반하는 소위 "시장의 자유화"에 우호적인 법률에 투표하였다. 그 결과, 2011년이 시작되기 훨씬 전에 아싸드 정권이 추구했던 민영화 정책과 긴축 정책에 대한 불만을 표현했던 움직임이 발생하였다. 임금 인상, 민주적인 권리의 확대와 헌법의 개정을 위해 투쟁했던 하나의 운동이 발전했다. 다양한 정도로 몇 가지 요구들은 만족되었지만 외국의 개입 계획은 "새로운 중동"을 위한 더 일반적인 구상의 틀에서 이미 진행 중이었다. 이 계획은 미국과 프랑스와 같은 다른 강력한 제국주의 열강의 경제적인 이익을 희생하여 주장되었던 경향들에 재갈을 물리고 그것을 부정하는 것을 목표로 하는 변화들을 실행하도록 제기되었는데 왜냐하면 그 지역에서 다른 선택을 하고 있는 국가들이 있었기 때문이다. 이 국가들은 중국, 러시아와 인도에 기대를 걸고 있는데, 중국, 러시아와 인도는 제국주의자들의 경쟁에서 자신들의 위치를 향상시켰고 제국주의 "피라미드"에서 미국의 우위를 위협했다.

그러므로 요약하자면, 우리는 권력 형태의 성격은, 누군가가 이용할 수도 있는 "외국인들에 대한 굴종"이나 "애국주의"와 같은 장식적인 미사여구들에 의해 결정되는 것이 아니라 어떤 계급이 권력을 잡고 있느냐와 누가 생산수단을 소유하고 있는가에 의해 결정된다고 말할 수 있다. 시리아도 예외는 아니다. 시리아는 부르주아지가 권력을 잡고 있는 자본주의 국가이다. 특히 쏘련에서 사회주의의 전복 이후, 시리아의 행동은 무엇보다도 현재의 발전들을 위한 "지형"을 준비했다: 시리아가 노동자와 인민층의 이익들을 공격하는 데 주저하지 않고, 전 세계 제국주의 체제에 참여했고 국제적인 자본주의 경제로 더 깊이 통합되려는 목표를 가지고 구조조정과 개혁을 수행했고 그리고 결국 시리아가 자본주의 시장의 분할에 대한 독점의 모순의 거미줄에 얽히게 되었다는 의미에서.

그러므로 시리아 정권이 이전의 수십 년간 쏘련과의 정치적-경제적 관계들을 발전시키면서, 또한 자본주의 나라들과 협력하기를 멈추지 않으면서, 때때로 미국과 이스라엘의 제국주의적 계획에 대해 반대했고 팔레스타인 인민들의 정당한 주장을 지지했으며 이스라엘—이스라엘은 1967년 6일 전쟁에서 점령한 시리아 영토를 여전히 점령하고 있다—과의 분쟁을 하였다는 것은 우리가 주목할 점이다. 우리는 아싸드 대통령이 이끌고 있는 정치 세력들의 약화 혹은 그의 전복이 새로운 제국주의 전쟁과 제국주의의 개입을 초래할 수 있다는 것을 아주 잘 이해하고 있다.

우리는 제국주의 전쟁에 반대한다. 우리는 인민들에게 요청하는데, 제국주의 전쟁에 대한 그리스 군대의 참여에 반대할 뿐만 아니라 제국주의 전쟁에 자신들의 국가가 연루되는 것에 반대하고 외국의 땅을 향한 공격을 위한 "로켓 발사대"로서 자신의 영토, 물과 공간을 이용하는 것에 반대하는 투쟁을 조직할 것을 요청한다. 이러한 이유 때문에, 우리는 우리나라의 부르주아지의 선택들과 계획들에 반대하는데, "테러리즘에 반대하는 투쟁"이라는 구실 하에 그리스를 제국주의 전쟁으로 밀어 넣을 준비가 되어 있다고 말하는 시리자-아넬(SYRIZA-ANEL) 연립 정부는 이들 부르주아지에 봉사하고 있다.

우리는 시리아의 공산주의운동에 대한 우리의 연대를 표현하는데, 그 운동은 지금 자국에서 발생하고 있는 외국 제국주의의 개입에 대해서뿐만 아니라 자국을 점령하여 분할하고자 하는 계획에 대해 무관심할 리가 없다. 국제적인 노동운동과 공산주의운동의 역사적인 경험을 분석해 보았기 때문에, 우리는 각 인민들의 투쟁이 자본가들로부터 해방되는 나라, 모든 제국주의적 연합으로부터 벗어나는 나라를 위한 투쟁에, 노동계급이 권력을 장악하고 집중화된 생산수단과 자신이 생산한 부를 소유하는 나라를 위한 투쟁에 연계되는 정도에 따라 의미 있는 결과를 갖게 될 수 있다고 믿는다. 오직 이러한 길에서만, 파씨즘과 이슬람 국가의 살인자들과 같은 자본주의 관리(管理)의 가장 비열한 형태들을 창출하는 사회-경제적, 정치적 요소들이 끝장날 수 있다.

"테러리즘에 반대하는 공동 전쟁"

터키가 러시아 전투기를 격추시킨 것은 "테러리즘"과 이슬람 국가에 "반대하는 공동 전쟁"에서의 "위대한 동맹"의 형성에 관한 부르주아 언론과 몇몇의 기회주의 세력들의 도취감을 일시적으로 소멸시켰다. 여기에서 우리는, 유럽(그리고 전 세계)이 "테러리즘"으로부터의 공격하에 있기 때문에, 요구되는 것은 "민족적"이고 "유럽적인" 통일이라는 주장의 역류를 볼 수 있다. 파씨스트적인 황금새벽당(Golden Dawn)에서부터 집권하고 있는 시리자의 "좌파"에 이르기까지 부르주아의 정치 세력들은 시리아에 대한 더 공개적인 군사개입을 지지했다. 그러므로 예를 들어, 빠리 공격 후 프랑스 공산당은 "오늘날 미국, 러시아, 프랑스와 다른 국가들이 분명히 바라던 대로의 결과를 얻지 못하는 군사작전에 종사하고 있기 때문에 UN의 위임통치 하의 국제적인 연합"에 찬성하는 입장을 취하였다.[35]

러시아와 프랑스 같은 국가의 어떤 지도적인 정치 세력들은 빠리 공격 후 유사한 성명서를 발표했다. 이 세력들은 그들의 독점기업들을 보호하거나 아니면 그들을 위한 기지를 얻기 위하여 노력하면서 이슬람 국가의 "쇠락" 이후 시리아에서 이어질 정치적인 과정들에서 자신들의 입장을 "공고화"하기를 추구한다.

그러나 이러한 잘못된 호소는 유럽 노동자들의 이해관계에 부합하지 않으며 이러한 세력들의 진정한 의도, 이해관계와 계획을 감추는 것을 목표로 한다.

다시 한 번 더, 기회주의자들과 사회민주주의 세력들이 체제와 제국주의 전쟁의 "좌익적인 합창단"이라는 것이 드러났다.

아프가니스딴과 이라크에 대한 제국주의자들의 침략과 점령이 분명히 증명하는 대로, 이슬람주의의 반동과 반계몽주의, 이민자와 난민의 문제는 제국주의 전쟁, 개입과 점령에 의해 결코 해결될 수 없다. 정말로 정반대

---

35) Lenin, *The Impending Catastrophe and How to Combat it*.

이다.

공산주의운동이 갖추어야 하는 전략적인 노선은 각각의 부르주아 계급들과 그것의 부문들의 계획으로부터 독립적이어야 한다. 그것은 노동자들이 제국주의 전쟁의 대포의 밥이 되는 것을 허용해서는 안 된다. 그것은 자본주의적 야만성의 원인 자체를 목표로 해야 하며 그것의 더 극단적인 표현 몇 가지를 목표로 해서는 안 된다.

제국주의 전쟁에 반대하는 전쟁은 성과와 전망을 가질 수 있다

시리자-아넬 정부는 다차원의 대외정책에 관해 말하고 그리스 부르주아 계급의 이익을 위해 가능한 최선의 결과를 얻기를 추구하면서, 자신들이 NATO와 EU에 대한 그리스의 책임 틀 안에서 움직이고 있다는 것을 분명히 하였다.

이것은 정부가 의지의 부족 때문에 "끌려다니는" 정치적인 노선이 아니라 나라의 부르주아지(혹은 그것의 지배적인 부문)의 전략적인 이해관계에 의해 방향이 정해지는 의식적인 노선인데, 그들은 이러한 연합에서 자신들의 이윤을 증대시킬 수 있을 것이라고 평가한다. 그리하여 시리자-아넬 정부는 중동에서 "기독교인들을 보호한다", "테러리즘과 싸운다", 그리고 "이민자들의 흐름을 되돌린다"는 명목으로, 시리아에서 EU-NATO의 군사적 개입을 위한 군사적 기반시설과 편의를 기꺼이 제공하려는 것 같다. 지금까지 표현되었던 유일한 유보는 그리스 지상군의 개입과 관련되는데, 그런데 미국과 NATO는 그들의 성명서에서(그들의 계획에서는 아닐지라도) 그것을 우선시하지는 않는다. 그러나 "자신들의 힘이 닿는 모든 수단을 통한 원조와 도움의 의무"에 관해 말하는 7절 42항의 활성화에 대한 정부의 동의는 그것이 폭로되게 하였다!

많은 노동자들은 이러한 상황에서 스스로 다음과 같이 물을 수 있다: "제국주의자들의 계획으로부터 그리스의 해방을 위한 우리의 투쟁이, 그리스가 NATO와 EU에 대해 족쇄가 채워진 채 남아있을 때, 성과를 얻을 수 있을까?"

노동자-인민들의 투쟁은 전망과 성과를 얻기 위해, 동시에 국내 및 해외 자본가 세력들에 반대하고 정부의 결정과 NATO와 EU의 결정에 반대하는 것으로 전환되어야 한다. 이 투쟁이 강해질수록, 노동계급과 인민층의 더 많은 세력이 거기에 포괄될수록, 우리가 NATO-EU-미국의 제국주의자들의 편에 서서 그리스 군대를 제국주의 전쟁에 보내는 것을 방해할 가능성이 점점 더 많아지게 된다. 제국주의에 반대하는 운동이 강해질수록, NATO-EU-미국의 제국주의자들이 나라의 군사적 기반시설을 이용하는 것을 방해할 수 있는 장애물들이 점점 더 많아질 수 있다. 제국주의 전쟁에 반대하는 투쟁은, 제국주의 연합들 자체로부터 나라의 해방, 자본주의 권력의 타도를 위한 "방아쇠"가 될 수 있는데 왜냐하면 노동자의 권력만이 그것들과 다른 모든 종류의 제국주의 연합들로부터의 진정한 해방을 보장할 수 있기 때문이다.

자신의 분석을 과학적 사회주의 이론에 기초를 두고 있는 우리 공산주의자들은 전쟁이 다른 특수한 폭력적 수단들에 의한 정치의 연속이라는 것을 아주 잘 알고 있다. 전쟁은 자본주의 전체체제에 스며드는 상이한 경제적인 이해관계가 충돌하는 지형에서 발생한다. 이것이, 비록 자본주의라는 환경에서 전쟁(경제 공황, 실업, 가난 등과 같이)은 불가피하다고 할지라도, 동시에 전쟁은 자본주의의 공황을 반영하고 전반적인 정치적 위기, 혁명적 정세, 자본주의 권력의 혁명적인 타도와 노동자 권력의 획득을 통한 전쟁으로부터의 탈출구를 위한 조건을 형성하는 사회적 현상인 이유이다.

결론적으로, 사회주의-공산주의 사회—생산수단이 인민의 소유(몇몇 소수의 소유가 아니라)가 되고 경제가 노동자 자신에 의해 중앙 집중적으로 계획되고 통제되는 것에 기초하여 작동되고 인민의 필요(자본가들의 이윤의 증대가 아니라)를 만족시키는 것을 목표로 하는―를 위한 우리의 투쟁은 제국주의 전쟁에 반대하는 그리고 제국주의자들이 인민의 머리 위에 총구를 겨누고 단지 새로운 제국주의 전쟁을 준비하게 하는 "평화"에 반대하는 투쟁과 완전하게 연결되어 있다. 노사과연

레닌주의여 영원하라[*]

≪홍기≫^{**} 편집부
번역: 부산지회 연구팀

레닌 탄생 90주년을 기념하며

I

올해 4월 22일은 레닌 탄생 90주년이다.

레닌 탄생 1년 뒤인 1871년은 영웅적인 봉기였던 빠리꼬뮌이 있었다. 빠리꼬뮌은 자본주의 체제를 타도하는 프롤레타리아트의 시도에 있어 그 첫 번째 총연습이라는 위대하고 유례없는 세계사적 중요성을 가지는 것이었다. 꼬뮌이 베르사유로부터의 반혁명적 공격의 결과로 패배하기 직전에 맑스는 말했다:

만약 꼬뮌이 파괴된다면, 투쟁은 단지 연기될 뿐이다. 꼬뮌의 원칙들은 영원하며 파괴할 수 없는 것이다; 이 원칙들은 노동자계급이 해방될 때까지 언제까지나 계속될 것이다.¹⁾

---

* 출처: 레닌주의여 영원하라. 제3판. 북경: 외국어판, 1960; pp. 1-55. 이 글은 ≪홍기≫ 제6호(1960년 4월 16일자)에 실린 것이다.
사본: Marxists.org, 2010.
HTML Markup: 후안 파하르도(Juan Fajardo), marxists.org, 2010년 4월.
**≪홍기(Red Flag)≫는 중국 공산당 중앙위원회에서 발행하는 격주발행의 잡지다.

꼬뮌의 가장 중요한 원칙은 무엇인가? 맑스에 의하면, 노동자계급은 기존의 국가기구를 단순히 접수하여 이것을 자기 자신의 목적을 위해 움직이게 할 수는 없다. 다시 말해서, 프롤레타리아트는 권력을 획득하기 위해, 부르주아지의 군사적 관료기구를 분쇄하기 위해, 그리고 부르주아 독재를 대체하는 프롤레타리아 독재를 수립하기 위해, 혁명적 수단들을 사용해야 한다. 프롤레타리아트의 투쟁의 역사에 대해 알고 있는 사람은 누구나 한편으로 맑스주의자들과 또 다른 편에서 기회주의자들과 수정주의자들 사이의 노선을 나누는 것은 정확하게 이 근본적인 문제라는 것을 알고 있다. 그리고 맑스와 엥겔스의 사후에 꼬뮌의 원칙들을 지키기 위해 기회주의자들과 수정주의자들에 맞서 철저히 단호한 투쟁을 한 사람은 바로 다른 사람이 아닌 레닌이었다.

빠리꼬뮌이 이루지 못한 대의는 46년 후 위대한 10월 혁명에서 레닌의 직접적 지도하에 마침내 승리를 거두었다. 러시아 쏘비에트의 경험은 빠리꼬뮌의 경험의 연장이며 발전이었다. 맑스와 엥겔스에 의해 계속적으로 자세히 상술되고 러시아 혁명이라는 새로운 경험의 관점에서 레닌에 의하여 풍부해진 꼬뮌의 원칙들은 처음으로 지구의 1/6에서 살아있는 현실이 되었다. 꼬뮌의 원칙들은 영원하며 파괴될 수 없다는 맑스의 말은 완전히 옳은 것이었다.

새로 태어난 쏘비에트 국가를 질식시키려는 시도 하에서, 당시 러시아에서 반혁명분자들과 결속한 제국주의의 앞잡이들은 쏘비에트 국가에 대항하여 무장간섭을 수행하였다. 그러나 다양한 민족으로 이루어진 영웅적인 러시아 노동자계급과 인민들은 외국의 강도들을 쫓아버렸으며, 자국에서의 반혁명적인 반란을 꺾어버리고 세계 최초의 위대한 사회주의 공화국을 공고하게 했다.

레닌의 기치 아래, 그리고 10월 혁명의 기치 아래, 새로운 세계혁명은 프롤레타리아 혁명이 주도적인 역할을 하면서 시작되었고, 인류 역사에서

---

1) "빠리꼬뮌에 대한 맑스의 연설(Speech by K. Marx on The Paris Commune)".

새로운 시대가 밝았다.

10월 혁명 동안 레닌의 목소리는 전 세계에 빠르게 울려 퍼졌다. 마오쩌뚱 동지가 해석했던 것처럼, 중국 인민의 반제반봉건운동인 1919년 5·4 운동은 "그 시대의 세계혁명의 요청과 러시아 혁명과 레닌의 요청으로 탄생하게 되었다."[2)]

레닌의 요청은 옳기 때문에 강력하다. 제국주의 시대라는 역사적 조건 하에서 레닌은 프롤레타리아 혁명과 프롤레타리아 독재에 관한 반박할 수 없는 일련의 진실들을 밝혔다.

레닌은 소수의 자본주의 열강들의 금융자본의 과두제, 즉 제국주의자들이 자국의 인민 대중을 착취할 뿐만 아니라 대부분의 나라들을 식민지와 종속국으로 만들면서 전 세계의 인민들을 억압하고 약탈한다는 것을 지적했다. 제국주의 전쟁은 제국주의 정치의 연장선이다. 세계전쟁은 세계시장을 차지하기 위한 경쟁, 원자재와 투자처를 찾기 위한 제국주의자들의 만족할 줄 모르는 탐욕과 세계를 재분할하려는 그들의 다툼 때문에 시작된다. 세계에 자본주의-제국주의가 존재하는 한 전쟁의 원천과 가능성은 존재할 것이다. 프롤레타리아트는 인민 대중이 전쟁의 원천을 이해하도록, 평화를 위한 투쟁과 제국주의에 반대하는 투쟁을 하도록 지도해야 한다.

레닌은 제국주의가 독점적이고 기생적이거나 썩어가는 소멸해가는 자본주의이고 제국주의는 자본주의 발전에 있어 마지막 단계 따라서 프롤레타리아 혁명의 전야라고 단언했다. 프롤레타리아트의 해방은 분명히 개량주의적 방법이 아니라 혁명적 방법에 의해서만 달성될 수 있다. 자본주의 국가들에서의 프롤레타리아 해방운동은 식민지들과 종속된 국가들에서의 민족해방운동과 동맹을 맺어야 한다. 이 동맹은 모든 식민지들, 종속국에서 봉건제도와 매판반동분자들과 제국주의자들의 동맹을 분쇄할 수 있고, 따라서 확실히 세계 도처에서 제국주의 체제를 끝장낼 것이다.

자본주의의 불균등한 경제적, 정치적 발전법칙에 비추어, 레닌은 자본

---

2) "새로운 민주주의에 대해(On New Democracy)".

주의가 각각의 국가에서 극도로 불균등하게 발전하기 때문에 사회주의는 한 국가 또는 몇몇 국가에서 승리를 거두게 될 것이며, 동시에 여러 나라에서 승리할 수 없다는 결론에 도달했다. 그러므로 한 국가 또는 몇몇 국가에서 사회주의의 승리에도 불구하고, 다른 자본주의 국가들은 여전히 존재하며, 이것은 사회주의 국가들에 대항한 마찰과 제국주의적 파괴행위를 불러일으키게 된다. 그러므로 투쟁은 오랫동안 계속될 것이다. 사회주의와 자본주의 간의 투쟁은 전체 역사적 시기를 포괄할 것이다. 사회주의 국가들은 제국주의자들의 공격 위험에 대비하여 끊임없는 경계를 유지해야 하며, 그 위험을 막기 위해 최선을 다해야 한다.

모든 혁명들의 근본적인 문제는 국가권력의 문제이다. 레닌은 포괄적이고 예리한 방법으로 프롤레타리아 혁명의 근본문제, 즉 프롤레타리아 독재의 문제에 대해 논의하였다. 혁명적 수단에 의해 부르주아 독재라는 국가기구를 분쇄하는 것에 의해 확립되는 프롤레타리아 독재는 한편에 프롤레타리아트와 다른 한편에 농민층과 모든 다른 근로인민 사이의 특별한 유형의 동맹이다; 그것은 새로운 조건하에서 다른 형태 속에서 계급투쟁의 연속이다; 그것은 지속적인 투쟁을 수반하는데, 이 투쟁은 착취계급들의 저항에 반대하고 외국의 침략과 구사회의 세력들과 전통들에 반대하는 피비린내 나고 냉혹한, 폭력적이고 평화로운, 군사적이고 경제적인, 교육적이고 행정적인 것이다. 이런 피할 수 없는 투쟁을 완강하고 지속적으로 수행하는 전선에서 프롤레타리아 독재가 없다면, 인민 대중 전체를 참여시키지 못한다면, 사회주의도 없을뿐더러 사회주의의 더 이상의 승리도 없을 것이다.

레닌은 프롤레타리아 혁명이 수행되고 프롤레타리아 독재가 확립되고 강화되고자 한다면, 프롤레타리아트가 기회주의와 완전히 절연하는 그들 자신의 진실한 혁명적 정당, 즉 공산당을 갖는 것이 매우 중요하다고 생각했다. 이 정당은 맑스의 변증법적 유물론과 사적 유물론 이론으로 무장하고 있다. 이 정당의 강령은 프롤레타리아트와 모든 피억압 근로인민들이 계급투쟁을 수행하도록, 프롤레타리아 규율을 세우도록, 사회주의에서 나아가 공산주의라는 마지막 목표에 도달할 수 있도록 조직하는 것이다. 이 정당은 반드시 대중들과 같은 편이 되고 역사를 만들어 가는 데 있어서 대중들의 창조적 주도성을 매우 중시해야 한다; 이 정당은 사회주의와 공산주의 건설에서뿐만 아니라 혁명에 있어서 대중들에게 철저히 의존해야 한다.

이러한 진실들은 10월 혁명 전후 레닌에 의해 끊임없이 설명되었다. 그 시대 전 세계의 반동주의자들과 속물들은 레닌에 의해 밝혀진 이러한 진실들이 두렵다고 생각했다. 그러나 우리는 세계의 현실적 삶에 있어서 이러한 진실들이 승리에 승리를 거듭하는 것을 보고 있다.

II

10월 혁명 이후 40년이 조금 더 지난 지금, 거대한 새로운 변화들이 전 세계에서 발생했다.

사회주의와 공산주의 건설에 있어 위대한 업적들을 통해, 쏘련은 경제적으로 기술적으로 뒤떨어졌던 짜르 체제하의 러시아를 세계에서 최고로 발달된 기술을 가진 국가로 변화시켰다. 경제적, 기술적 도약에 의해 쏘련은 기술력에 있어 유럽자본주의 국가보다 훨씬 앞서 있고, 미국보다도 앞서 있다.

쏘련이 중요한 역할을 했던 위대한 반파씨즘 전쟁에서의 위대한 승리는 중부유럽과 동부유럽에서 제국주의의 사슬을 깨부쉈다. 위대한 중국인민혁명의 승리는 중국 본토에서 제국주의의 사슬을 깨부쉈다. 한 무리의 새로운 사회주의 국가들이 생겨났다. 쏘련에 의해 이끌어지고 있는 전체 사회주의 진영은 지구 전체 면적의 1/4과 전 세계 인구의 1/3을 차지하고 있다. 사회주의 진영은 현재 자본주의 세계경제체제에 반대하면서 독립적인 세계경제체제가 되었다. 사회주의 국가들의 총 산업생산물가치는 현재 세계 총 산업생산물가치의 40%를 차지하고 있으며, 곧 모든 자본주의 국가들의 총 산업생산물가치를 능가하게 될 것이다.

제국주의 식민지체계는 붕괴하고 있다. 투쟁은 당연히 우여곡절을 겪고 있지만, 대체로 민족해방운동의 폭풍은 날마다 확대되는 규모로 아시아, 아프리카 그리고 라틴 아메리카를 휩쓸고 있다. 사물은 그것의 대립물로 발전하고 있다; 인민들이 한 걸음씩 약함에서 강함으로 전진하고 있는 반면, 제국주의자들은 한 걸음씩 강함에서 약함으로 뒷걸음질 치고 있다.

1차 세계대전 후 한동안 존재했던 자본주의의 상대적 안정성은 오래전에 이미 끝났다. 2차 세계대전 이후 사회주의 세계경제체제의 형성과 함께, 자본주의 세계시장은 매우 위축되었다. 자본주의 사회에서 생산력과 생산관계의 모순은 첨예해졌다. 자본주의의 주기적인 경제공황은 더 이상 예전처럼 매 10년 전후의 주기로 발생하지 않고 매 3-4년의 주기로 발생한다. 최근에, 미국 부르주아지의 몇몇 대표자들은 미국이 10년 동안 3번의 "경제 침체"를 겪었음을 인정했으며, 그들은 1957-58년의 침체를 극복한 바로 직후인 지금 새로운 "경제 침체"의 징후를 가지고 있다. 자본주의 경제 공황들 사이의 간격이 짧아지는 것은 새로운 현상이다. 이것은 세계 자본주의 체제가 피할 수 없는 운명에 다가가고 있다는 그 이상의 신호이다.

자본주의 국가들의 발전에 있어서의 불균등성은 이전보다 한층 더 심화되고 있다. 제국주의자들이 그들의 점점 줄어들고 있는 영토로 위축되어가고 있는 것과 동시에, 미 제국주의자들은 끊임없이 영국, 프랑스 그리고 다른 제국주의자들로부터 시장과 영향력을 행사할 수 있는 영역들을 잡아채 가고 있는 중이다. 미국에 의해 이끌어지는 제국주의 국가들은 10년 이상 군비를 확대하고 전쟁준비를 해 왔으며, 그동안 2차 세계대전에서 패배한 서독과 일본 군국주의가 그들의 이전의 적인 미국의 도움에 의해 다시 일어나고 있다. 제국주의 서독과 일본은 자본주의 세계시장에 대한 아귀다툼에 참여하게 되었고, 지금 그들의 "전통적 우애"에 대해 다시 한 번 지껄이고 있으며, "워싱턴을 출발점으로 하는 소위 본도쿄 축"을 위한 새로운 활동에 종사하고 있다. 서독 제국주의는 뻔뻔스럽게 외국의 군사기지를 찾고 있다. 이것은 제국주의 내의 쓰라린 분쟁들을 악화시켰고, 동시에 사회주의 진영과 모든 평화를 사랑하는 국가들에 대한 위협을 고조시켰다. 현재의 상황은, 영국 제국주의자들이 독일 군국주의의 부활을 지원했던, 1차 세계대전 이후와 비슷한데, 결과는 다시 "제 발등 제가 찍기(picking up a rock only to drop it on their own feet)"가 될 것이다. 2차 세계대전 이후 미 제국주의자들의 세계 긴장고조는 그들이 강하다는 신호가 아니라 그들이 약하다는 신호이며, 정확히 자본주의 체제의 전례 없는 불안정성을 반영하는 것이다.

세계 지배에 대한 그들의 야욕을 실현하기 위해, 미 제국주의자들은 사회주의 국가들에 대한 모든 종류의 사보타지와 전복에 욕심 사납게 의존할 뿐만 아니라, "공산주의자의 위협"에 반대한다는 구실 아래 여러 국가들에서 혁명을 진압하는, 그들 자신이 부여한 세계경찰의 역할 속에서 세계 곳곳에 그들의 군사기지를 세우고, 중간지대를 점령하고 군사적 도발을 수행한다. 모든 사람이 "뭔가라도 던져(Throw something at it)"라고 외치는 동안 거리를 가로질러 달려가는 쥐처럼, 미 제국주의자들은 어디서나 부딪혀 멍들고, 그들의 의도와는 반대로 모든 곳에서 인민의 혁명적 투쟁의 새로운 고조를 일으킨다. 이제 심지어 그 자신들도 쏘련이 앞장서고 있는 사회주의 세계의 증가하는 번영과는 대조적으로 "세계열강으로서 미국의 영향력은 줄어들고 있다"는 것을 알아가고 있다. 미국에서는 "고대 로마의 쇠퇴와 몰락만을 볼 수 있다"고 혹자는 말한다.

과거 40년 이상의 기간 동안 발생했던 변화들은 사회주의와 함께 모든 것들이 점점 더 나아지고 있는 반면에 제국주의는 날이 갈수록 썩어가고 있다는 것을 나타낸다. 우리가 직면하고 있는 새로운 시대는 위대하다. 그 시대의 주요한 특징은 사회주의 세력이 제국주의의 세력을 능가했다는 것이며, 세계의 각성되고 있는 인민들의 세력이 반혁명의 세력을 능가했다는 것이다.

현재 세계의 정세는 레닌 시대 이후 명백히 엄청난 변화를 겪었다; 그러나 이러한 모든 변화들은 레닌주의가 시대에 뒤떨어졌다는 것을 증명하는 것이 아니라, 혁명적 맑스주의를 방어하고 맑스주의를 발전시키기 위해 투쟁하는 동안 레닌에 의해 드러난 진실들과 그가 발전시킨 모든 이론들을 더욱더 명확하게 확인시켜주었다.

제국주의와 프롤레타리아 혁명의 시기라는 역사적 상황 속에서 레닌은 맑스주의를 새로운 단계로 이끌었고, 모든 피억압계급들과 인민들에게 자본주의적 제국주의의 노예화와 빈곤을 진정으로 떨쳐 버릴 수 있는 길을 보여주었다.

이러한 40년은 전 세계에 레닌주의의 승리의 40년이었고, 레닌주의가 전 세계 인민들의 가슴 속으로 더 깊이 들어가는 길을 찾았던 40년이었다. 레닌주의는 사회주의 체제가 확립된 국가들에서 승리를 거두었고 계속 승리할 것이다. 뿐만 아니라 모든 피억압인민들의 투쟁에 있어서 끊임없이 새로운 승리를 거두어 나가고 있는 중이다.

레닌주의의 승리는 모든 세계 인민들에게 갈채를 받는 것과 동시에 제국주의자들과 모든 반혁명분자들의 증오를 초래하지 않을 수 없다. 제국주의자들은 레닌주의의 영향력을 약화시키고 대중의 혁명 의지를 마비시키기 위해 레닌주의에 대해 가장 야만적이고 비열한 공격들과 중상모략들을 개시했다. 더군다나 노동운동 속에서 동요하는 사람들과 변절자들을 육성하고 활용했고, 그들이 레닌의 가르침을 왜곡하고 거세하도록 지도했다. 19세기 말에 맑스주의는 여러 가지 반맑스주의적 경향들을 완패시켰고, 노동자운동 도처에서 광범위하게 퍼져나갔고, 유력한 지위를 얻었다. 그때 베른슈타인으로 대표되는 수정주의자들은 부르주아지의 요구를 충족하기 위해 맑스의 가르침을 더 수정하는 방향으로 나아갔다. 레닌주의가 제국주의와 모든 종류의 반혁명들에 맞서 맹공을 퍼부으면서 노동자계급과 모든 피억압계급들 그리고 전 세계의 민족들을 이끄는 데 있어서 위대한 승리를 거두었을 때, 티토로 대표되는 현대 수정주의자들은 제국주의자들의 요구를 충족시키기 위해 레닌의 가르침(그것은 현대의 맑스주의의 가르침이다)을 수정하는 데 앞장서 왔다. 1957년 11월 모스끄바에서 열린 사회주의 국가들의 공산당과 노동자당 대표자들 모임의 선언에서는 다음의 내용이 지적되었다. "부르주아 영향력의 존재는 수정주의의 내적인 근원이다. 반면에 제국주의자의 압력에 대한 굴복은 그것의 외적인 근원이다."옛날의 수정주의는 맑스주의가 시대에 뒤떨어진 것이라고 증명하는 것을 시도했던 반면에, 현대의 수정주의는 레닌주의가 시대에 뒤떨어진 것이라고 증명하는 것을 시도한다. 모스끄바 선언은 말했다:

현대의 수정주의는 맑스-레닌주의의 위대한 가르침을 더럽히려고 노력하고, "시대에 뒤떨어진"것이라고 선언하며, 사회진보에 있어 그 중요성을 상실했다고 단언한다. 수정주의자들은 맑스주의의 혁명적인 정신을 없애고 노동자계급과 그리고 일반적으로는 근로인민들 사이에서 사회주의에 대한 신념을 침식하려고 노력한다.

선언의 이 문구는 정확하게 말한다: 이러한 것이 바로 현재의 상황이다. 맑스-레닌주의의 가르침들은 이제 "시대에 뒤떨어진 것"인가? 제국주의와 프롤레타리아 혁명, 프롤레타리아 독재, 전쟁과 평화, 사회주의와 공산주의의 건설에 대한 레닌의 통합적인 전체적인 가르침들은 여전히 풍부한 생명력을 가지고 있는가? 만약 그 가르침들이 여전히 유효하고 풍부한 생명력을 가지고 있다면, 어떤 일부에 대해서만 언급할 수 있는가? 아니면 전체에 대해 언급할 수 있는가? 우리는 대개 레닌주의가 제국주의와 프롤레타리아 혁명 시기의 맑스주의, 사회주의와 공산주의 승리의 시기의 맑스주의라고 말한다. 이 말은 여전히 옳은 것인가? 레닌의 애초의 결론들과 레닌주의에 대한 우리의 일반적인 개념들이 유효성과 올바름을 잃었다고 말할 수 있는가? 그러므로 우리는 예전으로 돌아가 레닌이 오래전에 분쇄해버렸고 오래전부터 실제의 삶에서 불명예스럽게 파산해버렸던 수정주의자들과 기회주의자들의 결론을 받아들여야 하는가? 지금 우리는 이 질문들에 직면해 있으며, 우리는 이 질문들에 대한 대답을 해야 한다. 맑스-레닌주의자들은 이러한 질문들에 대한 제국주의자들과 현대 수정주의자들의 불합리함을 철저히 폭로해야 하고, 대중들 사이에서 그들의 영향력을 일소해야 하고. 그들이 일시적으로 현혹시켰던 대중들을 일깨워야 하며, 더 나아가 대중들의 혁명 의지를 불러일으켜야 한다.

III

미 제국주의자들, 많은 나라들에서 부르주아지의 공공연한 대표자들, 티토 도당으로 대변되는 현대 수정주의자들과 우파 사회민주주의자들은 세계 인민들을 잘못된 길로 이끌기 위해 "맑스주의는 시대에 뒤떨어진 것이다" 그리고 "레닌주의도 역시 시대에 뒤떨어진 것이다"라는 그들의 헛소리를 확인하려는 시도 속에서 동시대 세계정세의 완전히 왜곡된 그림을 그리고자 그들이 할 수 있는 모든 짓을 한다.

지난해 말 티토의 연설은 현대 수정주의자들이 "새로운 시대"라고 부르는 것에 대해 반복적으로 언급했다. 그는 "오늘날 전 세계는 국가들이 편안하고 조용하게 그들의 내부적 건설 과업에 전념할 수 있는 새로운 시대로 진입했다"라고 말했다. 그리고 나서 그는 다음과 같이 덧붙였다. "우리는 새로운 문제들—전쟁과 평화라는 문제가 아니라 협동, 경제 그리고 다른 문제들—이 의제에 오르고, 경제적 협력과 연관되며 또한 경제적 경쟁이 문제가 되는, 새로운 시대에 진입했다."[3]

이 변절자는 우리 시대가 제국주의와 프롤레타리아 혁명의 시기이며 사회주의와 공산주의의 승리의 시대라는 맑스-레닌주의의 일관된 이해를 부정하는 시도를 하면서 세계에서 계급모순과 계급투쟁의 문제를 완전히 제거한다.

그러나 전 세계의 현 상태는 진정으로 어떤 상태인가?

제국주의 국가들의 착취당하는 사람들과 억압받는 인민들이 "편안"할 수 있는가? 제국주의의 억압하에 있는 식민지와 반식민지의 모든 민족들이 여전히 "편안"할 수 있는가?

아시아, 아프리카, 라틴 아메리카에서 미 제국주의자들에 의한 군사개입이 "평온"하게 되었는가? 미 제국주의자들이 여전히 우리나라의 대만을 점령하고 있을 때, 우리의 대만 해협에 "평온함"이 있겠는가? 알제리와 아

---

[3] "1959년 12월 12일 자그레브에서 티토의 연설".

프리카의 많은 다른 국가들의 인민이 프랑스, 영국 그리고 다른 제국주의 자들에 의해 군사적 억압들에 종속되어 있을 때, 아프리카 대륙에 "평온함"이 있겠는가? 미국이 폭격, 암살, 전복에 의해 쿠바의 인민혁명을 좌초시키려고 할 때, 라틴 아메리카에 "평온함"이 있겠는가?

"(국가들이) 그들 내부의 건설 과업에 헌신한다"라고 말하는 것은 어떤 종류의 "건설"을 의미하는가? 우리 모두는 오늘날 전 세계에는 여러 종류의 국가들이 있고 성격상 근본적으로 다른 사회체제를 가진 두 종류의 국가들이 있다는 것을 알고 있다. 하나는 사회주의 세계체제에 속하며, 다른 하나는 자본주의 세계체제에 속한다. 티토는 제국주의자들이 자기 국가들의 인민들을 억압하고 전 세계의 인민들을 억압하기 위한 군비확장의 "내부 건설"에 대해 언급하고 있는가 아니면 인민의 행복을 증진하고 지속적인 세계 평화를 위한 사회주의에 의해 수행되는 "내부 건설"에 대해 언급하고 있는가?

전쟁과 평화라는 문제는 더 이상 쟁점이 되지 않는가? 그것은 제국주의가 더 이상 존재하지 않으므로, 착취체제가 더 이상 존재하지 않으므로, 전쟁의 문제가 더 이상 존재하지 않는다는 것인가? 아니면 그것은 제국주의와 착취체제가 영원히 존재하는 것이 허용되더라도 전쟁은 문제가 되지 않는다는 것인가? 사실은 2차 세계대전 이후 끊임없이 중단되지 않고 전쟁이 존재해 왔다는 것이다. 민족해방운동을 억압하는 제국주의 전쟁들과 많은 나라들에서 혁명들에 반대하는 제국주의자들의 군사개입전쟁은 전쟁이 아닌가? 이런 국지전들이 세계전쟁으로 발전되지 않는다고 해서, 그 국지전들은 여전히 전쟁이 아닌가? 핵무기들로 싸우지 않는다고 해서, 재래식 무기들이라고 불리는 것들을 사용하는 전쟁은 전쟁이 아닌가? 미 제국주의자들이 군비확장과 전쟁준비에 미국의 1960년 예산의 거의 60%를 할당하는 것은 미 제국주의 측의 호전적 정책이 아닌가? 서독과 일본 군국주의의 부활은 인류를 새로운 세계전쟁의 위험에 직면하게 하지 않을까?

어떤 종류의 "협력"을 의미하는가? 자본주의를 보호하기 위한 부르주아지와 프롤레타리아트의 "협력"인가? 식민지주의를 보호하기 위한 제국주의자들과 식민지와 반식민지 민족들의 "협력"인가? 자본주의 국가들의 민족들에 대한 억압과 민족해방전쟁에 대한 억압 속에서 제국주의 체제를 보호하기 위한 자본주의 국가들과 사회주의 국가들의 "협력"인가?

한마디로 말해서, 소위 "새로운 시대"에 대한 현대 수정주의자들의 주장은 앞서 말한 쟁점들에 대해 레닌주의에 도전하는 것이다. 제국주의 국가들에서 인민 대중과 독점자본가들 사이의 모순, 식민지와 반식민지 민족들과 제국주의 침략자들 사이의 모순, 사회주의 체제와 제국주의 체제 사이의 모순, 세계의 평화를 사랑하는 사람과 호전적인 제국주의 블럭 사이의 모순, 그 모든 모순들을 감추려고 하는 것이 그들의 목적이다.

상이한 "시대들" 사이의 차이들에 대해 정의를 내리는 다양한 방식들이 있어 왔다. 일반적으로 말해서, 그 시대의 본질을 은폐하기 위해 단지 쓸데없는 말을 늘어놓고 꾸며내며 애매모호함으로 변죽만 울리는 한 가지 방식이 있다. 이것은 노동자운동에서 제국주의자들과 부르주아들이나 수정주의자들의 오래된 수법이다. 그리고 또 다른 한 가지 방식이 있는데, 그것은 계급모순과 계급투쟁의 도처의 상황과 관련한 특정한 상황에 대해 구체적으로 분석하고, 엄격하게 과학적 정의들을 내리며, 그리하여 각 시대의 본질을 밝힌다. 이것이 바로 모든 진지한 마음을 가진 맑스주의자들의 방식이다.

시대를 구분하는 특징들에 대해 레닌은 말했다:

... 우리는 여기에서 거대한 역사적 시대들에 대해 말하고 있다; 모든 시대에 때때로 전진하고 때때로 후퇴하는 분리되고 부분적인 운동들이 있을 것이다. 운동의 평균적인 유형과 평균적인 속도로부터 다양한 일탈들이 있고 있을 것이다.

우리는 얼마나 빨리, 얼마나 성공적으로 어떤 주어진 시대의 역사적 운동들이 발전할지 알 수 없다. 그러나 우리는 어떤 계급이 이러저러한 시대에 중심적 위치를 차지하는지, 그 시대의 중심적 내용과 그 시대의 주요 발전방향, 주어진 시대의 역사적 상황의 주요 특징을 결정하는지 알 수 있고 알고 있다.

단지 이러한 기준에 의해서만, 즉 무엇보다 먼저 다른 "시대"의 근본적 차이점(그리고 상이한 나라들의 역사에서의 개별적 에피소드가 아니라)을 고려함으로써 우리는 우리의 전술을 올바르게 내올 수 있다...[4]

레닌이 여기에서 언급한 바대로, 한 시대는 그 시대에 어떤 계급이 중심적 위치를 차지하고 있는가, 그 시대에 어떤 계급이 그 시대의 발전의 주요내용과 주요방향을 결정하는가 하는 문제를 제시한다.

맑스의 변증법에 충실한 레닌은 계급관계를 분석하는 관점으로부터 단 한순간도 벗어나지 않았다. 그는 "맑스주의는 일상생활의 수만 가지의 사실들 속에서 그 자신들을 명백하게 표현하는 계급적대와 계급투쟁에 의해 '이해관계'를 판단한다"[5]라고 주장했다.

레닌은 다음과 같이 진술했다:

맑스의 방법은 무엇보다도 우선 어떤 계급과 어떤 계급의 운동이 이러한 구체적인 상황에서 가능한 진보의 주인(主因)을 구성하고 있는지를 이해하기 위해 처음부터 끝까지 주어진 구체적 순간, 주어진 구체적 상황에서 역사적 과정들의 객관적 내용들을 고려하는 데 있다...[6]

레닌은 우리가 "사회 일반" 또는 "진보 일반"에 관해 모호하게 이야기 할 게 아니라 계급분석의 기초에 대한 구체적 역사발전과정을 연구해야 한다고 항상 요구했다. 우리 맑스주의자들은 프롤레타리아의 정책을 단지 몇몇 스쳐지나가는 지나가는 사건들이나 아주 미미한 정치적 변화들에 기반을 두는 것이 아니라, 모든 역사적 시기의 계급모순과 계급투쟁의 전반적인 상황에 기반을 두어야 한다. 이것은 맑스주의자들의 기본적인 이론적 입장이다. 새로운 계급변화의 시기, 새로운 역사적 시기에, 레닌이 인류의 희망은 프롤레타리아트의 승리에 달려있고, 프롤레타리아트는 이 위

---

[4] "잘못된 깃발 아래(Under a False Flag)".
[5] "제2 인터내셔널의 붕괴(The Collapse of the Second International)".
[6] "잘못된 깃발 아래(Under a False Flag)".

대한 혁명적 전투에서 승리하기 위해 반드시 스스로 준비해야 하며, 따라서 프롤레타리아 독재를 수립해야 한다는 결론에 도달했던 것은 이러한 입장에 굳건히 서 있었기에 가능한 것이었다. 10월 혁명 후, 1918년에 있었던 러시아공산당(볼셰비끼) 제7차 대회에서 레닌은 말했다:

   우리는 반드시 상품생산의 발전, 자본주의로의 이행 그리고 자본주의의 제국주의로의 전화라는 일반적 기초와 함께 시작해야 한다. 그것에 의하여 우리는 이론적으로 사회주의를 배반하지 않았던 그 누구도 우리를 몰아내지 않을 입지를 차지하고 강화해야 할 것이다. 이것으로부터 다음과 같은 동일하게 불가피한 결론이 뒤따른다: 사회혁명의 시대가 시작되고 있다.

   이것은 현재까지 모든 맑스주의자들이 깊이 고려해야할 것을 여전히 요구하는 결론, 바로 레닌의 결론이다.
   우리의 시대가 제국주의와 프롤레타리아 혁명의 시대, 사회주의와 공산주의의 승리의 시대라는 혁명적 맑스주의자들의 공식은 반박할 수 없다. 왜냐하면 이것이 우리의 현재의 위대한 시대의 기본적 특징을 완벽히 올바르게 담고 있기 때문이다. 레닌주의가 이 위대한 시대의 혁명적 맑스주의의 연속과 발전이며, 프롤레타리아 혁명과 프롤레타리아 독재의 이론과 정책이라는 공식은 논박할 여지가 없다. 왜냐하면 우리의 위대한 시대에 모순들―노동계급과 독점자본 간의 모순, 제국주의 국가들 간의 모순, 식민지와 반식민지 국가들의 민족들과 제국주의자들 간의 모순, 프롤레타리아트가 승리를 거둔 사회주의 국가들과 제국주의 국가들 간의 모순―을 명확히 드러내는 것이 레닌주의이기 때문이다. 그러므로 레닌주의는 우리의 승리의 기치가 되었다. 그러나 일련의 혁명적 맑스주의의 공식과는 반대로, 티토주의자들이 말하는 "새로운 시대"에는 제국주의가 없고, 프롤레타리아 혁명도 없으며, 말할 것도 없이 프롤레타리아 혁명과 프롤레타리아 독재의 이론과 정책도 없다. 간단히 말해 그것들과 함께, 우리 시대의 계급모순과 계급투쟁의 근본적 주안점은 어디에서도 볼 수가 없고, 레닌주의의 근본문제를 놓치고 있으며 레닌주의도 놓치고 있다.

현대 수정주의자들은 과학기술의 발전 때문에 그들이 "새로운 시대"라고 부르는 것에 맑스와 레닌에 의해 발전된 "예전의 개념들"은 더 이상 적용할 수 없다고 주장한다. 티토는 말했다: "우리는 교조주의자들이 아니다. 맑스와 레닌은 달에 가는 로켓과 핵폭탄과 위대한 기술진보를 예견하지는 못했다."[7] 교조주의자가 아니라고. 그래 좋다. 누가 그들이 교조주의자들이 되길 원하는가? 그러나 맑스-레닌주의를 위하여 교조주의에 반대하는 하는 사람이 있을 것이고, 교조주의를 반대한다는 명목으로 실제로 맑스-레닌주의를 반대하는 사람이 있을 것이다. 티토는 후자의 범주에 속한다. 과학기술의 진보가 사회발달에 미치는 영향의 문제에 대해 사적 유물론의 견해로부터 문제에 접근하지 못하기 때문에 올바르지 않은 견해를 가진 사람이 있다. 이것은 이해할 만하다. 그러나 그와는 달리 현대 수정주의자들은 과학기술의 진보를 이용하여 맑스-레닌주의를 바람에 날려버리려는 헛된 시도로 이 문제에 대해 일부러 혼란을 야기하고 있다.

지난 몇 년간, 과학기술에서 쏘련의 성과들은 세계에서 으뜸가는 것이었다. 이러한 쏘련의 성과들은 위대한 10월 혁명이 만들어 낸 것이다. 이러한 눈에 띄는 성과들은 자연에 대한 인간의 정복에 있어 새로운 시대를 열었다. 그리고 동시에 그것들은 세계 평화를 지키는 데 매우 중요한 역할을 했다. 그러나 현대 과학의 발전이 가져온 새로운 여건하에서, 티토가 말한 것처럼, 맑스와 레닌이 "예견하지 못했다"는 "달에 가는 로켓, 핵폭탄 그리고 위대한 기술 진보에 의해" 맑스-레닌주의 사상체계가 흔들렸던가? 맑스-레닌주의적 세계관, 사회역사적 전망, 도덕적 전망 그리고 다른 기본적 개념이 소위 진부한 "도그마"이고 계급투쟁의 법칙이 앞으로 더 이상 유효하지 않다고 말할 수 있겠는가?

맑스와 레닌은 오늘날까지 살지 못했고, 물론 최근 세계의 기술진보의 구체적이고 세부적인 내용을 보지도 못했다. 그러나 결국 자연과학과 기

---

[7] "1959년 12월 12일 자그레브에서 티토의 연설".

술발전은 자본주의 체제에 대해 어떤 징조가 될까? 맑스와 레닌은 이것이 오로지 새로운 사회혁명의 전조가 될 것이며, 분명히 사회혁명의 퇴조는 아니라고 주장했다.

우리는 맑스와 레닌 두 사람 모두 자연을 정복하는 데 있어 새로운 발견들과 자연과학과 기술의 진보에 환호했다는 것을 알고 있다. 엥겔스는 "칼 맑스의 묘지 옆에서의 연설(Speech at the Graveside of Karl Marx)"에서 말했다:

맑스에게 있어 과학은 역사적으로 역동적이고 혁명적인 힘이었다. 그가 아마도 아직은 실천적인 적용을 예견하는 것이 아직 불가능했을 것 같은 몇몇 이론과학에서의 새로운 발견을 얼마나 큰 기쁨으로 환영했는가. 그 발견이 산업에서 그리고 일반적으로는 역사의 발전에서 즉각적인 혁명적 변화들을 수반했을 때, 그는 아주 다른 종류의 기쁨을 경험했다.

엥겔스는 다음과 같이 덧붙였다: "왜냐하면 맑스는 다른 무엇보다도 혁명가였기 때문이다." 전적으로 옳은 말이다! 맑스는 프롤레타리아 혁명이 사라질 것이라고 생각했던 사람들의 관점으로부터가 아니라 프롤레타리아 혁명의 관점으로부터, 자연의 정복에 있어서의 모든 새로운 발견들을 항상 생각했다.

빌헬름 리프크네히트(Wilhelm Liebknecht)는 "맑스의 회상(Reminiscences of Marx)"에서 다음과 같이 썼다:

맑스는 혁명을 질식시켰다고 상상한 유럽의 반동을 조소하였고 자연과학이 새로운 혁명을 준비하고 있다는 것을 의심하지 않았다. 이전의 세기에 세계를 혁명화했던 증기 왕(King Steam)[역자 주: 제임스 와트의 증기기관]은 그의 통치의 종말로 가고 있는 중이었고 또 다른 비교할 수 없이 더 위대한 혁명가가 그의 자리를 차지했는데, 그것은 바로 전기의 불꽃이었다.

… 결과는 예측할 수 없다. 경제혁명에는 정치혁명이 뒤따를 수밖에

없다. 왜냐하면 정치혁명은 단지 경제혁명의 표현일 뿐이기 때문이다.

맑스가 이러한 과학과 역학의 진보를 논의한 방식에서, 세계에 대한 그의 개념과 특히 그가 역사에 대한 유물론적인 개념을 명명했던 것은 너무나도 명확하게 표현되었기 때문에, 내가 지금까지 여전히 지녀왔던 어떤 의심은 봄의 햇살 속의 눈처럼 녹아내려 버렸다.

이것이 바로 맑스가 과학과 기술의 발전에서 혁명의 숨결을 느꼈던 방식이다. 그는 과학과 기술의 새로운 진보가 자본주의 체제를 전복하는 사회혁명을 초래할 것이라고 주장했다. 맑스의 견해에서, 자연과학과 기술의 진보는 세계에 대한 전체적인 맑스주의 개념의 입장과 역사에 대한 유물론적인 개념의 입장을 더욱더 강화하고 그리고 확실히 그 입장을 흔들지는 않는다. 자연과학과 기술의 발전은 프롤레타리아 혁명과 제국주의에 반대하는 싸움에서 억압받는 국가들의 입장을 더욱더 강화하고 확실히 그 입장을 약화시키지는 않는다.

맑스처럼, 레닌도 역시 사회체제에서에서 혁명의 문제와 연관하여 기술의 진보를 조망하였다. 그러므로 레닌은 "증기의 시대는 부르주아의 시대이고, 전기의 시대는 사회주의의 시대이다"라는 생각을 가졌다.[8]

제발 맑스와 레닌의 혁명정신과 현대 수정주의자들의 혁명을 배신하고 있는 부끄러운 태도 사이의 차이를 주목하시기를!

계급사회에서, 제국주의 시대에, 맑스-레닌주의자들만이 계급분석의 관점으로부터 기술의 발전과 이용의 문제에 접근할 수 있다.

사회주의 국가들은 사회체제가 진보적이고 인민들의 이익을 대표하기 때문에 평화로운 국가의 건설과 자연의 정복에 봉사하기 위해 핵에너지와 로켓공학과 같은 새로운 기술들을 이용하려고 노력한다. 사회주의 국가들이 그러한 새로운 기술들을 정복하면 할수록, 사회주의 국가들이 그러한

---

[8] "전(全) 러시아 중앙집행위원회와 인민위원회의 사업에 대한 보고서(Report on the Work of the All-Russian Central Executive Committee and the Council of People's Commissars)".

새로운 기술들을 빠르게 개발하면 할수록, 사회주의 국가들은 인민의 욕구를 충족시키기 위한 사회적인 생산력의 고도의 발전이라는 목표에 더 훌륭하게 도달할 것이고 제국주의 전쟁을 저지하기 위한 힘을 더 강화할 것이며 전 세계 평화를 방어할 가능성을 더 증가시킬 것이다. 그러므로 사회주의 국가 인민들의 복지를 위해 전 세계 인민들을 위한 평화라는 이해 속에서 사회주의 국가들은 어디에서 가능하든지 간에 더욱더 인민의 복지에 봉사하는 그러한 새로운 기술들을 정복해야 한다.

현 시기 사회주의 쏘련은 분명히 새로운 기술들의 발전에서 더 우월적인 상태를 유지하고 있다. 모든 사람들은 달에 도달한 로켓이 자본주의가 가장 발전된 국가인 미국에 의해서가 아니라 쏘련에 의해서 처음으로 발사되었다는 것을 알고 있다. 이것은 바로 사회주의 국가만이 새로운 기술들의 대규모 발전을 위한 끝없는 전망을 가질 수 있다는 것을 보여준다.

그와는 대조적으로, 제국주의 체제는 반동적이고 인민들에게 적대적이기 때문에, 제국주의 국가들은 다른 국가들에게 적대적인 공격과 자국의 인민들에게 적대적인 협박을 하기 위한 군사적인 목적을 위해, 치명적인 무기들을 만들기 위해 그러한 새로운 기술들을 이용하려고 노력한다. 제국주의 국가들에게 그러한 새로운 기술들의 출현은 단지 사회적인 생산력의 발전과 생산의 자본주의적인 관계 사이의 모순을 새로운 단계로 밀어 넣고 있는 것을 의미한다. 이러한 일이 발생한다는 것은 어떻게 해서든지 자본주의를 영구화하는 것이 아니라 그러한 국가들에서의 인민들의 혁명과 낡고 범죄적이며 식인종 같은 자본주의 체제의 파괴를 더 자극하는 것이다.

미 제국주의자들과 그들의 협력자들은 전쟁 위협을 하고 전 세계를 공갈하기 위해 원자폭탄과 같은 무기들을 이용한다. 그들은 미 제국주의의 지배에 복종하지 않는 그 어떤 누구라도 파괴될 것이라고 선언한다. 티토 도당은 이 노선에 호응한다; 티토 도당은 대중들 사이에서 미 제국주의자들이 핵전쟁의 공포를 확산시키는 것을 그만둘 것이라고 말하는 것을 받아들인다. 티토 도당 내부에서 미 제국주의자들의 공갈 협박과 그들의 맞장구치는 소리는 단지 현실 정세를 이해하지 못하는 사람들을 일시적으로

속일 수는 있지만 각성한 인민들을 위협할 수는 없다.

맑스-레닌주의자들은 세계의 역사에서 인류의 운명을 결정하는 것은 기술이 아니라 사람, 바로 인민 대중이라는 것을 항상 견지해 왔다. 일본의 침략에 대한 저항 전쟁 동안과 그 이전에 한동안 중국의 약간의 인민들 사이에서 한 가지 유행하는 이론이 있었는데, 그 이론은 "무기들이 모든 것을 결정한다"라는 이론으로 알려져 있다; 그들은 이 이론으로부터 중국의 무기들은 낡았고 기술은 후진적인 반면에 일본의 무기들은 새롭고 기술은 발전했기 때문에, "중국은 불가피하게 정복될 것이다"라는 결론을 내렸다. 마오쩌둥 동지는 그 당시에 출판된 "지구전에 관하여(On the Protracted War)"라는 그의 저작에서 그러한 말 같지 않은 소리에 대하여 반박을 했다. 그는 다음과 같은 분석을 했다: 중국에 적대적으로 공격하는 일본 제국주의자들의 전쟁은 그것이 반동적이고 정의에 어긋나며 대중적인 지지가 부족하여 부정의하기 때문에 틀림없이 실패할 것이다; 일본에 저항하는 중국 인민들의 전쟁은 그것이 진보적이고 정의로우며 넘치는 지지를 받기 때문에 확실히 승리할 것이다. 마오쩌둥 동지는 전쟁에서 힘의 가장 풍부한 원천은 대중들에게 있었고 깨우치고 단결된 인민 대중에 의해 조직된 인민의 군대가 전 세계에 걸쳐 무적이라는 것을 지적했다. 이것이 바로 맑스-레닌주의의 테제이다. 그렇다면 결과는 어떻게 되었을까? 결과는 맑스-레닌주의 테제의 승리였고 "민족의 종속 이론"은 패배로 끝이 났다. 2차 대전 후, 무기와 장비가 더 우세했던 미국 침략자들에 맞서 싸운 조선 전쟁에서 조선과 중국 인민들의 승리는 다시 한 번 더 이 맑스-레닌주의 테제를 실증하였다.

깨우친 인민들은 항상 무기가 우월한 반동들에게 저항하는 새로운 방법들을 발견하고 그들 스스로의 힘으로 승리할 것이다. 이것은 지난 과거의 역사에서도 그러했고, 현재의 역사에서도 그러하며, 미래의 역사에서도 그러할 것이다. 군사 기술에서 사회주의 쏘련이 획득한 우위와 미 제국주의자들의 핵무기 독점 상실의 결과로, 전 세계의 인민들과 미국 인민들의 깨우침의 결과로, 지금은 전 세계적으로 핵무기의 금지에 관한 협정에서

합의를 도출할 가능성이 있다. 우리는 그러한 협정에 합의를 도출하기 위해 노력하고 있는 중이다. 호전적인 제국주의자들과는 대조적으로, 전 세계 사회주의 국가들과 평화를 사랑하는 인민들은 핵무기의 금지와 파괴를 위한 입장을 적극적으로 그리고 견고하게 지지한다. 우리는 항상 제국주의 전쟁에 반대하여 싸우고 핵무기의 금지를 위해, 세계 평화의 수호를 위해 싸운다. 더 광범위하고 집중적으로 이 싸움이 수행되어지면 질수록, 호전적인 미국과 다른 제국주의자들의 야비한 얼굴들이 더 완전하고 철저하게 드러나고 우리는 전 세계의 인민들 앞에서 이 제국주의자들을 더 고립시킬 수 있을 것이고 그들의 손을 묶어버릴 가능성은 더 커지고 그것은 세계 평화라는 대의에 더 큰 이득이 될 것이다. 그와는 반대로, 만약 우리가 전쟁을 도발하는 제국주의자들의 위험성에 반대하는 우리의 경계를 풀어버린다면, 만약 우리가 제국주의에 반대하는 모든 국가들의 인민들을 깨우치도록 노력하지 않고 인민의 손을 묶는다면, 그때 제국주의는 자기들이 원하는 대로 전쟁을 준비할 수 있을 것이며 불가피한 결과는 제국주의자들이 전쟁을 도발하는 위험성의 증가일 것이다. 일단 전쟁이 발발하면, 완전한 준비 부족이나 부적절한 준비 때문에 인민들은 전쟁에 대한 올바른 자세를 재빨리 받아들일 수 없을는지도 모르고 그 결과 전쟁을 효과적으로 저지할 수 없을 것이다. 물론 제국주의자들이 전쟁을 할 것인가 아닌가가 우리에 의해 결정되지는 않는다. 무엇보다 우리는 그들의 참모장이 아니다. 모든 국가의 인민들이 현대식 무기들을 소유한 사회주의 진영과 함께 그들의 경각심을 더 높이고 철저히 준비를 하는 한, 미국과 다른 제국주의자들이 핵무기 금지에 관한 협정에 도달하는 것을 거부하고 감히 핵무기를 사용하는 전쟁을 도발함으로써 인민들의 의지를 무시하고 행동할지라도 그 결과는 전 세계 인민들에 의해 포위된 이 괴물들의 아주 빠른 속도의 파괴일 뿐이며 소위 인류의 전멸은 확실히 아니다. 제국주의자들의 전쟁은 많은 국가의 인민들(미국과 다른 제국주의 국가들의 인민들을 포함해서)에게 커다란 희생을 강요하기 때문에, 제국주의의 범죄와 같은 전쟁 도발에 일관되게 반대한다. 그러나 제국주의자들이 많은 국가의 인민들에게 그러한 희생을 강요한다면, 우리는 러시아 혁명과 중국 혁명이 보여준 것처럼 그러한 희생은 보답을 받을 것이라고 믿는다. 제국주의의 파편 더미 위에서, 승리한 인민들은 자본주의 체제보다 수천 배 높은 문명을 아주 빨리 창조할 것이며 그들 스스로의 힘으로 진실로 아름다운 미래를 창조할 것이다.

 결론은 다음과 같을 수밖에 없다: 당신들이 핵에너지, 로켓 등과 같은 새로운 기술들을 어떤 방식으로 보든지 간에, 현대의 수정주의자들이 주장하는 바대로, 핵에너지, 로켓 등과 같은 새로운 기술들이 레닌이 지적했던 제국주의와 프롤레타리아 혁명의 시대라는 기본적인 성격을 변화시킨 것은 없다. 자본주의-제국주의 체제가 저절로 부서지지는 않을 것이다. 자본주의는 관련된 제국주의 국가들 내에서의 프롤레타리아 혁명과 식민지와 반식민지에서의 민족 혁명에 의해 전복될 것이다. 현대의 기술적인 진보는 자본주의-제국주의 체제를 그것의 운명으로부터 구할 수는 없고 단지 자본주의-제국주의 체제에 대한 새로운 조종을 울릴 뿐이다.

IV

 현대의 세계정세에 관한 그들의 불합리한 주장들과 맑스-레닌주의의 계급분석 이론과 계급투쟁 이론이 시대에 뒤떨어졌다는 그들의 불합리한 주장을 전개하면서, 현대 수정주의자들은 폭력, 전쟁, 평화공존 등과 같은 일련의 문제들에 관한 맑스-레닌주의의 근본 이론들을 전적으로 뒤엎으려고 시도한다.

 수정주의자들이 아니라 진정으로 맑스주의자가 되기를 원하는 선량한 의도를 가진 사람들이지만 어떤 새로운 역사적인 현상에 직면하여 혼란스러워하고 그 결과 올바르지 않은 생각을 가진 사람들도 약간은 있다. 예를 들어, 그들 중 몇몇은 핵을 통한 공갈 협박이라는 미 제국주의자들의 정책의 실패가 폭력의 종말을 표시한다고 말한다. 우리는 현대 수정주의자들의 불합리성을 완전히 논박하면서 이러한 선량한 의도를 가진 인민들이 그들의 잘못된 생각을 고치는 것 역시 도와야 한다.

폭력이란 무엇인가? 레닌은 ≪국가와 혁명≫이라는 그의 책에서 이 질문에 관하여 아주 많은 언급을 했다. 국가의 출현과 존재는 그 자체로 일종의 폭력이다. 레닌은 엥겔스의 다음과 같은 설명을 소개했다:

... 그것(이 공권력은)은 단지 무장한 사람들로 구성되는 것이 아니라 물질적인 부속 기구, 감옥과 모든 종류의 강압적인 기구들로 구성된다...

레닌은 우리들이 본질적으로 다른 두 가지 유형의 국가, 즉 부르주아 독재의 국가와 프롤레타리아 독재의 국가를 구별해야 하고 본질적으로 다른 두 가지 유형의 폭력, 즉 반혁명적인 폭력과 혁명적인 폭력을 구별해야 한다고 말한다; 반혁명적인 폭력이 존재하는 한 그것에 반대하는 혁명적인 폭력은 반드시 존재한다. 혁명적인 폭력 없이 반혁명적인 폭력을 쓸어내는 것은 불가능할 것이다. 착취계급이 권력을 잡고 있는 국가는 반혁명적인 폭력, 바로 착취계급의 이익을 위해 피착취계급을 억압하기 위한 특별한 힘이다. 제국주의자들이 핵무기와 로켓들을 보유하기 이전이나 그들이 이 새로운 무기들을 보유한 이후에나, 제국주의 국가들은 항상 국내에서는 프롤레타리아트를 억압하고 해외에서는 식민지 국가와 반식민지 국가의 인민들을 억압하기 위한 특별한 힘이었으며 항상 그러한 폭력 기구였다; 제국주의자들이 이 새로운 무기들을 사용하도록 강제당하지 않는다 할지라도, 인민의 국가와 그 국가의 프롤레타리아 독재의 상태가 제국주의 국가를 전복하고 대체할 때까지 제국주의 국가는 당연히 제국주의의 폭력 기구들로서 남아 있을 것이다.

역사가 시작된 이래로 현 시대의 자본주의-제국주의자들이 창조했던 것과 같은 그러한 대규모적이고 그러한 완전히 야만적인 폭력적인 힘들은 결코 존재하지 않았다. 지난 십수 년을 통하여, 미 제국주의자들은 어떠한 양심의 가책도 없이 이전보다도 백배나 더 야만적인 박해 수단을 채택하였으며 그 결과 본국의 노동계급의 뛰어난 아들들, 흑인과 모든 진보 세력들을 짓밟았다; 뿐만 아니라, 미 제국주의자들은 그들이 전 세계를 그들의 폭력적인 지배 아래 두려고 의도했다는 것을 처음부터 죽 뻔뻔스럽게 선언을 해 오고 있는 중이다. 그들은 계속해서 그들의 폭력적인 힘들을 확장하고 있는 중이며, 동시에 다른 제국주의 국가들도 역시 그들의 폭력적인 힘들을 강화하기 위한 경쟁에 가담하고 있는 중이다.

미국이 이끄는 제국주의 국가들의 오만한 군대의 증강은 전례가 없이 심상치 않은 자본주의의 전반적 위기 동안에 나타났다. 제국주의자들이 미친 듯이 그들의 군사력의 확장을 최고로까지 끌어올리면 올릴수록, 그것은 바로 그들이 그들의 운명에 더 가까이 가고 있는 중이라는 것을 더욱더 의미한다. 이제 약간의 미 제국주의자들의 대리인들조차도 자본주의 체제의 불가피한 절멸의 징후를 느끼고 있다. 그러나 제국주의가 운명에 더 가까이 가고 있기 때문에, 제국주의자들 스스로가 그들의 폭력을 끝내겠는가? 제국주의 국가들에서 권력을 잡고 있는 자들이 그들이 조직했던 폭력을 자발적으로 버리겠는가?

과거와 비교했을 때, 제국주의자들이 더 이상 폭력을 탐닉하지 않는다거나 탐닉의 정도가 줄어들고 있는 중이라고 누가 말할 수 있는가?

레닌은 오래전 많은 기회를 빌려 그러한 질문에 대답을 했다. ≪제국주의, 자본주의의 최고 단계≫라는 그의 책에서, 그는 다음과 같이 지적했다: "… 왜냐하면 정치적으로 제국주의는 항상 폭력과 반동으로의 방향으로 노력을 기울이고 있기 때문이다." 10월 혁명 후, ≪프롤레타리아 혁명과 배신자 카우츠키≫라는 그의 책에서, 레닌은 특히 역사를 상세히 기술하는 것에 주의를 기울였으며 독점자본주의의 이전과 독점자본주의, 즉 제국주의 사이의 차이를 비교하였다. 그는 다음과 같이 말했다:

… 19세기의 70년대에 정점에 도달했던 독점 이전의 자본주의는 기본적인 경제적 특성들(영국과 미국에서 가장 전형적이었던) 때문에 평화와 자유에 대해 상대적으로 애착을 가진 것으로 구분된다. 20세기에 최종적으로 성숙한 제국주의, 즉 독점자본주의는 기본적인 경제적 특성들 때문에 평화와 자유에 거의 애착을 가지지 않는 것으로 구분되며 모든 곳에서

군국주의의 최대치의 그리고 보편적인 발전에 가장 큰 애착을 가진 것으로 구분된다.

물론 레닌은 프롤레타리아 국가가 새롭게 탄생하여 국가의 경제력이 아직 새롭고 불충분할 때인 10월 혁명 초기에 이러한 말들을 했다. 반면에 우리가 이미 묘사했던 바대로, 40년 이상이 경과하면서 쏘비에트 국가 그 자체와 전 세계의 모습은 엄청난 변화를 경험하였다. 그러므로 쏘련의 힘, 사회주의 세력의 힘과 평화 세력의 힘 때문에 제국주의의 성격이 변하였고 그 결과 앞서 말한 레닌의 테제들이 진부하게 되었다고 말할 수 있는가? 혹은, 제국주의의 성격이 변하지 않았음에도 불구하고 제국주의가 더 이상 폭력에 의지하지 않는다고 말할 수 있는가? 이러한 견해들은 현실의 정세에 조응하는 것일까?

전 세계 사회주의 체제는 자본주의 체제와의 투쟁 속에서 분명히 우위를 차지하였다. 이 위대한 역사적 사실은 전 세계에서 제국주의적 폭력의 위치를 약화시켰다. 그러나 이 사실이 제국주의자들이 그들 국가의 인민들을 다시는 결코 억압하지 않고 외부적인 확장과 공격적인 활동에 다시는 결코 종사하지 않게 할 것인가? 이 사실이 제국주의자들의 호전적인 집단들이 이제부터는 "도살자의 큰 칼을 버리고" "소를 사기 위해 칼을 팔도록" 만들 수 있을까? 이 사실이 제국주의 국가들에서 군수품 생산자와 판매자들의 그룹을 앞으로 평화를 추구하는 사람들로 변화하도록 만들 수 있을까?

이 모든 질문들에 모든 진지한 맑스-레닌주의자들은 직면하고 있고 깊은 심사숙고가 요구된다. 이 질문들이 정확히 조망되고 다루어지느냐 그렇지 않으냐가 프롤레타리아적인 대의의 성공 혹은 실패와 인류의 운명에 관하여 밀접한 관계를 가지고 있다는 것은 명백하다.

전쟁은 가장 첨예한 형식의 폭력의 표현이다. 한 가지 유형은 내전이고, 또 다른 유형은 외국과의 전쟁이다. 폭력은 항상 가장 첨예한 형식인 전쟁으로 언제나 표현되는 것은 아니다. 자본주의 국가들에서, 부르주아지의 전쟁은 평상시의 부르주아 정치의 연장인 반면에, 부르주아지의 평화는 부르주아 전시 정치의 연장이다. 부르주아지는 인민에 대한 지배와 외국과의 투쟁을 계속해 나가기 위해 전쟁과 평화라는 두 가지 형식을 항상 교대로 채택한다. 소위 평화의 시기에는, 제국주의자들은 체포, 구금, 중노동, 대학살 등과 같은 폭력의 형식에 의해 피억압계급들과 민족들을 다루기 위한 무장력에 의존한다. 반면, 동시에 그들은 국내에서는 인민들의 혁명을 억압하기 위해, 해외에서는 약탈을 수행하기 위해, 외국의 경쟁자들을 압도하기 위해, 다른 국가들에서 혁명을 근절하기 위해, 역시 가장 첨예한 형식의 폭력―전쟁―을 이용하려고 준비한다. 혹은 그렇지 않다면, 국내에서의 평화는 해외에서의 전쟁과 함께 나란히 존재한다.

10월 혁명 초기에, 제국주의자들은 쏘련에 적대적인 전쟁의 형식으로 폭력에 의존했는데, 그것은 제국주의 정치의 연장이었다; 2차 세계대전에서, 독일 제국주의자들은 쏘련을 공격하기 위해 대규모 전쟁의 형식으로 폭력을 이용했는데, 그것은 제국주의자들의 정치의 연장이었다. 그러나 그와는 달리, 제국주의자들은 상이한 시기에는 쏘련과 평화공존이라는 외교관계를 역시 수립하였는데, 물론 그것 역시 특수한 상황하에서의 또 다른 형식에서 이루어진 제국주의 정치의 연장이었다.

정말로 평화공존에 관한 몇 가지 새로운 질문들이 이제 떠올랐다. 강력한 쏘련과 강력한 사회주의 진영과 직면했을 때, 제국주의자들이 쏘련과 다른 사회주의 국가들을 공격한다면 그들의 소원과는 달리 히틀러가 그러했듯이 그들의 절멸을 재촉할 것인지 혹은 자본주의 체제 자체에 대한 가장 심각한 결과들을 불러올 것인지를 어쨌든 조심스럽게 생각해야 한다.

"평화공존" ― 이것은 단지 10월 혁명 다음에 이어진 사회주의 국가들의 출현 후에 떠올랐던 새로운 개념이다. 그것은 레닌이 10월 혁명 전 예측했던 상황하에서 형성된 새로운 개념인데, 그때 레닌은 다음과 같이 말했다;

사회주의는 모든 국가에서 동시에 승리를 쟁취할 수 없다. 사회주의는 처음에 일국이나 몇 개의 국가들에서 승리를 쟁취할 수 있는 반면에 다른

국가들은 한동안 부르주아 국가나 부르주아 이전의 국가로 남아 있을 것이다.9)

이 새로운 개념은 위대한 쏘비에트 인민들이 제국주의자들의 무장 간섭을 물리친 후 레닌이 진전시킨 개념이다. 위에서 지적하였듯이, 제국주의자들은 처음부터 쏘련과 평화적으로 공존하려고 하지 않았다. 제국주의자들은 단지 쏘련에 대한 간섭 전쟁이 실패한 후에, 수년간의 실질적인 무력 도발의 시도가 있은 후에, 쏘비에트 국가가 그 대지 위에 굳건하게 뿌리를 내린 후에, 쏘비에트 국가와 제국주의 국가들 사이에서 일정한 힘의 균형이 모양 갖추어지고 난 후에, 어쩔 수 없이 쏘련과 "공존"하였다. 1920년 레닌은 다음과 같이 말했다:

우리는 우리 스스로의 힘으로 제국주의 세력들과 나란히 함께 존재할 수 있는 상황을 획득하였는데 그들은 지금 우리와 무역 관계를 시작할 것을 강제당하고 있다.10)

세계 최초의 사회주의 국가와 제국주의 사이에서 일정 기간 동안의 평화공존은 전적으로 투쟁을 통하여 성취되었다고 말할 수 있다. 2차 대전 전, 쏘련에 대한 독일의 공격이 있기 전인 1920-1940년은 제국주의와 쏘련 사이의 평화공존의 기간이었다. 이 20년의 기간 동안, 쏘련은 평화공존에 충실했다. 그러나 1941년 히틀러는 더 이상 쏘련과 평화공존을 유지하는 것을 원하지 않았다; 독일의 제국주의자들은 약속을 어기고 쏘련에 대한 야만적인 공격을 도발하였다. 위대한 쏘련이 주된 힘이었던 반파씨스트 전쟁의 승리 덕분에, 전 세계는 사회주의 국가들과 자본주의 국가들 사이에서 평화공존의 상황을 다시 한 번 더 보았다. 그럼에도 불구하고, 제국주

---

9) "프롤레타리아 혁명의 군사 강령(The Military Program of the Proletarian Revolution)".
10) "우리의 국내와 국외의 정세 그리고 당의 과업들(Our Internal and External Situation and the Party's Tasks)".

의자들은 그들의 구상들을 포기하지 않았다. 미 제국주의자들은 쏘련과 전 사회주의 진영 주위 어디에나 군사기지들과 미사일 기지들의 망을 세웠다. 그들은 여전히 우리의 영토인 대만을 점령하고 있는 중이고 대만 해협에서 우리에 대한 군사적인 도발을 계속해서 수행하고 있는 중이다. 그들은 조선에서 무장 간섭을 수행하였는데, 그들은 조선 땅에서 조선과 중국 인민들에 대한 대규모 전쟁을 벌였다. 그 전쟁은 단지 그들이 패배한 후에야 휴전 협정을 가져왔다 — 그리고 지금까지도 여전히 그들은 조선 인민들의 재통일을 방해하고 있다. 그들은 베트남 인민들에 대한 전쟁에서 프랑스 제국주의 점령군에게 무기를 공급하였고 지금까지도 여전히 그들은 베트남 인민들의 재통일을 방해하고 있다. 그들은 헝가리에서 반혁명적인 반란을 꾀하였고 지금까지 계속해서 그들은 동유럽의 사회주의 국가들과 다른 곳에서 국가를 전복하고자 하는 모든 종류의 시도들을 하고 있는 중이다. 그 사실들은 레닌이 1920년 2월 미국의 특파원들에게 다음과 같이 말했던 바대로이다: 평화의 문제에 관하여, "우리 편에 장애는 없다. 장애는 미 제국주의자들 (그리고 다른 나라의) 자본가들이다."[11]

사회주의 국가들의 대외정책은 평화정책일 수밖에 없다. 사회주의 체제는, 우리가 전쟁이 필요하지 않다고, 절대적으로 전쟁을 시작하지 않을 것이라고, 절대적으로 전쟁을 시작해서도 안 된다고, 이웃 국가의 영토를 단 1인치라도 점령해서는 안 되고 점령할 수도 없다고, 결의한다. 중화인민공화국이 수립된 이후로, 중화인민공화국은 평화적인 대외정책을 일관되게 고수해 오고 있다. 중화인민공화국은 인도와 버마라는 두 개의 이웃하고 있는 국가와 함께, 잘 알려진 평화공존 5개 원칙을 공동으로 발의를 했다; 그리고 1955년 반둥회의에서, 중화인민공화국은 아시아와 아프리카의 여러 국가들과 함께 평화공존 10개 원칙을 채택하였다. 중화인민공화국의 공산당과 정부는 흐루쇼프 동지가 이끄는 쏘련의 공산당 중앙위원회와 정

---

11) "미국의 신문, ≪뉴욕 이브닝 저널(New York Evenings Journal)≫ 특파원의 문제에 대한 대답(Answer to the questions of the Correspondent of the American Newspaper, "New York Evenings Journal")".

부에 의해 수행되었던 평화를 위한 활동들을 지난 몇 년간 일관되게 지지해 왔는데, 쏘련의 공산당 중앙위원회와 정부의 이러한 활동들이 전 세계의 여러 민족들 앞에 사회주의 국가들의 평화적인 대외정책의 견고함을 가일층 드러낼 뿐만 아니라 그 민족들이 제국주의자들이 새로운 세계전쟁을 도발하는 것을 예방하고 지속적인 세계 평화를 위해 노력할 필요성을 드러낸다고 생각했기 때문이다.

1957년 모스끄바 회의의 선언은 다음과 같이 진술한다:

평화의 대의는 우리 시대의 강력한 세력들에 의해 유지된다: 쏘련이 이끄는 사회주의 국가들의 확고한 진영; 반제국주의의 입장을 취하고 있고 사회주의 나라들과 함께 광범한 평화지대를 형성하고 있는 아시아와 아프리카의 평화를 사랑하는 국가들; 국제적 노동계급과 무엇보다도 그것의 전위인 공산당들; 식민지와 반식민지 민족들의 해방운동; 여러 민족들의 대중적인 평화운동; 중립을 선언한 유럽 국가들의 민족들, 라틴 아메리카의 인민들과 새로운 전쟁계획에 확고하게 저항하고 있는 제국주의 국가들의 대중들. 이러한 강력한 세력들의 동맹이 전쟁을 방지할 수 있을 것이다.

이러한 강력한 세력들이 지속적으로 발전하는 한, 평화공존 상태를 유지하는 것이 가능하고, 혹은 형식적으로는 핵무기 금지에 관한 합의 도출을 포함하여 평화공존에 대한 여러 가지 협정에 도달하는 것이 가능하다. 그것은 전 세계 민족들의 열망에 완전히 부응하는 훌륭한 일일 수 있다. 그러나 이러한 경우에서조차도, 제국주의 체제가 여전히 존재한다면, 폭력의 가장 첨예한 형태인 전쟁은 전 세계에서 사라지지 않을 것이다. 레닌이 기회주의와의 싸움에서 반복하여 설명하고 지지했던 정의, "전쟁은 정치의 연속이다"라는 정의를 시대에 뒤떨어진 것이라고 선언한 유고슬라비아의 수정주의자들의 묘사[12]는 사실과 다르다.

우리는 레닌의 생각이 절대적으로 올바르다고 믿는다: 전쟁은 착취체제의 불가피한 결과이고 제국주의 체제는 현대 전쟁의 원천이다. 제국주의

---

12) 참고. "적극적인 평화공존과 사회주의(Active Co-existence and Socialism)", 1958년 11월 28일, 유고슬라비아의 나로드나 아르미자(Narodna Armija)

체제와 착취계급이 사라지기 전까지는 이런저런 종류의 전쟁들이 계속 발발할 것이다. 그 전쟁들은 제국주의 국가들 간의 세계 재분할을 위한 전쟁들이나 또는 제국주의 국가들과 피억압 민족들 간의 침략과 반침략의 전쟁들, 제국주의 국가들 내에서의 착취계급과 피착취계급 간의 혁명과 반혁명의 내전들 혹은 물론 제국주의자들이 사회주의 국가들을 공격하고 사회주의 국가들이 스스로를 방어해야만 하는 전쟁일 수 있다. 모든 종류의 전쟁은 특정한 계급들의 정치의 연속을 대변한다. 맑스-레닌주의자들은 절대적으로 부르주아 평화주의의 진창으로 빠져서는 안 되고, 맑스-레닌주의자들은 모든 종류의 전쟁을 평가하기 위한 구체적인 계급적 분석의 방법을 채택하고 그에 따라 프롤레타리아트가 따라야 하는 정책들에 대한 결론을 도출할 수 있을 뿐이다. 레닌이 "프롤레타리아 혁명의 군사 강령"이라는 그의 논문에 써 놓은 바대로: 이론상으로, 모든 전쟁이 다른 수단들에 의한 정치의 연속에 불과하다는 것을 망각하는 것은 커다란 오류일 것이다.

약탈과 억압이라는 목적을 위해, 제국주의는 항상 두 가지 전술을 사용했다: 전쟁이라는 전술과 "평화"라는 전술; 따라서 모든 국가의 프롤레타리아트와 인민들은 제국주의에 대처하는 데 있어서 역시 두 가지 전술을 사용해야 한다: 제국주의의 기만적인 평화를 폭로하고 진정한 세계 평화를 위해 노력하는 전술과 제국주의가 전쟁을 촉발한다면 제국주의자들의 부정의한 전쟁을 끝장내기 위한 정의의 전쟁을 하기 위해 준비하는 전술.
한마디로, 전 세계 민족들의 이익을 위해, 우리는 현대 수정주의자들의 거짓말들을 철저히 분쇄해야 하고 폭력, 전쟁과 평화공존의 문제들에 관한 맑스-레닌주의의 관점들을 견지해야 한다.
유고슬라비아 수정주의자들은 폭력에 대한 고유한 계급적 성격을 부정하고, 그로 인해 혁명적 폭력과 반혁명적 폭력의 근본적인 차이점을 지워버린다; 그들은 전쟁에 내재된 계급적 성격을 부정하며, 따라서 그들은 정의의 전쟁과 부정의한 전쟁의 근본적인 차이를 지워버린다; 그들은 제국주의 전쟁이 제국주의 정치의 연속이라는 것을 부정하고, 또 다른 세계전쟁을 촉발할 수 있는 제국주의의 위험성을 부정하고, 착취계급을 제거한 이후에야 비로소 전쟁을 제거하는 것이 가능하다는 것을 부정하고, 뻔뻔스럽게도 미 제국주의의 지도자인 아이젠하워를 "냉전을 종식시키고 서로 다른 정치 체제 사이에서 평화적인 경쟁을 하는 지속적인 평화를 수립하기 위한 초석을 놓은 사람"이라고 부른다;13) 그들은 평화공존의 조건들 하에서, 여전히 정치적, 경제적, 이데올로기 등의 분야에서 복잡하고 첨예한 투쟁들이 존재한다는 것을 부정한다. 유고슬라비아 수정주의자들의 이러한 모든 주장들은 모든 나라의 프롤레타리아트와 인민의 정신을 오염시키는 것을 목적으로 하고 제국주의의 전쟁 정책에 도움이 되고 있다.

V

현대 수정주의자들은 사회주의 국가들의 평화적인 대외 정책을 자본주의 국가들에서의 프롤레타리아트의 국내 정책과 혼동시키려고 노력한다. 그러므로 그들은 상이한 사회체제를 가진 국가들 간의 평화공존이 다음을 의미한다고 즉, 자본주의가 사회주의로 평화적으로 성장할 수 있고 부르주아지가 지배하는 국가에서의 프롤레타리아트가 계급투쟁을 포기하고 부르주아와 제국주의자들과의 "평화공존"에 들어가고 프롤레타리아트와 모든 피착취계급들이 그들이 계급사회에 살고 있는 중이라는 것을 잊어야만 한다는 것을 의미한다고 생각한다. 이 모든 주장들은 역시 맑스-레닌주의와 완전히 배치되는 것이다. 현대 수정주의자들의 목표는 제국주의의 지배를 보호하는 것이며, 그들은 프롤레타리아트와 나머지 모든 근로인민들을 영구적으로 자본주의적 노예 상태에 가두려고 시도한다.

상이한 국가들 간의 평화공존과 다양한 국가들에서 인민혁명은 그 자

---

13) 참고. "아이젠하워가 로마에 도착하다(Eisenhower Arrives in Rome)", 1959년 12월 4일, 유고슬라비아의 보르바(Borba).

체로는 두 가지의 상이한 것이며 한가지 그리고 동일한 것이 아니다; 두 개의 상이한 개념이며 한 개의 개념이 아니다; 두 종류의 상이한 문제이며 한 종류의 그리고 동일한 종류의 문제가 아니다.

평화공존이란 국가들 간의 관계에 대한 것이다; 혁명이란 각각의 국가 내에서 피억압 인민들에 의한 억압계급들의 타도를 의미하며, 반면에 식민지와 반식민지의 경우에는 무엇보다도 외국의 억압자들, 즉 제국주의자들을 타도하는 문제이다. 10월 혁명 이전에는 사회주의 국가들과 자본주의 국가들 간의 평화공존이라는 문제 자체가 전 세계에 존재하지 않았는데 왜냐하면 그 당시에는 사회주의 국가들이 아직 존재하지 않았기 때문이다; 그렇지만 다양한 국가의 민족들이 그들 국가에서의 특수한 상황에 따라 자신의 국가의 운명을 결정하기 위해 한 종류의 혹은 다른 종류의 혁명을 일정에 올렸기 때문에 프롤레타리아 혁명과 민족 혁명의 문제가 존재했었다.

우리는 맑스-레닌주의자들이다. 우리는 항상 혁명이 각각의 민족 자체의 문제라고 생각해 왔다. 우리는 항상 노동계급은 자신들의 해방을 위해 스스로에게 의존할 수 있을 뿐이고, 어떤 국가의 인민들의 해방은 자신들의 각성과 그 국가에서의 혁명의 성숙에 의존할 수 있을 뿐이라고 생각해 왔다. 혁명은 수출될 수도 수입될 수도 없다. 그 어떤 누구도 외국의 인민들이 혁명을 수행하는 것을 금지할 수 없을 뿐만 아니라 그 어떤 누구도 "벼의 새싹을 잡아당김으로서 그것들이 자라는 것을 돕는 것"과 같은 방식을 사용함으로써 외국의 혁명이 일어나도록 할 수 없다.

레닌은 1918년 6월 다음과 같이 말했을 때 그것을 잘 보여주었다:

혁명이 협의에 의해 명령에 따라 외국에서 발발할 수 있다고 믿는 사람이 있다. 이런 사람들은 미친 사람들이거나 앞잡이들이다. 우리는 지난 20년 동안 두 가지의 혁명을 경험했다. 우리는 혁명이 명령이나 협의에 의해 이루어질 수 없다는 것을 알고 있다; 혁명은 수천만의 인민들이 더 이상 낡은 방식으로 사는 것은 불가능하다는 결론에 도달했을 때 발생한다.[14]

러시아 혁명의 경험뿐만 아니라 중국 혁명의 경험 역시 이것의 가장 훌륭한 증거 중의 하나가 아닐까? 중국 공산당의 지도하에 우리 중국인민들 또한 몇 번의 혁명을 경험했다. 제국주의자들과 모든 반동들은 정신병자와 같이, 우리의 혁명이 해외로부터의 명령에 의해서나 협의에 따라 이루어졌다고 항상 주장해 왔다. 그러나 전 세계 인민들은 우리의 혁명이 해외로부터 수입된 것이 아니라, 우리의 인민들이 낡은 중국에서 계속 사는 것이 불가능하다는 것을 알았기 때문에, 그들이 자신들의 새로운 삶을 창조하기를 원했기 때문에, 발생했다는 것을 알고 있다.

제국주의의 공격에 직면한 사회주의 국가가 어쩔 수 없이 방어전쟁을 수행하고 반격을 시작하도록 강제되었을 때, 쏘련이 히틀러에 대항한 전쟁에서 한 것처럼 자신의 국경을 넘어서 해외에서 적들을 뒤쫓고 제거하는 것은 정당화될까? 그것은 완전히 정당화되고 절대적으로 필요하고 전적으로 올바르다. 공산주의자들의 엄격한 원칙들에 따라, 사회주의 국가들의 그러한 작전들은 제국주의가 그들 국가들에 대한 침략전쟁을 시작했을 때로 전적으로 제한되어야 한다. 사회주의 국가들이 외국 군대의 침략을 당하는 경우가 아니라면, 사회주의 국가들은 군대를 국경선 너머로 결코 보내지 않고, 결코 보내서도 안 되며, 결코 보내지 않을 것이다. 사회주의 국가들의 군대는 정의를 위해 싸우기 때문에, 이 군대가 외국 군대에 반격을 가하기 위해 국경을 넘어야 하는 경우, 그 군대가 어디를 가든지 간에 그 군대가 영향력을 발휘하고 효과를 미치는 것은 당연하다; 그러나 그러한 때조차도, 그 군대가 가는 장소들과 국가들에서 인민혁명의 발생과 사회주의 체제의 수립은 여전히 그곳 인민 대중들의 의지에 달려있을 것이다.

혁명 이념의 전파에는 국경이 없다. 그러나 이 이념이 혁명의 결실을 맺는 것은 주어진 국가의 특수한 환경하에서 인민 대중들의 노력을 통해서일 뿐이다. 이것은 프롤레타리아 혁명 시대에서 진실일 뿐만 아니라 부

---

14) "모스끄바의 노조들과 공장위원회들의 제4차 회의(The Fourth Conference of Trade Unions and Factory Committees of Moscow)".

르주아 혁명 시대에도 변함없이 진실이다. 다양한 국가들의 부르주아지는 그들의 혁명의 시대에 그들의 복음서로서 루소의 ≪사회계약론≫을 받아들였으며, 반면에 다양한 국가들의 혁명적 프롤레타리아트는 맑스의 ≪공산당 선언≫과 ≪자본론≫ 그리고 레닌의 ≪제국주의, 자본주의의 최고 단계≫와 ≪국가와 혁명≫ 등을 복음서로 받아들인다. 시기가 바뀌고 계급이 바뀌면 이데올로기도 바뀌고 혁명의 성격도 바뀐다. 그러나 혁명적 국면이 무르익었을 때, 혁명에 대한 염원이 존재한다면 그 어떤 누구도 어떤 국가에서의 혁명을 저지할 수 없다. 결국은 사회주의 체제가 자본주의 체제를 대체할 것이다. 이것은 인간의 의지와는 독립된 객관적인 법칙이다. 반동들이 역사의 수레바퀴의 전진을 아무리 막으려고 노력한다 할지라도, 혁명은 조만간 일어날 것이고 틀림없이 승리할 것이다. 이것은 인간의 역사를 통해 한 사회의 또 다른 사회로의 대체에도 적용된다. 노예제는 봉건제로 대체되었고 그 다음 봉건제는 자본주의 체제로 대체되었다. 이것들 역시 인간의 의지와는 독립된 법칙들을 따른다. 그리고 이 모든 변화들은 혁명을 통해 수행되었다.

저 악명 높은 옛날의 수정주의자, 베른슈타인이 한때 말했다. "고대 로마를 기억해 보라. 일을 하지 않았지만 잘사는 지배 계급이 있었다. 결과적으로 이 계급은 약해졌다. 그러한 계급은 차차로 자신들의 권력을 넘겨주어야 한다."15) "약해진" 계급으로서 노예소유주들은 베른슈타인이 숨길 수 없는 역사적 사실이었고, 현대의 미 제국주의자들은 그들의 확고한 몰락이라는 확실한 사실을 숨길 수 없다. 하지만 뻔뻔스러운 자칭 "역사학자"였던 베른슈타인은 노예소유주들이 자발적으로 "권력을 넘겨준" 것이 아니었고 그들의 지배는 장기적이고 반복적이고 지속적인 노예 혁명에 의해 전복되었다는 고대 로마 역사의 기본적인 사실을 은폐하는 것을 선택했다.

혁명은 피억압계급에 의한 혁명적 폭력의 사용을 의미하며, 혁명은 혁

---

15) 참고. E. 베른슈타인의 기사, "경제적 삶의 다른 형식들(Different Forms of Economic Life)".

명전쟁을 의미한다. 이것은 부르주아 혁명뿐만 아니라 노예 혁명에도 해당된다. 레닌은 그것을 잘 설명했다:

역사는 어떠한 피억압계급도 독재의 시기를 통하지 않고서는, 즉 정치권력의 장악과 착취자들에 의한 가장 필사적이고 격렬한 저항을 힘에 의해 억압하지 않고서는, 권력을 획득한 적이 없고 획득할 수도 없다고 가르친다. … 부르주아지는 … 선진국에서 일련의 반란과 내전을 통하여 그리고 왕, 봉건주의자, 노예소유주들과 그들의 복고의 시도를 힘에 의해 억압하는 것을 통하여 권력을 잡게 되었다.16)

왜 일은 이런 식으로 일어날까?

이 질문에 대한 대답을 할 때, 우리는 다시 레닌을 인용해야 한다. 첫째, 레닌은 다음과 같이 말했다: "전 세계 어느 지배계급도 투쟁 없이 물러난 적이 없다."17)

둘째, 레닌이 설명했듯이: "반동계급들은 보통 최초로 폭력과 내전에 의존하는 사람들이다. 그들은 최초로 '의사일정에 총검을 들이대는' 사람들이다. …"18)

이것에 비추어 우리는 프롤레타리아 사회주의 혁명을 어떻게 이해해야 할까?

이 질문에 대답하기 위해 우리는 또 다시 레닌을 인용해야 한다. 그의 다음과 같은 구절을 읽어보자:

역사에서 어떠한 위대한 혁명도 내전 없이 수행된 적은 없었고 내전

---

16) "공산주의 인터내셔널의 제1차 회의(The First Congress of the Communist International)".
17) "쁘레스냐(Presnia) 지역 노동자 회의에서의 연설(Speech at the Workers' Conference of Presnia District)".
18) ≪민주주의 혁명에서 사회민주주의의 두 가지 전술(Two Tactics of Social-Democracy in the Democratic Revolution)≫.

없이 자본주의에서 사회주의로 이행하는 것이 가능하다고 믿을 진실한 맑스주의자는 없다.[19]

여기의 레닌의 이 말들은 아주 명확하게 그 질문에 대해 설명한다. 그리고 여기에 또 다른 레닌으로부터의 인용이 있다:

사회주의가 평화롭게 탄생했다면 — 하지만 자본주의의 신사 분들은 사회주의가 그렇게 평화롭게 탄생되도록 하는 것을 원하지 않았다. 이 방식으로 그것을 설명하기에는 충분하지 않다. 설령 전쟁이 없었다고 할지라도, 자본주의의 신사 분들은 여전히 그러한 평화로운 발전을 막기 위해 그들이 할 수 있는 모든 일들을 했을 것이다. 심지어 평화적으로 시작되었던 프랑스 혁명과 같은 위대한 혁명도 반혁명적인 부르주아지에 의해 시작되었던 필사적인 전쟁으로 끝이 났다.[20]

이것 역시 아주 명확하게 설명되고 있다.

위대한 10월 혁명은 이러한 레닌의 명제들이 진실이었다는 가장 좋은 구체적인 증거이다.

중국 혁명도 역시 그러하다. 그 어떤 누구도, 중국의 인민들과 중국의 프롤레타리아트가 중국 공산당의 지도하에 전국적인 승리를 거두었고 국가권력을 획득했던 것은 22년간의 쓰라린 내전을 겪고 난 후라는 것을 결코 잊지 않을 것이다.

1차 세계대전 후 서구에서 프롤레타리아 혁명의 역사는 우리들에게 다음과 같은 내용을 가르쳐 준다: 자본가 신사 분들이 국가권력에 대한 직접적이고 공개적인 통제를 하지 않고 그들의 하수인들—배신적인 사회민주주의자들—을 통해 지배할 때조차도, 이 비열한 변절자들은 부르주아의 명령에 따라 확실히 언제든 부르주아적인 백위대(White Guards)의 폭력을

---

19) "예언(Prediction)".
20) "사회교육에 대한 제1차 전(全) 러시아인 회의(The First All-Russian Conference on Social Education)".

은폐하고 프롤레타리아 혁명 전사들을 피의 도가니로 몰아넣을 준비를 할 것이다. 이것이 바로 그 당시 독일에서 있었던 방식이다. 패배했을 때, 독일의 대부르주아지는 사회민주주의자들에게 국가권력을 넘겨주었다. 권력을 잡자마자 즉각 사회민주주의 정부는 1919년 1월 독일 노동계급에 대한 유혈적인 탄압을 단행했다. 레닌이 "전 세계 프롤레타리아 인터내셔널의 뛰어난 대표자들"이며 "국제 사회주의 운동의 불후의 지도자들"이라고 불렀던 칼 리프크네히트와 로자 룩셈부르크가 어떻게 그날의 사회민주주의자들의 폭력의 결과로서 피를 흘렸는가를 상기하자. 다음과 같은 레닌의 말들 역시 상기하자. 자본주의 체제와 부르주아지의 이익을 보전하기 위해 이 변절자들―소위 "사회주의자들"―이 저지른 "이 비열하고 뻔뻔스러운 살인들!"[21] 과거의 자본주의 세계나 현재의 자본주의 세계 모두의 이 모든 유혈적인 사건들에 비추어, 옛날의 수정주의자들과 그들의 현대의 아류들이 입에 오르내리는 "자본주의의 사회주의로의 평화적인 성장"에 관한 모든 허튼소리를 검토해 보자.

우리 맑스-레닌주의자들은 심지어 평화로운 발전의 가능성이 존재했을 때조차도, 평화적인 이행 정책을 채택하는 것을 거부할 것인가? 아니다. 결단코 그렇지 않다.

우리가 알다시피, 과학적 공산주의의 위대한 창시자 중의 한 사람인 엥겔스는 유명한 저작인 ≪공산주의의 원칙들≫에서 그 질문에 대한 답을 내렸다: "사적소유가 평화적 수단에 의해 폐지될 수 있는가?" 그는 다음과 같이 썼다:

어떤 사람들은 그렇게 될 수 있기를 바랄 수도 있다. 물론 공산주의자들도 결코 이것에 반대하지는 않는다. 공산주의자들은 모든 음모들이 헛될 뿐만 아니라 유해한 것이라는 것을 아주 잘 알고 있다. 그들은 혁명이 누군가 바라는 것처럼 마음대로 고안되고 일어날 수 없다는 것을 그리고 혁명은 언제 어디에서나 현존하는 조건들의 필연적인 결과였으며 그 조건

---

[21] "유럽과 아메리카의 노동자들에게 보내는 편지(A Letter to the Workers of Europe and America)".

은 각각의 당과 전체 계급의 의지와 지도력에 절대적으로 의존하지 않는다는 것을 잘 알고 있다. 그러나 동시에, 그들은 거의 모든 문명국가에서의 프롤레타리아트의 발전이 폭력적으로 진압되고 있는 중이고 이런 방식으로 공산주의의 적들이 혁명을 위하여 할 수 있는 한 열심히 작업하고 있다는 것을 알고 있다. …

이 글이 쓰여진 지 100년이 넘었건만 우리가 이 글을 다시 읽을 때 그 얼마나 신선한가!

우리는 또한 러시아의 2월 혁명 후 한동안, 그 시대의 특정한 조건의 관점에서, 레닌이 혁명의 평화적인 발전 정책을 채택했다는 것을 알고 있다. 그는 이것이 "혁명의 역사에서 이례적으로 드문 기회"[22]라고 생각했으며 이 기회를 단단히 움켜쥐었다. 그러나 부르주아 임시정부와 백위대들은 혁명의 평화적인 발전 가능성을 망쳐버렸고 뻬뜨로그라드의 거리들을 7월에 평화적인 대중 시위에서 행진을 하던 노동자와 병사들의 피로 물들여 버렸다. 그리하여 레닌은 다음과 같이 지적했다; 발전의 평화적인 경로가 불가능하게 되어 버렸다. 비평화적이고 가장 고통스런 경로가 시작되었다.[23]

우리는 또한 일제의 침략에 대한 중국의 저항 전쟁의 결말 후에 국가 전체의 인민들 사이에 평화에 대한 폭넓고 열렬한 갈망이 있었을 때, 우리 당이 국민당과의 평화협정을 맺어 평화적인 수단에 의해 중국의 사회, 정치개혁을 수립하려고 노력하였으며 1946년 국민당과 국내의 평화 달성에 관한 협정을 맺었다는 것을 알고 있다. 그러나 국민당 반동들은 전체 인민들의 의지에 도전하면서 이 협정을 찢어버렸고, 미 제국주의의 도움을 받아 전국적인 규모의 내전을 발발시켰다. 이로 말미암아 중국 인민들은 선택의 여지도 없이 혁명전쟁을 치를 수밖에 없었다. 우리는 결코 평화적인

---

[22] "혁명의 과업들(The Tasks of the Revolution)".
[23] "구호에 대하여(On Slogans)".

개혁을 위한 투쟁에서 우리의 경계심을 늦추거나 인민의 군대를 포기하지 않았기 때문에 우리는 충분히 준비하였고 인민들은 전쟁을 두려워하지 않았고 전쟁을 도발한 자들은 쓰라린 패배의 열매를 맛보게 되었다.

프롤레타리아트가 권력을 쟁취하여 평화적인 수단에 의해 사회주의로의 이행을 수행할 수 있다면 그야말로 인민들에게 가장 큰 이득이 될 것이다. 그러한 상황이 벌어졌을 때 그러한 가능성을 이용하지 않는 것은 잘못된 일이 될 것이다. 레닌이 말했던 바대로, 사회주의 혁명의 목적을 실현하기 위해 "혁명의 평화적인 발전"의 기회가 있을 때마다, 공산주의자들은 그 기회를 단단하게 움켜쥐어야 한다. 그러나 레닌이 말했듯이, 이러한 종류의 기회는 "혁명의 역사에서 극히 드문 기회"이다. 어떤 한 국가에서 어떤 지역의 정치권력이 혁명세력에 의해 포위되거나 전 세계에서 한 자본주의 국가가 사회주의 국가들에 의해 포위되었을 때 — 그러한 경우에, 혁명의 평화적인 발전을 위한 기회들의 더 큰 가능성이 있을 수도 있는 것이다. 그러나 그러한 경우라 할지라도, 혁명의 평화적인 발전을 유일한 가능성으로 간주해서는 결코 안 되며, 따라서 동시에 다른 가능성, 즉 혁명의 비평화적인 발전에 대해 준비를 하는 것이 반드시 필요하다. 예를 들어, 중국 본토의 해방 후, 노예소유주들과 농노소유주들이 지배했던 어떤 지역들은 절대적으로 우세한 인민들의 혁명세력에게 포위되었음에도 불구하고, "쥐도 막다른 곳에 몰리면 고양이를 물 수 있다"는 오래된 중국 속담이 말하듯이, 한 줌도 되지 않는 가장 반동적인 노예소유주들과 농노소유주들은 마지막 발악을 하였는데, 그들은 평화적인 개혁을 거부하고 무장폭동을 일으켰다. 이러한 폭동이 진압되고 나서야 비로소 사회주의 체제의 개혁을 수행하는 것이 가능하였다.

제국주의 국가들의 제국주의자들이 그들의 야만적인 사람을 잡아먹는 체제를 보호하기 위해 이전에 결코 없었던 철저한 무장을 하고 있을 때, 현대의 수정주의자들이 말하듯이, 제국주의가 자기 국가의 프롤레타리아트와 인민들, 억압받는 국가들을 향해 아주 "평화적으로" 되었다고 말할 수 있을까? 따라서 2월 혁명 후 레닌이 말했던 "혁명의 역사에서 극히 드문 기회"가 향후 전 세계의 프롤레타리아트와 억압받는 인민들을 위하여 정상적인 국가 상태가 되었다고 말할 수 있을까? 따라서 레닌이 "드문 기회"라고 언급했던 것을 차후에 자본주의 국가들의 프롤레타리아트가 쉽게 이용할 수 있을까? 우리는 이러한 관점들이 완전히 근거가 없는 것이라고 생각한다.

맑스-레닌주의자들은 이 진리를 결코 잊어서는 안 된다: 모든 지배계급의 군대는 무엇보다도 우선 자국의 인민들을 억압하는 데 이용된다. 오로지 자국의 인민들을 억압하는 것을 근거로 해서 제국주의자들은 다른 국가들을 억압할 수 있고 침략을 도발할 수 있으며 부정의의 전쟁을 수행할 수 있다. 자국의 인민들을 억압하기 위해 제국주의자들은 그들의 반동적인 군대를 유지하고 강화할 필요가 있다. 레닌은 1905년 혁명 과정에서 다음과 같이 쓴 적이 있다: "상비군은 외부의 적들보다 내부의 적들에 대해 더 사용된다."[24] 이 명제는 착취계급이 지배하는 모든 국가들, 모든 자본주의 국가들에게 유효할까? 그 당시는 유효했지만 지금은 타당하지 않게 되었다고 말할 수 있을까? 우리의 견해로는, 이 진리는 여전히 반박할 수 없고 사실들은 이 명제의 타당성을 점점 더 확증하고 있다. 엄격히 말해서, 어떤 국가의 프롤레타리아트라도 이것을 명확하게 보지 못한다면 그들은 자신들의 해방으로 가는 길을 발견할 수 없을 것이다.

≪국가와 혁명≫에서 레닌은 혁명의 문제를 부르주아 국가의 기구를 박살내는 데 초점을 맞추었다. 레닌은 맑스의 ≪프랑스의 내전≫에서 중요한 구절을 인용했다: "1848년-1849년 혁명 후, 국가권력은 노동에 대한 자본의 전국적인 전쟁 엔진이 되었다." 반노동의 전쟁을 수행하기 위한 부르주아 국가권력의 주요 기구는 바로 상비군이었다. 그러므로, "... 꼬뮌의 첫 번째 포고는 ... 상비군을 진압하는 것과 상비군을 무장한 인민들로 대체하는 것이었다. ..."

---

24) "군대와 혁명(The Army and the Revolution)".

그러므로 마지막 분석에서, 이 질문에 달라붙는 데 있어서, 우리는 맑스가 선언했듯이, 영원하고 파괴될 수 없는 빠리꼬뮌의 원칙들로 되돌아가야 한다.

19세기의 70년대에 맑스는 영국과 미국을 예외로 두었는데, 이 두 국가에 관한 한 사회주의로의 "평화적인" 이행의 가능성이 존재하는데, 왜냐하면 군국주의와 관료제가 그 당시에 이 두 국가에서 아직 많이 발전되지 않았기 때문이라고 주장했다. 그러나 제국주의 시대에는, 레닌이 제기했듯이, "맑스가 제기한 이 조건은 더 이상은 유효하지 않"은데 왜냐하면 이 두 국가는 "오늘날 모든 것을 자신들에게 종속시키고 모든 것을 자신들의 발밑에 두고 짓밟는 관료적-군사적 기구라는 모든 유럽의 불결하고 유혈적인 늪 속으로 완전히 빠져버렸"25)기 때문이었다. 이것이 레닌이 그 당시의 기회주의자들과 벌였던 논쟁의 초점 중 하나였다. 카우츠키로 대변되는 기회주의자들은 프롤레타리아 혁명과 프롤레타리아 독재에 반대하기 위한, 즉 프롤레타리아트의 해방에 있어서 필수불가결한 혁명적인 무장력과 무장혁명에 반대하기 위한 시도를 하면서, 이것을 맑스의 "더 이상 유효하지 않은" 주장이라고 왜곡하였다. 레닌은 카우츠키에게 다음과 같이 답변했다:

프롤레타리아의 혁명적인 독재는 부르주아지에 대한 폭력이다; 그리고 맑스와 엥겔스가 반복적으로 자세히 설명했던 바대로, 그러한 폭력에 대한 필요성은 특히 군국주의와 관료제의 존재에 의해 창출된다. 그러나 맑스가 관찰했던 19세기의 70년대에 영국과 미국에서 존재하지 않았던 것은 바로 이 기구들이다(지금 이 제도들은 영국과 미국에서 물론 존재한다).26)

그러므로 프롤레타리아트는 무장혁명의 수단에 호소할 것을 강제당하고 있다고 볼 수 있다. 맑스주의자들은 항상 평화적인 방식으로 사회주의로의 이행을 가져오고자 해 왔다. 채택할 수 있는 평화적인 길이 있는 한,

---

25) 《국가와 혁명(*The State and Revolution*)》.
26) 《프롤레타리아 혁명과 배신자 카우츠키(*The Proletarian Revolution and the Renegade Kautsky*)》.

맑스-레닌주의자들은 그것을 결코 포기하지 않을 것이다. 그러나 강력하고 군사적-관료적인 억압기구를 소유할 때, 부르주아지의 목적은 바로 이 길을 막는 것이다.

위의 인용은 1918년 11월 레닌에 의해 쓰여졌다. 지금의 형편은 어떠할까? 레닌의 말들이 역사적으로 유효했지만, 현대의 수정주의자들이 말하는 것처럼 지금의 상황에서는 더 이상 유효하지 않을까? 모든 사람들이 볼 수 있듯이, 현재의 정세는 자본주의 국가들, 특히 미국이 이끄는 몇 안 되는 제국주의 국가들이 거의 예외 없이 그들의 군사적-관료적 억압기구와 특히 그들의 군사기구들을 미친 듯이 강화하고 있는 중이다.

1957년 11월 사회주의 국가들의 공산당과 노동자당 대표자들의 모스끄바 회의 선언은 다음과 같이 진술한다:

... 지배계급은 결코 자발적으로 권력을 양도하지 않는다는 것을 레닌주의는 가르쳐 주고, 경험은 이를 확인시켜 준다. 이런 경우에 고통의 정도와 계급투쟁의 형태는 프롤레타리아트에게 달려있는 것이 아니라 인민들의 압도적 다수의 의지에 대해 반동적인 집단들의 저항에, 사회주의를 위한 이런저런 투쟁의 단계에서 힘을 사용하는 이 집단들에 달려있다.

이것은 레닌 사후에 몇십 년간의 국제적인 프롤레타리아트의 투쟁 경험을 새롭게 요약한 것이다.

문제는 프롤레타리아트가 평화적인 변혁을 수행하려 하는가 아닌가가 아니다; 문제는 오히려 부르주아지가 그러한 평화적인 변혁을 받아들이느냐 않느냐이다. 이것이 바로 레닌의 추종자들이 이 문제에 접근해야 하는 유일한 방식이다.

따라서 평화적인 이행에 관하여 공허한 말로써 인민의 혁명적 의지를 무력하게 만들려고 노력하는 현대의 수정주의자들과는 정반대로, 맑스-레닌주의자들은 사회주의로의 평화적인 이행 가능성의 문제는 특정한 기간에 각 국가에서의 특수한 상황들에 비추어서만이 제기될 수 있는 것이라고 생각한다. 프롤레타리아트는 부르주아지가 평화적인 변혁을 기꺼이 받아들일 것이라는 가정을 바탕으로 일방적이고 근거 없이 자신의 사상, 정책과 자신의 전체 사업의 기초를 세우는 것을 결코 허락해서는 안 된다. 동시에 프롤레타리아트는 대안들을 준비해야 한다: 하나는 혁명의 평화적인 발전이고 또 다른 하나는 혁명의 비평화적인 발전이다. 이행이 무장봉기를 통하여 수행될 것인지 평화적인 수단에 의해 수행될 것인지는 사회주의 국가들과 자본주의 국가들 간의 평화공존의 문제와는 근본적으로 다른 문제이다; 그것은 각 나라의 내부적인 사안이며 특정한 기간에 그 국가의 계급 세력들의 상대적인 힘에 의해서만 결정되는 것이며, 그 국가의 공산주의자들 스스로에 의해서만 결정되는 정책의 문제이다.

VI

10월 혁명 후인 1919년, 레닌은 제2 인터내셔널에서 얻은 역사적인 교훈에 관해 토론을 했다. 그는 말했다. 제2 인터내셔널 기간 동안 프롤레타리아 운동의 성장은 "폭넓은 것이었지만, 혁명적 수준에서 일시적인 하락과 기회주의의 힘의 일시적인 증가라는 희생을 치렀는데, 이것은 끝내 이 인터내셔널의 불명예스러운 붕괴를 초래했다."27) 기회주의란 무엇인가? 레닌에 따르면, "기회주의는 일시적이고 부분적인 이익을 얻기 위하여 근본적인 이익을 희생하는 데 있다."28)

혁명적 수준에서 하락은 무엇을 의미하는가? 그것은 기회주의자들은 대중들이 그들의 관심을 하루하루의 일시적이고 부분적인 이익에 초점을 맞추도록 유도하고 장기적이고 근본적이며 총체적인 이익을 잊어버리도록

---

27) "제3 인터내셔널과 역사에서 제3 인터내셔널의 위치(The Third International and Its Place in History)".
28) "러시아 공산당(볼셰비끼) 모스끄바 조직 활동가들 회의에서의 연설(Speech at the Conference of Activists of the Moscow Organization of the Russian Communist Party(Bolsheviks))".

유도하려고 모든 수단을 다하여 노력한다는 것을 의미한다.

맑스-레닌주의자들은 의회투쟁의 문제는 장기적이고 근본적이며 전체적인 이익에 비추어 고려되어져야 한다고 생각한다.

레닌은 우리들에게 의회투쟁의 한계에 관해 말했지만, 또한 협소한 시각의, 분파주의적인 오류들에 반대하여 공산주의자들에게 경고했다. 그의 잘 알려진 저서, ≪좌익공산주의, 소아병≫에서 레닌은 러시아 혁명의 경험을 명료하게 밝히면서 어떠한 상황하에서 의회에 대한 보이코트가 옳은지 어떠한 상황하에서 의회에 대한 보이코트가 옳지 않은지를 보여주었다. 레닌은 모든 프롤레타리아 당은 필수적인 의회투쟁에 참여하기 위해 모든 가능한 기회를 이용해야 한다고 생각했다. 공산당 당원들이 혁명에 대한 공허한 말들에만 관여하고 필수적인 의회투쟁을 인내심을 갖고 수고를 아끼지 않고 사업하려 하지 않고 피하는 것은 근본적으로 잘못되었고 혁명적인 프롤레타리아트의 대의에 해만 끼칠 수가 있다. 동시에 레닌은 의회에 참여하는 것을 거부했던 몇몇 유럽 국가들의 공산주의자들의 실수를 비판했다. 그는 말했다:

의회에 참여하는 것을 "거부하는" 사람들의 유치함은, 현실적으로 그들이 그들의 어두운 그림자로부터 도망치고 어려움에 대해 그들의 눈을 닫아버리고 단순한 말들로써 어려움을 무시하고 있을 때, 그러한 "단순하고" "쉬운", 아마도 혁명적인 방법으로써 노동계급운동 내부에서 부르주아 민주주의자들의 영향력과 싸운다는 어려운 문제들을 "해결하는" 것이 가능하다고 생각한다는 사실에 있다.

왜 의회투쟁에 관여하는 것이 필수적일까? 레닌에 따르면, 그것은 노동계급운동 내부에서 부르주아지의 영향력과 싸우기 위해서이고, 혹은 그가 다른 곳에서 지적했듯이, "바로 노동계급의 후진적인 층을 교육하기 위해서이며, 바로 미발전되고 짓밟히고 무지한 농민대중들을 일깨우고 계몽하기 위해서이다."

다시 말해서, 그것은 대중들의 정치적이고 이데올로기적인 수준을 높이는 것이고, 의회투쟁과 혁명투쟁의 조화를 이루도록 하는 것이다. 그리고 그것은 우리의 정치적이고 이데올로기적인 표준을 낮추지 않고 혁명투쟁으로부터 의회투쟁을 분리시키지 않는 것이다.

대중들과 일치하면서도 혁명의 표준을 낮추지 않는 것 — 바로 이것이 레닌이 우리의 프롤레타리아 투쟁에서 확고하게 고수하라고 우리에게 가르쳤던 근본원칙이다.

의회투쟁에 참여하는 것은 필수적이지만, 부르주아 의회체제에 대한 맹목적인 신뢰를 가져서는 안 된다. 왜? 부르주아지의 군사적·관료적 국가기구가 침해되지 않고 그대로 존재하는 한, 노동계급의 당이 의회에서 다수를 차지하고 의회에서 가장 커다란 당이 되었다고 하더라도 의회는 단지 부르주아 독재를 위한 장식품일 뿐이다. 뿐만 아니라, 그러한 국가기구가 침해되지 않고 그대로 존재하는 한, 부르주아지는 자기들의 이익의 필요에 따라서 언제든지 필요할 때 의회를 해산할 수도 있고, 의회에서 가장 커다란 당인 노동계급의 당을 소수로 전락시키기 위해 다양한 공개적 및 비공개적인 속임수들을 사용할 수도 있으며, 선거에서 이전보다 더 많은 표를 얻었을 때조차도 의회에서 의석을 줄일 수 있다. 그러므로 의회에서 투표의 결과로 부르주아 독재 그 자체에서 변화가 발생할 것이라고 생각하기는 어렵고, 노동계급의 당이 의회에서 많은 표를 얻었기 때문에 프롤레타리아트가 사회주의로의 평화로운 이행을 위해 의회에서 법안을 채택할 수 있을 것이라고 생각하기도 어렵다. 일련의 자본주의 국가들에서의 경험은 오래 전에 이 점을 완전히 증명해 주었고, 2차 대전 이후 유럽과 아시아의 다양한 국가에서의 경험은 이 점에 대해 신선한 증거를 제공했다.

레닌은 말했다:

프롤레타리아트가 주민의 다수를 그들의 편으로 끌어오지 못한다면 프롤레타리아트는 승리할 수 없다. 그러나 부르주아지가 여전히 지배를 하고 있는 동안 선거에서 다수의 표를 모으는 것으로 이것을[다수의 획득을: 역자] 한계지우거나 조건지우는 것은 가장 어리석은 짓이거나 노동자들을 속이는 것이다.[29]

현대의 수정주의자들은 레닌의 이 말들이 시대에 뒤떨어졌다고 생각한다. 그러나 우리 눈앞의 생생한 현실들은 레닌의 이 말들이 어떤 국가에서도 프롤레타리아 혁명가들에게 비록 쓰지만 여전히 가장 훌륭한 처방약이었다는 사실을 입증한다.

혁명적인 표준들을 낮춘다는 것은 맑스-레닌주의의 이론적인 표준들을 낮춘다는 것을 의미한다. 그것은 정치투쟁을 경제투쟁의 수준으로 낮춘다는 것을 의미하고, 혁명투쟁을 의회투쟁의 한계 내로 완전히 제한하는 수준으로 낮추는 것을 의미한다. 그것은 일시적인 이익을 위해 원칙들을 팔아버린다는 것을 의미한다.

20세기 초, ≪무엇을 해야 할 것인가?≫에서 레닌은 이미 "맑스주의의 전파는 이론적인 표준들을 어느 정도 낮추는 것을 동반하였다"는 문제에 주의를 돌렸다. 레닌은 "고타 강령"에 대한 편지에 포함된 맑스의 의견을 인용했는데 거기에는 우리가 운동의 실천적인 목표를 달성하기 위해 협정에 들어갈 수도 있지만 우리가 결코 원칙을 팔아먹어서는 안 되고 결코 이론에서 "양보"를 해서는 안 된다고 하고 있다. 그런 후에, 레닌은 지금까지 거의 모든 공산주의자들에게 잘 알려진 다음과 같은 말을 덧붙였다:

혁명이론 없이 혁명운동은 있을 수 없다. 이것은, 기회주의의 유행을 좇는 설교가 실천 활동의 가장 협소한 형태로 흡수되고 있는 지금과 같은 때에 아무리 강하게 주장하더라도 지나치지 않다.

혁명적 맑스주의자들에게 이것은 얼마나 중요한 계시인가! 러시아에서 전체 혁명운동은, 바로 위대한 레닌이 이끌었던 볼셰비끼 당이 확고하게 떠받쳤던 이러한 혁명적인 맑스주의적 생각의 인도 하에 1917년 10월 승리를 거두었다. 중국 공산당 역시 두 가지의 경우에서 위에서 언급된 문제에 관해서 경험을 얻었다. 첫 번째는 1927년 혁명적 시기 동안이었다. 국민당과 공산당의 연합전선에 대해 천두슈(진독수, Chen Tu-hsiu)에 의

---

29) "의회의 구성을 위한 선거와 프롤레타리아 독재(Elections to the Constituent Assembly and the Dictatorship of the Proletariat)".

해 그 당시에 채택된 정책은 공산당이 지지해야 원칙과 입장으로부터의 이탈이었다. 그 정책은 공산당이 원칙에 있어 국민당의 수준으로 낮아져야 한다는 것을 주장했다. 결과는 혁명의 패배였다. 두 번째 경우는 일본의 침략에 대한 저항전쟁 시기 동안이었다. 중국 공산당 중앙위원회는 맑스-레닌주의의 입장을 확고하게 지지했고, 일본에 대항하는 전쟁에 대한 자세에서 공산당과 국민당 사이의 원칙상의 차이점을 폭로하였으며, 공산당은 그러한 태도에 관하여 국민당에 원칙에서 결코 양보해서는 안 된다고 생각했다. 그러나 왕밍(왕명, Wang Ming)으로 대변되는 우파 기회주의는 십년 전 천두슈가 했던 실수를 반복했고, 공산당을 원칙에서 국민당의 수준으로 낮추기를 원했다. 그리하여 우리 전(全)당은 우파 기회주의자들과 대논쟁을 벌였다. 마오쩌둥 동지는 말했다:

... 만약 공산주의자들이 원칙에서 이러한 차이를 망각한다면, 그들은 반일본 전쟁을 올바르게 지도할 수 없고, 그들은 저항에 대한 국민당의 편향된 접근을 교정하는 데 무력할 것이고, 그들은 스스로를 그들의 원칙을 포기하는 지점까지 떨어뜨릴 것이며 그들의 당을 국민당의 수준으로까지 저하시킬 것이다. 그것은 민족혁명전쟁과 조국의 방어라는 신성한 대의에 적대적인 범죄가 될 것이다.[30]

민족 혁명 통일전선에서 그랬던 것처럼, 정치적이고 이데올로기적인 영역에서 우리 당의 입장이 공고화되고 확장되었던 것은, 바로 우리 당 중앙위원회가 원칙의 문제에 관하여 가장 사소한 것에서도 양보하는 것을 거부하고 국민당과 우리 당의 통일전선에서 통일과 투쟁의 정책을 채택했기 때문이다. 그 결과, 일본의 침략에 대한 저항전쟁에서 인민들의 힘은 강화되었고 확장되었으며, 일본의 침략에 대한 저항전쟁의 결말 이후 장개석에 의해 도발된 대규모 공격을 분쇄하고 위대한 인민혁명에서 전국적

---

[30] "상하이와 타이완의 몰락 후 반(反)일본 전쟁의 상황과 우리의 과업들(The Situation of the Anti-Japanese War After the Fall of Shanghai and Taiyuan and Our Tasks)".

인 승리를 거둘 수 있었다.

중국 혁명의 경험을 통해 판단해 보았을 때, 우익적 일탈의 오류들은 프롤레타리아트가 부르주아지와 정치적인 협력을 시작할 때 우리 당에서 발생하는 것 같고, 반면에 "좌익적" 일탈의 오류들은 이 두 계급이 각각 정치적으로 분리되었을 때 우리 당에서 발생하는 것 같다. 중국 혁명을 지도하는 과정에서, 우리 당은 또한 많은 경우에서 "좌익" 모험주의에 반대하는 투쟁을 수행했다. "좌익" 모험주의자들은 맑스-레닌주의의 입장으로부터 중국의 복잡한 계급관계들을 정확하게 다룰 수가 없었다; 그들은 상이한 역사적인 시기들에서 상이한 계급들을 향한 상이한 올바른 정책들을 어떻게 채택해야 하는지를 이해하지 못했고, 단순하게 통일 없는 투쟁이라는 잘못된 정책을 따랐다. "좌익" 모험주의의 이러한 오류를 극복하지 못했다면, 중국 혁명이 승리를 거둔다는 것은 동일하게 불가능했을 것이다.

레닌주의의 관점에 따라, 어떤 국가의 프롤레타리아트라도 혁명에서 승리하고자 한다면, 맑스-레닌주의의 보편적인 진리를 자신의 나라에서 혁명의 구체적인 실천과 통합하는 데 능숙하고, 상이한 시기에 혁명이 누구를 반대해야 하는지 그리고 주요 세력과 동맹을 조직하는 문제와 누구에게 의존해야 하며 누구와 연합해야 하는지를 올바르게 결정할 수 있는 진정으로 맑스-레닌주의적인 당을 가져야만 한다. 혁명적인 프롤레타리아 당은 자신의 계급의 대중들과 농촌 지역의 반(半)프롤레타리아트, 즉 광범한 빈농 대중들에게 밀접하게 의존해야 하고 프롤레타리아트가 지도하는 노농동맹을 수립해야 한다. 그런 후에야 비로소, 이 동맹의 기초 위에서, 상이한 시기에 상이한 나라들의 특수한 조건들에 따라, 단결하는 것이 가능한 모든 사회세력과 단결하고, 근로인민과 연합하는 것이 가능한 모든 비(非)근로인민과의 통일전선을 수립하는 것이 가능하게 된다. 만약 프롤레타리아트가 그렇게 하는 것에 실패한다면, 프롤레타리아트는 상이한 단계들에서 혁명의 승리라는 자신들의 목적을 달성할 수 없을 것이다.

현대의 수정주의자들과 부르주아지의 어떤 대변인들은 프롤레타리아트의 혁명적인 당이 없이도, 위에서 언급된 그러한 당의 일련의 정확한 정책들이 없이도 사회주의를 달성할 수 있다고 인민들로 하여금 믿게 만들려고 노력한다. 이것은 완전히 허튼소리이며 순전한 사기이다. 맑스와 엥겔스가 쓴 ≪공산당 선언≫은 그 당시에 상이한 종류의 "사회주의"가 있었다고 지적했다: 소부르주아 "사회주의", 부르주아 "사회주의", 봉건적 "사회주의" 등등. 지금은 맑스-레닌주의의 승리와 자본주의 체제의 부패의 결과로, 다양한 국가들에서 인민 대중들의 점점 더 많은 숫자가 사회주의로 돌아서고 있는 중이고, 훨씬 더 많은 잡다한 종류의 "사회주의들"이 몇몇 국가들의 착취계급들 사이에서 등장했다. 엥겔스가 말했던 바대로, 이러한 소위 "사회주의자들"은 또한 "자본과 이윤을 조금도 손상시키지 않고 그들의 다양한 보편적 만병통치약과 모든 종류의 잡동사니들을 통해 사회적 남용을 제거하기를 원했다." 그들은 "노동운동의 바깥에 서 있었고", "오히려 '교육받은' 계급들에게서 지지를 구했다."[31] 그들은 단지 "사회주의"라는 간판을 내세웠을 뿐이며 실질적으로 자본주의를 실천한다. 이러한 환경에서 맑스-레닌주의의 혁명적인 원칙들을 확고하게 고수하는 것과 혁명의 표준들을 낮추려는 일체의 경향에 반대하는, 특히 수정주의와 우파 기회주의에 반대하는 비타협적인 투쟁을 수행하는 것은 너무나도 중요하다.

현재의 세계 평화를 지키는 문제에 관해서는, 이데올로기적인 논쟁이 더 이상 필요하지 않거나 혹은 공산주의와 사회민주주의 사이에는 더 이상 어떠한 원칙적인 차이도 없다고 선언하는 사람들도 역시 약간은 있다. 이것은 공산주의자들의 이데올로기적인 표준들과 정치적인 표준들을 부르주아지와 사회민주주의의 표준들로 낮추는 것과 같다. 그러한 진술을 하는 사람들은 현대의 수정주의자들에게 영향을 받았고, 따라서 맑스-레닌주의의 입장으로부터 이탈했다.

평화를 위한 투쟁과 사회주의를 위한 투쟁은 상이한 두 종류의 투쟁이다. 이 두 종류의 투쟁을 적절히 구분하지 못하는 것은 오류이다. 물론, 평화운동에 참여하고 있는 사람들의 사회적인 구성은 훨씬 더 복잡하다;

---

[31] "≪공산당 선언(*Manifesto of the Communist Party*)≫의 1890년 독일어 편집판 서문".

그것에는 부르주아 평화주의자들 역시 포함된다. 우리 공산주의자들은 세계 평화를 수호하는 데, 제국주의 전쟁을 반대하는 데, 평화공존을 지지하는 데, 핵무기를 반대하는 데 최전선에 서 있다. 이러한 운동에서 우리는 많은 복잡한 사회그룹들과 함께 일을 할 것이고 평화를 달성하기 위해 필요한 협정들을 시작할 것이다. 그러나 동시에 우리는 노동계급 당의 원칙들을 떠받쳐야 하고, 평화를 위한 우리의 투쟁에서 우리의 정치적인 표준들과 이데올로기적인 표준들을 낮추거나 평화를 위한 우리의 투쟁에서 우리 자신들을 부르주아 평화주의자의 수준으로 떨어뜨려서는 안 된다. 여기에서 바로 동맹과 비판의 문제가 발생하는 것이다.

현대 수정주의자들의 말뿐인 "평화"는 제국주의의 전쟁 준비를 거짓말로 얼버무릴 의도를 가지고 있으며, 오래전 레닌이 반박했던 옛날 기회주의자들의 "초제국주의"에 다시 동조하여 노래를 부를 의도를 가지고 있을 뿐만 아니라, 여러 국가들에서의 인민혁명을 제거하기 위해 다른 두 체제를 가진 국가의 평화공존에 관한 우리의 정책을 왜곡할 의도를 가지고 있다. 이 부끄럽고 악명 높은 진술을 했던 사람은 바로 옛날의 수정주의자인 베른슈타인이었다: "운동이 모든 것이다, 최종 목적은 아무것도 아니다." 현대의 수정주의자들은 그와 유사한 진술을 한다: 평화운동이 모든 것이다, 그 목적은 아무것도 아니다. 따라서 그들이 말하는 "평화"란 전적으로 어떤 역사적 상황하에서 제국주의자들이 받아들일 수도 있는 "평화"로 제한되며, 그들이 말하는 "평화"란 것은 여러 국가의 민족들의 혁명적인 표준을 낮추고 그들의 혁명의지를 파괴할 의도를 가지고 있다.

우리 공산주의자들은 세계 평화의 수호를 위해, 평화공존 정책의 실현을 위해 싸운다. 동시에, 우리는 억압받는 국가들의 반제국주의 혁명전쟁들과 자신들의 해방과 사회적 진보를 위한 억압받는 민족들의 혁명전쟁들을 지지한다. 왜냐하면 이 모든 혁명전쟁은 정의의 전쟁들이기 때문이다. 당연히, 우리는 자본주의-제국주의 체제가 현대 전쟁의 근원이라는 레닌의 테제를 대중들에게 계속해서 설명해 나가야 한다; 우리는 자본주의와 제국주의를 사회주의와 공산주의로 대체하는 것이 우리 투쟁의 최종 목표라는 맑스-레닌주의적 테제를 대중들에게 계속해서 설명해 나가야 한다. 우리는 우리의 이 원칙들을 대중들에게 결코 숨겨서는 안 된다.

VII

우리는 제국주의 체제의 붕괴가 더욱더 가속화되고 있고 전 세계 인민들의 승리와 그들의 각성이 끊임없이 진전하고 있는 위대한 새로운 시대에 살고 있다.

다양한 국가들의 민족들은 지금, 이전보다도 훨씬 더 운이 좋은 상황에서 살고 있는데 왜냐하면 10월 혁명 이래로 40여 년 동안 인류의 1/3이 자본주의-제국주의의 억압으로부터 그들 자신을 해방시켰고 지속적으로 국내의 평화로운 삶이 실제적으로 수립된 많은 사회주의 국가들을 설립하였기 때문이다. 그들은 인류의 운명에 관해 그들의 영향력을 발휘하고 있는 중이며 보편적이고 지속적인 평화가 전 세계를 지배하는 그 날을 크게 앞당길 것이다.

모든 사회주의 국가들의 최전선에서 그리고 전체 사회주의 진영이 위대한 쏘련이 될 때까지, 레닌과 쏘련 공산당이 지도하는 쏘비에트의 노동자와 농민들에 의해 창조된 최초의 사회주의 국가는 행진하고 있다. 레닌의 이상은 쏘련에서 실현되었다; 오래전부터 사회주의는 건설되어왔고 지금은 흐루쇼프 동지가 이끄는 쏘련 공산당 중앙위원회와 쏘련 정부의 지도하에 공산주의의 광범위한 건설이라는 위대한 시기가 이미 시작되고 있다. 용감무쌍하고 엄청난 재능이 있는 쏘련 노동자들, 농민들, 지식인들은 공산주의 건설이라는 장대한 목표를 위한 그들의 투쟁에서 위대하고 새로운 노동의 고양을 가져왔다. 우리 중국의 공산주의자들과 중국의 인민들은 레닌주의의 조국, 쏘련의 모든 새로운 성취들을 성원한다.

중국 공산당은 맑스-레닌주의의 보편적 진리를 중국 혁명의 구체적 실천과 결합하면서, 위대한 인민혁명의 승리와, 레닌의 계획에 따른 사회주의 혁명 및 사회주의 건설이라는 넓고 공통된 길을 따라 사회주의 혁명을 완전한 완성으로 이끄는 데서 나라 전체의 인민을 이끌었다. 그리고 그들은 이미 사회주의 건설의 다양한 전선에서 위대한 승리들을 거두기 시작했다. 중국 공산당 중앙위원회는 레닌의 원칙들에 따라, 중국의 상황에 비추어, 창조적으로 중국의 인민들에게 사회주의 건설을 위한 총노선의 올바른 원칙들, 대약진과 인민공사를 제기했는데, 그것들은 나라 전체에 걸쳐 대중들의 창의적이고 혁명적인 정신에 영감을 불어넣어 주었고 따라서 날마다 우리나라에 새로운 변화들을 가져오고 있다.

레닌주의라는 우리의 공통적인 기치 하에, 동유럽의 사회주의 국가들과 아시아의 다른 사회주의 국가들 역시 사회주의 건설에서 일사천리로 진보를 이룩하고 있다.

레닌주의는 항상 승리의 기치이다. 전 세계의 근로인민들에게 있어서 이 위대한 기치를 견고하게 붙잡는 것은 진리를 붙잡고 근로인민들 스스로 지속적인 승리의 길을 열어젖히는 것을 의미한다.

레닌은 항상 우리의 마음속에 살아 있을 것이다. 그리고 현대의 수정주의자들이 레닌주의, 국제적인 프롤레타리아트의 위대한 기치를 더럽히려고 노력할 때, 우리의 과업은 레닌주의를 수호하는 것이다.

우리 모두 그의 유명한 저작인 ≪국가와 혁명≫에서 레닌이 해방을 위한 다양한 피억압계급들의 과거의 투쟁에서 혁명적인 사상가들과 지도자들의 가르침에 대해 어떤 일이 벌어졌던가에 관해 썼던 것을 기억한다. 레닌은 이러한 혁명적인 사상가들과 지도자들이 죽고 난 후, "혁명적 가르침의 본질을 거세하면서, 혁명의 날을 무디게 하고 그것을 저속하게 만들면서", 왜곡이 계속 이어졌다고 썼다. 레닌은 계속해서 썼:

현재 노동계급운동 내부의 부르주아지와 기회주의자들은 맑스주의를 "치료하는 일"에 함께 나서고 있다. 그들은 이 가르침의 혁명적인 측면과 혁명적인 정신을 생략하고, 말살하고 왜곡한다. 그들은 부르주아지가 받아들일 수 있고 받아들일 것 같은 내용만을 전면에 내세우고 칭찬한다.

정말 그대로, 현재 우리는, 다시 한 번 미 제국주의자들의 몇몇 대변인들을 다시 직면하고 있다. 그들은 설교자들의 경건한 모습으로 가장한 채, 심지어 맑스가 "19세기의 위대한 사상가"였다고 선언하며 심지어 맑스가 19세기에 자본주의의 얼마 남지 않은 날들에 관해 예언했던 것이 "충분한 근거가 있고" "옳다"는 것을 인정한다. 그러나 이 설교자들은 계속하여, 20세기의 도래 후, 특히 최근 수십 년 동안, 맑스주의가 올바르지 않게 되었다고 주장하는데 왜냐하면 적어도 미국에서는 자본주의가 과거의 일이 되었고 존재하기를 멈추었기 때문이라고 주장한다. 이들 제국주의 설교자들의 그러한 헛소리를 듣고 난 후, 우리는 현대 수정주의자들이 제국주의 설교자들이 하는 말들과 똑같은 말들을 하고 있다고 느끼지 않을 수 없다. 하지만 현대의 수정주의자들은 맑스의 가르침을 왜곡하는 짓을 멈추지 않고, 그들은 더 나아가 맑스주의를 발전시킨 맑스주의의 위대한 계승자인 레닌의 가르침마저 왜곡한다.

모스끄바 회의의 선언은 다음과 같이 지적한다. "… 현재의 가장 큰 위험은 수정주의, 다시 말해서 우익 기회주의이다." 어떤 사람들은 모스끄바 회의의 이 판단이 오늘날의 상황에서는 더 이상 유효하지 않다고 말한다. 우리는 이 관점이 틀렸다고 생각한다. 그것은 인민들로 하여금 가장 큰 위험인 수정주의에 대한 투쟁의 중요성을 간과하게 만들고 그것은 프롤레타리아트의 혁명적 대의에 아주 해롭다. 19세기의 70년대부터 베른슈타인의 예전의 수정주의가 탄생했던 자본주의의 "평화적인" 발전 기간이 있었던 것처럼, 제국주의가 어쩔 수 없이 평화공존을 받아들이고 많은 자본주의 국가들에서 어느 정도의 "국내의 평화"가 존재하는 현재의 상황하에서, 수정주의적 사고가 성장하고 퍼져나가는 것은 매우 용이하다. 그러므로 우리는 노동계급운동에서 이 가장 큰 위험에 대해 항상 고도의 경계심을 유지해야 한다.

레닌의 제자들이자 레닌주의자들로서, 우리는 레닌의 가르침들을 왜곡하고 흠집을 내는 현대 수정주의자들의 시도를 완전히 분쇄해야 한다.

레닌주의는 프롤레타리아트의 완전하고 통합된 혁명적인 가르침이다. 레닌주의는 맑스와 엥겔스를 따라, 프롤레타리아트의 사고를 계속해서 표현하는 완전하고 통합된 혁명적인 세계관이다. 이 완전하고 통합된 혁명적인 가르침과 혁명적인 세계관은 결코 왜곡되거나 흠집이 나서는 안 된다. 우리는 레닌주의를 왜곡하고 흠집을 내고자 하는 시도들이 단지 종말의 운명에 직면한 제국주의의 마지막 필사적인 투쟁의 선언이라는 관점을 가지고 있다. 쏘련에서 공산주의를 건설하는 데 있어서 지속적인 승리들 앞에서, 사회주의 국가들에서 사회주의를 건설하는 데 있어 지속적인 승리들 앞에서, 쏘련이 이끄는 사회주의 진영의 단결이 점점 더 공고화되면서, 자본주의-제국주의의 족쇄로부터 자신들을 해방시키고자 하는 전 세계의 점점 더 각성하는 민족들에 의해 수행되고 있는 확고하고 용감한 투쟁 앞에서, 티토와 그 무리와 같은 수정주의자들의 노력은 완전히 헛된 짓이다.

위대한 레닌주의여 영원하라! **노사과연**